Before/After 民法改正

2017年債権法改正

第2版

潮見佳男 Yoshio Shiomi

北居　功 Isao Kitai

高須順一 Junichi Takasu

赫　高規 Kouki Terashi

中込一洋 Kazuhiro Nakagomi

松岡久和 Hisakazu Matsuoka

編著

弘文堂

第 2 版へのはしがき

　本書の初版が刊行されたのは、「債権法改正」との標語のもとで語られる「民法の一部を改正する法律」（平成 29 年 6 月 22 日法律第 44 号）が公布された直後の時期であった。Before/After というコンセプトを採用した理由は、初版のはしがきに詳しく書いたとおりである。

　当時、この企画にご賛同をいただき、執筆を引き受けてくださった方々は、その知見を総動員して、当時としては他に例をみないハイレベルの解説を著された。本書がその刊行以降、わずかな期間内に驚異的なペースで増刷を重ねたのも、その解説に対して寄せられた読者の信頼と期待のあらわれといえる。

　他方、法改正から 4 年余りを経る中で、改正を反映した体系書・注釈書・教科書等が多く刊行され、また、改正法を扱った本格的な研究論文も多数登場するようになった。さらには、法改正直後は考えられていなかった新たな論点が脚光を浴びる機会も増えてきた。

　そこで、改正法が令和 2 年 4 月 1 日に施行されたのを機に、各項目の執筆者に、初版で解説した内容の見直しをお願いすることにした。その際、執筆者の方々には、各項目において、【After】の部分については、その後の理論の展開を踏まえて必要と思われる箇所に加筆修正をし、【Before】の部分については、【After】の部分の解説を理解するうえで参照する意味が相対的に薄くなった箇所の記載を簡略化することをお願いした。もちろん、この間に理論面での大きな変化がない項目や、新たな補正が必要でないと考えられる項目については、初版の解説を基本的に維持している。

　あわせて、その後に、民法分野の大きな改正が続いていること（相続法改正、民法・不動産登記法改正など）から、第 2 版の刊行に合わせて、本書に「2017 年債権法改正」という副題をつけることにした。

　新型コロナウイルスが蔓延し、日々の暮らしが大きな制約を受ける中で、本書の全面的な改訂をすることができたのは、ひとえに、執筆者の方々のご協力の賜物である。編者一同、心よりの御礼を申し上げる。また、弘文堂の北川陽子さん

には、今回も、編者たちへの的確な指摘をはじめとして、改訂作業のスムーズな進行にご尽力いただいた。重ねての御礼を申し上げる。

　バージョンアップした本書第2版が、初版と同様、学部生・大学院生、実務家、研究者その他民法に関心を寄せる多くの方々に広く活用されることを望むところである。

　2021年8月

編者を代表して
潮見佳男

編者
潮見佳男・北居 功・高須順一
赫 高規・中込一洋・松岡久和

はしがき

　債権法の現代化をめざした「民法の一部を改正する法律案」は、本年5月26日に参議院本会議において可決・成立し、平成29年6月2日法律第44号として公布された。改正法は、公布の日から3年以内の施行が予定されている。

　民法の学習をする学部生・大学院生や、民法を自らの仕事や研究の場で用いる実務家・研究者らが、今回の民法（債権関係）の改正により、民法を用いたこれまでの事件処理が変わるのか、それとも変わらないのか、変わる場合にはどこがどのように変わるのか、改正前の民法の下での判例は、改正後もその意義が失われないのか、そもそも、個々の案件を処理するに当たり、改正後はどの条文を用いて処理をすればよいのか、などといった点に強い関心を抱くことは、想像するに難くない。

　こうしたニーズが見込まれる中で、本書は、改正の前後で民法の解釈・適用にどのような違いが生じるのかを、簡単な **Case** を素材として、「改正前の民法の下での問題処理はどのようなものであったか」（Before）・「改正後の民法の下での問題処理はどうなるのか」（After）に分けて解説するものである。本書を、改正法に対応する教科書・体系書等と併せて読んでいただければ、改正法に関する認識がいっそう深まることが期待できよう。また、改正前の民法に関して知見を有している読者にとっては、本書は、改正前の民法の下で有していた知見を改正後の民法の下へとスムーズに移行するための一助となるであろう。

　本書が成るに当たって、執筆に協力していただいた研究者・実務家の先生方には、短期間のうちに多くの文献・資料等を調査していただいたうえに、**Case** の作成からコンパクトな解説に至るまでの、非常に手間のかかる作業を引き受けていただいた。テーマによっては、手探りに近い状態で執筆するという困難な作業をお願いすることとなったものも少なくなかった。執筆者各位のご尽力に対しては、ただただ頭の下がる思いである。編者一同、心よりの御礼を申し上げる。

　本書の企画は、法制審議会民法（債権関係）部会での審議が大詰めを迎えていた時期に、編者の1人である潮見が、弘文堂の北川陽子さんと懇談する中で持ち上がったものである。その際、潮見の頭にあったのは、2001年にドイツで債務法が大改正された際に、改正法の成立後間もなく刊行された Barbara Dauner-Lieb 編の "Das neue Schuldrecht— Falle und Lösungen"（Deutscher Anwalt Verlag, 2002）であった。同書は、172の簡単なケースを用いて、改正前・後の法の解釈・適用を併記して解説することにより、読者が改正前・後の状況を相互に対比し、把握しやすくすることをねらったものであった。同書は、債務法改正直後の時期を中心に、研究者・実務者・学生その他各層において、多

くの支持を得た。この例に倣い、今回のわが国における民法（債権関係）の改正に関しても同様の企画を立てて、多くの方々のニーズに応えてはどうであろうかということから話が始まり、今回の法改正に精通する北居功・高須順一・赫高規・中込一洋・松岡久和の各氏に編者として加わっていただき、今般、一冊の書として刊行することができた次第である。この間、北川さんには、国会での審議の経過をにらみながら、絶妙のタイミングで企画の遂行をしていただいた。この時期に本書を刊行することができたのも、ひとえに北川さんのご尽力の賜物である。

　本書が世に出るに至った経緯は、以上である。編者一同、本書が学部生・大学院生、実務家、研究者その他民法に関心を寄せる多くの方々に広く活用されることを望むところである。

　　2017 年 7 月 24 日

編者を代表して
潮見佳男

編者
潮見佳男・北居 功・高須順一
赫 高規・中込一洋・松岡久和

潮見佳男（しおみ・よしお）

1959 年生まれ。京都大学法学部卒。

現在、京都大学大学院法学研究科教授。

主著：『新債権総論Ⅰ・Ⅱ』（信山社・2017）、『基本講義債権各論Ⅰ契約・事務管理・不当利得［第3版］』（新世社・2017）、『民法（全）［第2版］』（有斐閣・2019）、『新契約各論Ⅰ・Ⅱ』（信山社・2021）

北居　功（きたい・いさお）

1961 年生まれ。慶應義塾大学法学部卒。

現在、慶應義塾大学大学院法務研究科教授。

主著：『契約履行の動態理論Ⅰ弁済提供論』（慶應義塾大学出版会・2013）、『契約履行の動態理論Ⅱ弁済受領論』（慶應義塾大学出版会・2013）、山本豊＝笠井修＝北居功『民法5 契約』（共著、有斐閣・2018）

高須順一（たかす・じゅんいち）

1959 年生まれ。法政大学法学部卒。

現在、弁護士（法律事務所虎ノ門法学舎）・法政大学大学院法務研究科教授。

主著：『ロースクール民事法』（酒井書店・2009）、『民法から考える民事執行法・民事保全法』（商事法務・2013）、『判例にみる詐害行為取消権・否認権』（編著、新日本法規・2015）、『詐害行為取消権の行使方法とその効果』（商事法務・2020）

赫　高規（てらし・こうき）

1969 年生まれ。京都大学法学部卒。

現在、弁護士（弁護士法人関西法律特許事務所）・京都大学法科大学院特別教授。

主著：日本弁護士連合会編『実務解説改正債権法［第2版］』（分担執筆、弘文堂・2020）、高須順一編著『Q＆Aポイント整理改正債権法』（共著、弘文堂・2017）

中込一洋（なかごみ・かずひろ）

1965 年生まれ。法政大学法学部卒。

現在、弁護士（司綜合法律事務所）。

主著：日本弁護士連合会編『実務解説改正債権法［第2版］』（分担執筆、弘文堂・2020）、『実務解説改正相続法』（弘文堂・2019）、『実務解説改正債権法附則』（弘文堂・2020）

松岡久和（まつおか・ひさかず）

1956 年生まれ。京都大学法学部卒。

現在、立命館大学大学院法務研究科教授。

主著：『物権法』（成文堂・2017）、『担保物権法』（日本評論社・2017）、松岡久和＝潮見佳男＝山本敬三『民法総合・事例演習［第2版］』（共著、有斐閣・2009）

●執筆者一覧（五十音順・敬称略）　＊印：編著者

秋山　靖浩　（あきやま・やすひろ）　早稲田大学大学院法務研究科教授
安部　将規　（あべ・まさき）　弁護士（アイマン総合法律事務所）
荒木　理江　（あらき・まさえ）　弁護士（飯塚総合法律事務所）
飯島奈津子　（いいじま・なつこ）　弁護士（よこはま山下町法律事務所）
井砂　貴雄　（いさご・たかお）　弁護士（安達法律事務所）
石川　裕一　（いしかわ・ゆういち）　弁護士（大船いしかわ法律事務所）
石田　　剛　（いしだ・たけし）　一橋大学大学院法学研究科教授
泉原　智史　（いずみはら・さとし）　弁護士（みずほ証券株式会社）
一木　孝之　（いちき・たかゆき）　國學院大學法学部教授
稲田　正毅　（いなだ・まさき）　弁護士（共栄法律事務所）・関西学院大学大学院司法研究科教授
稲村　晃伸　（いなむら・てるのぶ）　弁護士（北多摩いちょう法律事務所）
岩田　修一　（いわた・しゅういち）　弁護士（新霞が関綜合法律事務所）
臼井　智晃　（うすい・ともあき）　弁護士（ひびき綜合法律事務所）
大澤　　彩　（おおさわ・あや）　法政大学法学部教授
大西　達也　（おおにし・たつや）　弁護士（よねかわ法律事務所）
岡本　裕樹　（おかもと・ひろき）　筑波大学ビジネスサイエンス系教授
沖野　眞已　（おきの・まさみ）　東京大学大学院法学政治学研究科教授
奥冨　　晃　（おくとみ・あきら）　上智大学名誉教授
香川　　崇　（かがわ・たかし）　富山大学経済学部教授
柿原　達哉　（かきはら・たつや）　弁護士（T&K法律事務所）
笠井　　修　（かさい・おさむ）　中央大学大学院法務研究科教授
片山　直也　（かたやま・なおや）　慶應義塾大学大学院法務研究科教授
角　紀代恵　（かど・きよえ）　立教大学名誉教授・弁護士（島田法律事務所）
金山　直樹　（かなやま・なおき）　弁護士（法律事務所虎ノ門法学舎）・慶應義塾大学名誉教授
金子　敬明　（かねこ・よしあき）　名古屋大学大学院法学研究科教授
北居　　功＊　（きたい・いさお）　慶應義塾大学大学院法務研究科教授
窪田　充見　（くぼた・あつみ）　神戸大学大学院法学研究科教授
栗本　知子　（くりもと・のりこ）　弁護士（弁護士法人関西法律特許事務所）
桑岡　和久　（くわおか・かずひさ）　甲南大学法学部教授
後藤　巻則　（ごとう・まきのり）　早稲田大学大学院法務研究科教授
小松　達成　（こまつ・たつなり）　弁護士（篠塚・野田法律事務所）・学習院大学法科大学院教授
三枝　健治　（さいぐさ・けんじ）　早稲田大学法学部教授
齋藤　由起　（さいとう・ゆき）　北海道大学大学院法学研究科教授
斉藤　芳朗　（さいとう・よしろう）　弁護士（徳永・松﨑・斉藤法律事務所）
坂口　　甲　（さかぐち・こう）　大阪市立大学大学院法学研究科准教授

潮見　佳男[*]　（しおみ・よしお）　京都大学大学院法学研究科教授

篠塚　　力　（しのづか・ちから）　弁護士（篠塚・野田法律事務所）

下村　信江　（しもむら・としえ）　近畿大学法学部教授

白石　友行　（しらいし・ともゆき）　筑波大学ビジネスサイエンス系准教授

水津　太郎　（すいづ・たろう）　東京大学大学院法学政治学研究科教授

髙尾慎一郎　（たかお・しんいちろう）　弁護士（梅田中央法律事務所）

高須　順一[*]　（たかす・じゅんいち）　弁護士（法律事務所虎ノ門法学舎）・法政大学大学院法務研究科教授

滝沢　昌彦　（たきざわ・まさひこ）　一橋大学大学院法学研究科教授

辰巳　裕規　（たつみ・ひろき）　弁護士（芦屋本通り法律事務所）

千葉惠美子　（ちば・えみこ）　大阪大学大学院高等司法研究科招聘教授・名古屋大学名誉教授

鶴藤　倫道　（つるふじ・のりみち）　神奈川大学法学部教授

赫　　高規[*]　（てらし・こうき）　弁護士（弁護士法人関西法律特許事務所）・京都大学法科大学院特別教授

徳田　　琢　（とくだ・たく）　弁護士（徳田法律事務所）・京都大学法科大学院客員教授

中込　一洋[*]　（なかごみ・かずひろ）　弁護士（司綜合法律事務所）

長野　史寛　（ながの・ふみひろ）　京都大学大学院法学研究科教授

中村　　肇　（なかむら・はじめ）　明治大学専門職大学院法務研究科教授

西内　康人　（にしうち・やすひと）　京都大学大学院法学研究科准教授

野澤　正充　（のざわ・まさみち）　立教大学法学部教授

野村　剛司　（のむら・つよし）　弁護士（なのはな法律事務所）

花本　広志　（はなもと・ひろし）　獨協大学外国語学部交流文化学科教授

林　　薫男　（はやし・しげお）　弁護士（みなと横浜法律事務所）

平野　裕之　（ひらの・ひろゆき）　慶應義塾大学大学院法務研究科教授

福井　俊一　（ふくい・しゅんいち）　弁護士（はばたき綜合法律事務所）

福田　誠治　（ふくだ・せいじ）　駒澤大学法学部教授

福本　洋一　（ふくもと・よういち）　弁護士（弁護士法人第一法律事務所）

藤原　正則　（ふじわら・まさのり）　北海道大学名誉教授

松井　和彦　（まつい・かずひこ）　大阪大学大学院高等司法研究科教授

松尾　　弘　（まつお・ひろし）　慶應義塾大学大学院法務研究科教授

松岡　久和[*]　（まつおか・ひさかず）　立命館大学大学院法務研究科教授

松久三四彦　（まつひさ・みよひこ）　北海学園大学大学院法務研究科教授・北海道大学名誉教授

松本　克美　（まつもと・かつみ）　立命館大学大学院法務研究科教授

森田　　修　（もりた・おさむ）　東京大学大学院法学政治学研究科教授

矢吹　徹雄　（やぶき・てつお）　弁護士（弁護士法人矢吹法律事務所）・北海学園大学大学院法務研究科教授

山城　一真　（やましろ・かずま）　早稲田大学法学部教授

和田　勝行　（わだ・かつゆき）　京都大学大学院法学研究科准教授

渡辺　達徳　（わたなべ・たつのり）　東北大学名誉教授

渡邊　　力　（わたなべ・つとむ）　関西学院大学法学部教授

contents

民法総則　　　　　　　　　　　　　　2

I　法律行為……………2

II　代　理……………30

債　権　　　　　　　　　　　　　　　　　　　92

凡　例

1　本書は、232 の設例（**Case**）について、各設例を見開き 2 頁で、「旧法での処理はど
　うだったか」（【**Before**】）、「新法での処理はどうなるか」（【**After**】）の順序で解説を
　行っている。

2　法令は、2021 年 6 月 1 日現在による。

3　判例の引用については、大方の慣例に従った。引用中の〔　〕は、項目担当執筆者
　が補った注記である。判例集等を略語で引用する場合には、以下の例によるほか、慣
　例に従った。

　　　民録　　大審院民事判決録
　　　民集　　最高裁判所（大審院）民事判例集
　　　集民　　最高裁判所裁判集民事
　　　高民集　高等裁判所民事判例集
　　　裁時　　裁判所時報
　　　判時　　判例時報
　　　判タ　　判例タイムズ
　　　金判　　金融・商事判例
　　　金法　　金融法務事情
　　　新聞　　法律新聞

4　法令の表記についての略語は、以下の例によるほか、慣例に従った。ただし、民法
　典については、「民法の一部を改正する法律」（平成 29 年法律第 44 号）および「民法
　の一部を改正する法律の施行に伴う関係法律の整備等に関する法律」（平成 29 年法律
　第 45 号）による改正の前後を通じ変更された条文につき「旧法」「新法」（括弧内にお
　いては「旧」「新」）と表記し、変更されなかった条文は、条数のみで表記した。

　　　整備法　　民法の一部を改正する法律の施行に伴う関係法律の整備等に関する法律（平
　　　　　　　　成 29 年法律第 45 号）
　　　民施　　民法施行法
　　　不登　　不動産登記法
　　　動産債権譲渡特　　動産及び債権の譲渡の対抗要件に関する民法の特例等に関する法律
　　　消契　　消費者契約法
　　　特商　　特定商取引に関する法律
　　　借地借家　借地借家法

品確	住宅の品質確保の促進等に関する法律
自賠	自動車損害賠償保障法
商	商法
商旧	整備法（平成 29 年法律第 45 号）による改正前の商法
会社	会社法
民訴	民事訴訟法
非訟	非訟事件手続法
非訟旧	整備法（平成 29 年法律第 45 号）による改正前の非訟事件訴訟法
民執	民事執行法
民保	民事保全法
破産	破産法

5 以下の文献引用については、略称を用いた。

部会資料 1 〜 88-2　　法制審議会民法（債権関係）部会資料 1 から 88-2 まで（いずれも法務省のウェブサイトにて公開）

第 1 回〜第 99 回会議議事録　　法制審議会民法（債権関係）部会第 1 回から第 99 回までの議事録（いずれも法務省のウェブサイトにて公開）

基本方針　　民法（債権法）改正検討委員会編『債権法改正の基本方針』別冊 NBL126 号（商事法務・2009）

検討事項　　商事法務編『民法（債権関係）の改正に関する検討事項—法制審議会民法（債権関係）部会 資料詳細版』（商事法務・2011）

中間試案　　商事法務編『民法（債権関係）の改正に関する中間試案（概要付き）』別冊 NBL 143 号（商事法務・2013）

中間試案補足説明　　商事法務編『民法（債権関係）改正に関する中間試案の補足説明』（商事法務・2013）

注釈民法(1)〜(26)　　『注釈民法(1)〜(26)』（有斐閣・1964〜1987）

新版注釈民法(1)〜(28)　　『新版注釈民法(1)〜(28)』（有斐閣・1988〜2015）

潮見・概要　　潮見佳男『民法（債権関係）の改正法案の概要』（金融財政事情研究会・2015）

一問一答　　筒井健夫＝村松秀樹編著『一問一答 民法（債権関係）改正』（商事法務・2018）

我妻・債権総論　　我妻栄『新訂債権総論　民法講義Ⅳ』（岩波書店・1964）

我妻・債権各論上・中一・中二　　我妻栄『債権各論上巻・中巻一・中巻二　民法講義 1 〜 3』（岩波書店・1954・1957・1962）

Before/After 民法改正

民法改正

2017年債権法改正

第2版

民法総則

債権

契約

I……法律行為❶

1
意思能力を欠いた行為の効力

Case

Aは、認知症が進行し、現在の季節や時刻を理解することができず、直前に起きたことも記憶できないし、ごく簡単な計算も困難な状態である。Aの主治医は、Aに高度の認知機能低下を認め、理解力・判断力は高度に侵害されていると診断している。つまり、Aは、継続的に意思能力を有しない状態である。

(1) Bは、Aに対し、1,000万円を贈与してくれるようにもちかけ、Aが「ハイ」と言ったので、Bが自作した贈与契約書にAに捺印させて、1,000万円を受け取った。

(2) Aは、スーパーマーケットCで健康食品を自らレジに運んで購入することを繰り返した。当該健康食品の賞味期限は1年であるが、Aが購入した量は毎日3回食べても5年分にも及ぶものであった。

【Before】

このCaseは、一方当事者が意思能力を欠く状態で契約が締結された事案である。

意思能力とは、有効に意思表示をする能力のことをいう。旧法では意思能力に関する規定が存在しなかったが、判例は、意思能力を欠く状態でされた法律行為の効力を無効であると解していた（大判明38・5・11民録11-706）。

(1)については、Aは、1,000万円を贈与する旨の意思表示をした時点で意思能力を有していなかったので、旧法下では判例法理によりBとの間の贈与契約は無効になった。

(2)についても、Aは健康食品を購入する旨の意思表示をした時点で意思能力を有していなかったので、旧法下では判例法理によってCとの間の各売買契約は無効になった。なお、成年被後見人の法律行為のうち、日用品の購入その他日常生活に関する行為については取り消すことができる行為とはしない旨の規定が存在する（日常生活に関する行為の特則〔9条ただし書〕）。しかし、成年後見等に関する平成11年改正の立案担当者によれば、9条ただし書は、成年被後見人が日常生活に関する行為をした場合でも、意思能力がなかった場合はその行為は無効であるという理解を前提に立案されていた（中間試案補足説明10頁）。

【After】

　高齢化社会の進展に伴い、判断能力が減退した高齢者をめぐる財産取引上のトラブルが増加している。成年後見制度等によって一定の対応を図ることができるが、判断能力の低下した高齢者のすべてにこれらの制度の利用を求めるのは非現実的であり、意思能力に関し明文で規定するのが相当とされた（部会資料73A・25頁参照）。

　そこで、新法は、「法律行為の当事者が意思表示をした時に意思能力を有しなかったときは、その法律行為は、無効とする」（新3条の2）という規定を新たに設けた。

　(1)については、Aは1,000万円の贈与をする旨の意思表示の時点で意思能力を有していなかったので、新法下では上記規定の適用によって、贈与契約は無効である。

　意思能力を有しているか否かの判断時は「意思表示をした時」であるから、例えば、契約においては、申込みに対する承諾の意思表示が到達した時点で契約が成立するが（新522条1項・新97条1項）、申込者は申込みをした時点で意思能力を有することが、承諾者は承諾をした時点で意思能力を有することが必要となる（部会資料73A・26頁参照）。

　(2)についても、新法下では上記規定の適用によって売買契約は無効である。

　改正の過程においては、意思能力を有しない者に関しても日常生活に関する行為の特則を設ける旨の立法提案がされたことがある（部会資料27・18頁）。これは、自己決定の尊重およびノーマライゼーションの理念を、意思能力を有しない者にも及ぼそうとするものである。しかし、意思能力を有しない者に関しては、この特則は設けられなかった。上記のとおり、平成11年改正において9条ただし書は、意思能力がなかった場合はその行為は無効であるという理解を前提に立案されたことや、契約の相手方が意思能力を有しない者をして、外形上は日常生活に関するとみられるような行為を不必要に繰り返し行わせてしまうことを懸念する指摘があったからである（第10回会議議事録23頁参照）。判断能力が不十分な高齢者に対し、健康食品、着物、布団などを過量に売りつける行為は、社会問題にもなって特別法（特商9条の2、消契4条4項）が整備されたが、自ら商店のレジで買う場合は対象外であり、日常生活に関する行為でも無効とする意義は、このあたりにあろう。

　また、新法では、意思能力の意義（定義）は明文化されなかった。意思能力の意義については、大きく分けて、個別具体的な法律行為の内容にかかわらず一律にその存否が判断されるという見解（最低限の画一的能力とする見解）と、個別具体的な法律行為の内容に即してその存否が判断されるという見解が存在する（一問一答13頁）。その他考慮すべき点についてもコンセンサスが得られなかったため、引き続き解釈に委ねられている（部会資料73A・26頁）。

［小松達成］

2
意思能力の一時的喪失・無効の主張権者

Case

(1)　Aは、普段は意思能力に問題はないが、時々、持病によって意思能力を欠く状態になってしまう。Aは、Bに対し、A所有の甲不動産を売却したいと申込みの意思表示をした。Bは、Aの申込みに対して承諾の意思表示を発し、その旨記載した承諾の通知がAの郵便受けに入ったが、Aはその承諾の通知を受け取った時に持病の症状が出ていて、意思能力を一時的に欠いていた。その後、Aは意思能力を回復し、AはBの承諾を知った。

(2)　それから時が経ち、Aは持病が悪化し、継続的に意思能力を欠く状態になってしまった。AとBは、A所有の別の乙不動産をBに売り渡すという売買契約を締結したが、この売買契約締結時にもAは意思能力を有していなかった。Bが乙をよく見たところ、実際は思ったほどよい物件ではなかった。そこで、Bは、売買契約時にAが意思能力を有しなかったことを理由として、売買契約が無効であると主張した。

【Before】

Case (1)は、ある者が意思能力を一時的に欠く状態で相手方の意思表示を受領したが、その後に意思能力が回復し、相手方の意思表示を知ったという事案である。(2)は、意思能力を欠く者の相手方から法律行為が無効であるという主張がされた事案である。

(1)については、旧法では未成年者および成年被後見人に意思表示の受領能力がないことは規定されていたが（旧98条の2本文）、そもそも意思能力に関する規定自体が存在しなかったため、意思無能力者の意思表示の受領能力についても、規定は存在しなかった。そこで、旧法下では、解釈により、意思能力のない者は意思表示の受領能力もないと考えられていた。また、意思能力が回復した場合に、受領していた意思表示の効力がどうなるかも解釈の問題であった。

(1)では、Aは、Bの承諾の通知を受領した時に意思能力を欠いていたので、Aには意思表示の受領能力がないと解された。この場合において、売買契約が成立しないと考えるか、それとも成立すると考えるかについては、見解の対立があった（旧526条1項は隔地者間における契約は承諾の通知を発信した時に成立すると定め、この発信主義と意思表

示の受領能力との関係が問題になった）。また、Ａの意思能力の回復後については、旧97条１項の「到達」の解釈の問題になろうか。

(2)については、意思能力を有しなかったことによる法律行為の無効は、原則としてすべての者が主張できるとする考え方（絶対的無効）と、意思能力を欠く者の側からしか主張できないとする考え方（相対的無効）があり、後者が通説であった。

(2)では、通説の考え方からすれば、Ｂは意思表示の無効を主張することはできなかった。他方で、Ａは意思能力を有しないので、Ａ自身が無効を主張して訴訟を行うことは事実上困難であり、Ａの近親者等が無効を主張できるか、すなわち、どのような範囲の者が無効を主張できるかという問題があった。

【After】

(1)については、新法が意思能力に関する規定を設けたことに伴い（新３条の２）、意思表示の受領能力に関する規定に意思能力を欠いていた場合が追加された（新98条の２）。すなわち、ＡがＢの意思表示を受けた時に意思能力を有しなかったときは、Ｂはその意思表示をもってＡに対抗することができないが（同条柱書本文）、意思能力を回復したＡがその意思表示を知った後はこの限りでないとされた（同条柱書ただし書・２号）。

(1)では、Ｂの承諾の意思表示を受けた時において、Ａは意思能力を有していなかったのであるから、その時点ではＢは承諾したことをＡに対抗できない。しかし、その後Ａは意思能力を回復し、Ｂの承諾を知ったのであるから、Ａが承諾を知った後は、Ｂは承諾をＡに対抗できることになる。

なお、旧526条１項が削除されたため、【Before】に記載した発信主義との関係で生じる問題は解消された（→ Case13・14）。

(2)については、新法（新３条の２）では、どのような範囲の者が無効を主張することができるかについては、明文化されなかった。したがって、この問題は引き続き解釈に委ねられている（中間試案補足説明10頁）。とはいえ、改正前の通説である相対的無効の考え方は、改正後も影響を受けないと思われるので、改正後においてもＢから無効の主張をすることはできないと考えられる（一問一答14頁の(注)参照）。

なお、立法提案としては、相対的無効は取消しと類似するので、効果を取消可能とする提案も存在した（部会資料27・20頁）。しかし、効果を取消可能とすると、後見人など取消権を現実に行使することができる者がいない場合には事実上その法律行為が有効なままになってしまうおそれがあるということや、取消権の行使期間には制限がある点（126条）で意思能力を欠く状態で法律行為をした者の保護に欠けることを指摘して、効果を取消可能と改めることを批判する意見が少なくなかったため、無効という考え方が維持された（中間試案補足説明10頁）。　　　　　　　　　　　　　　　［小松達成］

3
公序良俗違反

Case

　Ａは夫から甲賃貸不動産を相続した。Ａには不動産取引の経験はなく、相場の知識もない。Ａは以前から懇意にしていた知人Ｂに甲を賃貸した。Ｂからの定期的な甲の賃料収入は、高齢で独居していたＡにとって重要な生活費であった。数年が経過した頃、Ｂから甲の売却をもちかけられ、いわれるままの条件でＡは甲をＢに売却した。甲の売却価格は時価の5分の1程度であった。契約をした当時、Ａは物忘れが多く、ときおり物事の判断を誤るようになっていた。Ｂは一人暮らしのＡをしばしば訪問しており、このようなＡの状態を知ったうえで甲を買い取っていた。ＡＢ間の甲の売買契約は90条により無効となるだろうか。

【Before】

　旧90条は要件の抽象的な一般条項であり、いかなる法律行為が公序良俗違反に当たるかは明らかでない。明治期の立法過程では、行政警察・司法および性風俗に関する事柄が想定されており、国家秩序・社会秩序に関するものに限定的に理解されていた。Caseのように、不均衡な対価などは同条による規制の対象として想定されておらず、また法律行為の内容以外の事情を公序良俗違反の考慮要素として判断に取り込むことも考えられていなかった。

　他方、判例は、暴利行為論を旧90条の一類型として承認し、内容以外の事情も加味して過大な利益を得る法律行為が無効となることを認めてきた。判例の定式とされるのが、「他人ノ窮迫軽率若ハ無経験ヲ利用シ著シク過当ナル利益ノ獲得ヲ目的トスル法律行為ハ善良ノ風俗ニ反スル事項ヲ目的トスルモノニシテ無効ナリ」（大判昭9・5・1民集13-875）である。著しく過大な利益という法律行為の内容（客観的要素）だけでなく、他者が窮迫、軽率または無経験な状態にあり、これを相手方が利用したという成立過程の事情（主観的要素）も考慮して無効となることが認められた。

　暴利行為論は、大判昭9・5・1によって判例に受容された後、裁判例・学説により拡張する方向で発展してきた。下級審裁判例を含めた分析から、2つの要素は事案ごとに相関的に考慮されるのであり（大村敦志『公序良俗と契約正義』359頁以下）、主観的要素の

悪性が高ければ、「著しく過大」とまでいえなくとも無効とすべきだと考えられている。また、大判昭9・5・1の定式に掲げられた主観的要素（窮迫、軽率、無経験）は限定的なものではなく、これら以外の事情を考慮することを禁じるものではない。実際、近時の下級審裁判例では、判断力の低下（東京地判平23・1・19金判1383-51、大阪高判平21・8・25判時2073-36）、知識の不足（東京地判平24・5・24平24(ワ)388）を考慮するものがある。このほかにも、関係性の利用が判断事情とされてきたことが指摘されている（大村前掲書274頁以下）。その定式から暴利行為において顕著だが、裁判例においては、これに限らず広く公序良俗違反の判断において法律行為の内容以外の事情が考慮されてきた。

　旧法下においても、Caseにおいて、対価が時価の5分の1程度であり過大な利益を得たという内容に加えて、取引経験や相場知識がなく、Aは物忘れが多くときおり物事の判断を誤る状態であり、Bがこのことを認識し、こうした状況を利用したという事情を考慮して、AB間の売買契約が公序良俗違反だと判断される可能性は少なくない。

【After】

　新法は、旧法の文言の一部（「事項を目的とする」）を削除した。改正によって、公序良俗違反の判断に際して法律行為の内容以外の事情も考慮されることが明確になった。時代の変化に伴い考慮される事情やその程度が変わる可能性はあるものの、基本的にはCaseについて結論が異なることはない。もっとも新法においても、いかなる事情がどのように考慮されるかについて条文に手がかりは示されていない。この点に関しては、従前の判例が継承され、今後の判例・学説による展開に委ねられることになる。

　改正では暴利行為規定の新設は見送られた。とはいえ、これは現時点での立法化を断念したに過ぎず、大判昭9・5・1以降の裁判例・学説による暴利行為論の発展を否定するものではない。むしろ、高齢化の進行は確実であり、判断力の低下や知識の不足といった要素を考慮して下級審裁判例が形成してきた暴利行為論が活用されるべき事案は増加することが見込まれる。社会の進展に伴って新たな取引が生み出され、契約内容などが複雑化することも避けられない。主観的要素としていかなる事情が考慮され、これとの相関で客観的要素をどう判断するかについては、今後も議論を重ねる必要がある。

　契約の成立過程の問題については、消費者契約をはじめとする領域で、錯誤（旧95条）、詐欺（旧96条）、消費者契約法、特定商取引に関する法律といった特別法を含む、より具体的な個別規定によって対処できない場合に、受け皿として旧90条が活用されることがあった。旧法の文言の一部を削除する今回の改正は、このような一般条項としての旧90条の意義を文言上も確認するものといえる。　　　　　　　　　　［桑岡和久］

4
心裡留保

Case

(1) A男とB女は同棲生活をしていたが、Bには夫があり、ABとも互いに婚姻する意思はなかった。Aは、別の女性と結婚することになったので、Bに対して別れてほしいと打ち明けたところ、Bはこれに納得した。ところが、Aの結婚式の前日、Bは突然泣き喚き、「結婚式に行くなら1億円を支払うと約束してほしい」とAに要求した。Aは、サラリーマンで1億円もの大金を支払えるはずもなかったが、明日に迫った結婚式をBに妨害されることなく挙げるためにやむなく、Bに1億円を支払う旨の書面を作成して交付した。

(2) XはYに対して、甲土地を売却するという意思表示をし、Yに甲の所有権移転登記手続を行ったが、YはXの意思表示が真意によるものではないことを知っていた。ところが、YはZに対して甲を売却して、Zへの所有権移転登記手続を行ってしまった。

【Before】

(1)について、意思表示は、心裡留保によるものであっても効力を妨げられず、原則として有効であった（旧93条本文）。

ただし、相手方が、「表意者の真意を知り、又は知ることができたときは」、意思表示は無効であった（旧93条ただし書）。このただし書については、相手方が表意者の真意の内容まで知ることができなくても、意思表示に対応する内心の意思がないこと（つまり、真意でないこと）を知り、または知ることができたときは相手方を保護する必要はないという解釈が一般的であった（中間試案補足説明11頁）。

(1)では、Aの意思表示は真意によるものではない。さらに、書面作成の経緯や金額からして、Aの意思表示が真意ではないことをBは知っていたか、少なくとも知ることができたといえるので、Aの意思表示は無効であった（東京高判昭53・7・19判時904-70の事例を参考にした）。

(2)について、旧93条には、効力を否定される意思表示を前提として新たに法律上利害関係を有するに至った第三者の保護については規定が設けられていなかった。判例は、

かかる第三者について94条2項を類推適用し（最判昭44・11・14民集23-11-2023）、同項の「善意」について、善意であれば足り、無過失であることを要しないとしていた（大判昭12・8・10新聞4181-9、中間試案補足説明12頁、部会資料66A・2頁）。

　したがって、改正前においては、第三者Zが保護されるためには、94条2項の類推適用により、Xの意思表示が真意によるものでないことについて、Zが善意であることが必要であった。この場合には、Xは意思表示の無効をZに対抗することができなかった。

【After】

　(1)について、新法では、旧93条本文は維持されたが、ただし書が「表意者の真意を知り、又は知ることができた」から「その意思表示が表意者の真意ではないことを知り、又は知ることができた」へと改められた。これは、上記の改正前の一般的な解釈を明文化するものである（一問一答18頁）。つまり、改正後ではただし書の要件が文言上は変化しているが、改正前後で実務上の処理が異なるものではない。

　したがって、改正後でも、Aの意思表示は無効であり、(1)の具体的な結論に差異はないといえる。

　(2)について、新法では、新93条2項が新設され、「前項ただし書の規定による意思表示の無効は、善意の第三者に対抗することができない」という第三者が保護されるための主観的要件が明文化された。改正前においても、判例は、第三者の主観的要件を善意で足りるとしていたから、結局、改正後でもその要件は変わらない（一問一答18頁）。したがって、改正後においては、94条2項の類推適用によって処理せず、新93条2項の適用によって処理することになるが、結論自体は改正前と差異はない。

　改正の過程では、第三者保護規定一般につき善意・無過失を統一的に要件としてはどうかという見解もあったが、心裡留保や虚偽表示では表意者が意識的に真意でない意思表示をしていて帰責性が高いから、第三者は善意で足りるとの意見が多かった（第1分科会第1回議事録2～13頁）。

　ところで、第三者が保護されるための主観的要件については、その立証責任を表意者または第三者のいずれが負うのかについても議論があった。第三者が自分の善意を主張立証しなければならないという考え方が一般的であるが、立証責任の所在は引き続き解釈に委ねられている（中間試案補足説明12頁）。

　なお、改正前では、旧93条ただし書が代理権の濫用の場面に類推適用されていたが（最判昭42・4・20民集21-3-697）、新107条で代理権の濫用についての規定が新設されたため、今後はこの規定による（→Case21）。　　　　　　　　　　　　　　　　［小松達成］

5
表示行為の錯誤

Case

(1)　Aは、時価100万円の壺を所有している。古美術商のBから売却をもちかけられたAはBに対し、「100万円なら売ってもよい」と言うつもりが、「10万円なら売ってもよい」と言い間違えてしまった。Bは「10万円ならば掘り出し物だ」と考えて、Aに対し、「その値段で買います」と答えた。Aは言い間違いに気づかないまま「結構ですよ」と返事をし、翌日決済することにした。翌日の決済の際、AとBとは、合意したはずの売買価格について争いになった。AはBに対し売買契約の効力を否定できるか。

(2)　Aは、時価50万円の壺を所有している。外国人のCから値段を尋ねられて、Aは、50万円で売るつもりで、当日の朝の為替レート1ドル125円で計算して、「4,000ドルなら売ってもよい」と答えた。CはAに対し、「では、4,000ドルで買いましょう」と答え、4,000ドルを支払った。ところが、その時点の為替相場は1ドル120円で、円換算すると48万円であった。それに気づいたAはCに対し、正しい為替レートで、167ドルの追加支払を求めたが、Cは応じない。AはCに対して売買契約の効力を否定できるか。

【Before】

Caseは、いわゆる表示行為の錯誤による意思表示が、旧95条の「法律行為の要素」の錯誤に当たるかが問われた事案である。

表示行為の錯誤とは、「表示上の効果意思に対応する内心の効果意思が存在しないことを表意者自身が知らないこと」あるいは「表示行為に対応する意思を欠くこと」を指す。表示行為の錯誤のうち、(1)の言い間違いは、「表示行為上の錯誤」と分類され、(2)は、「表示行為の意味に関する錯誤」あるいは「内容の錯誤」と分類される。

旧95条の「法律行為の要素」の錯誤の意味について、確立した判例（大判大7・10・3民録24-1852）は、①「要素トハ法律行為ノ主要部分ヲ指称スルモノニシテ……表意者カ意思表示ノ内容ノ要部ト為シ若シ此点ニ付キ錯誤ナカリシセハ意思ヲ表示セサルヘク」（主観的な因果関係）、②「表示セサルコトカ一般取引上ノ通念ニ照シ至当ナリト認メラルルモノ」（客観的な重要性）としており、学説にも異論はなかった。

(1)では、売買価格というＡが契約における要部（重要な部分）と考え、①「もしも言い間違いがなければ100万円なら売ろうと考えていたものを10万円で売るという契約をするはずはなく」、②「Ａが契約しないことが一般の取引通念に照らしても妥当である（通常の人ならば契約しないと認められる）」。すなわち、Ａの錯誤は、①主観的な因果関係のみならず、②客観的な重要性も認められるので、「法律行為の要素の錯誤」が認められる。したがって、旧95条により、Ａは契約の無効を主張できた。

なお、Ａに錯誤無効を主張する意思がない場合には、相手方であるＢあるいはその他の第三者からは、Ａの法律行為の要素の錯誤を理由に無効を主張することができないことは、確立した判例であった（最判昭40・9・10民集19-6-1512）。したがって、錯誤無効の効果は、この関係では表意者に取消権を認めているに等しいが、無効主張には期間制限がないので契約の効力を不安定にするとの批判があった。

これに対し、(2)では、Ａは為替レートの錯誤を理由にしているが、主観的な因果関係は認められても、50万円の売買予定価格より２万円（４％）安い48万円が実際の売買価格で、かつ、為替レートは常に変動していることからすると、通常の人ならば契約しないとまでは認められず、Ａの錯誤は、客観的な重要性を充たさないため、Ａの錯誤無効の主張は認められなかった。

【After】

新法では、表示行為の錯誤ならびに法律行為の要素の錯誤およびその効果について、上記の判例の立場を明文化している（一問一答19頁）。

表示行為の錯誤については、新95条１項１号において、「意思表示に対応する意思を欠く錯誤」と規定している。

法律行為の要素の錯誤については、新95条１項柱書において、①主観的な因果関係と、②客観的な重要性とを結合させて、「その錯誤が法律行為の目的及び取引上の社会通念に照らして重要なものであるとき」と規定した。「要素」という文言は、その表現からは、従前からこのような判断基準を導けなかったので削除された。

そして、その効果として、上記の確立した判例法理の立場を反映させて、取消権者を「瑕疵ある意思表示をした者又はその代理人若しくは承継人に限り、取り消すことができる」と規定している（新120条２項）。その結果、錯誤の主張も、また126条の期間制限に服することになった。

以上を **Case** にあてはめると、(1)では、Ａの法律行為は、新たな規定の要件を充たす。これに対し、(2)では、社会通念に照らして重要なものとは認められず新たな規定の要件を充たさない。その結果、(1)では、Ａは売買契約を取り消すことができ、(2)では、Ａは売買契約を取り消すことができない。　　　　　　　　　　　　　　　　　　　［篠塚　力］

6
動機の錯誤

Case

Aは、ある壺を所有していた。Aは、換金の必要に迫られて、古美術商のBに対し「これは、甲の弟子の乙の作品と聞いているので、10万円で買ってくれませんか」と購入をもちかけた。そこで、Bは「乙の作品なのか甲の作品なのかはよくわかりませんが、よい品なので、10万円で買いましょう」と言って、10万円で買い上げた。

その後、この壺が甲の作品であり、時価は100万円であることが判明した。そこで、AはBに対し、「乙の作品だと思ったから10万円で売ったのだから、甲の作品とわかった以上10万円を返すので壺を返してほしい」と返還を求めたが、Bは「そもそも10万円の売値をつけたのはAではないか」「自分の方は、乙の作品なのか甲の作品なのかはよくわかりませんがと注意喚起したではないか」と述べて、いまさら返還に応じられないとしている。

【Before】

Case は動機の錯誤（表意者が法律行為の基礎とした事情についての錯誤）による意思表示が、いかなる要件を充たせば表示行為の錯誤と同様に扱われるかを問う事案である。

「動機の錯誤」については旧法下では明文の規定がなく、動機の錯誤が表示行為の錯誤と同様に扱われるための要件に関して、次の①～④等の判例が存在していた。

①動機が表示されていることを必要とした判例（最判昭29・11・26民集8-11-2087）、②法律行為の内容となっていることを必要とした判例（最判昭32・12・19民集11-13-2299）、③動機が表示されて法律行為の内容となっていることを必要とした判例（最判昭45・5・29判時598-55）、④動機が表示されて法律行為の内容となっていることを必要とするが、表示は黙示的であってもよいとした判例（最判平元・9・14判時1336-93）等である。学説上も、これらの判例の理解に関して、相手方の信頼を保護して取引の安全を図るという観点から、表意者の動機が相手方にも了解されて契約の内容となっていることを重視する見解Ⅰと動機が表示されていることを重視する見解Ⅱとがあった。

Case では、Bは乙の作品であることを基礎に値段を決めておらず、このAの動機は、AB間の契約の内容とはなっていない。したがって、見解Ⅰでは、表示行為の錯誤と同

様に扱われることはなく、錯誤無効となる余地はない。

　もっとも、**Case** では、乙の作品であるから 10 万円で売買するという A の動機が表示されてはいるので、見解Ⅱでは、表示行為の錯誤と同様に扱われる余地がある。A はこの壺が 100 万円の甲の作品であるにもかかわらず乙の作品であると誤解していなければ 10 万円で売ることはなく（主観的な因果関係）、A がこの壺を 10 万円で売買しないことが一般の取引通念に照らしても妥当である（客観的な重要性）とはいえる。しかし、専門家の B が「乙の作品なのか甲の作品なのかはわかりませんが」と述べているのに、A がこの点を無視したのは、重大な過失によるものとして（旧 95 条ただし書）、錯誤無効の主張は認められないと考えられる。

【After】

　新法は、動機の錯誤に関して、新 95 条 1 項 2 号および 2 項に明文の規定を置いた。そして、錯誤が法律行為の目的および取引上の社会通念に照らして重要なものであるときと認められる場合の効果を、上記のとおり、無効から「取り消すことができる」に改めている（新 95 条 1 項柱書）。

　新法では、動機の錯誤に関して、新 95 条 1 項 2 号において、法律行為の要素の錯誤の対象となり得る動機の錯誤を、「表意者が法律行為の基礎とした事情についてのその認識が真実に反する錯誤」と規定し、同 2 項において、「前項第 2 号の規定による意思表示の取消しは、その事情が法律行為の基礎とされていることが表示されていたときに限り、することができる」と規定し、【Before】で述べた動機の錯誤に関する判例法理を明文化し、これらの判例が今後も妥当することになると解されている（潮見・概要 8 〜 9 頁）。「表意者が法律行為の基礎とした事情」「表示されていたとき」の解釈として、【Before】で述べた動機の錯誤に関する判例法理をどのように解するかについての見解の相違はそのままもち越され、新 95 条 2 項の「表示」の要件としての重要度について、上記の見解Ⅰと見解Ⅱとがそのまま存在することになる（潮見・同上、一問一答 23 頁（注）参照）。

　Case では、見解Ⅰに従えば、「意思表示の内容になっていた」とはいえず、「その事情が法律行為の基礎とされていることが表示されていたときに限り、することができる」という要件を充たさず、A は取り消すことができないことになる。

　これに対し、見解Ⅱに従えば、新法では、「甲の弟子の乙の作品である」という表示があるので、「その事情が法律行為の基礎とされていることが表示されていたとき」との要件を充たす。そのうえで、新 95 条 1 項柱書の要件を検討すると、【Before】で検討したとおり、「その錯誤が法律行為の目的及び取引上の社会通念に照らして重要なものであるとき」という要件を充足するものの、A には重過失があるので、結局、いずれの場合も契約を取り消すことができないと考えられる（同条 3 項柱書）。　　　　［篠塚　力］

7
相手方が惹起した錯誤と表明保証

Case

　Aは、ある壺を所有していた。古美術商のBから「これは、甲の弟子の乙の作品と聞いているので、10万円で売ってくれませんか」と売却をもちかけられた。AはBに対し、「甲の作品と聞いていたが、甲の作品ならばいくらくらいになるのか」と尋ねたところ、Bは、「甲の作品ならば、時価は40万円位でしょう」と答えた。Aは、「甲の作品かもしれないので売れない」と拒否したところ、Bは、「甲の作品ではないことは保証しましょう。もし、乙の作品ではなく、甲の作品であることが判明したならば、30万円を追加してお支払いします」と表明したので、AはBに対し、この壺をBの表明保証を前提に10万円で売った。

　その後、この壺が甲の作品であり、時価は100万円であることが判明した。そこで、AはBに対し、10万円を返すので壺を返してほしいと返還を求めたが、Bは表明保証で約束したとおり、30万円を追加して支払うが、壺は返せないと譲らない。

【Before】

　Case は、動機の錯誤による意思表示ではあるが、そのなかでも、特に「相手方が惹起した錯誤」の場合について検討する事案である。さらに、表明保証がされている場合に、錯誤との関係をどのように判断するかを問う事案である。

　下級審判例には、動機の錯誤による意思表示であっても、「相手方が惹起した錯誤」の場合には、動機が表示されたり、表示されて契約の内容となっているかどうかを問題にすることなく、表示行為の錯誤と同様の扱いをして、要素の錯誤の要件（主観的因果関係と客観的な重要性）を検討し、要件を充たすとして、錯誤により無効と認めたものがあった（東京高判平 17・8・10 判時 1907-42）。

　この下級審判例の立場によれば、Bが、甲の作品ゆえに時価 100 万円の壺について、乙の作品として 10 万円、仮に甲の作品としても 40 万円と述べて、Aに誤った動機（法律行為の基礎とした事情についての誤った認識）を抱かせたものであり、「相手方が惹起した錯誤」に該当する。したがって、Aの錯誤が要素の錯誤に該当するかをただちに検

討することができる。Aは、この錯誤がなければこの壺を乙の作品として10万円あるいは甲の作品として40万円では売らなかったであろうし、Aがそうしないことが一般の取引通念に照らしても妥当であって、法律行為の要素の錯誤の要件（主観的因果関係と客観的な重要性）を充たし、無効と認められることになろう。

　表明保証とは、いわゆる保証ではなく、特約条項であり、「不実表示があっても契約の履行段階によっては契約の解消を認めず、損害賠償で処理する旨の合意をいう」（内田貴『民法改正のいま―中間試案ガイド』90頁）とされる。

　表明保証と錯誤との関係については、表明保証の合意が優先するか、錯誤が優先するか、実務上不確定な状況にあった。一般的には、前者であれば、Aは無効の主張は認められず、後者であれば、無効の主張が認められることになる。なお、**Case** では、Bの表明保証により、「甲の作品であっても40万円」というAの動機の錯誤が惹起され、表明保証優先説を採用しても、表明保証自体の合意について、この動機の錯誤が表示されて契約内容となっており、要素の錯誤があるため、錯誤の主張を封じる表明保証の合意をも錯誤無効とし、上記のとおり「相手方が惹起した錯誤」として売買契約を無効と考えることもできよう。仮にBも作品の価値につき錯誤に陥っていたのであれば、Aは共通錯誤を理由に表明保証を無効とし、売買契約をも無効と主張することも考え得る。

【After】

　相手方が惹起した錯誤については、表明保証への悪影響を懸念する一部の反対により、規定は置かれず、改正前と同じ状況にある（第90回会議議事録16〜19頁）。したがって、**Case** に関しては、錯誤を優先する考え方によれば、Aは「相手方が惹起した錯誤」として売買契約を取り消すことができる。表明保証を優先する考え方によると、乙の作品であるという点の錯誤については、Aは売買契約を取り消すことができないと考えられる。もっとも、甲の作品であれば40万円であるという点の錯誤により、表明保証の合意自体を取り消すことができ、上記のとおり「相手方が惹起した錯誤」として売買契約をも取り消すことができると考えることもできよう。

　「相手方が惹起した錯誤」は、明文化されなかったが、不実表示の類型に関するものは、表意者により「その事情が法律行為の基礎とされていること」が黙示に「表示されていた」（新95条2項）――しかも、不実表示をした相手方はこのことを了解している――と解することができる（潮見・概要11頁、部会資料83-2・3頁）。また、不実表示の類型に必ずしも該当しなくても、「相手方が惹起した錯誤」のかなりの部分が共通錯誤（同条3項2号）になり得るため、改正法でも「相手方が惹起した錯誤」を肯定する手がかりは存在する。

〔篠塚　力〕

8
錯誤者の重過失

Case

(1)　Aは、古美術商のBに対し、Aが保有する壺に関して、「100万円なら売ってもよい」と言うつもりのところを「10万円なら売ってもよい」と言い間違えてしまった。Bは「10万円ならば掘り出し物だ」と考えて、「その値段で買いましょう」と回答した。Bは、Aの面前で売買価格として「￥100,000.-」と書かれた契約書案を作成して、Aに示した。Aは、「￥100,000.-」を100万円と、読み違えて誤信したまま契約書に署名捺印した。以下のそれぞれの場合、Aが錯誤の効果を主張することは許されるか。

　(ア)　契約締結時に10万円という価格についてBがAの勘違いと気づいていたときはどうか。

　(イ)　Bは、1年ほど前にAから依頼を受けて、この壺のことを詳しく調べて時価100万円とする鑑定書を書いており、古美術商であれば当然に、Aが勘違いしていることに気づくはずであったときはどうか。

(2)　上記(1)(イ)の場合において、従前甲の作品とされ、AもBも甲の作品であると認識していたこの壺が、その後、新開発の検査方法により、実は丙の作品であり、時価が1,000万円であることが判明したときはどうか。

【Before】

　旧95条ただし書は、表意者の意思表示に要素の錯誤があったときでも、表意者に重大な過失があった場合には、自ら錯誤無効を主張することはできないと規定していた。

　表意者に重大な過失があった場合でも、相手方が表意者の錯誤に気づいていたり、もしくは気づかないことに重大な過失がある場合、または相手方もまた同じ錯誤に陥っていた場合（共通錯誤の場合）に関しては、旧法は規定を置いておらず、旧条文からは、これらの場合に、表意者が錯誤無効を主張できるか否かは読み取れなかった。

　通説は、表意者に重大な過失があった場合に錯誤無効の主張が許されない理由は、表示に対する相手方の信頼を保護することによって取引の安全を図るためなので、相手方が表意者の錯誤に気づいていたり、もしくは気づかないことに重大な過失がある場合に

は、保護に値する信頼はないので、旧95条ただし書を理由として表意者は錯誤無効の主張を妨げられることはないと解していた。

Case (1)の場合には、Aの錯誤には重過失がある。しかし、(ア)の場合には、BはAの錯誤に気づいていたので、通説によれば、Aは旧95条ただし書を理由として錯誤無効の主張が妨げられることはなかった。(イ)の場合、Bが過去にこの壺を鑑定した経験に照らし、BにはAの勘違いに気づかないことについて重過失が認められるので、通説によれば、この場合も(ア)の場合と同様であった。

共通錯誤の場合について、通説は、相手方も表意者と共通の認識、すなわち共通の錯誤に基づいて意思表示をしたにもかかわらず、表意者に重過失があることを理由として錯誤無効の主張を封じれば、相手方が望外の利益を得ることになって妥当でないので、旧95条ただし書の適用はないものとしていた。Case (2)でも、重過失のあるAに錯誤無効の主張を許さないとBが10万円の対価で1,000万円の壺を獲得するという望外の利益を得る結果となり、妥当でない。下級審判例には、共通錯誤による無効を認めたものがあった（東京地判平14・3・8判時1800-64）。

したがって、通説によれば、Case (2)は共通錯誤の場合に当たるので、旧95条ただし書の適用はなく、Aの錯誤に重過失があることを理由として錯誤無効の主張が妨げられなかった。

【After】

新法では、新95条1項柱書において、錯誤の効果を取消しと改めたうえで、上記の通説を明文化して、同条3項において、表意者に重大な過失があっても、要素の錯誤による取消しをすることができる場合を1号、2号に規定して、明確にした（一問一答26頁）。

Case (1)(ア)の場合は、Bは、新95条3項1号の「相手方が表意者に錯誤があることを知り」に該当し、Case (1)(イ)の場合は、Bは、同号の「相手方が……重大な過失によって知らなかったとき」に該当し、Aは、いずれの場合も、Aの錯誤が重過失によることを理由として錯誤取消しの主張を妨げられることはない。

Case (2)の場合は、BもまたAと同様にこの壺が甲の作品という共通の認識、すなわち共通錯誤に基づいて、売買契約をしたものである。したがって、新95条3項2号の「相手方が表意者と同一の錯誤に陥っていたとき」に該当するので、Aの錯誤が重過失によることを理由としてAの錯誤取消しの主張が妨げられることはない。　　［篠塚　力］

9
錯誤取消しと第三者

Case

(1)　AはBに対し、自己の所有する甲土地について、従前、建物の建築ができないという規制がある土地であったため、その時点でも同様と誤解して、100万円で売却した。その後、Bは、150万円の資金が必要となり、不動産業を営むCに対し150万円で売却した。

Cは、甲が規制の変更により建築できるようになったのではないかと考えたが、今調査しても得にはならないと考えて調査をしなかった。

その後まもなく、Aは、別の不動産業者から甲は数年前から建物の建築が可能な土地となり、時価が1,000万円程度であることを知らされた。CがAの錯誤を知らなかった場合、AはCから甲を取り戻せるか。

(2)　甲が建物の建築が可能であることが判明した直後に、AはBに対し、甲をCから取り戻せないかを相談したが、Bには断られて一旦断念した。それから5年経過した後、Aはお金に困り、Bに対して「売ったのは間違いだったので甲を取り戻してほしい」と申し入れたが、Bが断ると、Cに対して甲の返還を求めた。Cは返還に応じない。AはCから甲を取り戻せるか。

【Before】

Case(1)は、AはBに対し売買契約の錯誤無効を主張できるという前提のもとに、錯誤によりされた意思表示を前提として新たに利害関係を有するに至った第三者Cが保護されるか否か、保護されるとした場合は、その要件を問う事案である。

旧95条は、第三者を保護する規定を定めていなかった。伝統的通説は、規定がないことを理由に、錯誤者は錯誤無効の要件を充たす場合には善意の第三者に対しても、錯誤無効を主張できるとした（新版注釈民法(3)464頁〔川井健〕）。また、錯誤による無効は、善意の第三者に対抗できるとした判例も存在した（大判大11・3・22民集1-115）。これに対し、94条2項あるいは旧96条3項を類推適用して善意の第三者を保護する学説（同書464頁）や下級審判例（福岡高判平11・6・29判タ1026-201）も存在し、さらに、このなかでも善意につき無過失まで要求するか否か分かれていた。

Case(1)は、Cは不動産業者であり、甲が建物の建築が可能な土地であるかもしれな

いと思いながら、あえて調査をしなかったのであるから、善意であることについて有過失の場合に該当すると評価できよう。伝統的な通説では、AはCに対し、錯誤無効を主張できた。これに対し、94条2項あるいは旧96条3項の類推適用を認める見解のうち、善意・無過失を要求する見解では、AはCに対し錯誤無効を主張でき、善意に無過失を要求しない見解では、錯誤無効を主張できなかった。

　なお、仮に本件売買の目的物が動産の場合、192条の即時取得の問題となり得る。

　Case (2)は、錯誤の効果を主張するのに期間制限はないかを問う事案である。

　Case (2)の錯誤の効果は無効であるので、126条に規定する取消権のような期間制限はなかった。したがって、AはBおよびCに対し、錯誤無効を主張できる。もっとも、信義則ないし権利失効の原則によって錯誤無効の主張ができなくなることがあり、取消しとの差異はほとんどないとの指摘がされており、取消しに関する旧122条～126条を類推適用すべきであるという見解もあった（「検討事項(1)」詳細版330頁）。この見解によれば、Aの錯誤無効の主張は制限され得る。

【After】

　新95条1項は、錯誤の効果を取消しに改めたうえで、同条4項において、この取消しは、善意で過失がない第三者に対抗できないと定めた（一問一答20頁）。

　この場合の第三者保護規定は、表意者が権利を失うことを正当化するために第三者の信頼が保護に値すること、すなわち第三者の善意・無過失を要求した。

　したがって、Case (1)では、Cが善意・無過失でなければ、AはCに対し、錯誤取消しの効果を対抗でき、AはCから甲土地を取り戻すことができ、善意・無過失の場合には取り戻すことができない。また、AがBに売り渡したのが動産であった場合については、旧法と同様、即時取得の問題として【Before】で述べたとおりの結果となる。

　Case (2)に関しては、新95条1項は、錯誤の効果を取消しとしたので、錯誤による取消権は、126条により、追認をすることができる時から5年で消滅する。

　追認をすることができる時とは、錯誤の場合は錯誤に陥っていたことを知った時と解されている。Case では、Aが、甲について数年前から建物の建築が可能な土地となり、時価が1,000万円程度であることを知らされた時がこれに当たる。この期間制限を、除斥期間とする立場からは、Cの援用を要することなく、Aは錯誤による取消権を行使できない。消滅時効と解する立場に立っても、Cが甲の第三取得者として消滅時効を援用すれば（新145条かっこ書）、Aは錯誤による取消権を行使できず、甲を取り戻すことはできない。

［篠塚　力］

10
第三者の詐欺

Case

　A株式会社は、自社の商品を販売するに当たって、B株式会社との間で、Bから顧客の紹介を受けるとともに、当該顧客とAとの間で売買契約が成立した場合には、Bに一定の報酬を支払う業務提携契約を締結している。Bは、この業務提携契約に基づき、C株式会社をAに紹介し、CはAとの間でA社の製品の売買契約を締結した。ところが、Bは、製品のランニングコストに関し、Cを取引に誘引する意図でCに対して故意に虚偽の説明を行っており、CはBの説明を信じてAとの間で契約を締結していた。

　Cは、いかなる事情を主張立証すれば、売買契約に係る自己の意思表示を詐欺により取り消すことが可能か。

【Before】

　旧96条2項は、相手方に対する意思表示について第三者が詐欺を行った場合に、相手方がその事実を「知っていたときに限り」意思表示を取り消すことが可能であると規定していた。したがって、AがBの行為とそれによってCが意思表示をしたことを知っていた場合には、同条2項に基づき、CはAに対する意思表示を取り消すことができる。

　もっとも、この「知っていたときに限り」という文言については議論が存在した。第三者による詐欺の事実にもかかわらず意思表示を取り消すことができないといえるためには、相手方の意思表示に対する信頼が保護に値する必要があるという立場が存在し（いわゆる権利外観法理）、同様に意思表示の効力が問題になる心裡留保（旧93条）の場面においても、表意者の帰責性が大きいにもかかわらず、無効主張のために相手方の無過失が要求されている。このことから、詐欺の場面においても、意思表示の相手方が保護されるためには、第三者の詐欺を知らなかったことについて過失がないことを要求する見解が有力であった。しかし、この点に関する明確な判例法理は存在しなかった。

　仮に相手方に無過失を要求しないと解すると、例えばAがBの欺罔行為を知らなかった場合には、たとえAに過失があったとしても、Cは詐欺を理由とする取消しはできず、自己の錯誤が要素性を有する場合に錯誤無効の主張が可能であるにとどまる。

　なお、大判明39・3・31民録12-492は、代理人が詐欺を行った場合に、本人の主観的

事情にかかわらず取消しを認めている。この判決は、本人の認識を問わず詐欺取消しが可能な理由として、旧101条1項が適用されることを挙げている。しかし、**Case** のように B が代理行為ではなく契約締結の媒介を行ったに過ぎない場合に本判決の射程が及ぶかは明確でない。

【After】

新法においては、上記有力説を前提に、新96条2項に「知ることができたとき」という文言が追加された結果、A が B の欺罔行為とそれによって C が意思表示をしたことを知っていた場合のみならず、これらを知らなかったことについて過失がある場合も、C は自己の意思表示を取り消すことができることが明確になった。

以上に加え、法制審議会（中間試案補足説明25頁参照）においては、代理人の詐欺に関する上記明治39年判決を明文化するとともに、**Case** のような契約締結の媒介受託者が行った詐欺の場合も相手方の善意・悪意を問わず意思表示の取消しを認める内容の提案がされていた。しかし、このように主観的事情にかかわらず取消しが認められるために相手方と欺罔行為者の間にいかなる関係が要求されるかについては見解の相違があり、また範囲を適切に表現することも困難であったことから、明文化は見送られた。

なお、新法において、旧101条1項は、新101条1項と2項に分割され、その内容も、代理人が詐欺を行った相手の意思表示の効力とは無関係の規定となった。この結果、代理人が詐欺を行った場合に関する上記明治39年判決はその前提を失うことになり、代理人や、**Case** のような媒介受託者が詐欺を行った事例において、新101条に依拠して対応することはできない。

もっとも、本人に意思表示の効果が帰属する代理人が詐欺を行った場合は、新96条2項にいう第三者の詐欺には該当せず、たとえ本人が無過失であっても相手方は取り消すことができるという結論に変化はないと思われる（→ Case15）。　　　　［泉原智史］

11
詐欺取消しと第三者

Case

　Aは、自己の所有する土地を、Bの欺罔行為により、価値がないものと信じて二束三文でBに売却し、所有権移転登記を行った。Bは、これをCに高値で転売して移転登記を行った。その後になってBに欺罔されていたことに気づいたAは、Bに対して売買契約に係る意思表示を取り消すとともに、所有権に基づき、Cに対して真正な登記名義の回復を原因とする所有権移転登記手続を求める訴訟を提起した。

　Cは、いかなる事情を主張立証すれば、Aの意思表示の取消しの効果を自己に対抗されずに済むか。

【Before】

　96条3項は、改正前後を問わず、取消し前に法律上の利害関係を有することになった第三者を取消しの遡及効から保護することを目的とした規定と解されている（大判昭17・9・30民集21-911）。したがって、取消し後に登場した第三者は、保護の対象とはならない。

　このように、法律行為の有効性を前提として関係に入った第三者が保護されるためには、当該第三者に保護に値する信頼が必要であるという考えが長らく主張されてきた（いわゆる権利外観法理）。この考え方を詐欺と第三者の関係において原則どおり用いる場合、**Case** のCは、単にBの詐欺を知らなかったのみならず、そのことについて無過失であることが、意思表示の取消しの効果を対抗されないために、要求されることになる。

　しかし、旧96条3項は、詐欺による意思表示の取消しは「善意の第三者に対抗することができない」とのみ定めていた。最判昭49・9・26民集28-6-1213は、文言どおり善意のみを要求するようにも理解できる内容となっているが、なお無過失であることを要するという考え方もあり、学説は分かれていた。

　旧96条3項の文言どおり善意のみを要求する場合、Cは、Bの行為について知らなかったことを主張立証できれば、Aから取消しの効果を対抗されることはない。AとCとの関係では、Aの請求は棄却されることになる。

【After】

　新96条3項は、詐欺の被害者による取消しの効力を第三者との関係で否定するには、当該第三者に保護に値する信頼が必要であるという上記の見解を採用し、「善意でかつ過失がない」第三者に限り、取消しを対抗されないこととなった。このため、CはBの行為を知らなかっただけではなく、そのことについて無過失でなければならない。

　善意・無過失の主張立証責任の分配については、新法と同様の文言である中間試案補足説明（29頁）において、特定の立場を支持せず解釈に委ねる旨が明らかにされている。通常は、これにより利益を受けるCが少なくとも善意については主張立証責任を負うとされることが多いものと思われる。これに対し、過失の有無について、第三者Cの側に無過失の主張立証責任を負わせるとすれば、結果としてCに事実上の調査義務を課することとなるが、それは困難であり不当であるという指摘がある。

　仮にCが善意および無過失の主張立証責任を負い、過失の有無がAによって争われる場合、一連の事実経過から、Cが自己の無過失の根拠と考える事実（無過失の評価根拠事実）を取り上げて主張立証する一方、AはCが無過失とはいえないこと示す事実（無過失の評価障害事実）を摘示して立証することになる。

　もっとも、実際には、Cの善意を前提に過失のみが争点となるのではなく、多くの場合は旧法下と同様にCの善意・悪意についても争われるものと思われる。そして、Cの善意のみが要件とされた旧法下においても、この点が争われた場合は、Cが自己の善意を主張しそれを推認させる間接事実を主張する一方、AはCの善意の主張を否認してCの悪意を推認させる間接事実を主張することで訴訟が進行していたものと思われる。これらの間接事実は、実際上、上記の無過失の評価根拠・障害事実と隣接または重複するものが多い。結果として、訴訟段階において双方に要求される主張立証活動は旧法下と新法下を比較して大きな差が生じない場合も多いものと考えられる。

［泉原智史］

12
意思表示の到達

Case

　Aは、B社の営業マンに「特別に秘密な投資で、1ヶ月後には絶対3倍になる」と説明されて、300万円を渡した。ところが、その後3ヶ月経過しても30万円しか支払われないため、弁護士であるCに依頼し、将来に受け取るべき金額について提供された断定的判断の内容が確実であると誤認したこと（消契4条1項2号）を理由として申込みの意思表示を取り消す旨の通知を書留郵便で出した。ところが、Bは書留郵便を受け取らず、それは留置期間経過によってCに返送された。

【Before】

　旧97条1項では、意思表示の効力発生時期について、隔地者に対する関係では通知の到達時とされていた。ここにいう隔地者は、意思表示の発信から到達までに時間的間隔がある者を指すと解されており、**Case**の（A代理人弁護士）CとBもこれに該当する。

　到達の意義について、最判昭36・4・20民集15-4-774は、借地契約の解除の前提となる賃料支払の催告の有無が争われた事案において、代表取締役または代表者から受領の権限を付与された者によって受領されまたは了知されることを要するものではなく、それらの者にとって了知可能の状態に置かれることを意味すると判示した。ここにいう「了知可能の状態」であるか否かは事案に即して判断されるが、この立場を貫くと、**Case**では、Bは受け取らず（A代理人弁護士）Cに返送されたため、到達がないことになりそうである。

　ところが、不在配達通知書により書留郵便（内容証明郵便）の送付を知っただけではなく、名宛人が相続関係について弁護士に相談しており、郵便の内容が遺留分減殺の意思表示（または少なくともこれを含む遺産分割協議の申入れ）であると十分に推知できた事案において、最判平10・6・11民集52-4-1034（以下「平成10年判決」という）は、「遺留分減殺の意思表示は、社会通念上、Yの了知可能な状態に置かれ、遅くとも留置期間が満了した時点でYに到達したものと認めるのが相当である」と判示した。この立場からは、**Case**においてBへの到達を認めることも可能な場合があることになる。

【After】

　平成 10 年判決は、平成 30 年改正前の 1042 条による「1 年間」という遺留分減殺請求の期間制限が問題となった事案に関するものであり、その結論は、実質的に妥当なものと思われる。

　しかし、旧法における「到達」という文言の解釈として、このような結論を導くことは必ずしも容易ではない。

　そこで新法は、相手方に対する意思表示は（隔地者だけではなく、対話者を含めて）相手方にその通知が到達した時からその効力を生ずるとしたうえで、相手方が正当な理由なく意思表示の通知が到達することを妨げたときは、その意思表示の通知は、その通知が通常到達すべきであった時に到達したものとみなすことを明確にした（新 97 条 1 項・2 項）。これは、平成 10 年判決の論理を認める趣旨であり、その実質は、相手方が通知の受取りを正当な理由なく拒絶した事例であったことによるものと理解し、相手方が正当な理由なく到達を妨げた場合には「到達」を擬制するという結論を明文化したものである。

　新法における「正当な理由なく……到達することを妨げた」の解釈においては、平成 10 年判決の指摘した事実関係が参考になる。不在配達通知書により書留郵便（内容証明郵便）の送付を知っただけではなく、郵便の内容を十分に推知できたことまで必要か否かという点については、今後の解釈に委ねられているが、既に契約関係にある人からの意思表示であるか、全く面識のない人から内容不明の郵便物が配達された場合であるかなど、個別の事案に即して判断されることになると思われる。

　Case では「特別に秘密な投資で、1 ヶ月後には絶対 3 倍になる」と説明して A から 300 万円を受領し、3 ヶ月経過しても 30 万円しか支払っていないトラブルがあるので、A 代理人弁護士である C からの内容証明郵便であることが不在配達通知書に記載されていれば、内容を推知することは十分に可能だと思われる。そして、将来に受け取るべき金額について提供された断定的判断の内容が確実であると誤認したこと（消契 4 条 1 項 2 号）を理由とする取消しについても「1 年間」の期間制限がある（消契 7 条 1 項。平成 28 年法第 61 号による改正前は「6 箇月」であった）ことも考慮すれば、留置期間経過によって C に返送されたとしても、B が「正当な理由なく……到達することを妨げた」ものとして、通常到達すべきであった時に「到達」したものとみなされることになる。同項にいう「通常到達すべきであった時」も解釈の問題であるが、平成 10 年判決を参考にすると、遅くとも留置期間が満了した時点では到達が擬制されるものと考える。施行日（令和 2 年 4 月 1 日）前に通知が発せられた意思表示については、「なお従前の例による」（附則 6 条 2 項）ため、新 97 条は適用されない。　　　　　　　　　　［中込一洋］

13
表意者・受領者の能力の喪失

Case

　Aは、赴任先に移動する際に航空機事故にあい、一命はとりとめたものの、意識の回復が困難な状態に陥った。

　⑴　Aは、旧居で使用していた電話の契約を解約するため、電話会社Bの解約申込書を郵送したが、事故当時はBに配達されていなかった。

　⑵　Aは、赴任先で使用する自動車を購入するため、Cと交渉を行っていた。Aは、出発前に、Cの署名捺印済の契約書案に自己の署名捺印を行い、Cに郵送したが、事故当時はCに配達されていなかった。

　⑶　Aの友人Dは、Aとの間で相互に金銭の貸借をしていたが、Aの異動を機にそれを清算したいと考え、事故の事実を知らないまま、事故後にAに対して電子メールで計算書を送って相殺する旨を通知した。

　⑷　Aは、自己所有の自転車を売却するため、Eと交渉を行っていた。Eは、Aの出発前に、Aの署名捺印済の契約書案に修正をすることなく自己の署名捺印を行い、Aに郵送したが、事故当時はAに配達されていなかった。

　これらの場合において、各意思表示の効力はどうなるか。

【Before】

　旧97条2項は、意思表示の効力に関し、意思表示の後、表意者が死亡しまたは行為能力を喪失した場合にも、意思表示の効力は失われない旨規定していた。しかし、表意者が意思能力を喪失しても、引き続き後見開始の審判が行われていなければ、行為能力を喪失した場合には該当しない。意思能力を失った場合にも旧97条2項が類推適用されるという指摘は学説上存在したものの、明文の規定は存在しない状態にあった。

　したがって、⑴におけるAの解約の意思表示の効力がBに及ぶか否かについては、条文上は明らかでない状態にあった。

　これに対し、承諾のケースである⑵では事情が異なる。承諾については、その発信をもって契約が成立する（旧526条1項）ために、発信者の意思能力の事後喪失は問題にならない。したがって、AのCに対する承諾の意思表示は効力を有する。

　⑶においては、Dの意思表示の効力発生時である相殺通知の到達時に受領者である

Aは意思能力を喪失している。旧98条の2は、意思表示の相手方が意思表示の受領時に成年被後見人であった場合には、その意思表示をもって相手方に対抗できないと規定していた。しかし、(3)のように受領者が意思能力を失った場合は、意思表示を受領できない以上その効力も発生しないという指摘はあったものの、旧97条2項と同様に明文の規定が存在しなかった。このため、Dによる相殺の意思表示をAに対抗できるか否か、条文上は明らかでない状態にあった。

(4)については、旧526条の解釈次第で様々な結論があり得るように思われる。例えば、期間を定めず発した承諾は、現実の到達の有無にかかわらず発信時に確定的に契約の効力が生じるという見解（発信原則説）が存在したが、この考えに立てば、Eの承諾発信後にAが意思能力を喪失したとしても、契約の確定的な効力は左右されないという帰結もあるように思われる。これに対し、例えば、同条は契約の成立時を規定したに留まり、承諾の効力は原則どおり到達時に生じるという見解や、承諾の効力は到達を条件として発信時に遡って生じるといった見解に立つ場合、承諾到達前にAが意思能力を失っていることの評価次第で結論が異なってくるように思われる。この点に関する判例は見当たらず、学説も分かれていた。

【After】

新97条3項により、表意者が意思表示後に意思能力を失った場合も、意思表示の効力が失われないことが明確になった。したがって、(1)のAの意思表示は有効である。

つぎに、承諾の発信主義（旧526条）が撤廃されたことから、(2)の場合にも、(1)と同様に意思表示の発信と到達の間の意思能力の喪失が新たに問題になる。法制審議会においては、承諾の場面における特則として、承諾の発信後到達前に表意者が意思能力を喪失したが、到達前に相手方がその事実を知ったときは、承諾の効力が生じない旨の規定を置くことが検討されていた。しかし、この提案は、相手方の知不知により契約の成立が左右され法的安定性を欠くという理由で見送られた（ただし、申込みに関する同様の提案は、承諾と異なり新526条に導入された）。その結果、(2)の場面においても、意思表示一般の規定に従い、(1)と同様Aの承諾の意思表示は効力を失わないものと解される。

また、新98条の2により、意思表示の相手方がその受領時に意思能力を失った場合も、表意者の意思表示の効力を受領者に対抗することができないことが明確になった。したがって、(3)において、Dの相殺の意思表示はAに対抗することができない。

(4)については、承諾についての発信主義（旧526条）が撤廃されたことから、改正前のような困難な解釈問題は生じず、(3)同様、到達時の受領者の意思能力（受領能力）の問題となる。そして、(4)においては、受領時に意思能力を失っている以上、Eの承諾はAに対抗することができないことが明確となった。　　　　　　　　　［泉原智史］

14
意思表示の受領能力

Case

　(1)　Case13 (3)において、Aの配偶者FはAの成年後見の申立てを計画し
ているが、未だ申立てには至っていない。この間に、FはAのメールボック
スからDの相殺通知を発見した。

　(2)　Case13 (3)において、Aに後見開始の審判が行われ、Aの配偶者Fが
成年後見人に就任した。その後、Fは、AのメールボックスからDの相殺通
知を発見した。

　(3)　Case13 (3)において、Aは事故後しばらくして意識を取り戻し、自己
のメールボックスからDの相殺通知を発見した。

　これらの場合において、Dによる相殺の意思表示の効力はどうなるか。

【Before】

　旧98条の2は、意思表示の相手方が未成年者または成年被後見人である場合の意思
表示の効力を規定している。これらの者が意思表示を対抗されないことの根拠として挙
げられる、意思表示に対応する者がいないという点は、受領者が意思能力を失った場合
にも妥当するという指摘は以前から存在したものの、意思能力を失った相手方に関する
明文の規定はなかった（→ Case13）。

　また、意思能力を失った意思表示の相手方が、その後に意思能力を回復した場合に、
自己に向けられた意思表示を対抗され得るかについても、旧法に規定は存在しなかった。
この点については議論があり、能力喪失が一時的であれば意思表示の効力が生じる余地
を認める見解が存在した一方、一時的か継続的かを問わず、意思表示の相手方が受領時
に意思能力を有しない以上、意思表示の到達は認められないという見解もあった。

　このため、後見が開始されていない(1)および(3)において、AがDの意思表示の対抗
を受けるかについては条文上明らかでなく、また(3)のように事後に意思能力を回復した
場合については、支配的な解釈が存在しない状況にあった。例えば、(3)において、受領
時点の意思能力で意思表示の効力を決し、意思能力の事後的な回復によって一度は受領
者に対抗できなくなった意思表示が再び対抗できるようにはならないという見解を採る
場合、Dの意思表示はAの意識回復にもかかわらず確定的にAに対抗できないことに

なる。もっとも、この解釈によると、次に述べる法定代理人（成年後見人）が意思表示を知った場合の処理と比較し、妥当性を欠く結論となるように思われた。

これに対し、旧法下においても、後見が開始された場合は、旧98条の2本文により、成年後見人が通知を知るまでは意思表示の効力を対抗されないものの、同条ただし書により、成年後見人が通知を知った後は、意思表示の効力が対抗されることになる。

したがって、(2)においてFが通知を発見した後は、Dは、相殺の効力を本人Aに対抗することが可能になる。その後の処理については、法定代理人（成年後見人）であるFが適切に対応することが期待されるというのが、その根拠である。

【After】

新98条の2に、意思表示の相手方が意思能力を失った場合が追加され、原則として意思表示は意思能力を失った受領者に対抗できないことが明確となった。

したがって、(1)〜(3)のすべてにおいて、原則としてDの意思表示はAに対抗できない。

また、新98条の2第2号により、法定代理人が付されて通知を知った場合（1号）に加えて、受領者が事後に意思能力を回復し、または行為能力者となった場合は、例外的に意思表示を受領者に対抗できるようになることが定められた。本人が能力を回復して意思表示の存在を知れば、法定代理人がそれを知った場合と同様、意思表示に対して適切に対応することが期待できると考えられるのが、この規定が加えられた理由である。

したがって、(2)に加えて、(3)においても、Aが意思能力を回復しDの通知を知った後は、Dは相殺の意思表示をAに対抗することが可能になる。　　　　　［泉原智史］

15
代理人に対する詐欺・代理人による詐欺

Case

　Aの代理人Bは、Cとの間で、Aの代理人として、Cが所有する美術品をAが購入するとの売買契約を締結したところ、

　(1)　Cは、Bに対し、当該美術品がレプリカであることを知りながら、著名な芸術家の真作であると偽り、Bがそれを信じた結果、実際の時価の20倍の価格で当該美術品が売買された場合、Aは当該売買契約について、どのような主張ができるか。

　(2)　Bは、Cに対し、当該美術品が、著名な芸術家の真作であることを知りながら、鑑定にかけた結果レプリカであったと偽り、Cがそれを信じた結果、実際の時価の20分の1の価格で売却に応じてしまった。AはBが欺罔行為を行ったことについては善意であったという場合、Cは当該売買契約について、どのような主張ができるか。

【Before】

　代理行為における意思表示の効力に関して、旧101条1項により、意思の欠缺・瑕疵やある事実についての知・不知等の問題は、代理人を基準として決すべきことが決められている。**Case**(1)のように、代理人が取引の相手方から欺罔された場合、代理人の意思表示を取り消し得るかどうかは、同条1項により、本人Aではなく、代理人Bを基準として、詐欺取消し（旧96条1項）の要件を充足するかによって判断されることになる。

　また、**Case**(2)のような、代理人による詐欺については、古い判例は、意思表示が詐欺によって影響を受けるか否かは旧101条1項が代理人において決するとしていることを理由に、代理人が詐欺行為をしている以上、本人がこの事実を知らなくても、相手方は意思表示を取り消すことができるとしていた（大判明39・3・31民録12-492）。

　しかしながら、意思表示に瑕疵があるのは、本人Aではなく、取引の相手方であるCであることから、代理人を基準に詐欺取消しの要件を充たすか判断すること自体に異論はないながらも、旧101条1項を適用すべきではなく、端的に、詐欺取消しに関する旧96条1項を直接適用することによって、結論を導くべきであるとする見解が多数で

あった。

【After】
　新法では、代理人が相手方に対して行った意思表示については新101条1項に、相手方が代理人に対して行った意思表示については同条2項に分けて規定しているので、**Case** (1)のような、相手方が代理人に対して行った詐欺による、代理人の相手方に対する意思表示の効力に関しては、同条1項が適用されることとなり、代理人を基準として詐欺取消しの要件を充たすか判断されることになる。なお、この場合の取消権は、新120条2項により瑕疵ある意思表示をした者、すなわち代理人が行使できるのに加え、効果が帰属する本人が行使できるのは当然のことと考えられる。

　また、**Case** (2)のような代理人の行った詐欺による相手方の意思表示の効力の問題については、代理人の意思表示の問題ではないから新101条1項は適用されず、また、相手方が代理人に対して行った意思表示の効力が、意思表示を受けた者がある事情を知っていたことまたは知らなかったことにつき過失があったことによって影響を受けるべき場合でもないから、同条2項にも該当しないことが明白である。したがって、同条の適用外であり、新96条そのものの適用問題であることが明確にされた。代理人による意思表示の効果が帰属する本人は、新96条2項の「第三者」ではなく、当事者そのものと考えるべきといえる（これにより、代理人による詐欺につき旧101条1項を適用して処理をした上記大判明39·3·31は、先例としての価値を失う。潮見・概要16頁）。

　その意味では、改正の前後で、**Case** において導かれる結論に実質的な変更があることは想定されないが、101条1項の改正および2項の追加により、条文の適用関係が明確化されたといえる。　　　　　　　　　　　　　　　　　　　　　　　　　［飯島奈津子］

16
本人の悪意と代理行為の効力

Case

　Aの代理人弁護士Bと、Cの代理人弁護士Dとの間で債権譲渡契約が締結されていたところ、本人AC間では、この債権譲渡は架空のものであることが合意されていたが、代理人BDは、この債権譲渡が架空のものであることを本人らから知らされず、それを知らないまま、債権譲渡契約書の作成・条項の詰めおよび調印を依頼され、代理人BD間において同契約書は調印された。この場合、本人が架空であったことを知ってはいたが、代理人は知らなかったことを理由として、通謀虚偽表示による無効が主張できなくなるのか。

【Before】

　旧101条2項には、「本人の指図に従って」という文言があり、本人から代理人に対して特定の法律行為の委託があったという以上に、本人から代理人に対する指図の事実までが認定されなければ、同条項が適用されないという解釈もあり得るところであった。

　しかしながら、古い判例（大判明41・6・10民録14-665）は、特定の法律行為をすることを委託された代理人が本人の指図に従いその行為をすることを要するのは当然ながら、特定の法律行為を委託された以外に、常に必ずしも本人の指図を受けるという特種の事実が存することを要するものではないとしており、学説上も実務上も、その解釈に特段の異論はない状況であった。

　したがって、改正前も、上記の判例法理により、**Case** においては、本人から代理人に対する、架空の債権譲渡契約を締結するとの「指図」の事実までが主張立証されないとしても、本人から代理人に当該債権譲渡契約締結の法律行為の委託があった事実が認定されれば、旧101条2項が適用されることとなり、その結果、本人（AやC）の主観を基準として、通謀虚偽表示（94条）に該当する「通謀」があったかどうかなどが判断されることになる。

　すなわち、代理人らが、当該債権譲渡契約が架空のものであることを知らなかったとしても、本人らが架空の債権譲渡であることを合意していた以上は、本人らは、代理人らがこれを知らなかったことを主張することは許されず、当該債権譲渡契約は、通謀虚偽表示として無効とされることになる（94条1項）。

【After】

　新法においては、旧101条2項の「本人の指図に従って」との文言が削除される形で同条項が、新101条の3項に移されたので、上記の判例法理のとおり、同条項の適用に当たり、特定の法律行為の委託のほかには、本人の指図の事実の存在を要しないことが、条文上も疑義のない状況となった。

　したがって、本人（AやC）が特定の法律行為（**Case** では、債権譲渡契約の締結）を代理人（BやD）に委託したとの事実があれば、本人の特段の「指図」の事実の有無を問題とすることなく新101条3項が適用される。その結果、本人が自ら知っていた事情（**Case** では、債権譲渡契約が架空のものであること）について、代理人が知らなかったことを理由として、本人が通謀虚偽表示ではないとの主張をすることは許されず、本件債権譲渡契約は、本人らの主観を基準にして、通謀虚偽表示であると認定されることになり、無効である（94条1項）。

　本改正により、**Case** における結論が変更されることはないものの、条文中の文言の扱いについて疑義のない条文となるよう、文言が明確に改められたわけである。

［飯島奈津子］

17
代理人の行為能力の制限と代理の効力

Case

(1)　Aが自ら選任した代理人Bについて、補助開始審判が出され、Bの補助人としてCが選任されるとともに、不動産の売買行為については補助人の同意を要する旨審判されたが、Bは、Cの同意なく、Aに委託されたAを代理する行為を行い、Aの所有する不動産を売却する契約を締結した。Aは、同契約を取り消すことができるか。

(2)　未成年者Aの単独親権者Bについて、補助開始審判が出され、Bの補助人としてCが選任されるとともに、不動産の売買行為については補助人の同意を要する旨審判されたが、Bは、Cの同意なく、Aの法定代理人として、Aの所有する不動産を売却する契約を締結した。Aは、同契約を取り消すことができるか。

【Before】

旧102条は、「代理人は、行為能力者であることを要しない」としており、代理人が制限行為能力者であった場合の代理行為の効力について直接規定するものではない。しかし、同条の解釈として、本人が選任した代理人が制限行為能力者であったとしても、本人があえてそのような者を代理人として選任した以上は、代理人が制限行為能力者であったことを理由として、代理行為を取り消すことはできないとされていた。したがって、**Case**(1)のような任意代理の場合、Aは、Bについて補助が開始していて、Bが制限行為能力者であり、補助人Cの同意が必要なはずの不動産売買行為を、補助人Cの同意を得ずに行ったことを理由として、Bの締結した契約を取り消すことはできない。

他方、**Case**(2)のような法定代理の場合も、旧102条が適用され、代理行為の効力は、代理人の制限行為能力の影響を受けないというのが通説とされてきてはいたが、これについては、批判が多かった。その理由とするところは、法定代理（未成年後見・成年後見・親権）の場合は、被後見人自らが自由に代理人を選ぶことができるわけではないため、あえて制限行為能力者を代理人に選んだわけでない本人にリスクを負わせることに合理性があるといえるような帰責事由がなく、また、本人の保護という行為能力制度の目的が十分に達せられないおそれがあるといったことなどである。したがって、法定代

理については、有効な代理行為の要件として、代理人の行為能力を要求する説も有力であった。

【After】

まず、新102条は、これまでの解釈を明文化して、行為能力の制限を理由として代理行為を取り消すことはできないということを正面から規定した。したがって、**Case**(1)の任意代理の場合は、同条により、Bの補助人Cの同意がないことを理由に、代理人Bの代理行為を取り消すことはできないことが、条文上も明らかとなった。

また、新102条ただし書により、法定代理人について、新しい規律が設けられることとなり、法定代理人の代理行為については、代理人の制限行為能力を理由として取消しが認められることとなった。これは、①取消しが認められないと、本人の保護という行為能力制度の目的が十分に達せられないおそれがあること、および②本人が代理人の選任に直接関与するわけではないため、代理人が制限行為能力者であることのリスクを本人に引き受けさせる根拠を欠くことを考慮し、法定代理人の代理行為に何らかの制限を加える必要があるためである（部会資料66A・16頁）。

したがって、**Case**(2)のような法定代理の場合は、代理人Bの補助人Cの同意がないことを理由として、Bの代理行為を、A、BまたはCが取り消すことができることになる（取消権者につき→ Case18）。

実務上は、成年後見人選任に際して、後見人候補者の適格性についてもある程度調査が行われており、家庭裁判所が制限行為能力者を成年後見人に選任することはまずない。したがって、**Case**(2)のように、未成年者の親権者が制限行為能力者となった場合のほかには、選任されていた成年後見人が、選任審判後、後発的に制限行為能力者となったが、未だ辞任許可や解任審判が行われていないといった手続上のタイムラグが生じている場合などの限られた場面でのみ、新102条ただし書の適用が問題となるものと想定される。

　　　　　　　　　　　　　　　　　　　　　　　　　　　　　　　　　　　［飯島奈津子］

18
法定代理人の行為能力の制限

Case

　未成年者Ａの単独親権者であるＢが、保佐開始の審判を受け、Ｂの保佐人としてＣが選任された。Ｂが、Ｃの同意を得ずに、Ａの所有する区分所有建物（マンション）について、Ｄを借主として、賃貸期間４年で賃貸する賃貸借契約を、Ａの代理人として締結してしまったが、賃料が破格に低廉で、貸主にとってかなり不利な賃貸条件となっていた。この事態に気づいたＢの保佐人Ｃは、ＡＤ間の当該賃貸借契約を取り消すことができるか。

【Before】

　旧102条により、代理人は行為能力者であることを要しないとされているため、代理人が制限行為能力者であることを理由としての契約の取消しは、これを認めないとする説が通説であった。したがって、**Case** においては、ＡＤ間の当該賃貸借契約の取消しは認められないとするのが、従来の通説による帰結である。

　これでは、本人（Ａ）の保護に欠けることや、Ａの立場の者は、自ら代理人を選定したわけでもないことを理由に、法定代理の場合は、旧102条を適用せずに、制限行為能力を理由として代理行為を取り消すことを認めるべきだとの説も有力であった。かかる有力説に従えば、Ｂの行った賃貸借契約を取り消すことができることとなるが、明文に欠ける解釈であったため、疑義のある状況であった。被保佐人が保佐人の同意を必要とする行為を定める旧13条１項や、取消権者を定める旧120条にも、制限行為能力者が、他の制限行為能力者の法定代理人として代理行為を行った場合に触れるところはなかった。

【After】

　新法では、保佐人の同意を要する行為を定める新13条１項に、既存の１号から９号までに加え「前各号に掲げる行為を制限行為能力者（……）の法定代理人としてすること」との10号が新設された。これにより、制限行為能力者が、新13条１項に掲げる行為（**Case** では、同項９号の「第602条に定める期間を超える賃貸借をすること」）を、制限行為能力者Ａの法定代理人としてするには、代理行為者たる制限行為能力者Ｂについて

保佐が開始している場合には、その保佐人Ｃの同意を得なければならないことが明確化され、また、その同意がない場合の、代理人Ｂの行った法律行為は、取り消すことができることも明らかとなった（同条4項）。

　したがって、Ｂの保佐人Ｃが同意をしていないことを理由に、被保佐人かつ法定代理人Ｂが、未成年者Ａのために行った新13条1項9号に該当する法律行為（期間を4年とするＡ所有の区分所有建物をＤに賃貸する契約締結行為）は、取り消すことができる（同条4項）。

　また、新120条1項の、制限行為能力者Ｂが他の制限行為能力者Ａの法定代理人としてした行為についての取消権者を定める規定も改正され、当該制限行為能力者Ｂおよび同意をすることができる者すなわち当該制限行為能力者の保佐人Ｃのみならず、新たに、明文上、当該他の制限行為能力者Ａまたはその承継人も取り消すことができるとの規定が追加された。これにより、法定代理人Ｂおよびその保佐人Ｃのみならず、代理行為の効果帰属主体たるＡ自身も、取消権を有することとなる。

　なお、取消権者は、取り消し得る行為を追認することもできる（新122条）が、Ａは未成年者であるから、Ａが成人した後でないと、Ａ自身が、単独で追認をすることはできず、Ａが未成年のうちは、ＢとＣの同意を得る必要がある（新124条1項・2項2号）。

[飯島奈津子]

19
復代理人を選任した任意代理人の責任

Case

　Aは、偶然通りかかった自動車販売店に展示されていた自動車（甲）を一目見て気に入ったため、その場で購入を申し込み、1週間後に同店舗にて代金を支払い、甲の引渡しを受けることになったが、多忙だったことから、知人Bに代金の支払および甲の引取りを有償で委任し、その旨の代理権を付与した。ところが、Bは当日急に体調を崩してしまったため、急遽Aの許諾を得て、Bの息子Cを復代理人に選任した。しかし、Cは、甲を運転してA宅に送り届ける途中で、自らの不注意により衝突事故を起こし、甲は廃車になってしまった。Aは、Bに対して損害賠償を請求できるか。

【Before】

　任意代理人は、本人の許諾を得たとき、またはやむを得ない事由があるときに限って復代理人を選任することができる（104条）。これを前提に、旧105条1項は、任意代理人が復代理人を選任したときは、その「選任及び監督について」のみ本人に対して責任を負うものとしていた（なお、同条2項は、任意代理人が本人の指名に従って復代理人を選任した場合につき任意代理人の責任をさらに軽減していた）。

　したがって、**Case**の場合、Bは、Cの選任および監督についての注意さえ怠っていなければ、委任契約上の債務不履行責任を一切負わないことになる。例えばCがペーパードライバーで自動車の運転経験がほとんどなかったような場合には、Bは、復代理人の選任について注意を怠ったとして損害賠償責任を負うことになろう。

【After】

　旧105条は、上記のとおり復代理人の選任要件が厳格であることとのバランスを考慮して任意代理人の責任を一律に軽減するものであった。

　しかし、通常の債権者と債務者との関係においては、債権者が債務者に対してその債務の履行に第三者を用いることを許諾した場合や、債務者がやむを得ない事由によりその債務の履行に第三者を用いた場合、さらには債務者が債権者の指名に従ってその債務の履行に第三者を用いた場合であっても、債務者が債務不履行責任を負うかどうかは、

債務不履行の一般原則に従って、それぞれの契約の趣旨や、債権者が第三者を用いることを許諾した趣旨、債権者が第三者を指名した趣旨等に照らして判断されるべきであって、任意代理人（委任契約の受任者）がその委任事務を処理するために復代理人（復受任者）を選任した場合に限って一律に責任が軽減される理由はない。

そこで、今回の改正において、旧105条は削除されることとなった。これにより、復代理人を選任した任意代理人が本人に対して債務不履行責任を負うかどうかは、他の契約類型と同様に、債務不履行の一般原則に従って判断されることになる。

したがって、**Case** の場合、A は、B に特段の免責事由が認められない限り、B に対し、委任契約上の債務不履行に基づく損害賠償責任を追及できることになろう。

なお、旧105条が削除されたことに伴い、遺言執行者の復任権について定めた旧1016条2項も一旦は削除するものとされた。しかし、その後、改正相続法で、遺言執行者について、法定代理一般の場合と状況が類似しているとの理由から、他の法定代理人と同様の要件で復任権を認めることとなり（平成30年改正後1016条1項）、復任権を行使した場合の遺言執行者の責任についても、他の法定代理人の場合と同様に、「第三者に任務を行わせることについてやむを得ない事由があるときは、遺言執行者は、相続人に対してその選任及び監督についての責任のみを負う」（同条2項）ものと改正されることとなったため、改正相続法に関する附則30条で、旧1016条2項を削除するという改正債権法の規定は削除された。　　　　　　　　　　　　　　　［林　薫男］

20
自己契約・双方代理・利益相反

Case

Aは、資産家だった親から賃貸用マンション等の複数の不動産や多数の株式等を相続したが、自身には資産運用の知識や経験がなかったため、資産運用のプロと称するBに資産運用を任せることにし、Aの財産の管理・処分について一切の代理権を与えた。

(1) Bは、Aから資産運用委託契約に基づく報酬100万円の支払を受けるに際し、Aを代理してAが半年前に100万円で取得したD社の株式100株を売却し、売却代金の中から100万円を受領した。この弁済は有効か。また、BがAを代理して自己との間で代物弁済契約を締結し、報酬としてD社の株式100株を譲り受けた場合はどうか。

(2) Bは、自己の事業資金に充てる目的で金融業者Cから1,000万円を借り入れる際に、その担保として、Aを代理してAの所有する賃貸用マンション1棟およびその敷地に抵当権を設定し、その登記をした。Aはこの抵当権の設定登記の抹消をCに請求することができるか。

【Before】

(1) 旧108条本文は、自己契約および双方代理を禁止する旨を定めていたが、その禁止に違反した場合の効果についての規定は設けられていなかった。

この点につき、判例(最判昭47・4・4民集26-3-373)は、旧108条に違反してなされた代理行為は、本人による事前の承認または追認を得ない限り、無権代理行為として無効であると判示し、学説上も無権代理と解するのが通説であった。

ただし、「債務の履行」と「本人があらかじめ許諾した行為」については、あらかじめすべきことが定まっており本人の利益を害するおそれがないとして、例外的に、自己契約および双方代理が許容されていた(旧108条ただし書。もっとも、「債務の履行」については、代物弁済や期限前弁済など裁量の余地があるものもあるため、一律に本人の利益を害さないものとはいえない旨の指摘もあった)。

したがって、**Case**(1)の報酬100万円の支払は、自己契約に該当するが、「債務の履行」であるから、無権代理とはならず有効である。ただ、代物弁済については、例えば

D社の株式がAの取得後に値上がりしたような場合にはAの利益を害するおそれがあるため、旧108条ただし書を形式的に適用することには疑問がある。

(2) また、自己契約や双方代理には該当しないが、代理人と本人との利益が相反する行為についても、本人の利益が害されるおそれが生じることから、判例（大判昭7·6·6民集11-1115）は、旧108条の趣旨に準拠して無効であると判示していた。

すると、**Case**(2)の抵当権設定契約の締結は、自己契約にも双方代理にも該当しないが、この行為を外形的・客観的にみると、Bの利益となる一方でAの利益が害されるおそれがあるため、利益相反行為に当たり、無権代理となる。したがって、Aは、Cに対し、抵当権の設定登記の抹消を請求することができる。

【After】

(1) 新108条1項本文は、自己契約および双方代理は「代理権を有しない者がした行為とみなす」と定めた。その結果、それらの行為は不確定無効とされ、また、無権代理に関する一連の規定の適用が可能となる。

なお、自己契約および双方代理が許容される場合のうち「債務の履行」については、上記のような指摘もあったことから、「本人の利益を害さない行為」に改めることも検討されたが、最終的に、旧法の文言が維持されている（新108条1項ただし書）。

したがって、**Case**(1)の報酬100万円の支払は、新108条1項ただし書が適用されるので、有効であるが、代物弁済については、【Before】の(1)で述べたのと同様の問題が残っている。

(2) つぎに、新法では、自己契約および双方代理に該当しない利益相反行為についても、無権代理とみなす旨の明文規定が設けられた（新108条2項。ただし、1項とは異なり、例外的に利益相反行為が許容されるものとして「本人があらかじめ許諾した行為」のみが挙げられている）。

したがって、**Case**(2)の抵当権設定契約の締結は、新108条2項により無権代理となるから、Aは、Cに対し、抵当権の設定登記の抹消を請求できる。

(3) なお、新108条により無権代理とされた行為の相手方から目的物を取得した第三者（自己契約および双方代理に該当しない利益相反行為の相手方を含む）の保護については、新法でも特段の規定は設けられておらず、本人が第三者の悪意を主張・立証した場合に限り本人は当該代理行為についての責任を免れるとする従来の判例（前掲最判昭47·4·4。最大判昭43·12·25民集22-13-3511）の趣旨が維持されるものと思われる。したがって、このような第三者は94条2項の類推適用や192条によって保護される余地がある。また、利益相反行為に当たるか否かの判断基準についても、従来の判例（最判昭42·4·18民集21-3-671）の考え方が維持されるものと思われる。　　　　　　　［林　薫男］

21
代理権の濫用

Case

　Aからその所有する甲土地を処分することにつき代理権を付与されたBは、売買代金を自らの借金の返済に充てる目的で、Aの代理人としてCと甲の売買契約を締結した。そして、同契約に基づいて、甲につきAからCへ所有権移転登記がされ、CからBへ売買代金が支払われたが、Bは、Cから受領した代金をAに交付せず、その全額を自らの借金の返済に充ててしまった。
　(1)　AはCに対し所有権移転登記の抹消を請求できるか。
　(2)　Cが甲土地をDに転売した場合、Dは保護されるか。

【Before】

　(1)　代理人が代理権の範囲内の行為をした場合、それが自己または第三者の利益を図る目的でされたとしても、相手方との関係では代理行為の効果が本人に帰属するのが原則である。

　しかし、相手方が代理人の濫用目的を知っていたような場合には、本人への効果帰属を認めてまで相手方を保護する必要はない。

　旧法には、このように代理権が濫用された場合に関する明文規定は存在しなかったが、判例（最判昭42・4・20民集21-3-697）は、代理権濫用行為について、旧93条ただし書を類推適用し、相手方が代理人の目的を知りまたは知ることができたときは、当該代理行為の効果は否定され、本人は当該代理行為について責任を負わない旨判示した。そして、この判例の考え方は実務にも定着していた。

　したがって、**Case**(1)については、CがBの濫用目的につき悪意または有過失であることをAが立証できれば、AC間の売買契約の効果は旧93条ただし書の類推適用により本人に帰属しないので、Aは、Cに対し、甲土地についてのCへの所有権移転登記の抹消を請求することができる。

　(2)　つぎに、代理権濫用行為の相手方からの転得者については、代理権濫用行為に旧93条ただし書が類推適用されることを前提として、94条2項の類推適用や192条によって保護が図られることが想定されていた。

　したがって、CがBの濫用目的につき悪意または有過失であった場合でも、Cから

甲を転得したＤは、94条２項の類推適用によって保護される余地がある。

【After】

(1) 新法には、代理権の濫用に関し、代理権濫用行為の相手方が代理人の濫用目的につき悪意または有過失の場合、その行為は代理権を有しない者がした行為（すなわち無権代理）とみなす旨の明文規定が設けられている（新107条）。

ちなみに、法制審議会民法（債権関係）部会における審議の過程では、その法的構成に関し、代理権濫用行為はあくまでも代理権の範囲内の行為であることや、代理権濫用の事実が本人と代理人との間の内部的な問題に過ぎないこと等から、旧93条ただし書の場合よりも相手方の保護を重視すべきだとして、相手方が代理人の濫用目的について悪意または重過失の場合に限り、本人は当該代理行為の効果が自己に帰属しない旨の意思表示をすることができる（それにより無権代理となる）とする考え方が一時有力となった。しかし、成年後見人が代理権濫用行為をした場合等に本人が上記のような意思表示をするのは困難であり、この考え方は本人保護に欠けるとの指摘や、「過失」の認定・評価を通じて柔軟な解決を図ることが可能であるとの指摘がされたことなどから、最終的に、相手方が悪意または有過失のときに無権代理とみなす、ということになった。

これにより、新法のもとでは、相手方が代理人の濫用目的について悪意または有過失の場合、無権代理に関する一連の規定が適用され、本人による追認（113条）や無権代理人に対する責任の追及（新117条）等が可能となる。

したがって、**Case(1)**については、ＣがＢの濫用目的につき悪意または有過失であれば、ＢによるＣとの売買契約締結は無権代理行為とみなされ、同契約は不確定無効となるので、Ａは、Ｃに対し、甲土地についてのＣへの所有権移転登記の抹消を請求することができる。なお、この場合、Ｃは、新117条の要件が充たされれば、Ｂに対し損害賠償を請求することができる。またＡは、Ｃとの売買契約が自己に有利であると判断すれば、113条により同売買契約を追認することもできる。

(2) つぎに、代理権濫用行為の相手方からの転得者の保護については、新法でも特段の規定は設けられておらず、94条２項の類推適用等により保護を図ろうという従来の考え方が今後も維持されるものと思われる。

したがって、**Case(2)**については、ＣがＢの濫用目的につき悪意または有過失であった場合でも、Ｄは、従来どおり、94条２項の類推適用によって保護される余地がある。

［林　薫男］

22
授権代理と越権代理

Case

　Aは、事業をしていた娘Bに頼まれ、Bが事業資金を借り入れる際の担保としてAが所有する甲土地にBを債務者とし債権者をC、被担保債権額を1,000万円とする抵当権を設定することを承諾し、Bに抵当権設定契約締結のための受任者および委任事項が白地の白紙委任状と印鑑証明書および実印を渡した。Bは夫であるDに白紙委任状を渡し、金策を依頼した。ところが、Dは白紙委任状の受任者欄にDと記載し、甲を3,000万円でEに売却した。EからAに対し、3,000万円と引換えに甲を引き渡し、所有権移転登記手続をせよという請求があった。Aはこれに応じなければならないか。

【Before】

　CaseでEがAに甲土地の引渡しおよび登記を求めるには、DがAのためにすることを示して甲を3,000万円でEに売却する契約を締結したことと、AがDに甲を売却する代理権を授与したことが必要である。Aの代理権授与が認められない場合であっても、Eは、Aが受任者および委任事項白地の白紙委任状を交付したことから旧109条の表見代理を主張することとなる。CaseではBに代理権を授与し白紙委任状を交付したが、それがさらにDに渡されDが受任者と記載されている。このような場合にDを代理人とする甲地売買の代理権授与表示があったか否かが問題となった。判例（最判昭39・5・23民集18-4-621）は、不動産登記手続の白紙委任状については転々流通することを常態とするものではないから何人において行使しても差し支えない趣旨で交付した場合を除いて旧109条の代理権授与表示の要件を具備するものではないとした。これに対し、本人の主観的意思ではなく、白紙委任状の客観的性質によって判断すべきであるとする学説もあった。ただ、委任事項が濫用されていない場合、何人において代理権を行使してもかまわないという意思で受任者白地の委任状を交付したときは、後に受任者として記載された者に代理権を授与したと評価することができる。

　判例に従って、何人が代理権を行使しても差し支えない趣旨で代理人欄白地の委任状を交付した場合においても、実際に代理権の授与がなければ授与表示があったものと認められる。その場合、委任事項白地のままの委任状が呈示されたときに、いかなる代理

権授与表示があったかが問題となった。委任事項白地のままであれば何らかの代理権授与表示があったとは評価できないと考えるべきであろう。ただ、他の事実から抵当権設定の代理権授与表示があったと評価できるとしても、**Case** では、それを越えて代理行為がされているので旧109条の表見代理は認められない。他方、代理権の範囲を越えた代理行為による旧110条の表見代理の成立のためには基本代理権の授与が必要であり、これも認められないこととなる。その場合に、判例（最判昭45·7·28民集24-7-1203）および通説は、旧109条と旧110条の重畳適用の表見代理の成立を認める。重畳適用が認められるためには、代理権授与表示があったこと、それを越えて代理行為がされたこと、当該行為が代理権の範囲内であると相手方が信ずることに正当事由があることが必要である。正当事由があることとは、代理権ありと信じたことおよび信じたことに正当な事由があることであるが、その立証責任について、学説は分かれていた。

　通説・判例に従えば、旧109条と旧110条が重畳的に適用され、EがDに代理権ありと信じたことに正当事由があると評価される場合はEの請求が認められ、Aはこれに応じなければならない。

【After】

　EがDの代理行為に基づきAに請求するために必要な要件は新法のもとでも変わらない。代理権が否認された場合、Eは表見代理を主張することとなる。新109条は2項で、第三者に対して他人に代理権を与えた旨を表示した者は、その代理権の範囲内でその他人が第三者との間で行為したとすれば1項の表見代理の責任を負うべき場合において、その他人が第三者との間で表示された代理権の範囲外の行為をしたときは、第三者がその行為についてその他人に代理権ありと信ずべき正当な理由があるときに限りその行為について責任を負うと定め、旧109条と旧110条の重畳適用を定めた。その要件は、第1に、新109条1項により、代理権授与表示があったことである。ただ、1項ただし書の善意・無過失まではここでは問題とならない。第2に、授与表示を越えて代理行為がされたことである。第3に、第三者が代理権ありと信じたことに正当理由があることが必要である。正当理由の存否についての立証責任の所在は条文上明白でないが、代理権ありという外観を信じた者を保護する規定と解して相手方にあると解すべきであろう。なお、第三者の範囲については、授与表示の直接の相手方のみである。

　上記のとおり、新109条2項は、旧109条と旧110条の重畳適用を条文化しただけで、**Case** の結論は旧法下の結論と同じこととなる。　　　　　　　　　　　［矢吹徹雄］

23
滅権代理と越権代理

Case

　AはB社に勤務していたが、Bの勧めもあり独立することとなった。Bは、Bの取引先にAが独立したこと、Bも支援をするので取引先もAを支援してほしい旨を記載した挨拶状を送付した。Aと取引をすることとなったCはAが独立したばかりで信用がないことからBの保証が必要であるとAに話をし、AからBの了承を得たと回答をもらった。そこで、CはAとBに赴き営業部長Dに会い、同人から保証契約書に会社の記名捺印をもらった。その後、Aが不払いを起こしたのでCはBに保証債務の履行を請求した。これに対し、Bでは、保証契約を締結した日の前日にDは退職し、契約当日は引き継ぎに来ていただけであり、会社を代理する権限がなかったし、そもそもDは会社のために仕入れ契約を締結する代理権はあったが、保証契約を締結する代理権はなかったとして保証債務の履行を拒絶した。CのBに対する請求は認められるか。

【Before】

　Caseでは、DがBの代理人としてCと保証契約を締結している。Dに、Bを代理する権限がなければ、Bに保証契約の効力は及ばない。ただ、取引の安全を保護するため、旧110条は、Dに何らかの代理権があれば、Dが権限外の行為をしたときでも、相手方に、当該行為まで代理権があると信ずべき正当な理由があるときはBが責任を負うとしていた（権限外の行為の表見代理）。しかし、Caseでは、保証契約の前日にDは退職し、Dの代理権が消滅しているので旧110条はそのまま適用することができない。つぎに、前日までDに代理権があったので旧112条の代理権消滅後の表見代理が認められるかが問題となる。同条の表見代理が認められるには、代理権が存在し消滅したこと、もとの代理権の範囲内の行為がなされたこと、相手方が善意・無過失であることが必要である。相手方の善意・無過失との関係で、①代理取引の経験を要するか、②代理権が存在していたことを知っていた必要があるかについて学説の対立があるが、判例はいずれも不要とし（詳しくは、新版注釈民法(4) 346頁以下〔安永正昭〕）、結局、善意・無過失とは当該代理行為時に代理人に代理権がないことを知らないし、知らないことに過失がな

いこととしていた。

Case では、そもそも D に保証契約を締結する代理権がなかったから旧112条も直接適用とならない。そこで、判例・学説で旧110条と旧112条の重畳的適用が認められてきた。ここでの相手方の主観的要件は、代理権がないことを知らないし、知らないことに過失がないこととなる。

Case では、B は D を営業部長とし、同人に仕入れをする代理権を与えたが、同人が退職したことで代理権は消滅した。このような状況で仮に B が従前 D を代理人として C と取引があったとしても、保証契約は通常の取引と類型を異にし保証契約締結について D に代理権があったと信じたことに過失があるといえる。

【After】

新112条は1項で旧112条の代理権消滅後の表見代理人について定め、2項で判例・学説が解釈で認めていた旧110条と旧112条の重畳的適用を定めた。新112条1項では、相手方が本人が代理権を授与したこと、代理権が消滅したこと、代理権消滅を知らなかったこと、代理人が本人のためにすることを示して代理権の範囲内の法律行為をしたことを主張し、本人が相手方の悪意または過失を主張することとなる。ただし、通常は有権代理として本人に請求するので、本人から代理権消滅の主張が出てくる。

新112条2項の場合は、本人が代理権を授与したこと、代理権が消滅したこと、代理人が本人のためにすることを示して代理行為をしたこと、相手方が代理人の行為につき代理権ありと信ずべき正当な理由があることが必要となる。この「正当な理由がある」ことの主張立証責任については、旧110条の場合の解釈の対立と同じ問題が残り得る。条文から明確ではないが相手方に主張立証責任があると考える。もっとも、正当な理由は評価的要件であり事案の全体像から判断することとなる。

Case では、改正後も改正前と結論は変わらず、D が代理権消滅後に代理行為をしているので、C が D に当該代理行為をする代理権ありと信じていたか、信じたことに正当な理由があったかが争点となり、C と B の間に D が B の代理人となって取引をしたことがあること、A を支援することを B が C ら取引先に表明していること、D の退職を C に伝えていないこと等も判断要素となるが、従前保証契約の取引例がないなら、保証契約は通常の契約と類型を異にし他の取引例があっても「正当な理由がある」とは評価されない。したがって、C の請求は認められない。　　　　　　　　［矢吹徹雄］

24
無権代理人の責任

Case

　A社は食品の卸売販売を営む会社である。社長はBであるが、高齢ということもあり、実務はBの息子であるCが専務として全面的に任されていた。Cは、新たにDと商品供給契約を締結しようと考え、Dと交渉したところ、社長であるBが個人保証するなら契約を締結できることになった。Dが契約書を持参したときにBが不在であったこともあり、Cは、Bからすべて任されていると話をして、Bの署名をし、保管を任されていた実印を押捺し、同じく保管を任されていた印鑑登録カードを利用して取得した印鑑証明書をDに渡した。A社が商品代金を支払わなかったため、DがA社およびBに督促したところ、CがBに無断でBの署名捺印をしたことが判明した。

　(1)　Dは、Cにどのような請求をなし得るか。

　(2)　Cでなく、Bの17歳になる孫EがBの代理人として署名捺印をした場合はEに無権代理人の責任を追及できるか。

【Before】

　Case(1)では、Cは、Bの代理人Cとしてではなく、直接Bの氏名を記載する方法で保証契約を締結しているが、このような署名代理の方法による代理の場合も無権代理人の責任を定める旧117条が適用となった。したがって、Dは、CがBの代理人として保証契約を締結したことを主張立証して、旧117条1項に基づきCに対して保証債務の履行請求または損害賠償請求をすることとなる。損害賠償の範囲は履行利益に及ぶと解されている。これに対し、Cは、Bより代理権が授与されたことあるいは追認を得たことを証明するか（旧117条1項）、DがCに代理権がないことを知っていたか知らないことに過失があったことを証明した場合（同条2項）に責任を免れることとなる。ここでの過失が、単なる過失か重過失かは争いがあるが、判例（最判昭62・7・7民集41-5-1133）は、無権代理人に無過失責任という重い責任を負わせたことから相手方が無権代理人の無権限を知っていたか知らないことに過失があるときは無権代理人を免責する規定であることから重過失に限定する必要はなく、単なる過失で足りると解すべきであるとしていた。仮に、Dに過失ありとされた場合に、DがCは自己の無権限を知ってい

たからＤに過失があっても旧117条2項の適用はないと主張する余地があるかが問題となった。これを認める学説があるものの、通説は旧117条の文言が無権代理人の故意があるか否かで区別していないこと、相手方に過失がある以上保護に値しないこと等から、Ｃが自己の無権限を知っていた場合でもＤに過失があるときはＤのＣに対する旧117条による無権代理人の責任追及は認められないとした。

Case (1)は、ＣがＢより全面的にＡの経営を任され、その新規取引のための経営者保証であり、Ｂの実印および印鑑証明を預かっているとはいえ、Ｂの保証意思または授権を確認していない点でＤに過失がありＣに旧117条による履行または損害賠償を請求することはできない。しかし、Ｃは自己の無権限を知って代理行為を行いそれによりＤに損害を与えているから、ＤはＣの故意または過失を証明することでＣに709条による損害賠償を請求できる。

Case (2)は、無権代理行為をしたのが17歳のＥなので、旧117条2項の無権代理人が「行為能力を有しなかったとき」に該当し、Ｅに対し無権代理人の責任を追及できない。しかし、Ｅには責任能力が備わっていると考えられるから、709条による不法行為責任の追及は可能である。

【After】

無権代理人の責任を定める新117条が、無権代理行為が署名代理の方法でされた場合にも適用されることは、旧法と同じである。新117条1項は、旧法の表現を変更しただけでその内容を変更していない。同条2項は、旧2項を原則として維持しつつ新117条2項2号で相手方が無権代理人の無権限を知らないことに過失がある場合でも、無権代理人が自己の無権限を知っていた場合には、同条1項の責任を追及できるとした。したがって、Ｄは、ＣがＢの代理人として保証契約を締結したことを主張立証し、Ｃに保証の履行または履行に代わる損害賠償を請求することができる。これに対し、Ｃは、①代理権が存在すること、②Ｂが追認したこと（1項）、③Ｄが代理権の不存在を知っていたこと、あるいは④代理権の不存在を知らなくても知らないことに過失があったことを主張立証して責任を免れることができる。ただ、④に対しては、Ｄは、Ｃが自己の無権限を知って代理行為をしたことを主張立証してＣに無権代理人の責任を追及できる。なお、④の過失が、単なる過失か重過失かについては旧法同様の解釈の対立が生じ得るが、無権代理人が悪意の場合に免責されないことを考えると過失でよいといえる。

Case (1)では、ＤがＣの無権限を知らないことに過失があるが、Ｃが自己の無権限を知って代理行為をしているのでＤはＣに履行または損害賠償を請求できる。

無権代理人が未成年者等の場合には相手方が無権代理人に新117条1項に定める無権代理人の責任を問うことができないことは、同条2項3号でも同じである。したがって、Case (2)のＤのＥに対する請求については旧法下と同じ結論となる。　　　　［矢吹徹雄］

25
無効な売買契約の清算

Case

　Aは、売買契約に基づいて動産（甲）をBに引き渡した。Bは、甲を自宅の金庫に入れて保管していたが、隣家からの延焼で甲は滅失した。その後、Aは錯誤を理由に、Bに対して甲の返還を請求した。甲の客観的価額（市場価格）は50万円で、Bが支払った売買代金も50万円だった。Aの甲の返還または甲の客観的価額（50万円）の返還の請求は認められるか。

【Before】

　甲が滅失（全焼）せず原物返還が可能なら、AはBに対して甲の返還請求、BはAに対して代金50万円の返還請求が可能であり、2つの請求権は同時履行関係となる（最判昭28·6·16民集7-6-629〔未成年者の取消し〕、最判昭47·9·7民集26-7-1327〔第三者の詐欺による取消し〕）。しかし、Caseでは、受領者B、給付者Aともに帰責事由のない原因（Bの隣家からの延焼）で、給付物甲が滅失している。そこで、AB各々の返還義務に703条（現存利益の返還義務）を文言どおり適用すると、契約の無効（Aの錯誤）につき善意のBは甲の原物返還のみならず価額償還の義務も免れるが、Aは代金50万円の返還義務を負う結果となる（二請求権対立説）。しかし、それでは、甲を占有して保険を付すことも可能だった受領者Bではなく、Aが給付物の偶然の滅失のリスクを負担することになり不当である。

　そこで、学説は、契約が無効・取り消されても、AB間には事実上の双務関係が継続するから、AB間の清算には契約に関する規定、つまり、契約の履行前に帰責事由なく給付目的物が滅失・損傷した場合のルールである危険負担の規定（旧536条1項）を類推適用して、Bの返還義務は残存部分に縮減され（Caseでは0円）、Aの返還義務もそれに応じて縮減されると解していた（事実上の双務関係）。つまり、Aの代金返還義務も消滅することになる。さらに、双務契約の清算には、703条は適用されないとして、二請求権対立説を出発点としたうえで、Aは代金50万円の返還義務を、Bは甲の客観的価値50万円の価額償還義務を負うと解する立場もあった。

　ただし、Caseで、Bに甲の客観的な価額償還義務を認めると、AB間で合意した代金額が30万円だったときに、Aは代金30万円の返還義務を負うが、Bは50万円の価

額償還義務を負うことになる。そうすると、30万円の対価を支払って甲の所有権を取得したと信頼していた善意のBに20万円の損害を被らせることになる。そこで、善意のBの価額償還義務を合意した対価30万円に制限するという学説も存在した。

【After】

　新法は、（取消しの結果としての無効を含む）無効の行為の効果を、「原状に復させる義務」（原状回復義務）と規定した（新121条の2第1項）。もっとも、新法では、錯誤の効果は、無効ではなく取消しが可能なことである（新95条）。その結果、**Case** で、給付物がAB双方に帰責事由なく滅失したときは、新121条の2第1項に明示されてはいないが、Bは「原状回復義務」として甲の市場価格50万円の「価額償還義務」を負い、Aは代金50万円の返還義務を負うことになる（両債権は相殺が可能であろう）。だから、旧法と結論は同じであるが、従来の学説で説かれていたことを明確化したのが、新法の規定である。さらに、**Case** でABが合意した価格が30万円のときは、BはAの契約締結上の過失を理由に、Aに対して20万円の損害賠償を請求できると考えるべきであろう。

　他方で、新法は、（同じく契約の巻き戻しの規定である解除〔新545条・546条〕とは異なり）①Aの給付物（甲）の返還請求権とBの代金返還請求権の同時履行関係（新533条の類推）、および、②給付物の果実（・使用利益）の返還義務、代金返還義務への受領時からの法定利息の返還義務に関しては規定を置いていない。

　以上に関して、学説では、①同時履行関係では、(a)詐欺・強迫では詐欺者・強迫者は先履行義務を負うとするもの、(b)詐欺・強迫も含めて同時履行関係を肯定するものに分かれている。②給付物の果実（・使用利益）の返還義務と代金への利息に関しても、(a)現実に収取した果実（・使用利益）、利息の返還を指示するもの、(b)いずれについても、特に、金銭への利息については収益義務を説くもの、(c)民法575条の類推を説くものがある。さらに、解除でも規定はないが、③価額償還義務の算定基準時については、(a)不当利得説、(b)価額償還義務の発生時説の対立があり、加えて、(c)原則は(a)と考えたうえで、新121条の2第2項・第3項による利得消滅が認められるときは、現存利得の算定時を指示する考え方がある。しかし、解除と異なり、無効・取消しによる原状回復については、①では、詐欺・強迫の被害者からの返還請求に対して、詐欺者・強迫者が同時履行関係を主張することの妥当性に関して、上述したように見解の不一致がある。②では、詐欺・強迫の被害者、および、消費者契約法によって契約を取り消した消費者に果実（・使用利益）の返還義務を課すことの妥当性に関しても議論があった（例えば、消契6条の2は、同法による取消しの可能性を知らなかったときは、消費者は現存利得の返還義務を負うと規定している）。さらに、③の価額償還義務の算定基準時でも、上述の見解の不一致があり、規定は置かれず、解釈に委ねられている。　　　　　[藤原正則]

26
無効な贈与契約の清算

Case

　Aは、友人Bに自己所有の絵画（甲）を贈与し、Bに甲を引き渡した。ところが、後日になって、AB間の贈与は、Aの錯誤で無効（新法では、取消しが可能）であることが判明した。ところが、Bの不注意な扱いで甲は損傷しており、時価100万円の甲は80万円に減価していた。Aは、Bに対して甲の返還、および、20万円の価額償還を請求できるか。

【Before】

　AB間の契約が有償の双務契約である売買だったときは、AはBに対して、絵画（甲）の返還と20万円の価額償還を請求できる（→ Case25）。しかし、Case では、Bは贈与契約によって、甲を受領している。だから、AB間の贈与契約が無効（新法では、取消しが可能）であることに善意の場合は、売買で甲を取得した場合と異なり、何も自己の財産からは出捐しないという前提で、Bは甲を自己の物として扱っていた。したがって、例えば、甲がBの隣家からの延焼で滅失・損傷した場合、つまり、Bに帰責事由のない原因で滅失・損傷したときはもとより、Bが不注意で甲を滅失・損傷させた場合も、受領した給付物甲の滅失・損傷の危険を負担させるのは不当と考えられる。その結果、旧法でも、Case には、703条が適用され、善意のBは「現存利得」の返還義務を負うにとどまると解することは可能であった。すなわち、Bは、Aに対して、出発点としては甲の返還と20万円の価額償還の義務を負うが、Bには利得消滅の抗弁が可能であり、その結果、Bは損傷した甲をAに返還すれば足り、20万円の価額償還義務を負うことはない。

【After】

　新法も、以上の考え方を変更するものではない。反対に、新法は具体的な規定（新121条の2第2項）を置いて、Case でのAの返還義務が現存利得に限られることを明確化している。つまり、新法は、同条1項で、法律行為の無効または取り消された場合に関して、不当利得の一般条項の703条を具体化させる規定を置いた。その効果は、原状回復義務であり、給付物が滅失・損傷したときは、（例外的に、滅失・損傷の原因が、給

付物の瑕疵だったときは別だが）給付受領者は原則として価額償還義務を負うことになる（→ Case25）。しかし、**Case** のような無償契約では、Ａの錯誤による取消しの主張の前には、Ａの錯誤につき善意のＢは甲を自己の財産として自由に使用できると考えており、その信頼は保護されるべきである。それが、新121条の2第2項が、善意の受贈者Ｂの返還義務を現存利得とした理由である。

　他方で、例えば、ＡＢ間の贈与契約が、Ｂの詐欺・強迫を理由に取り消されたときは、法律上の原因の欠缺に悪意の詐欺者、強迫者Ｂの返還義務は原状回復義務であり、さらに、Ｂは不法行為による損害賠償義務も負担することになる。要するに、法律行為（契約）を無効・取消しとした法律上の規定の保護目的に即して、原状回復義務が決定されていることになる。さらに、**Case** でも、ＡがＢに対して錯誤による取消しを主張した後は、Ｂは甲をＡに返還すべきことを認識しており、その後は、Ｂは甲の保管に関して善管注意義務を負い、甲を不注意に扱って損傷したときは、価額償還義務ないしは損害賠償義務を負うことになる。ただし、Ａの取消しの後でも、甲が不可抗力でＢのもとで滅失した場合に、Ｂが価額償還義務を負うのは、Ｂに過大な負担を負わせることになり不当であると考えられる。

　付言すると、新121条の2第3項は、法律行為時に意思無能力者、または、制限行為能力者だったときは、意思無能力者、制限行為能力者の返還義務は、現存利得だと規定している。同項は、旧法では、制限行為能力者に関してだけは、返還義務の範囲が現存利得とされていたのを（旧121条ただし書）、裁判例（仙台地判平5・12・16判タ864-225）・学説に従って、意思無能力者に関しても同様の規定を置いたものである。この規定も、判断能力が不十分な者（意思無能力者、制限行為能力者）に法律行為の無効・取消しの主張を認めた規範の保護目的に即して、返還義務を具体化している。したがって、**Case** でも、Ａが意思無能力を理由に贈与契約の無効を主張するときは、意思無能力者であるＡを保護しようという規範の保護目的を考慮するなら、善意のＢの返還義務も現存利得ではなく、原状回復であり、Ｂは甲の返還とともに、20万円の価額償還義務を負うことになると解すべきであろう。つまり、その限りで、無償契約が無効・取り消されたときは、善意の給付受領者Ｂの返還義務を現存利得に制限するという新121条の2第2項は、意思無能力者Ａの無効の主張を認め、しかも、その返還義務の範囲を現存利得に制限するという無効規範（新3条の2・新121条の2第3項）の保護目的で、目的論的に制限解釈される。結論として、給付受領を保持できると信頼した給付受領者Ｂの信頼保護は、意思無能力者Ｂの保護目的より優先されるべきではないということになる。

［藤原正則］

27
取り消すことができる行為の追認

Case

　15歳のＡは、法定代理人（親権者）ＢＣの同意を得ずに、祖父Ｄから贈与された金時計（時価100万円）をＥに100万円で売却した。数日後に、Ａが時計を持っていないことに気づいたＢＣは、祖父の形見だから、時計を取り戻そうと考えたが、売却額が時価で、未だＡが100万円をそのまま保管しており、さらに、15歳にもなれば、自分の行為に責任をもたせるほうが教育上も有益であると考えた。そこで、ＡＥ間の売買契約を取り消さず有効に確定させることとした。

【Before】

　Ａは未成年者で制限行為能力者だから、法定代理人ＢＣの同意のない法律行為は取り消すことが可能である（5条2項）。取消権者は、制限行為能力者Ａ、および、その法定代理人である親権者ＢＣ、および、Ａの承継人である（旧120条1項）。Ａの承継人とは、例えば、ＡがＥとの売買契約後に死亡して、親権者ＢＣがＡを包括承継した場合（896条本文・898条）のＢＣである。ただし、Case のように、法定代理人ＢＣが、取り消し得る行為を取り消さないものとする（＝追認する）ことも可能である。つまり、ＢＣがＡの法律行為を「追認」すれば、Ａの行為は確定的に有効となる（旧122条本文）。追認をすることができる者（追認権者）は、旧120条の規定する取消権者である（同条本文）。ただし、親権者ＢＣは共同親権を行使するのが原則だから（818条3項）、ＢＣは共同しないと追認することができない。未成年者Ａが追認するには、成年者となった後に追認する必要がある（旧124条1項）。

　Case とは異なり、他の制限行為能力者、あるいは、瑕疵ある意思表示をした者（詐欺、強迫の被害者）が法律行為をしたときも、追認は可能である（旧120条1項・2項）。ただし、成年被後見人は、行為能力者となった後も、「その行為を了知したときは、その了知をした後」でなければ追認できない（旧124条2項）。成年被後見人は、事理弁識能力がない状況にあり、その行為時には自己の行為の意味を認識していない場合も多く、当該行為を認識して初めて追認が可能となると考えられるからである。加えて、判例（大判大5・12・28民録22-2529）は、未成年者の法律行為の追認に関しても、未成年時に

締結した売買契約による債務の承認について、「取り消すことができる法律行為の追認は取消権の放棄を意味するものであるから、追認するには、法律行為を取り消すべきものであることを知り、かつ、取消権を放棄する意思あることを要する」と、同趣旨を判示していた。さらに、被詐欺者、被強迫者が追認するには、詐欺・強迫の状況を脱した後でなければ、追認ができない（同条1項）のは当然である。

　旧法には、追認によって第三者の権利を害することはできない（旧122条ただし書）という規定が置かれていた。さらに、旧法以前に、平成17年4月1日から施行された「民法の一部を改正する法律」（平成16年12月1日法律第147号）の前は、122条は「取消シ得ヘキ行為ハ第120条ニ掲ケタル者カ之ヲ追認シタルトキハ初ヨリ有効ナリシモノト看做ス但第三者ノ権利ヲ害スルコトヲ得ス」と規定していた。例えば、**Case**で、Aが時計をEに売却したが占有改定による引渡しも含めて引渡しはしていなかったが、その後に、成年者となったAがFに同じ時計を売却する契約を締結したとする。そうすると、AがAE間の売買契約を追認すると、追認には遡及効があり、成年者のAから確定的に権利取得したはずの第三者Fの地位が覆されるから、追認の遡及効を制限するというのが、旧法の起草者（例えば、梅謙次郎）の考え方だった。しかし、これは起草者の誤解であり、取り消し得る行為も、取り消すまでは有効だから、追認の遡及効は問題にならない。追認とは、最初から（浮動的に）有効な行為を有効に確定させるに過ぎないからである。しかも、EとFへの時計（動産）の二重譲渡に関して、EとFは対抗関係に立つから、時計の引渡しを受けた者が確定的に権利取得する（178条）。つまり、そもそも追認に遡及効はなく、しかも、第三者の権利取得は対抗要件の具備の先後にかかっているから、追認によって第三者の権利が害されることはない（通説）。しかし、上記の「民法の一部を改正する法律」で、122条本文の追認の遡及効は削除されたが、旧法では同条ただし書の「ただし、追認によって第三者の権利を害することはできない。」は残されていた。

【After】

　新法は、旧法下での以上の解釈を変更するものではない。ただし、通説に従って、無意味な規定である旧122条ただし書を削除した。他方で、上記の判例（前掲大判大5・12・28）を明文化して、追認の要件として、成年被後見人のみならず、一般的に、取消しの原因となっていた状況が消失し、かつ、取消権を有することを知った後でなければ追認できないという規定が置かれた（新124条1項）。つまり、改正法は、従来からの考え方を明確化したものであるにとどまる。なお、新122条・新124条・新125条が適用されるのは、改正法の施行日（令和2年4月1日）以後に取り消すことができる行為がされた場合の行為の追認に関してである。　　　　　　　　　　　　　［藤原正則］

28
条件の成就の妨害・不正な条件成就

Case

　マンションの1室を月額10万円で賃借しているAは、賃料滞納が続いてしまい、賃貸人Bとの間で、明渡しに関する合意書を作成した。そこには、明渡しを1ヶ月猶予するが、その期限までに明け渡さなかったときは1日1万円ずつ違約金を支払うことが合意されていた。Bは、素性のよくない知人Cに指示して、頻繁にAに対する嫌がらせをさせ、それによって体調を崩したAは、期限を守れず、Bから20日分の違約金20万円を請求された。Aは、明渡義務の履行遅滞という条件が成就しなかったものとみなし、違約金の支払を拒むことができるか。

【Before】

　Caseは、明渡義務の履行遅滞という条件成就により利益を受けるBが、不正に条件を成就させた事案である。

　旧130条では、条件成就により不利益を受ける者が故意に条件成就を妨げたときは、相手方は、その条件が成就したものとみなすことができるとされていたが、Caseのように条件の成就によって利益を受ける当事者が故意に条件を成就させたときの規律は定められていなかった。

　この点に関し、最判平6・5・31民集48-4-1029は、被告は櫛歯ピン付かつらを製造しないという和解をした後に、原告が客を装って被告の店舗に行き、強引に櫛歯ピン付かつらを製造させた事案において、単に和解条項違反行為の有無の調査ないし確認の範囲を超えて、和解条項違反行為を誘因した場合には、旧130条の類推適用により、被告である和解契約の相手方は条件が成就していないものとみなすことができると判断していたが、どのようなケースに同条が類推適用され得るのか議論の余地があった。

　CaseにおいてBは、例えば、旧130条は条件付法律行為の例外であり厳格に解釈するべきであるなどと主張して、Caseに対して同条を類推適用するべきでないと争う余地があった。

【After】

立法過程では、判例法理の明文化が試みられたが、旧130条の規定（「故意にその条件の成就を妨げたとき」）を単に裏返し、条件成就により利益を受ける者が「故意にその条件を成就させたとき」と規定すると、特に信義則上、条件不成就とみなす必要のない場合にも形式的には要件に該当することになるという問題があった（例えば、入試に合格したら時計を与えるといった条件付きの贈与契約が締結された場合において、努力して合格したとき等）。

すなわち、旧130条にて故意に条件成就を妨げたことが信義則に反する行為であることが必要と解されていたことから、利益を受ける者が条件を成就させた場合についても、条件不成就とみなすことができる行為を信義則違反の行為に限定する趣旨を法文上明らかにする必要があった。

そのため、新130条2項では、「不正にその条件を成就させたとき」と規定することとされた。「不正に」という文言により信義則違反行為への限定を行う趣旨である。なお、立法過程では、新130条1項・2項の文言のバランスを取るため、1項についても「不正に」と規定することが検討されたが、従前と意味内容が変わらないにもかかわらず、規定を変更することで誤解を生む可能性があることから、同条1項の文言には変更を加えないこととされた。そのため、新130条1項では「故意にその条件の成就を妨げたとき」とされ、2項では「不正にその条件を成就させたとき」とされ、異なる規定がなされることとなった。ただし、2項を新設したことが、1項の解釈に影響する可能性はある（潮見・概要31頁は、「不正」要件を入れた判断は、1項の定める故意による条件成就の妨害のケースにも「等しく妥当するものと思われる」と指摘している）。

改正により、旧法下では明文がなく、**Case** のような事案について旧130条が類推適用可能なのか議論の余地があったところ、新法では判例法理が明文化されたことで、かかる議論の余地がなくなった。そして、議論は新130条2項の要件該当性に収斂されることになった。

Case では、新130条2項が適用されることを前提とし、素性のよくない知人Cに指示して頻繁にAに対する嫌がらせをさせたBの働きかけが信義則に反する場合には、不正に条件を成就させたとしてAは明渡義務の履行遅滞という条件が成就しなかったものとみなし、違約金の支払を拒むことができる。

このほか、婚姻費用分担の審判に基づく支払義務を免れるために自宅に戻ったことをもって、別居状態が解消されたものとして解除条件の成就を認めつつ、故意による条件成就として旧130条の類推適用を認めた名古屋家岡崎支判平23・10・27判タ1372-190等があり、新130条2項が適用され得る事例として参考になる。　　　　　　　　［柿原達哉］

29
時効の援用権者

Case

　ＡはＢに対して、300万円の甲貸金債権を有していた。甲について消滅時効が完成しているが、Ｂはこれを援用しようとしない。このとき、以下の者は、甲の消滅時効を援用することができるか。
　(1)　保証人Ｃ
　(2)　物上保証人Ｄ
　(3)　Ｂとともに連帯債務を負うＥ（負担部分は各2分の1とする）

【Before】

　消滅時効であれ取得時効であれ、完成した時効を援用することができるのは、「当事者」（旧145条）である。「当事者」は固有の時効援用権を有し、援用権者が複数いる場合に、他の援用権者が時効を援用しないときはもちろん、時効利益を放棄したときであっても、それとは無関係に時効を援用することができる。

　「当事者」とは誰かについて、判例は、一貫して、「時効によって直接利益を受ける者（及びその承継人）」としてきた。その典型例は、時効完成の当事者、すなわち消滅時効の完成した債務の債務者、取得時効完成の要件を充たした占有者であるが、それ以外のいかなる者が「当事者」に含まれるかが問題となる。Case では、債権の消滅時効について、甲の債務者Ｂ以外の誰に援用権が認められるかが問題となる。

　(1)について、保証債務は主たる債務を担保するために存在する以上、主たる債務が消滅すれば保証債務も消滅する（付従性）。したがって、保証人Ｃは、主たる債務甲の時効によって直接利益を受けるので、援用が認められる（大判大4・12・11民録21-2051）。連帯保証人についても同様である（大判昭7・6・21民集11-1186）。

　(2)について、物上保証人は、保証人と異なり債務を負っていないので、被担保債権が時効消滅しても義務を免れるわけではないが、自己の財産上に設定された物的負担を免れる立場にある。そこで、判例は、物上保証人は時効により直接利益を受ける者に当たるとする（最判昭42・10・27民集21-8-2110〔譲渡担保〕、最判昭43・9・26民集22-9-2002〔抵当権〕）。したがって、物上保証人Ｄは、被担保債権甲の時効を援用することができる。同様に、担保不動産の第三取得者についても、被担保債権の時効消滅によって抵当権の

負担を免れるため、援用権が認められる（最判昭 48·12·14 民集 27-11-1586）。

(3)について、旧 439 条によれば、連帯債務者の 1 人のために時効が完成すると、その者の負担部分について他の連帯債務者も債務を免れるので（負担部分絶対効）、他の連帯債務者も「当事者」に当たると解されてきた（通説）。したがって、甲の連帯債務者 B と E の負担部分が平等である場合に B について先に時効が完成すると、B が援用していなくても、E は B の時効を援用し、B の負担部分（150 万円）について債務を免れることができた。

【After】

新 145 条は、「時効は、当事者（消滅時効にあっては、保証人、物上保証人、第三取得者その他権利の消滅について正当な利益を有する者を含む。）が援用しなければ、裁判所がこれによって裁判をすることができない」と規定し、消滅時効の場合には、時効の援用権者である「当事者」に一定の第三者が含まれることを条文上明らかにした。

新法は、判例が援用権を認めてきた代表的な者を例示したうえで、「正当な利益を有する者」という文言を用いている。これは、時効による利益が直接的であるか間接的であるかは判断基準として機能していないとの批判を考慮したうえで、一定の第三者に援用権が認められることを条文上明らかにしたものであるが、援用権者の具体的な範囲は引き続き解釈に委ねられている。なお、新 145 条は、条文に例示されていない者について、詐害行為の受益者（最判平 10·6·22 民集 52-4-1195）等は「当事者」に該当し、他方で、一般債権者（大判大 8·7·4 民録 25-1215）や後順位抵当権者（最判平 11·10·21 民集 53-7-1190）等はこれに当たらないとする従来の判例を変更することを意図するものではない。

もっとも、新法のもとで、(3)の連帯債務者は、他の連帯債務者の時効について、「正当な利益を有する者」（新 145 条かっこ書）に含まれない（→ Case105）。連帯債務者の 1 人について生じた時効の完成が相対的効力事由に変更されたため（新 441 条本文）、他の連帯債務者は時効の完成による利益を受けないからである。

その帰結は、つぎのとおりである。連帯債務者 B が自己の債務について完成した時効を自ら援用すると、全額（300 万円）について債権者 A に対して債務を免れる。しかし、B の時効完成の効力は E に及ばないので、A は E に対して全額の請求をすることができる。B が自ら時効を援用しない場合も、E は B について完成した時効を援用できないので、自己の債務について時効が完成してこれを援用するのでない限り、A に対して全額について債務を負い続ける。いずれの場合にも、E が A に債務を弁済した場合には、B に対して求償することができる（新 445 条）。なお、B が E からの求償に応じた場合に A にその償還を請求できるかについては規定がなく、解釈は分かれている。

[齋藤由起]

30
時効の完成猶予および更新

Case

(1)　AはBに対する貸金債権300万円の消滅時効が完成する3ヶ月前に、Bに対してその支払を求めて訴えを提起し、それから1年後にA勝訴の判決が確定した。この訴えの提起とA勝訴の判決確定により、消滅時効はどのようになったか。

(2)　AはBに対する貸金債権300万円の10年の消滅時効が完成する3ヶ月前に、Bの不動産に対する仮差押命令を申し立てたところ、裁判所は仮差押命令を発し、その旨の登記がされた。AはBに対して、この申立てから14年後に、この300万円の支払を求めて訴えを提起した。Bは消滅時効を援用してこの請求の棄却を求めることができるか。

【Before】

(1)では、Aの訴えの提起は裁判上の請求に当たり、これにより消滅時効は中断する（旧147条1号・旧149条）。中断すると時効は進行しないので、訴えの提起から3ヶ月以上経過し当初の時効期間が満了した後も、時効は完成しない。そこでA勝訴の判決が確定すると、時効は新たに進行を始める（旧157条2項）。その時効期間は、10年より短い時効期間の定めがあるものであっても10年となる（旧174条の2第1項）。

(2)では、「仮差押え」は時効中断事由であり（旧147条2号）、「中断した時効は、その中断の事由が終了した時から、新たにその進行を始める」（旧157条1項）。この中断の効力がいつまで続くかについて、判例は、仮差押えの執行保全の効力が存続する間（不動産に対する仮差押えの場合は仮差押登記が存続する間）は、時効中断の効力が継続するとする（最判平10・11・24民集52-8-1737）。したがって、判例によれば、Aは消滅時効が中断している間に訴えを提起しているので、Bの消滅時効の援用は認められない。この判例（継続説）は、債務者は事情変更による仮差押命令の取消しを求めることができるともいうが、学説には、不動産に対する仮差押えの場合に限り永続的な時効の完成猶予を認めることにもなりかねないとして、仮差押登記の時から新たに時効が進行すると解すべきであると説くもの（非継続説）もあった。この説では、仮差押登記の時から10年で時効は完成しており、Bの時効援用は認められることになる。

【After】

旧法は、裁判上の請求による中断を例にいうと、「中断」には訴えの提起により時効の進行が止まる効力と、裁判が確定した時から、新たに時効が進行を始める効力（旧157条2項）が含まれていた。また、①時効の完成が妨げられるという効力（旧153条の催告）と、②それまでに経過した期間が法的に無意味なものになり、新たに時効が進行を始めるという効力（旧157条）を、いずれも「中断」という同一の語で表現しており、時効中断制度をわかりにくくする一因となっていた。そこで、①②の実質的な内容に合った適切な表現を用いて再構成する必要があるということから（部会資料69A・17頁）、新法は、旧法の権利行使型の時効「中断」事由の多くを時効の完成を猶予する効力を有する「完成猶予」事由と、時効を新たに進行させる効力を有する「更新」事由とに分けて再構成した（新147条〜新152条。新たに追加したものもある）。また、旧法の時効の「停止」の語も時効の「完成猶予」に改めた（新158条〜新161条）。なお、164条の占有の中止等による取得時効の自然「中断」は、これとは効力が異なるので「中断」の語が維持されている。これをまとめると、つぎのようになる。

〈旧法の中断事由〉		〈新法〉
催告（旧153条）	→	完成猶予事由（新150条等）
裁判上の請求など（旧149条等）	→	完成猶予事由＋更新事由（新147条等）
差押え（旧154条）	→	完成猶予事由＋更新事由（新148条）
仮差押え・仮処分（旧154条）	→	完成猶予事由（新149条）
承認（旧156条）	→	更新事由（新152条）

(1)では、Aの訴え提起により、当初の時効期間満了後は時効の完成が猶予され（新147条1項柱書）、Aの勝訴判決確定により時効は更新され、新たに時効が進行する（同条2項）。その時効期間が、10年より短い時効期間の定めがあるものであっても10年となることは、旧法と同じである（新169条1項）。

(2)では、新法の立案担当者は、上記の判例（最判平10・11・24）を変更する意図はないとしている（第79回会議議事録24頁）。したがって、判例の考え方によれば、Aの仮差押えにより時効の完成が猶予されている（新149条）間に、AがBを訴えたことになるので、旧法におけると同じく、Bの消滅時効の援用は認められない。判例に反対する考え方（非継続説）では、仮差押登記から6ヶ月（同条）の経過で時効は完成しているので、Bの消滅時効の援用は認められる。　　　　　　　　　　　　　　　　　　　　　　［松久三四彦］

31
裁判上の請求と裁判上の催告

Case

　AはBに対する300万円の債権（甲債権）の消滅時効が完成する3ヶ月前に支払を求めて訴えを提起した。以下の(1)〜(3)は独立した問題である。

　(1)　Aの訴え提起から5ヶ月後に、Bは甲債権の消滅時効を援用しAの請求の棄却を求めた。この援用は認められるか。

　(2)　Aの訴え提起から5ヶ月後に、Aは訴えを取り下げた。それから3ヶ月後に、AはBに対して、再度、甲債権に基づいて300万円の支払を求めて訴えを提起したところ、Bは消滅時効を援用しAの請求の棄却を求めた。この援用は認められるか。

　(3)　Aの勝訴判決が確定したが、Bからの支払はない。そこで、Aは勝訴判決確定から8年後にBに対して強制執行を申し立てたところ、Bは消滅時効を援用してこれを争った（請求異議の訴え）。この援用は認められるか。

【Before】

　(1)では、Aは、甲債権の消滅時効が完成する3ヶ月前に300万円の支払を求めて訴えを提起している。これは、時効中断事由の「請求」（旧147条1号）の1つである「裁判上の請求」（旧149条）に当たるので、甲債権の消滅時効は中断している。したがって、Bの消滅時効の援用は認められない。

　(2)では、Aの訴え提起から5ヶ月後に、Aは訴えを取り下げたので、旧149条によれば、中断の効力は生じなかったことになりそうである。そうすると、Aの訴え提起から3ヶ月後に甲債権の消滅時効は完成したことになり、Bの消滅時効の援用は認められるようにも思われる。

　しかし、学説では、訴えが取り下げられるなどして「裁判上の請求」には当たらないものの裁判上継続的に権利が主張されていた場合には、「強き催告」として、その裁判手続が終了してから6ヶ月は時効の完成が猶予されるべきであるとの考え方が出てきた（我妻栄『民法研究II』265頁）。判例（最大判昭38·10·30民集17-9-1252〔裁判上留置権を主張した事案〕、最判昭45·9·10民集24-10-1389〔破産の申立てが取り下げられた事案〕）もこれを認めるに至り、この考え方は「裁判上の催告」と呼ばれるようになった（同『民法総

則』466頁。より正確には、「継続的催告」というべきであろう）。したがって、甲債権については訴えの提起から訴えの取下げまでの間は、裁判上の催告がされていたものと解される。そして、Aは訴えを取り下げてから6ヶ月以内に再度訴えを提起しており、甲債権の消滅時効は中断しているので（旧147条1号・旧149条）、Bの消滅時効の援用は認められない。

(3)では、Aの勝訴判決確定の時から新たに消滅時効が進行し（旧157条2項）、その消滅時効期間は、10年より短い消滅時効期間にかかる債権（例えば、職業別の短期消滅時効〔旧170条〜旧174条〕や商事消滅時効〔商旧522条〕にかかる債権）であっても10年となる（旧174条の2第1項）。したがって、新たな消滅時効が完成する前にAの強制執行（旧147条2号の「差押え」に当たる）により甲債権の消滅時効は中断しているので、Bの消滅時効の援用は認められない。

【After】

(1)では、Aの訴え提起（裁判上の請求）により、甲債権の消滅時効の完成は猶予されている（新147条1項1号）。したがって、Bの消滅時効の援用は認められない。旧法では、裁判上の請求などの権利行使は中断事由とされていたが（旧147条1号・2号、旧149条以下）、新法では、完成猶予事由（新147条〜新151条。上記の裁判上の催告という考え方を明文化したもの〔部会資料69A・16頁〕）と更新事由に改められた。

(2)では、Aの訴えの取下げから6ヶ月は甲債権の消滅時効の完成は猶予される（新147条1項1号）。Aは訴えを取り下げてから6ヶ月以内に再度訴えを提起しているので、甲債権の消滅時効の完成は猶予されている（同号）。したがって、甲債権の消滅時効は完成していないので、Bの消滅時効の援用は認められない。

(3)では、Aの勝訴判決確定の時から甲債権の消滅時効は更新され、新たに進行を開始する（新147条2項）。新法では、原則的消滅時効期間は、「債権者が権利を行使することができることを知った時」から5年、「権利を行使することができる時」から10年である（新166条1項1号2号。職業別の短期消滅時効や商事債権の短期消滅時効の規定は削除された）。甲債権のように契約（売買契約や金銭消費貸借契約など）に基づく債権は、通常、債権者は弁済期を知っているので、弁済期から5年の消滅時効が進行し10年の消滅時効よりも早く完成する。しかし、確定判決による更新後の消滅時効期間は、10年より短い消滅時効期間にかかる債権であっても10年となる（新169条1項）。したがって、更新後の新たな10年の消滅時効が完成する前にAの強制執行により甲債権の消滅時効の完成は猶予されているので（新148条1項1号）、Bの消滅時効の援用は認められない。

[松久三四彦]

32
協議を行う旨の合意による時効の完成猶予

Case

　AはBに対して、20X1年3月末日をもって5年の消滅時効期間が満了する1,000万円の甲支払債権を有していた。Aは同年1月31日に、Bに電子メールで連絡をして、未払となっている諸債務の弁済の見込みを質した。Bは同日、既存の未払諸債務の弁済については誠実に協議のうえ対処したい旨、電子メールでAに返信した。Aは、Bの対応次第では訴えを提起することも検討していたが、Bの対応が誠実に思えたため、Bの申入れに応じて弁済の協議を行うこととする旨の電子メールを同日にBに返信した。Aは、協議の継続中はBへの訴えの提起を見合わせることにした。

　その後、同年2月中旬から何度か、AB間で弁済の協議が持たれたが、さしたる成果もなく、そこで同年12月1日に、AはBに対し、今後は一切協議には応じない旨を電子メールで通知した。同年12月15日にAがBに対して甲の支払を求める訴えを提起したところ、Bは消滅時効を援用した。Aの請求は認められるか。

【Before】

　旧法においては、債務者が自発的に債務の存在を認めること（旧147条3号・旧156条にいう「承認」）がない限り、債権者は訴えの提起をはじめとする公的手続を取らなければ、消滅時効の完成を阻止することができなかった。Caseにおいては、もし20X1年3月末日までにBが甲支払債権を承認していれば、甲の消滅時効が中断され、承認時から、新たに時効が進行を開始することになる。しかし、債務者が話し合いをしたいと債権者に述べるだけでは、通常は承認があったとはいえない。

　また、Caseにおいては、本来の時効期間の満了時である20X1年3月末日よりも後である、同年12月15日に、Aは訴えを提起している。確かに、同年1月31日のAからBに対する電子メールや、その後の弁済の協議中にAからBに対しされたであろう発言等を、裁判外の催告とみる余地はある。しかし、裁判外の催告がされた時から6ヶ月以内にもう一度、裁判外の催告がされても、時効の完成が阻止されることはなく、むしろ、裁判外の催告の時から6ヶ月以内に旧153条所定の公的手続が取られなければ、

時効の中断の効力はおよそ生じないものとされていた（大判大8・6・30民録25-1200。新150条2項は同判決を踏まえて規定された〔一問一答47頁〕）。したがって、**Case**においては、本来の時効期間の満了時の前でかつそれに最も近い時期（つまり20X1年3月末日）にAが裁判外の催告をしたものと想定しても、その時から6ヶ月以内に公的手続が取られなかったので、結局、20X1年3月末日までに時効の中断の効力はおよそ生じないこととなった。

　よって、Bによる消滅時効の援用が認められ、Aの請求は認められなかった。

【After】

　新151条は、権利についての協議を行う旨の合意が書面によりされた場合に、その合意により時効の完成が猶予されるという制度を新設した。なお、同条4項により、電磁的記録による合意も、書面による合意とみなされる。書面や電磁的記録は、当事者双方の協議意思が現れているものである必要があるが、その様式には特段の制約はなく、一通のものとされていることも必要でない（一問一答49〜50頁）。

　これによると、**Case**においては、20X1年1月31日のAB間での電子メールのやりとりにより、甲を含む権利関係につきAB間で協議を行う旨の合意が書面によりされたものとみなされる。協議を行う期間について特に定めはなかったようであるので、新151条1項2号は問題とならず、同項1号および3号のみが問題となる。**Case**においては、同項1号所定の時期の到来の方が早いので、20X2年1月31日の経過時まで甲の時効は完成しない。そして、それよりも前の時点である20X1年12月15日に、AはBに対して甲の支払を求める訴えを提起したので、甲の消滅時効は完成しておらず（新147条1項1号）、よって、Aの請求が消滅時効の完成を理由として棄却されることはない。

［金子敬明］

33
協議を行う旨の合意の繰返しと時効の完成猶予

Case

　AはBに対して、20X1年3月末日で5年の消滅時効期間が満了する1,000万円の甲支払債権を有していた。Aは同年1月31日に、Bに電子メールで連絡をして、未払となっている諸債務の弁済の見込みをBに質した。Bは同日、既存の未払諸債務の弁済については誠実に協議のうえ対処したい旨を、電子メールでAに返信した。当時Aは、時効の完成が間近であった甲につき訴えを提起する準備をしていたが、Bの申入れに応じることにし、こうしてABは同年2月1日に、AB間で弁済の協議を行うこと、協議を行う期間は9ヶ月とすることを内容とする書面を作成した。

　その後、同年2月上旬から何度か、AB間で弁済の協議がもたれたが、さしたる成果もなく、そこで同年3月1日に、AはBに対し、協議を打ち切る旨を電子メールで通知した。

　その後、AB間では何のやりとりもなかったところ、Aは、同年8月10日に、再度Bに対し、未払となっている諸債務の弁済の見込みを質した。これをきっかけに、AB間で再度の弁済の協議を行う機運が高まり、こうして同年8月25日に、ABが再度の弁済の協議を行う旨の書面が作成された（協議を行う期間は特に定められなかった）。

　しかし、再度の弁済の協議にもさしたる成果がみられず、そこで同年10月15日に、AはBに対し、甲の支払を求める訴えを提起した。これに対して、Bは消滅時効を援用した。Aの請求は認められるか。

【Before】

　旧法では、権利に関する協議を行うことを合意しても、その合意自体は消滅時効の完成に何の影響も与えず、せいぜい、その合意に至る過程でされた債権者や債務者の行為が、催告（旧153条）や債務の承認（旧147条3号・旧156条）に該当することがあり得るにとどまった。Caseにおいては、20X1年1月31日のBの電子メールが債務の承認に当たらないとすると、甲の消滅時効期間が満了する同年3月末日の到来前である同年3月1日にAがした、協議を打ち切る旨の電子メールが、裁判外の催告に当たる可能

性がある。しかし、そうだとしても、その時から6ヶ月以内に、Aは旧153条所定の公的手続を取っていないので、時効の中断の効力はおよそ生じないこととなった（なお、同年8月10日にAがした裁判外の催告が、時効の完成を阻止する効果をおよそもたなかった点については→ Case32）。

　よって、Bによる甲の消滅時効の援用が認められ、Aの請求は認められなかった。

【After】

　新法のもとでは、権利についての協議を行う旨の合意が書面でされることにより、時効の完成が猶予される（新151条1項）。**Case** においては、同項1号〜3号のうち、最も早く到来するのは、20X1年3月1日から6ヶ月の経過時（同項3号。なお、同条5項により、電磁的記録によってされた協議続行拒絶の通知は、書面によってされたものとみなされる）であり、よって、甲の消滅時効の完成は同年9月1日の経過時まで猶予される。

　そして、権利についての協議を行う旨の合意によって時効の完成が猶予されている間に、権利についての協議を行う旨の再度の合意がされると、当初の合意ではなく再度の合意を根拠にして、新151条1項に基づく時効の完成猶予の効力が生じる（同条2項本文）。つまり、時効完成の先延ばしが再度生じることになる。**Case** においては、再度の合意については、同条1項のうち2号と3号は問題とならず、同項1号により、20X2年8月25日の経過時まで、甲の時効の完成が猶予されたことになる。ただし、再度の合意を繰り返して時効の完成を数度先延ばしにすることは妨げられないが、その方法では、最大でも20X6年3月末日までしか時効の完成を先延ばしできない（同条2項ただし書）ことに、注意を要する。

　以上より、**Case** においては、20X2年8月25日の経過時よりも前の時点である20X1年10月15日に、AはBに対して甲の支払を求める訴えを提起したので、甲の消滅時効は完成しておらず（新147条1項1号）、よって、Aの請求が消滅時効の完成を理由として棄却されることはない。

　なお、催告にも6ヶ月間の時効の完成猶予の効力が認められているが（新150条1項）、権利についての協議を行う旨の合意と催告とは同等でない。すなわち、上述したように、権利についての協議を行う旨の合意を繰り返すことによって、時効の完成を数度先延ばしにすることは認められる。これに対して、催告によって時効完成が猶予されている間に協議を行う旨の合意をしたり、逆に、協議を行う旨の合意によって時効完成が猶予されている間に催告をしたりしても、時効の完成の先延ばしが再度生じることはない（新151条3項。ただし、ここでいう「時効完成が猶予されている間」には、当初の時効完成時〔時効の完成が猶予されなかったとすれば時効が完成すべき時〕よりも前の期間が含まれないことに、留意を要する〔第92回会議議事録22頁〕）。 　　　　　　　　　　　　　　　　　　　［金子敬明］

34
物上保証人に対する抵当権の実行

Case

　AはBに対して1,000万円の貸金債権（甲債権）を有している。また、この甲を被担保債権として、物上保証人Cが所有する乙土地に抵当権の設定を受けている。Aは、Bが返済しないため、乙に対する抵当権の実行を裁判所に申し立て、甲債権の消滅時効が完成する1週間前に、競売開始決定の正本がBに送達された。それから2週間後、Cは甲債権の消滅時効を援用し、乙土地上のAの抵当権も消滅したとして、競売開始決定に対して異議の申立て（民執182条）をした。Cの消滅時効の援用は認められるか。

【Before】

　判例は、抵当権の実行としての競売（任意競売）は時効中断事由である「差押え」（旧147条2号）と同等の効力を有するとする（最判昭50·11·21民集29-10-1537）。しかし、Aの抵当権は物上保証人Cが自己の所有する乙土地に設定したものであるので、Aの抵当権実行（競売）の申立ては、Cに対して行われている。したがって、債務者Bに対する直接的な権利行使ではないので、本来ならば甲債権の消滅時効は中断しない。旧法は、このことを「時効の中断は、その中断の事由が生じた当事者及びその承継人の間においてのみ、その効力を有する。」としていた（旧148条）。

　他方で、旧法は、「差押え、仮差押え及び仮処分は、時効の利益を受ける者に対してしないときは、その者に通知をした後でなければ、時効の中断の効力を生じない。」としていた（旧155条）。この規定は、第三者の占有している債務者の動産に対して差押えなどがされた場合に限って適用されるべきであるとの少数説もあったが、判例は、この考え方をとらず、旧155条は旧148条の原則を修正し、時効中断の効果が当該中断行為の当事者およびその承継人以外で時効の利益を受ける者にも及ぶべきことを定めたものであり、他人の債務のために自己の所有不動産に抵当権を設定した物上保証人に対する競売の申立てにより裁判所が競売開始決定正本を債務者に送達した場合は、債務者は旧155条により、当該被担保債権の消滅時効の中断の効果を受けるとした（前掲最判昭50·11·21）。この場合は、その正本が債務者に送達された時に消滅時効中断の効力が生じる（最判平8·7·12民集50-7-1901）。したがって、Aの甲債権の消滅時効は中断してい

るので、Cは甲債権の消滅時効を援用して抵当権の消滅を主張することはできない。

　なお、旧148条の文理からすると、例えば、被担保債権の消滅時効が債務者の承認により中断しても、物上保証人は同条のいう「中断の事由が生じた当事者」ではないので、物上保証人は中断の効果を受けず、被担保債権の消滅時効を援用できることになりそうであるが（このように解する説として、鈴木禄弥『民法総則講義［2訂版］』334頁）、その結論は妥当とは思われない。そこで、同条は、時効が進行している権利関係の当事者が複数の場合において、権利行使や承認という中断行為の「当事者」間で進行していた時効だけが中断する（そして承継人に承継される）ことを規定したものであるとの考え方も出されている（松久三四彦『時効制度の構造と解釈』244頁以下。なお、同条の見直しの必要をいうものとして、大村敦志『民法読解総則編』498頁以下参照）。この説では、甲債権の消滅時効が中断したことは、誰との関係でもそのように扱われるので、Cは時効を援用できないことになる。

【After】

　担保権の実行は時効の完成猶予事由・更新事由であるが（新148条1項2号・2項）、この担保権の実行による「時効の完成猶予又は更新は、完成猶予又は更新の事由が生じた当事者及びその承継人の間においてのみ、その効力を有する。」（新153条1項）。また、担保権の実行は、「時効の利益を受ける者に対してしないときは、その者に通知をした後でなければ、……時効の完成猶予又は更新の効力を生じない。」（新154条）。そして、新法のもとでも上記の判例は妥当するので、Aの物上保証人Cに対する抵当権の実行による競売開始決定正本が債務者Bに送達された時から、甲債権の消滅時効の完成は猶予されている。したがって、Cの消滅時効の援用は認められない。

　なお、新153条は、新法が旧法の権利行使による時効中断を更新と完成の猶予とに分けて規定したことに伴い、旧148条の「中断」を「完成猶予又は更新」に改めたものである。したがって、新153条の「当事者及びその承継人」の意味については、旧148条についての上記の問題が残っている。

[松久三四彦]

35
天災等による時効の完成猶予

Case

　AはBに対して、2030年3月31日で5年の消滅時効期間が満了する100万円の貸金債権を有していた。2月下旬にAが弁護士に相談し、訴え提起の準備をしていたところ、3月15日に大地震が起きて、AとBが居住する地の地方裁判所も被災して4月1日まで閉鎖されたほか、Bの所在をAが知ったのは5月1日であった。

　⑴　裁判所の手続再開後にAがBを相手に100万円の貸金返還請求の訴えを提起したところ、Bは消滅時効を援用した。Aの請求は認められるか。

　⑵　貸金債権の消滅時効期間満了日が、裁判所の手続再開の10日後に到来する場合はどうか。

【Before】

　3月15日から4月1日までは管轄裁判所が閉鎖されていて訴えの提起が不可能であり、所在不明のBに催告をしたり、承認を求めることもできなかったので、その障害が消滅した時から2週間を経過するまでの間（4月15日まで）は、時効は完成しない（旧161条）。これを旧法は、「天災等による時効の停止」と呼んでいた。

　この規定の2週間という猶予期間は、それ以外の時効停止期間がいずれも6ヶ月となっていた（旧158条〜旧160条）のに比して、いかにも短すぎるとの指摘があった。実際に、1995年の阪神淡路大震災や2011年の東日本大震災では、復旧や生活の立て直しに長時間を要し、2週間では妥当でないと感じられた。

　仮にCaseに旧法が適用されたとすれば、まず⑴の場合、Aは裁判所の業務の再開から2週間以内（4月15日まで）に訴えを提起しなければ、貸金債権の消滅時効が4月16日に完成する。それ以後のAの訴えに対しては、Bが消滅時効を援用すれば、Aの請求は認められないことになったはずである。

　⑵の場合、「時効の期間の満了の時に当たり」という文言どおりに理解すると、裁判所の業務が再開された後にAが時効の中断・停止の措置を採れることから時効の停止はなく、本来の期間満了日に時効が完成し、その後の訴えは退けられる。しかし、「本条が障害の終了後2週間は時効は停止するとしている趣旨を尊重して」、旧161条を緩

やかに適用し、延長期間内に訴えを起こせば時効は完成しないと解する説がある（我妻栄ほか『我妻・有泉コンメンタール民法［第6版］』319頁）。

　なお、Bが5月1日まで行方不明であったことは、同人に対する訴え提起を妨げないので（民訴3条の2第1項を参照）、Bの所在不明を理由に5月1日から2週間時効の完成が猶予されることはない。これに対して、裁判所が閉鎖中にBの所在がわかっていて、同人に対する催告をしたり（旧147条1号・153条）、その承認（旧147条3号・156条）を得られる可能性がある場合について、旧161条が適用されるか否かには争いがある（注釈民法(5)149頁〔五十嵐清〕）。同条の適用には時効中断の方法を採ることがすべて不可能であることを要するとして、催告や承認による中断が可能であれば、同条は適用されないという見解があった（我妻ほか・前掲箇所）。

【After】

　新法は、時効の中断と停止が更新と完成猶予に再編されたこと（新149条・新154条に関して→ Case30）に対応して、条文見出しを「天災等による時効の完成猶予」と改めた。さらに、裁判上の請求等（新147条1項）または強制執行等（新148条1項）という完成猶予・更新事由に該当する手続を採れない場合（すなわち、その申立てができない場合）に限って、天災等による時効の完成猶予を認めることにしている。債務者に対する催告（新150条）や債務者の承認による更新（新152条）の可能性は、この完成猶予には関係がなくなることに注意するべきである。それゆえ、【Before】の末尾で紹介した見解は改正された本条では成り立たず、裁判上の請求等または強制執行等のいずれか一方ができなければ、時効の完成猶予が認められる。

　なお、新型コロナウイルス感染拡大による緊急事態宣言下では、期日等が取り消され、緊急のものを除いて事務手続は停止されていたが、訴えの提起や強制執行等の申立ての受付は行われていたので新161条は適用されない。

　猶予期間は2週間から3ヶ月に伸長された。諸外国の規定にみられるように他の完成猶予事由と揃えて6ヶ月にするということも考えられた。しかし、猶予期間の伸長は時効期間全般の短縮化の方向と逆であること、および、旧法の2週間から6ヶ月への伸長は変更幅が大きすぎると考えられたことから、3ヶ月への伸長にとどまった。Case の(1)の場合、時効の完成が7月2日まで猶予され、その時までにAが訴えを起こせば時効は完成せず（新147条1項1号）、Bの時効の抗弁は失当としてAの請求が認められることになる。これに対して、(2)の場合には新161条は適用されないと解されよう。我妻ほか・前掲書の反対もあるが、その説には文理上無理があるほか、裁判所の手続再開時期は事前に公表されるので債権者は手続の準備を行っておくことができ、時効完成時期を一律に3ヶ月も延伸する必要がないからである。　　　　　　　　　［松岡久和］

36
消滅時効期間の短縮と二重期間化

Case

　Aは、Bから中古建物をその敷地とともに買い、代金を支払ったうえで引渡しを受けて住み始めた。それから7年が経過した時、Aは、同土地が元々市の道路位置指定を受けており、その結果、建替えが不可能であることを理由に、Bに対して損害賠償を求めて訴えを提起した。Bは、Aの損害賠償請求権は既に時効によって消滅していると反論することができるか。

【Before】

　Aは、目的物に隠れた瑕疵があった場合には、Bに対して瑕疵担保責任を追及することができる（旧570条）。土地が道路位置指定を受けていることも、瑕疵に該当する（最判平13·11·27民集55-6-1311）。ただし、道路位置指定は調査が容易なので、「隠れた」瑕疵といえるかは一応問題になり得る。だが、ここでは問題文に即して、「隠れていた」という前提で考える。

　瑕疵担保責任に基づく請求は、瑕疵を発見した時から1年以内にしなければならない（旧566条3項）。判例は、この1年の期間は権利を保存するための除斥期間であって、その期間内に「担保責任を問う意思を裁判外で明確に告げる」ことによって、当該権利は保存され、その時から民事なら10年（商事なら5年〔商旧522条〕）の消滅時効が進行すると解している（最判平4·10·20民集46-7-1129）。ここでは、民事時効に即して述べる。

　瑕疵の発見は、いつでもよいわけではない。瑕疵担保責任には10年の時効が適用され、その起算点は買主が売買の目的物の引渡しを受けた時だとされているからである（上記平成13年判決）。したがって、引渡しから12年経過してからAが瑕疵を発見したときには、Bに対して損害賠償を求めることはできない。

　Caseでは、引渡しから未だ10年が経過していないことが明らかである。それゆえ、ここではもっぱらAが瑕疵発見後、除斥期間内に権利を保存したか否かが問題になる。Aは、瑕疵の発見から1年の除斥期間内に権利を保存していれば、その時を起算点とする10年の時効が完成するまでは、Bに対して損害賠償を請求することができる。これに対して、瑕疵を発見したにもかかわらず1年の除斥期間内に権利を保存していないときは、既に除斥期間の経過によって権利を失っていることになる。

【After】

新法においては、Ａが、目的物の契約不適合の存在を知ってから1年以内に不適合の事実をＢに通知しなければ権利を失うとされている（新566条）。「瑕疵担保」責任は、「不適合」責任へと変えられ、それとともに「隠れた」という要件が落とされている。実質的には、改正前の権利保存のための除斥期間と同じだが、不適合の事実を通知すれば足りるとされている点で、改正前の判例（上記平成4年判決）の要件を若干緩和している。

問題は、新法が、債権の消滅時効につき、二重期間規定を導入し、従来の10年の普通消滅時効（新166条1項2号）に重ねる形で、「債権者が権利を行使することができることを知った時から5年間行使しないとき」にも時効の効果が生じると規定していることである（同項1号）。旧法下の短期消滅時効と区別する意味で、これを以下「短縮消滅時効」と呼ぼう。Ａが不適合を発見すると、原則として「権利を行使することができることを知った」とされ、5年の短縮消滅時効が進行し始めるので、不適合責任に関する除斥期間との関係を考えなければならない。

Case において、仮に、Ａが引渡しを受けた直後に不適合を発見していたとしよう。Ａはその時点で「権利を行使することができることを知った」ことになる。「不適合」責任に関する除斥期間の定めは一般の時効規定に対する特別規定なので、権利の保存のための1年の除斥期間が経過すると、短縮消滅時効の適用を待つまでもなく、Ａの権利は消滅する。要するに、買主は、不適合を発見したときにはその事実を1年の除斥期間内に相手方に通知しなければ、権利を失うのである。

不適合の事実を通知することによって保存される権利の時効期間についても、新法の影響が及ぶ。通知の時から Ａ は「権利を行使することができることを知った」と評価され、権利は、それから5年を経過すると短縮消滅時効によって消滅する。Case において、もし Ａ が引渡しを受けてから1年後に自己の権利を保存していたのであれば、事案ではその時から5年以上が経過しているため、Ａの権利は既に短縮消滅時効によって消滅していることになる。これが二重期間規定の導入によってもたらされた改正点である。

[金山直樹]

37
短期消滅時効の廃止による期間の長期化

Case

　A株式会社は、事業として DVD の販売およびレンタルをしている。以下のような事実があったとしたら、B および C は消滅時効を援用することができるか。

　⑴　A は、B に対して DVD ボックス 1 箱を 3 万円で売り渡した。この売買契約成立の時から 3 年が経過した後になって、A は B に対して売買代金の支払を請求した。

　⑵　A は、C に対して 1 週間 500 円の賃料で DVD 1 枚を貸し渡した。A の会員規約は、「返却期限を過ぎて返却された場合には、返却期限後 1 日ごとに 100 円の延長料金をいただきます。」と定めていた。返却期限から 3 年が経過した後、A は、C に対して DVD の返還と 3 年分の延長料金の支払を請求した。

【Before】

　A 株式会社が事業としてする DVD の売買契約および賃貸借契約は、商行為であり（会社 5 条）、商行為によって生じた債権は 5 年の時効にかかる（商旧 522 条本文）。ただし、商法以外の法令において 5 年より短い時効期間の定めがあるときは、商行為によって生じた債権であっても、5 年より短い消滅時効にかかる（同条ただし書）。

　民法は、職業別の短期消滅時効（旧 170 条～旧 174 条）として 3 年以下の時効期間の消滅時効を定めていた。旧 173 条 1 号は、小売商人の商品の代価に係る債権に関する 2 年の消滅時効、旧 174 条 5 号は、動産の損料に係る債権に関する 1 年の消滅時効を定める。動産の損料とは、貸衣裳等のような極めて短期の動産賃貸借に基づく賃料をいう。

　A は商行為を業として行う商人であり（商 4 条 1 項）、A の代金債権は旧 173 条 1 号の消滅時効にかかる。それゆえ B は、⑴の代金債権につき同号の消滅時効を援用できる。

　⑵の規約中の延長料金条項を、返却期限到来後の賃貸借の更新および更新後の賃料に関する約定と解釈するならば（延長料金条項を遅延損害金の約定と解釈する場合は、消契 10 条の適用が問題になろう）、A の延長料金債権は動産の損料として旧 174 条 5 号の消滅時効にかかる。それゆえ、C は、⑵の延長料金債権につき同号の消滅時効を援用できる。

職業別の短期消滅時効（旧170条〜旧174条）については、現代社会において、職業別の短期消滅時効に掲げられた債権と通常の債権で時効期間の取扱いに差異を設ける合理的な理由を見出すことは困難であるとの指摘があった。

【After】

　新法は、職業別の短期消滅時効（旧170条〜旧174条）および商法旧522条を廃止し（→ Case38）、債権の消滅時効の原則的な時効期間を統一した。その結果、(1)の代金債権も(2)の延長料金債権も、新166条1項の消滅時効にかかる。すなわち、両債権は、Aが権利を行使することができることを知った時から5年（同項1号）、または、権利を行使することができる時から10年で時効消滅する（同項2号）。なお、施行日前に債権が生じた場合におけるその債権の消滅時効の期間については、従前の例による（附則10条4項）。

　(1)のAは、売買契約成立時において、Bに対する債権を行使することができることを知っていたのであるから、Aの代金債権の消滅時効の起算点は、売買契約成立時である。また、(2)のAは、返却期限の到来した時において、Cに対する債権が行使することができることを知っていたのであるから、Aの延長料金債権の消滅時効の起算点は、返却期限の到来時である。(1)も(2)も、これらの起算点から5年が経過しておらず、新166条1項1号の消滅時効は完成していない。それゆえ、BもCも消滅時効を援用することができない（なお、(2)の延長料金債権の総額がDVD本体価格を大きく超える場合には、Aの権利行使が権利濫用に当たると解する余地があろう）。

　旧173条1号や174条5号の短期消滅時効は、実務上、消費者保護のために用いられていたものであった。そこで、法制審においては、職業別の短期消滅時効の廃止に伴い、事業者の消費者に対する債権に関する短期消滅時効（3年の時効期間）を置く旨の提案がなされた。しかし、「事業者」「消費者」の定義が必ずしも明確ではないこと、消費者のための時効の適否につき判断が難しい場面が生じ得ることなどの指摘があり（部会資料63・4頁および6頁、部会資料78A・13頁）、この提案は採用されなかった。消費者のための短期消滅時効の不存在が新たな消費者問題の火種になる（例えば、領収書を保管できていない消費者に対して、格安で大量の債権譲渡を受けた者が請求する）ことが危惧される。

［香川　崇］

38
短期消滅時効の廃止による期間の統一・単純化

Case

　20X0 年 4 月 1 日、A 銀行は、1 年後に返済する約束で、B に対して 100 万円を貸した。同日、C 信用協同組合も、1 年後に返済する約束で、B に対して 800 万円を貸していた。

　20X7 年 5 月 1 日になって、A と C は、B に対して支払を請求した。B は、A および C に対して消滅時効を援用できるか。

【Before】

　商法旧 522 条本文によれば、商行為によって生じた債権は 5 年の短期消滅時効にかかる。銀行による金銭貸付行為は営業的商行為に該当するので（商旧 502 条 8 号）、A の B に対する金銭債権には商法旧 522 条本文が適用されることになる。同条本文の定める消滅時効は、権利を行使することができる時から進行する（旧 166 条 1 項）。ここでいう権利を行使することができる時とは、法律上の障害がなくなった時を意味する。債権に付された確定期限は法律上の障害であり、確定期限の到来した時が旧 166 条 1 項の権利を行使することができる時に当たる。A の債権については、確定期限の到来した時（20X1 年 4 月 1 日）を起算点とした 5 年の消滅時効が完成している。それゆえ、B は A の債権に関する商法旧 522 条本文の消滅時効を援用できる。

　C は、中小企業等協同組合法に基づいて設立された信用協同組合である。信用協同組合は商人でないため（最判昭 48・10・5 判時 726-92）、信用協同組合が非商人に貸し付ける行為は、商行為に当たらない。そのため、C の B に対する金銭債権は、商法旧 522 条本文ではなく、旧 167 条 1 項の 10 年の消滅時効が適用される。C の債権については、確定期限の到来した時（20X1 年 4 月 1 日）を起算点とした 10 年の消滅時効が完成していない。それゆえ、B は C の債権に関する旧 167 条 1 項の消滅時効を援用できない。

　以上のような状況に対して、同じような事業を営んでいながら適用される消滅時効の時効期間が違うことにつき疑問が呈されていた。

【After】

　法制審では、民法上の職業別の短期消滅時効（旧 170 条～旧 174 条）の廃止と併せて

（→ Case37）、商法旧522条の廃止も俎上に載せられた。同条の廃止は、第92回会議ま
でペンディングとなっていたが（部会資料80-1・1頁）、最終的に、同条は廃止された
（整備法3条）。その結果、商行為によって生じた債権に対しても新166条1項が適用さ
れることとなった。Aの債権もCの債権も、債権者が、権利を行使することができる
ことを知った時から5年（同項1号）、権利を行使することができる時から10年で時効
消滅する（同項2号）。確定期限の定めのある債権については、債権の発生時に債権者
が債権の発生を基礎づける事実を現実に認識しているのが通常であるから、確定期限の
到来時が新166条1項1号の起算点となる（部会資料78A・7頁）。Aの債権だけでなく、
Cの債権についても、20X7年5月1日までに、確定期限の到来した時（20X1年4月1
日）を起算点とした5年の消滅時効が完成している。それゆえ、BはAの債権とCの
債権に関する同条1項1号の消滅時効を援用できる。

　なお、施行日前にされた商行為によって生じた債権に係る消滅時効の期間については、
従前の例による（整備法4条7項）。　　　　　　　　　　　　　　　　　［香川　崇］

39
商事消滅時効の廃止の影響

Case

　Aは、B銀行の代表取締役として、1か月の間に集中して積極融資を繰り返し、その結果、Bは融資残高の回収が困難となってしまった。Aに代わってBの代表取締役に就いたCが、Bの財務状況を詳しく点検・確認したところ、多額の融資の裏にはAが融資先から高額の贈答品や旅行費用の負担など、異例の接待を受けていたことが発覚した。それらは、Bの内部規律にも反する任務懈怠行為であった。そこで、Bは、自らが被った損害の賠償を求めてAを訴えた。訴えた時点は、Bが積極融資をした時から7年目である。これに対して、Aは時効を援用することによって、責任を免れることができるか。

【Before】

　会社法423条は、会社役員がその任務を怠ったときには、会社に対して、それによって生じた損害を賠償しなければならないと規定している。その時効期間については、会社法制定前から、学説上、議論があった。一部の学説によれば、会社は商人であり取締役の任用契約（委任契約）は商人が営業のためにする付属的商行為だとして、その不履行による損害賠償請求権は、5年の商事消滅時効（商旧522条）に服するとされた。だが、多数説は、会社法423条の定める損害賠償責任は、商行為たる委任契約上の債務とは異質なものであること、また、取締役の任務懈怠行為は外部から容易に判明しない場合が少なくないことから、商事消滅時効の適用を否定していた。判例もその立場から、10年の民事時効を適用していた（最判平20・1・28民集62-1-128）。

　以上からすれば、B銀行が、Aの任務懈怠行為から7年が経過した時点で訴えたCaseにおいては、Aは時効によって自己の債務を免れることはできない。

【After】

　新法は、商事消滅時効（商旧522条）を廃止することによって、ある債権に適用される消滅時効が、商事消滅時効か民事消滅時効かに関する不毛な争いに終止符を打った。それとともに、いわゆる二重期間規定を置いた。すなわち、新166条1項は、債権は「債権者が権利を行使することができることを知った時から5年間行使しないとき」（1

号）、または、「権利を行使することができる時から10年間行使しないとき」（2号）は、時効によって消滅すると規定している（前者を「短縮消滅時効」、後者を「普通消滅時効」と呼ぶ）。

　その結果、Caseにおいて、任務懈怠行為から7年を経過した時点でB銀行が訴えたという事実だけでは、権利が時効で消滅しているか否かの判断はできなくなった。なぜなら、債権者が権利を行使できることを知っていたか否か、また知っていたとしたら、その時点はいつかという点が、時効期間とその起算点に影響を及ぼすからである。

　原則として、Bの権利は、権利を行使することができる時、すなわちAが任務懈怠行為をした時を起算点とする10年の普通消滅時効に服することになる。ただし、Bが検査した結果、Aの任務懈怠を知るに至ると、「債権者が権利を行使することができることを知った」とされて、その時から5年の短縮消滅時効が進行し始めることになる。

　その結果、Caseにおいては、新代表取締役Cがただちに検査をしてAの任務懈怠が発覚していたのであれば、Bの損害賠償請求権は、その時を起算点とする5年の短縮消滅時効が完成していることになる。これに対して、Aの任務懈怠行為があったことが、例えば6年後に初めて発覚したのであれば、発覚した時から未だ5年が経過していないので、Bは損害賠償請求権を行使することができる。もっとも、Aの任務懈怠行為の時点から10年が経過したときには、普通消滅時効が完成している可能性がある。

　このような解釈作業は、従来、不法行為に基づく損害賠償請求権の権利行使期間に関して——3年の時効期間と20年の除斥期間という二重期間規定（旧724条）に即して——なされていたものである。それが、時効法の改正によって、一般化したのである。なお、短縮消滅時効の要件である「債権者が権利を行使することができることを知った時」に関する主張・立証責任は、その要件充足によって利益を受ける者、すなわち債務者にある。

［金山直樹］

40
消滅時効における原則的な時効期間と起算点・安全配慮義務違反

Case

　Y会社の工場で勤務していたAは、勤務中の事故によって、死亡した。事故の原因は、Yの過失にある。
　(1)　事故から4年後に、遺族Xが損害賠償を求めて会社Yを訴えたとき、Xの請求は認められるか。
　(2)　事故から6年後に訴えたときは、どうか。
　(3)　事故から11年後に訴えたときは、どうか。

【Before】

　Case のような場合、(a)不法行為と(b)契約に基づく請求権が発生する。すなわち、(a)不法行為を理由にAがYを訴えた場合、旧724条前段の規定が適用され、「不法行為による損害賠償の請求権は、被害者又はその法定代理人が損害及び加害者を知った時から3年間行使しないときは、時効によって消滅する」。本件において、Xは、事故の時点で、原則として損害および加害者を知っているものと扱われるので、(1)の場合には、既に時効が完成していることになり、不法行為法上の救済を受けることができない。もっとも、(b)Aの労務給付を受領する過程において、Yが雇用者の労務環境を十分に整備していなかったという点、すなわち安全配慮義務違反を問題にすると、事態は一変する。なぜなら、安全配慮義務違反を理由とする請求は、Yの契約責任を追及するものであって、旧167条1項によって10年の時効に服することになるからである（最判昭50・2・25民集29-2-143）。そして、10年の消滅時効の起算点は、「権利を行使することができる時」である（旧166条1項）。それゆえ、安全配慮義務違反を理由とする請求については、未だ、時効は完成していない。

　判例によれば、(a)と(b)の請求権は競合し、被害者は自分に有利な請求権を自由に選択して行使することができる。だから、(1)および(2)の場合には、被害者は安全配慮義務違反を理由に損害賠償を請求すれば、不法行為の時効の壁を乗り越えることができる。これに対して、(3)の場合においては、Xが「権利を行使することができる時」から既に

10年以上経過しているので、安全配慮義務を理由とする契約責任を追及する損害賠償請求権も時効が完成していることになる。

【After】

改正法は、人身損害について、債権の発生原因を不問にする統一的なアプローチを採用した。その結果定められたのが、5年と20年の二重期間である。すなわち、5年の時効は、「債権者が権利を行使することができることを知った時から」進行し始めるのに対して、20年の時効は、「権利を行使することができる時から」進行し始める（新166条1項・新167条）。なお、不法行為責任に関しても同様の規定が設けられており、そこでは、5年の時効は、「被害者又はその法定代理人が損害及び加害者を知った時から」、そして、20年の時効は、「不法行為の時から」、それぞれ進行し始めるとされている（新724条・新724条の2）。文言上、総則に置かれた規定と不法行為に置かれた規定には微差があるが、それは改正前の規定の体裁を引き継いだからにすぎず、解釈上、有意的な差異はもたらさないと解すべきだろう。

改正の結果、(1)の場合には、改正前と異なり、不法行為を理由とする損害賠償請求権は、人身損害があるときは5年に延長された結果（新724条の2）、時効は完成していないことになる。それゆえ、Xは、安全配慮義務違反だけでなく、不法行為を理由としても、損害賠償を請求することができる。これに対して、(2)の場合には、改正前においては安全配慮義務違反を理由にすれば、その時効は10年なので損害賠償を請求することができたが、改正によって、5年で完成していることになり（新166条1項1号）、Xの立場は悪化している。最後に、(3)の場合は、改正前と同様、不法行為と安全配慮義務違反のいずれに基づくものであれ、損害賠償請求権の時効が完成している。

改正法が人身損害に関して不法行為の3年の時効を5年に延長したことは（新724条の2）、被害者保護の観点から評価できる。また、旧724条後段の20年の期間を〈冷たい〉除斥期間として法性決定した最高裁判決（最判平元・12・21民集43-12-2209）に対する批判を容れて、改正法が明文で「時効」と規定したことも（新724条本文）、被害者に対する〈温かな視線〉が現れたものといえよう。

だが、その陰に隠れて、安全配慮義務の実益である10年の時効が廃止されたことの影響が(2)の場合に現われていることを忘れてはならない。改正前においては、不法行為の3年の時効が完成した後でも、10年が経過するまでは、安全配慮義務の法理によって被害者を救済することができた。改正法は、従来の判例を明文化するという基本方針に忠実であるならば、新167条において、人身損害がある場合には、〈前条に「10年」とあるのは「20年」とする〉と規定するだけでなく、〈前条に「5年」とあるのは「10年」とする〉と規定すべきであった。立法としての合理性が疑われる点である。

［金山直樹］

41
定期金債権の消滅時効

Case

　2029 年 5 月 1 日、Ａ と Ｂ は、「Ａ は、その所有する公債 30 枚を Ｂ に与え、Ｂ は、Ａ が死亡するまで、毎年 4 月 1 日に、Ａ の友人 Ｃ に対して公債の利息を支払う」という終身定期金契約を締結した。同年 5 月 3 日、Ｂ は当該契約が締結されたことを Ｃ に対して通知し、同月 5 日、Ｃ は、Ｂ に対してその利益を享受する意思を表示した。もっとも、Ｂ からの通知には定期給付債権の弁済期が記されていなかった。本件定期給付債権の第 1 回の弁済期は 2030 年 4 月 1 日であり、最後の弁済期は 2049 年 4 月 1 日であった。

　このとき以下のような事実があったとしたら、定期金債権および定期給付債権の消滅時効はいつ完成するのか。

　⑴　Ｂ は、定期給付債権を一度も弁済せず、Ｃ は、定期給付債権の発生を知らなかった。

　⑵　Ｂ は第 1 回（2030 年 4 月 1 日）から第 12 回（2042 年 4 月 1 日）までの定期給付債権を弁済したものの、第 13 回（2043 年 4 月 1 日）以降の定期給付債権を弁済しなかった。なお、Ｃ は、第 13 回の弁済期において定期給付債権の発生を知っていた。

【Before】

　終身定期金契約は、定期金債権を発生させる。定期金債権は、その効力として、一定期日の到来によって定期給付債権を発生させる。

　Ｃ の定期給付債権は、毎年支払われるものであるから、5 年の消滅時効にかかる（旧169 条）。それゆえ、最後の弁済期（2049 年 4 月 1 日）から 5 年が経過した時（2054 年 4 月 1 日）に、Ｃ のすべての定期給付債権につき消滅時効が完成する。

　定期金債権につき、旧 168 条 1 項前段は、第 1 回の弁済期を起算点とした 20 年の消滅時効を定める。すなわち、⑴の定期金債権の消滅時効は、第 1 回の弁済期（2030 年 4 月 1 日）から 20 年が経過した時（2050 年 4 月 1 日）に完成する。

　⑵の Ｂ は、定期給付債権を第 12 回まで弁済している。債務者による定期給付債権の弁済は、定期金債権の承認として定期金債権の消滅時効を中断させ（旧 156 条）、新た

な消滅時効を進行させる（旧157条1項）。そうすると、(2)の場合、定期金債権に関する旧168条1項前段の消滅時効は、第12回の弁済期（2042年4月1日）から20年が経過した時（2062年4月1日）に完成する。しかし、これでは最後の弁済期（2049年4月1日）から13年が経過しないと定期金債権の時効が完成しないことになり、旧167条1項の10年の消滅時効と均衡を欠く。そこで、旧168条1項後段の消滅時効が定められ、(2)の定期金債権の消滅時効は、最後の弁済期（2049年4月1日）から10年が経過した時（2059年4月1日）に完成することとなった。もっとも、最後の弁済期の到来によって、定期給付債権はすべて独立の債権となっており、定期金債権を問題にする余地がない。そのため、旧168条1項後段は無用な規定であると指摘されていた。

【After】

旧169条の5年の消滅時効および職業別の短期消滅時効の廃止により（→ Case37・38）、定期給付債権は債権一般の消滅時効（新166条1項）にかかる。すなわち、(1)の場合、最後の弁済期（2049年4月1日）から10年が経過した時（2059年4月1日）、(2)の場合、最後の弁済期（2049年4月1日）から5年が経過した時（2054年4月1日）に、Cのすべての定期給付債権につき消滅時効が完成する（なお、これらの時効の完成する時期よりも先に、定期金債権が新168条1項によって時効消滅していたならば、Cはもはや定期給付債権を請求し得なくなる）。

定期金債権の消滅時効は、債権者が定期金債権から生ずる金銭その他の物の給付を目的とする各債権を行使することができることを知った時から10年（新168条1項1号）、または定期金債権から生ずる金銭その他の物の給付を目的とする各債権を行使することができる時から20年で完成する（同項2号）。なお、旧168条1項後段の消滅時効は廃止された。

新168条1項でいう「各債権」とは、各期に発生した定期給付債権のいずれかを意味する（第79回会議議事録15頁〔合田章子発言〕）。第1回の弁済期が到来した時に、Cは定期給付債権のいずれかを行使することができるようになるから、(1)における新168条1項2号の消滅時効は、第1回の弁済期（2030年4月1日）から20年が経過した時（2050年4月1日）に完成する。

Bによる定期給付債権の弁済は、定期金債権の承認として定期金債権の消滅時効を更新させ、新たな消滅時効を進行させる（新152条1項）。Cが定期給付債権のいずれかを行使することができることを知ったのは第13回の弁済期であるから、(2)における新168条1項1号の消滅時効は、第13回の弁済期（2043年4月1日）から10年が経過した時（2053年4月1日）に完成する。

[香川　崇]

42
契約責任と不法行為責任の消滅時効期間

Case

　AとBの夫婦はCが所有する甲土地とその土地上にDがCから注文を受けて建てた築10年経過の2階建ての乙木造建物を時価相当の4,000万円で購入し、代金全額をCに支払うとともに、CからABに甲乙が引き渡され、登記も移転された（ABの共有で持分は各2分の1）。ところが、引渡しから11年目に乙が少しずつ傾き始めた。ABが専門家に調査を依頼したところ、乙を建てる際の基礎工事に重大な瑕疵（欠陥）があり、これを補修するためには、乙を取り壊して、基礎工事からやり直し、新たに建物を建てる必要があること、そのためには、取壊し費用や再築費用、その間のABの引越費用、代替家屋の賃料などで総額5,000万円の費用がかかることが判明した。ABはこの5,000万円をCに損害賠償請求したい。

【Before】

　建物乙には隠れた瑕疵があったのであるから、買主ABは売主Cに瑕疵担保責任を追及して、売買契約の解除や損害賠償を請求できる（旧570条・旧566条）。ただし、旧法の瑕疵担保責任の法的性質を法定責任と捉えると、特定物については瑕疵なき物の給付義務は観念し得ないので、賠償範囲は瑕疵がないと信頼して被った契約費用などの信頼利益に限定されるとする見解がある（信頼利益限定説）。この見解に従えば、**Case**においては再築費用等の5,000万円の損害賠償までは請求できないことになる。また判例（最判平13・11・27民集55-6-1311）は、瑕疵担保責任に基づく損害賠償請求権については、瑕疵を知った時から1年という権利行使の期間制限のほかに、権利行使可能な時（当該事案では引渡し時）から10年という債権の消滅時効規定が重複適用されると解しており、引渡しから11年が経過している**Case**ではこの点でも瑕疵担保責任を追及できない。そこで、ABが望む賠償を得るためには、乙の売主Cないし乙を建築施工したDに不法行為責任（709条）を追及して再築費用等相当額の賠償を請求することが考えられる。不法行為責任が成立するためには故意・過失が必要であり、これは賠償請求をするABの側が証明しなければならない。売主Cも上記のような瑕疵を知らなかったならばCには過失がない。Dは建築の専門家として建築基準法に違反するような工事により瑕疵

を作り出していたら過失があろう（建築施工者等が契約関係にない第三者に対して負う不法行為責任の前提となる注意義務については、最判平 19・7・6 民集 61-5-1769 参照）。

　不法行為に基づく損害賠償請求権は損害および加害者を知った時から 3 年の短期消滅時効にかかる（旧 724 条前段）。この場合の「損害を知った時」とは損害の発生を現実に知った時であり（最判平 14・1・29 民集 56-1-218）、また「加害者を知ったとき」とは賠償請求が可能な程度に知ることを要するので（最判昭 48・11・16 民集 27-10-1374）、損害発生の原因が当該加害者の行為によるものであることも知る必要がある。したがって、**Case** では、乙が傾いた後に ＡＢ が専門家に調査を依頼して、その原因が、乙の土台工事の瑕疵にあることを知った時が、損害および加害者を知った時ということになり、それから 3 年以内であれば、ＡＢ は Ｄ に不法行為に基づく損害賠償を請求できる。

【After】

　新法は、売買契約上の瑕疵担保責任を契約内容不適合責任とし、その損害賠償の範囲については、債務不履行責任に基づく損害賠償請求権の範囲に関する一般規定を適用することにした（新 564 条・新 415 条）。したがって、旧法のように信頼利益の賠償に限定されるという解釈はされない。またこの場合の損害賠償請求権の消滅時効の起算点には債権の原則的消滅時効規定が適用される（権利行使可能なことを知った時から 5 年、権利行使可能時から 10 年〔新 166 条 1 項〕）。ただし買主が目的物の契約内容不適合を知ってから 1 年以内にそのことを売主に通知しないと後で損害賠償等を請求できなくなる（新566 条）。権利行使可能時から 10 年以上を経て契約不適合が顕在化した場合や、上記通知をしなかったために契約責任を追及できないような場合には、不法行為責任に基づく損害賠償請求をするメリットは存在する。この場合の時効起算点と時効期間は、旧法と同じく「損害及び加害者を知った時から 3 年間」（新 724 条 1 号）である（生命・身体侵害の場合は→ Case45）。

　なお、ＡＢ 夫婦と Ｃ の間の売買契約が新法施行前に締結された場合は、基礎工事の瑕疵が新法施行後に発見された場合でも、この瑕疵に関わる売主の責任には従前の瑕疵担保責任の規定が適用される（附則 34 条 1 項）。したがって、瑕疵を知ってから 1 年以内に瑕疵担保責任を追及して損害賠償請求する必要がある（旧 570 条・旧 566 条 3 項）。また、重複適用される債権の消滅時効についても、この瑕疵についての売主の瑕疵担保責任に基づく損害賠償請求権が成立したのが、新法施行後であっても、その債権の原因である法律行為、すなわち、ＡＢ 夫婦と Ｃ の売買契約が締結されたのが新法施行前であるならば、なお従前の消滅時効期間となる（附則 10 条 4 項）。したがって、権利行使ができる時から 10 年という一元的な消滅時効期間（旧 167 条 1 項）となる。[松本克美]

43
不法行為責任の長期期間制限

Case

　Case42 で、ＡＢが乙建物の基礎工事の瑕疵を知ったのは、建築施行者Ｄが乙を完成させて注文者Ｃに引き渡してから 21 年後であった場合はどうなるか。

【Before】

　不法行為に基づく損害賠償請求権の消滅時効は被害者が損害および加害者を知った時から 3 年の短期消滅時効にかかる（旧 724 条前段→ Case42）。損害や加害者を知らない場合にはいつまでも損害賠償請求できることになると法律関係が不確定になってしまうので、損害および加害者を知らなくても「不法行為の時から 20 年」で損害賠償請求権は消滅する（同条後段）。

　この 20 年の期間は、平成 16 年の民法典の現代語化以前は前段と「亦同シ」という文言が規定していたとおり、明治民法典の起草者は長期の消滅時効という意味で定めたといわれ、戦前および戦後の一時期までは、長期消滅時効説が通説的理解であった。ところが 1960 年代ころから徐々に、この 20 年の期間を除斥期間と解する説も有力化し、それに従う下級審裁判例も現れ、ついに最高裁もこの 20 年の期間は時効ではなく、時の経過によって権利を消滅させる除斥期間であり、時効のように当事者の援用を必要としないので、その援用の信義則違反・権利濫用も観念できないとする硬直した除斥期間説をとるに至った（最判平元・12・21 民集 43-12-2209）。

　他方で判例は、加害行為から長期間を経て損害が発生する場合は、損害が発生した時が「不法行為の時」であるとする画期的な判断も示している（最判平 16・4・27 民集 58-4-1032〔筑豊じん肺訴訟〕）。これはじん肺症という潜在的進行性の職業病の事案であるが、判例の射程がこのような人身損害の場合に限定されるのか、それとも Case のような欠陥住宅被害における財産損害にも及ぶのかについては見解の対立があり、残された課題となっている。

　ＡＢから不法行為責任を追及されたＤの主張としては、「不法行為の時」とは、瑕疵ある基礎工事をした不法行為の時であり、それは遅くとも、Ｄが乙建物を建築施工し完成させて注文者Ｃに引き渡した時であると主張することが考えられる。これに対して、

ＡＢからは、基礎工事の土台に瑕疵があっても、それが発覚したのが21年後であれば、その時に損害が発生したと考え、その時を「不法行為の時」と解すべきとの反論が考えられる。なお判例の硬直した除斥期間説によれば、Ｃの20年の期間経過の主張は信義則違反ないし権利濫用であるから排斥すべしとＡＢが主張したとしても認められない可能性が大きい（学説の多数説はこの20年の期間が除斥期間だとしても信義則違反、権利濫用の評価を加え得ると解している）。

【After】

改正後も不法行為に基づく損害賠償請求権は損害および加害者を知ってから3年の短期消滅時効とそれらを知らなくても「不法行為の時」から20年の権利行使期間であるという二重の期間制限は変わらず、起算点の文言も同一である。ただし、新法は、20年の期間を明確に時効と定めており（新724条2号）、この点は、旧法の判例を変更するものである。

したがって、ＡＢからは、上記のように「不法行為の時」の起算点の解釈を争うとともに、Ｄが手抜きにより基礎工事に瑕疵をもたらしたような故意または重過失がある場合は、Ｄからの20年の消滅時効の援用は信義則違反ないし権利の濫用であるとする時効の援用制限論を主張することが考えられよう。

瑕疵ある基礎工事をしたというＤの不法行為が新民法施行前になされ、ＡＢ夫婦がそのことによる損害と加害者がＤであることを知ったのが新民法施行後であった場合、不法行為の時から20年の期間には旧法が適用されるのか、新法が適用されるのか。新法附則は、この20年の期間が新民法施行の際既に経過していた場合には、その期間の制限については、なお従前の例によるとする（附則35条1項）。そこで、未だ20年の期間が経過していない場合には、この期間は消滅時効なのだから、その時効の援用に関して上述の信義則違反・権利濫用の制限があり得ることになる。それでは、既に20年の期間が経過していたときには、判例に従い除斥期間と解し、信義則・権利濫用による制限はないと解すべきなのであろうか。この点について質問が出された第193回国会・参議院法務委員会での新法の審議（平成29年4月25日）において、当時の法務省民事局長は、ここでいう「従前の例による」とは、除斥期間説を法的に確定させる性質のものではなく、解釈は色々あり得ると答弁している。そもそも20年の期間は明治民法典起草時には長期時効として規定されているのであるから、新法施行以前に期間が経過した20年の期間の法的性質の理解についても判例変更の余地はあり得るのではないか。

[松本克美]

44
人損の場合における時効期間の延長

Case

　Case42で、単に乙建物が傾くだけでなく、折からの震度5強の地震で倒壊し、たまたま乙内にいたAの妻Bが死亡してしまった。Aが乙の倒壊の原因を専門家に調査してもらったところ、Bの死亡から半年ほどして、結局その原因は建築施工者Dが行った乙の基礎工事の瑕疵（欠陥）が原因であることがわかった。Aは乙の建築施工をしたDに対して責任を追及したが、Dは基礎工事の瑕疵を否定し、また、乙の倒壊は地震のせいであるなどとして、責任を否定する言動に終始するうちに、Bの死亡から4年半が過ぎてしまった。なおBの法定相続人はAだけである。この場合、AはDに不法行為責任をなお追及できるか。

【Before】

　死亡したBも売主Cとの間の売買契約の当事者であるから、Cに対して売買契約上の担保責任に基づく損害賠償請求権を有する。しかし、前述したように（→ Case42）、瑕疵担保責任に基づく損害賠償請求権は信頼利益に限定されるとする見解があるうえに、Caseでは、引渡しから10年以上過ぎているので瑕疵担保責任は消滅時効が完成し（旧166条1項・旧167条1項）、いずれにせよCの瑕疵担保責任は追及できない。

　Aとしては、Bが乙の建築施工者Dに対して有する不法行為に基づく損害賠償請求権を相続したとして、Bの死亡による損害賠償請求権（Bの逸失利益、慰謝料等）を相続人として行使することになろう。また、Aには近親者固有の損害賠償請求権も成立する（711条）。

　しかし、不法行為に基づく損害賠償請求権は、被害者またはその法定代理人が損害および加害者を知ってから3年で短期の消滅時効にかかってしまう（旧724条前段）。そこでCaseにおいてはBが死亡した原因がDによる乙の基礎工事の瑕疵にあることをAが知った時が「損害及び加害者を知った時」となるので、そこから3年を経ていないのであれば、AはBの死亡についての不法行為責任をDに追及して損害賠償請求をすることが可能である。また、債権者が債務者に債務の履行を催告した場合には時効は中断するが、この時効の中断効を確定させるためには、催告から6ヶ月以内に裁判上の請求

（提訴）等をしなければならなかった（旧153条）。

　Case では、AがDに対して裁判外で不法行為責任を追及しており、これは損害賠償債務の履行を催告しているものと解することができる。しかし、AがDに損害賠償債務の履行を催告しているとしても、それから6ヶ月以内に裁判上の請求をしていないので、結局、Dの死亡から3年半の時点でAに対する損害賠償請求権は短期消滅時効が完成していることになる。

【After】

　新法は、「人の生命又は身体を害する不法行為による損害賠償請求権」についての短期消滅時効期間を被害者が損害および加害者を知った時から5年とする（新724条の2）。**Case** の場合は、妻Bの生命侵害に対する不法行為によってBに発生した損害賠償請求権をAが相続した分は、Aが損害および加害者を知った時から4年なので、妻Bの死亡に対するこの損害賠償請求権は未だ時効は完成していないことになる。また、A自身の近親者固有の慰謝料（711条）も人の生命を害する不法行為によって発生する損害賠償請求権なのであるから、その時効期間は5年と解すべきである。

　ところで、この場合、AがDにBの死亡についての損害賠償請求権とともに、乙建物が倒壊したことによる再築費用等の物損に対する損害賠償請求をした場合に、こちらの損害賠償請求権の消滅時効はどうなるのか。

　Bの死亡に対する損害賠償請求権については新724条の2の5年の時効期間となるが、乙の倒壊に対する再築費用等の損害賠償請求権には同条は適用されず3年の時効期間（新724条1号）と解することになるのであろうか（この問題は→ Case45）。

［松本克美］

45
人損と物損の消滅時効期間

Case

　Case42 で、建築施工者 D が乙建物を完成させて注文者 C に引き渡してから、11 年後に震度 5 の地震が起こり、乙が崩壊し A の妻 B が死亡し、それから半年後に、乙の倒壊の原因が、D の基礎工事の瑕疵（欠陥）にあることがわかった場合はどうか。

【Before】

　B も乙建物に関して C との売買契約の当事者であるので、乙の隠れた瑕疵についての損害賠償請求権を有する。この場合、Case42 で述べるように、瑕疵担保責任に基づく損害賠償請求の範囲が信頼利益に限定されるとする見解によれば、隠れた瑕疵によって生じた人身被害のような拡大損害は賠償の範囲に含まれないことになる。また、売買目的物を引き渡してから 10 年で瑕疵担保責任に基づく損害賠償請求権についての消滅時効（旧 166 条 1 項・旧 167 条 1 項）も完成してしまうので、この点でも瑕疵担保責任の追及はできない。

　ただし、A が建築施工者 D に対して、B の死亡という人的損害と乙の崩壊による物的損害について D の不法行為（709 条）に基づく損害賠償請求をすることは、未だ不法行為の時から 20 年を経ていないので可能である（旧 724 条後段）。

【After】

　新法では、A B に乙建物を売却した売主 C の責任は契約不適合な物の給付による債務不履行責任と位置づけられているので、損害賠償の範囲について信頼利益に限定する説は成り立たず、一般の債務不履行の場合と同じ損害賠償の範囲（新 416 条）となる。

　それに加えて、新法では、人の生命または身体の侵害による損害賠償請求権の消滅時効については、権利者が権利行使することができることを知らない場合の消滅時効期間が通常の 10 年ではなく、20 年とされたことから（新 167 条）、**Case** の B の死亡についての C に対する損害賠償請求権の消滅時効は未だ完成していないことになる。

　この場合、乙の倒壊という物的損害についての消滅時効は、「人の生命又は身体の侵害による損害賠償請求権」ではないという理由で、原則どおり、10 年の消滅時効（新

166条1項2号）に服することになるのであろうか。生命・身体侵害の場合の損害賠償請求権の消滅時効期間を通常の消滅時効期間の10年よりも長く20年とする趣旨として、改正案の審議の過程では、①生命・身体という被侵害法益の重大性、②生命・身体が侵害された場合に早期に損害賠償請求権を行使することの困難さが挙げられていた。①の理由からすれば、生命・身体と同時に財産が侵害された場合でも、財産は生命・身体という法益ほど重大でないということで通常の10年の消滅時効に服するのが妥当ということになり得るだろう。しかし、②の理由からすれば、財産だけでなく生命・身体も侵害されているのであるから、この事故全体について早期の権利行使が困難であるともいえる。かくして、生命・身体侵害と財産侵害が同時に行われた場合の後者の消滅時効期間の解釈は、さほど単純とはいえないのではないだろうか。

　もっともこの **Case** では Case42 で述べるように、A が D の不法行為に基づく損害賠償請求をすることは可能である。

　なお、人の生命または身体を害する損害賠償請求権についての消滅時効期間を延長した新167条は、新法施行の前に締結した契約から生じた損害賠償請求権には適用されない（附則10条4項）。また、新724条の2の規定も、新法施行の際に旧724条前段の3年期間が経過していた場合には適用されないことに注意を要する（附則35条2項）。

［松本克美］

46
特定物債権における保存義務

Case

　海産物の販売を行う A は、冷蔵庫および倉庫が故障したため、その修理が終わるまでの短期間、かつて鮮魚店を営み今は廃業した知人 B との間で、A が仕入れた「とろろ昆布 50 箱」を B の旧倉庫で保管してもらうことを内容とする有償の寄託契約を結んだ。B は、この契約に基づいてとろろ昆布を受け取り、A は、約定の保管料を一括して支払った。B は、保管が短期間であると聞いていたことから、預かったとろろ昆布を旧倉庫内の冷暗所に保管していたが、A が引取りに現れないまま保管開始から 3 ヶ月が経過した。

　その間に、A が B に寄託したとろろ昆布が腐敗したため、A は、B に善管注意義務違反の債務不履行があったとして、損害賠償を請求した。この請求は認められるか。

【Before】

　AB 間の寄託契約の目的となった「とろろ昆布 50 箱」は、特定物である。また、AB 間の寄託契約は有償であるから、B は、預かったとろろ昆布を A に引き渡すまでの間、その保存について善管注意義務（旧 400 条）を負う。したがって、A の損害賠償請求が認められるか否かを判断するためには、**Case** における善管注意義務の内容が明らかにされなければならない。

　善管注意義務の内容については、債務者の職業、その属する社会的・経済的な地位などにおいて一般的に要求される注意を指すとされるが、その具体的な適用に当たって拠り所となる基準は、必ずしも明確でなかった。とりわけ、上記の説明にみられるとおり「一般的に要求される」注意とか、「客観的に取引の一般的観念」に従って相当と認められる者が要求される注意と解される場合には、善管注意義務の内容は客観的に定められるという帰結も導かれた。

　このような考え方に立つと、**Case** において B が負う善管注意義務とは、有償で寄託の目的物を保管するうえで客観的に要求される義務を意味することになり、目的物が長期の保管により腐敗する可能性が高い場合には、有償の受寄者である B は腐敗防止の措置をとることが原則であるということもできる。したがって、**Case** の場合には、上

記の原則と異なる特約等がない限り、Bが腐敗を防止するための措置を採らなかったことは、善管注意義務違反と評価される可能性もあったといえる。

【After】

　新400条は、善管注意義務という概念を維持しつつ、その内容は、「契約その他の債権の発生原因及び取引上の社会通念に照らして」定まることを明示した。善管注意義務が契約に基づき発生する場合を考えると、その内容は、「契約」および「取引上の社会通念」に照らして、具体的には、当事者が合意した契約の内容を第一義としつつ、契約の性質（有償か無償かを含む）、当事者が契約をした目的、契約の締結に至る経緯をはじめとする契約をめぐる一切の事情、さらには取引上の社会通念をも考慮して、定められる。

　こうした考え方から判明するのは、善管注意義務の内容および程度が、当該契約とは無関係に客観的に定まるものではないということである。むしろ、判断の基準として最も重視されるべきは、当該契約における合意の内容である。もちろん、合意の内容を確定するに当たり、取引上の社会通念が考慮されるべき要素の1つとなり得るとしても、合理的に形成された当事者の意思を認めることができる場合に、それと異なる取引上の社会通念が強調されるべきではない。

　Case においては、契約時に短期間の一時保存であることが示されており、BがAから目的物を受け取る際に報酬も一括して支払済みであるといった事情も認められるので、Bは、短期間の一時保存に耐え得る冷暗所でとろろ昆布を保管することにより、契約上の善管注意義務を尽くしていたものと評価することができる。当初の契約において予定されていた以上に目的物の保管期間が長引いたときに、上記の範囲を超えて腐敗防止等の措置を採るべきことまで、Bが負う善管注意義務の内容に含まれていたかは、「契約」および「取引上の社会通念」に照らして判断されるべきことになる。しかし、**Case** に現れた事情のみからは、こうした特別の内容の存在を読み取ることは困難であるといえよう。

　このように、新400条は、善管注意義務の内容および程度を判断する基準として機能することが期待される。　　　　　　　　　　　　　　　　　　　　　　　　［渡辺達徳］

47
種類債権の特定と危険の移転

Case

　Aは、みかんジュース2ℓ瓶5万本を甲倉庫内に保管していた。Aは、この倉庫内のみかんジュース2,000本を、レストラン経営者Bに売った。この契約において、目的物の引渡しは、Aの事務所で行われるものとされた。その後、Aは、甲からみかんジュース2,000本を事務所に隣接する乙倉庫に移し、このことおよび引渡しの準備が完了したことをBに通知した。ところが、Bがこの2,000本を取りに行くまでの間に、乙の近所で発生した工場の爆発のあおりで、乙が全壊し、中にあったみかんジュース2,000本も商品価値を失うに至った。Bは、Aに対してみかんジュース2,000本の引渡しを求め、他方、Aは、Bに対して、売買代金の支払を求めている。

　⑴　乙に搬入されたみかんジュース2,000本の品質に問題がなかった場合はどうか。

　⑵　乙に搬入されたみかんジュース2,000本がいずれも賞味期限切れのものであり、品質が悪化していたものであった場合はどうか（甲には賞味期限内のみかんジュースが2,000本以上残っているとする）。

【Before】

　Case では、制限種類債務であり、かつ、取立債務の性質をもつ債務における目的物の特定（401条2項）が問題となっていた。そして、取立債務の性質を有する種類債務にあっては、ⓐ判例（最判昭30・10・18民集9-11-1642）によれば、債務者が口頭の提供（493条ただし書）をしただけでは特定されたことにならないとされ、ⓑ学説では、特定が認められるためには、目的物を分離し、準備が完了した旨を債権者に通知しなければならないとされていた。その際、分離が必要であることの理由として、特定の効果として危険（給付危険・対価危険）が債務者から債権者に移るため、口頭の提供では足りず、分離程度のことは債務者がすべきであるとの説明がされていた。

　⑴では、品質に問題のないみかんジュース2,000本が乙倉庫に搬入されることによって、分離がされ、かつ、このことおよび引渡しの準備が完了したことがBに通知されているから、特定が生じている。乙内のみかんジュース2,000本の滅失は、特定の後に、

Aの責めに帰することができない事由によって生じたものである。したがって、①A は、Bからのみかんジュース 2,000 本の引渡請求に対し、履行不能の抗弁を出すことができる（給付危険の債権者〔買主〕負担）。②Bは、Aに対して、売買代金を支払わなければならない（対価危険の債権者〔買主〕負担〔旧 534 条 2 項〕）。

(2)では、乙に搬入されたみかんジュース 2,000 本は契約の内容に適合したものではないことから、未だ特定は生じていない。したがって、①Aは、Bからのみかんジュース 2,000 本の引渡請求に応じなければならない。②Aは、契約内容に適合したみかんジュース 2,000 本をBに提供しなければ、Bに対して売買代金の支払を求めることができない。

【After】

新法は、種類物売買における買主への危険の移転につき、特定があれば危険が債権者（買主）に移転するという考え方を採用していない。むしろ、債権者（買主）への危険の移転にとって、特定は必要であるが、それだけでは十分でないとの考え方を採用している。そして、危険の移転に関するルールは、売買の箇所に、新 567 条として新設されている。

そこでは、ⓐ特定された目的物を、売主が買主に引き渡した時（正確には、買主が引渡しを受領した時）、またはⓑ売主からの債務の本旨に従った履行の提供に対し、買主が受領を拒絶し、または受領することができなかった時に、危険（対価危険・給付危険）が買主に移転するものとされている（新 567 条 1 項・2 項）。

(1)では、ⓐそもそもBへの引渡しがされていないし（新 567 条 1 項不充足）、ⓑ乙倉庫に搬入されたみかんジュースにつき、Bによる受領拒絶・受領不能も認められないから（同条 2 項不充足）、危険（対価危険・給付危険）はBに移転していない。したがって、①Aは、Bからのみかんジュース 2,000 本の引渡請求に応じなければならない。②Aは、契約内容に適合したみかんジュース 2,000 本をBに提供しなければ、Bに対して売買代金の支払を求めることができない。

(2)でも、ⓐそもそもBへの引渡しがされていないし（新 567 条 1 項不充足）、ⓑ乙倉庫に搬入されたみかんジュースは契約の内容に適合していないから（債務の本旨に従ったものではないゆえに、同条 2 項不充足）、Bによる受領拒絶・受領不能を問題とするまでもなく、危険（対価危険・給付危険）はBに移転していない。したがって、①Aは、Bからのみかんジュース 2,000 本の引渡請求に応じなければならない。②Aは、契約内容に適合したみかんジュース 2,000 本をBに提供しなければ、Bに対して売買代金の支払を求めることができない。

[潮見佳男]

48
選択債権における不能による債権の特定

Case

売主Aは、買主Bとの間で、自らが所有する競走馬数頭のうちから1頭を500万円でBに売る旨の契約を締結した。契約締結当時、この売買契約の目的物たる競走馬がどれであるかは確定しておらず、契約締結から3ヶ月以内に、競走馬甲または乙のいずれかを選んで目的物とすることが合意された。次の各場合において、Bの引渡債権の目的は何になるか。

(1) 目的物の選択権をBが有していた場合において、契約締結の前日、甲が怪我をして死亡していた。

(2) 目的物の選択権をBが有していた場合において、Aの過失により、選択の前に甲が怪我をして死亡した。

(3) 目的物の選択権をAが有していた場合において、Aの過失により、選択の前に甲が怪我をして死亡した。

(4) 目的物の選択権をAが有していた場合において、自然災害により、選択の前に甲が怪我をして死亡した。

【Before】

選択債権の目的のうち、ある1つの給付が不能な場合の取扱いについては、その不能が選択債権の発生当時からのものであるか（原始的不能）、それとも選択債権の発生後に生じたものであるか（後発的不能）によって分けて考えられていた。

原始的不能の場合は、債権の目的は給付可能なものに特定される（旧410条1項前段）。なぜなら、通説によれば、原始的に不能な給付を内容とする債権は成立しないと考えられていたからである。したがって、(1)では、Bの引渡債権の目的は乙に特定される。

後発的不能の場合は、給付が不能となったことにつきどちらの当事者に過失があるかによって場合分けがされていた。第1に、選択権を有しない当事者の過失によって給付が不能となったときは、選択権者は、不能な給付を選択することができた（旧410条2項）。(2)がこれに当たる。Bは、甲の給付を選択することもでき、この場合、履行不能による損害賠償を請求することができる（旧415条）。逆に、Aが選択権を有している場合において、Bの過失により甲が怪我をして死亡したときは、Aは、甲の給付を選択

することができ、この場合、引渡債務を免れるが代金の支払を請求することができる（旧536条2項）。

第2に、それ以外の事由によって給付が不能となったときは、債権の目的は給付可能なものに特定される（旧410条1項後段）。具体的には、選択権を有する当事者の過失による不能、当事者双方の過失によらない不能（不可抗力など）である。上記(3)(4)がこれに当たる。この場合、Bの引渡債権の目的は乙に特定される。

【After】

新法は、原始的に不能な給付を内容とする債権も有効に成立し得るとの立場を採っている（新412条の2第2項参照）。このため、給付の不能が原始的なものか後発的なものかによって区別をする理由がなくなった。また、選択権が消滅し残存する給付に特定するのは、選択権者自らの過失によってある給付の不能が生じた場合に限定すべきであるとの考えが採用された（新410条）。つまり、選択権者自らの過失によってある給付の原始的または後発的な不能が生じた場合には、債権の目的は残存する給付に特定されるが、それ以外の場合は、選択権は消滅せず、選択権者は不能となった給付を選択することができる。「それ以外の場合」には、選択権を有しない者の過失による原始的・後発的不能の場合だけでなく、当事者双方の過失によらない原始的・後発的不能（不可抗力など）の場合も含まれる。

不能となった給付が選択された場合、債権者は、履行を請求することはできないが（新412条の2第1項）、履行不能を理由に契約を無催告で解除することができ（新542条1項1号）、双務契約においては、これにより反対給付をする債務を免れる。なお、新法のもとでは、契約解除の要件から債務者の帰責事由が除外されたため（新541条以下参照）、選択された給付の不能について債務者に帰責事由がないことは、債権者の契約解除権に影響しない。

さらに、選択された給付が不能となったことにつき債務者に帰責事由がある場合、債権者は、履行不能による損害賠償を請求することができる（新415条1項・2項1号）。このことは、原始的不能の場合も同様である（新412条の2第2項）。

以上のことを(1)〜(4)にあてはめると、(3)では、Bの引渡債権の目的は乙に特定されるが、(2)(4)では、選択権者（(2)ではB、(4)ではA）は甲を選択することができる。これにより、(2)では、Bは、契約を解除して代金債務を免れるほか、Aに対して損害賠償を請求することができる。(4)では、Aは、契約を解除して引渡債務を免れることができる。

また、(1)では、原始的不能につきBに過失がある場合は(3)と同様となり、それ以外の場合は(2)(4)と同様となる。　　　　　　　　　　　　　　　　　　　［松井和彦］

49
市場金利の変動

Case

　AはBに対し、2020年12月31日に、貸付日を2021年1月1日、弁済期を2021年12月31日として、利息の定めなく金100万円を貸し付けた。しかし、Bは弁済期に返済を遅滞した。2026年12月31日時点において、元金100万円に対する遅延損害金はどのように算定されるか。なお、利息の元本への組入れはしないものとし、AとBは商人ではなく上記貸付けは商行為に該当しないものとする。

　また、市場金利（短期プライムレート）は、2016年の時点までは0％で推移し、2017年以降は毎年0.5％ずつ上昇していき、当該年度中は変動しないものと仮定する。

【Before】

　旧404条は、法定利率を年5分と定めており、遅延損害金の利率（旧419条1項）には法定利率が用いられることから、2026年12月31日時点での遅延損害金は、年5％の割合で2022年1月1日から5年間分として25万円となる。これに対し、その間の遅延損害金の利率を上記の市場金利で算定した場合は、上記のように継続的に金利が上昇する場合であっても20万円（＝3＋3.5＋4＋4.5＋5万円）にとどまる。

　年5％の法定利率は、市場金利がほぼ0％に近い現状を前提とすれば、その乖離が大きく、実際に市場で年5％の運用利益を享受することは困難であるため、法定利率が高過ぎると批判されていたところである。

【After】

　新法では、法定利率を当初年3％とし、3年を1期として、1期ごとに基準割合（各時点から6年前の年の1月を始期として5年間の各月の短期プライムレートの平均利率）を比較して、その差が1％以上になった場合に限り、1％単位で法定利率を変更するという変動制が導入された（新404条）。もっとも、個別の事案においては、法定利率が変更されたとしても、最初の法定利率が適用され、当該事案に適用される法定利率は変更されないため（新404条1項・新419条1項）、固定制による利息計算の簡便さのメリット

は維持されているといえる。

　上記の市場金利の変動を前提に、2020年4月1日の時点において基準割合0.3％（〔0.5 ＋1〕÷5）を前提に法定利率が3％と設定された場合、次の見直し時点である2023年4月1日の時点の基準割合は1.5％（〔0.5 ＋ 1 ＋ 1.5 ＋ 2 ＋ 2.5〕÷ 5）となり、前回の基準割合と比較するとその差は1.2％になるため、2023年4月1日の時点で法定利率が4％に変更されることになる。

　しかしながら、遅延損害金の利率は、債務者が遅滞の責任を負った最初の時点（2022年1月1日）における法定利率に固定されることから（新419条1項）、2026年12月31日時点での遅延損害金は、全期間を3％で算定されるため、15万円になる。

　新法の施行日である2020年4月1日から法定利率は年3％に変更されているため、それより前に遅滞の責任を負った債務の遅延損害金の利率は年5％（商事債権の場合は年6％〔商旧514条〕）となり、それ以降に遅滞の責任を負った債務については、最初に遅滞の責任を負った時点が、2020年4月1日から2023年3月31日までの期間であれば年3％となるが、その後に遅滞の責任を負った場合については、**Case**のような市場金利の推移を前提として2023年4月1日から2026年3月31日までの期間に遅滞の責任を負った場合には、4％となる。

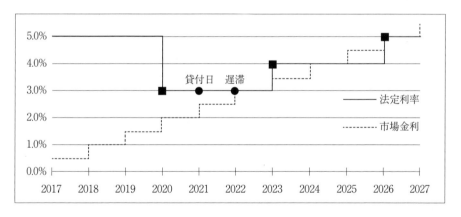

［福本洋一］

50
利率の固定の基準時

Case

　Aは、B社の工場で就労していたが、2022年12月1日にB社による操作指導の懈怠による事故で死亡した。Aは、事故当時27歳であった。

　Aの遺族がB社に対し、2023年4月30日を支払期限としてA死亡による損害賠償を請求する場合、A死亡による逸失利益の損害額およびこれに対する遅延損害金はどのように算定されるか。なお、Aの基礎収入額は480万円、生活費控除率30%、就労可能年数は40年間とする。また、労働災害保険その他の給付については考慮しないものとする。

　新法により2020年4月に法定利率が3％となったが、その後急激に市場金利が上昇し、2023年4月に法定利率が6％に変更されたものとする。

【Before】

　旧404条は法定利率を年5分と定めているが、法定利率は、実務においては、遅延損害金の利率（旧419条1項）、中間利息控除における利率（最判平17・6・14民集59-5-983）等に用いられている。

　CaseにおけるAの遺族が請求する遅延損害金の利率も、A死亡による逸失利益の損害額を算定する際の中間利息の控除の利率も同じく年5％となり、中間利息控除後の逸失利益の損害額は約5,765万円になる（基礎収入〔480万円〕×〔1－0.3〕×就労可能期間に対応するライプニッツ係数〔17.159〕で算定）。

【After】

　Caseでは、AはB社との労働契約があることから、債務不履行（安全配慮義務違反）に基づく損害賠償請求と不法行為（使用者責任）に基づく損害賠償請求のいずれも請求可能である。

　逸失利益の損害額算定に当たり中間利息を控除するための利率については、損害賠償の請求権が生じた時点における法定利率によるとされ（新417条の2）、債務不履行か不法行為かにかかわらず、事故発生時の法定利率による。したがって、中間利息控除後の逸失利益は、事故発生時の年3％で算定されて約7,766万円（ライプニッツ係数23.115）

になり、上記の旧法の法定利率年5％の場合よりも大幅に損害額が増加することになる。

　他方で、遅延損害金の利率については、債務者が遅滞の責任を負った最初の時点における法定利率によるため（新419条1項）、不法行為に基づく損害賠償請求権による場合には不法行為時になり、債務不履行に基づく損害賠償請求権による場合には請求時（損害賠償義務は期限の定めのない債務であるとされているため、債権者からの請求時に遅滞の責めを負うことになる）になる。

　したがって、Aの損害賠償請求権に対する遅延損害金は、不法行為に基づく請求である場合には、上記逸失利益約7,767万円に対する不法行為時である2022年12月1日から年3％の割合により算定され、債務不履行に基づく請求である場合には請求日の翌日である2023年5月1日から年6％の割合により算定されることになる。

　よって、B社からの支払が2023年10月以降になる場合には、上記の利率の差によって債務不履行に基づく損害賠償請求による場合の方が、不法行為に基づく場合よりも遅延損害金の金額が多くなる。

　以上のように、債務不履行に基づく損害賠償請求における遅延損害金の利率と中間利息控除の利率は、請求時と不法行為時とで異なる時点のものになるため、その間に法定利率の変更があった場合には、異なる利率で算定することになる点に注意が必要である。

［福本洋一］

51
後遺障害の場合の中間利息控除

Case

　20X1年10月15日、Aは、脇見運転をしていたBの運転する車両にはねられて負傷し、3年間の入院および通院の後、頸髄損傷に伴う軽度の四肢麻痺を残して症状が固定した。Aの入浴等については介護が必要であり、その費用は日額5,000円程度がかかり、今後も、同程度の介護費用が見込まれる。また、退院後、従前の職場に復帰したが、従前の仕事を続けることができないため、年収に関して200万円程度の減少が生じている。

【Before】

　不法行為による傷害等が治療され、症状が固定した後、残存する機能障害等を後遺障害（後遺症）と呼ぶ。こうした後遺障害による損害項目のうち、将来について生ずる治療費・介護費用等の積極損害と逸失利益の賠償について、中間利息の控除が問題となる。

　中間利息の控除について旧法には規定がないが、本来であれば、何年後かに受け取るはずの将来の損害賠償を、それより早い現時点で受け取ることによって生ずる利益を控除するという趣旨のものだと理解される。そのうえで、現在の実務では、口頭弁論終結時以降の将来の積極損害、逸失利益について、実際にそうした損害が生ずべき時点から現在までの期間に応じて、法定利率の5％で計算される中間利息の控除がなされている。

　なお、「将来の損害」については、「将来発生する損害についての現在の損害賠償請求」なのか、「将来発生する損害賠償請求についての現在の支払」なのかが問題となる余地があるが、いずれであっても、5％で計算される中間利息が控除されるのであれば、実質的な違いは生じない。

【After】

　今回の法改正においては、中間利息の控除について明文の規定が置かれ（新417条の2）、そこでは、「その損害賠償の請求権が生じた時点における法定利率」によって計算すべきことが規定された。ここでは、変動利率が導入されたことによって（新404条）、従来にはなかった問題が生じる。すなわち、「その損害賠償の請求権が生じた時点」が

いつなのかという問題は、中間利息の計算の前提となる利率を決定するという意味を有することになるからである。

　従来はそれほど意識されてこなかったが、将来の損害の賠償について、「その損害賠償の請求権が生じた時点」がいつなのかという問題に答えることは、それほど容易ではないだろう。この点については、消極損害と積極損害を区別して考える必要があるように思われる。

　まず、消極損害については、あくまで将来の各時点で生ずる所得の喪失が損害だと理解していると思われる判例や学説もある一方（逸失利益の定期金賠償を認めた最判令2·7·9民集74-4-1204はそうした理解を前提としていると考えられる）、損害賠償請求権は不法行為の時点で確定的に生じており、逸失利益の計算方式はその算定方法に過ぎないという判例もみられる（別原因によって被害者が死亡した場合でも逸失利益について影響を与えないとする最判平8·4·25民集50-5-1221）。議論の余地はあるが、後者のように理解するのであれば、「その損害賠償の請求権が生じた時点」とは、「不法行為時」だということになる。したがって、**Case**では、口頭弁論終結時がいつであれ、その時点を基準とする将来の逸失利益の算定については、不法行為時（20X1年10月15日）の法定利率によって中間利息が計算されることになる。

　他方、積極損害についても、損害賠償請求権は不法行為時に成立するという一般論から、不法行為時の法定利率によると考える余地はある。しかし、積極損害は、単に計算上のものとはいえず、実際に費用が必要となった時点で損害が生ずると考えるべきだろう（最判平11·12·20民集53-9-2038は、別原因による被害者の死亡後の介護費用の賠償を否定する）。損害の発生が損害賠償請求権の前提だとすると、逸失利益と異なり、不法行為時の法定利率によることはそれほど自明ではない。そのうえで、後遺障害による積極損害が生ずることが確定した時点という意味で、「症状固定時」を考えることもできそうであるし（将来の損害についての賠償請求権の内容が確定した時点）、また、そもそも将来の積極損害については、将来の各時点で生ずべき損害賠償請求権について、現時点での支払を認めるものに過ぎないのだとすれば、その「将来の各時点」での法定利率を前提とするのが本来の処理であり、ただ、それを覚知することが不可能であるために、直近のものとして、口頭弁論終結時の法定利率によるといった考え方もあるように思われる。

　このように不法行為時と損害賠償請求権の発生時がずれるということは、事故から期間が経過して、当初は予想されなかった後遺障害が発生するような場合を考えると、それほど不自然ではない。特に、後遺障害による積極損害については、「その損害賠償の請求権が生じた時点」については、理論的な課題が残されていると考えられる。

［窪田充見］

52
履行期と履行遅滞

Case

　Aは夫BとともにBの高齢の父親Cを介護しながら東京近郊にあるB所有の甲建物で暮らしているが、AにはA自身の父親Dから相続した乙建物が出身地の信州にあり、Cが天寿を全うしたら、既に定年を迎えたBとともに乙に移り住むことにしている。

　(1)　現在、Aは乙を、Cが亡くなるまでという約定でEに無償で貸している。この場合、AがEに乙の返還を請求できるのはいつからか。また、Eが乙の返還債務について履行遅滞になるのはいつからか。

　(2)　現在、Aは乙を、Cの死亡後6ヶ月までという約定でEに無償で貸している。この場合、AがEに乙の返還を請求できるのはいつからか。また、Eが乙の返還債務について履行遅滞になるのはいつからか。

【Before】

　旧412条2項は、「債務の履行について不確定期限があるときは、債務者は、その期限の到来したことを知った時から遅滞の責任を負う」と規定していた。すなわち、履行に不確定期限がついている場合には期限の到来によって債務は履行期にあるが、債務者が不知の間に履行遅滞の責任を問う（損害賠償などの不利益を課する）のは酷であるので、債務者が知った時から責任を負わせていた。もっとも、期限が到来した後に債権者の催告（請求）があれば、債務者が期限の到来を知らなくても、催告の時から遅滞になると解されていた（通説であった）。同項は「債務者が期限到来の事実を知れば催告がなくとも」の意味に解すべきであることを理由とし、また、期限の定めがない債務との均衡を考慮しての解釈であった。なお、この場合には、催告が到達することを要するのはいうまでもないことであった。以上から、Case については、つぎのように考えられるものであった。

　(1)でのAE間の乙建物の使用貸借の約定は、「Cが亡くなるまで」である。この場合、Cの死亡が貸借関係の終了時期についての、すなわち、Eにおける乙返還債務の履行についての不確定期限であり、したがって、Cの死亡によって、AE間の使用貸借は終了し（135条2項・旧597条1項）、かつ、Eの乙返還債務の履行期が到来するので、それ

以降、AはEに対して乙の返還を請求することができた（135条1項）。もっとも、Eが乙の返還債務について履行遅滞となるのは、Eが「Cの死亡を知った時」からであり、また、EがCの死亡を知らなくても、「Cの死亡後にAから乙の返還の催告を受けた時」からであった。

(2)でのAE間の使用貸借の約定は、「Cの死亡後6ヶ月まで」である。この場合には、Cの死亡という、到来は確実であるがそれが具体的にいつかはわからない事実に付加された6ヶ月という一定期間の終末が不確定期限であり、したがって、Cの死亡後6ヶ月を経過した時に使用貸借は終了し、かつ、それ以降、AはEに乙の返還を請求することができた。もっとも、Eが履行遅滞となるのは、Eが、「Cの死亡後6ヶ月を経過したことを知った時」（「Cの死亡を知ってから6ヶ月後」ではない）からであり、また、Eが、Cの死亡後6ヶ月を経過したことを知らなくても、「Cの死亡後6ヶ月を経過した後にAから乙の返還の催告を受けた時」からであった。

【After】

旧412条2項は、債務者は期限の到来を知った時から遅滞の責任を負うとだけ規定していたが、新412条2項は、債務者は、期限の到来した後に履行の請求を受けた時またはその期限の到来したことを知った時のいずれか早い時から遅滞の責任を負うとしている。これは、債務者は期限の到来を知った時から遅滞に陥るが、このほか、期限の到来後に債権者の催告（請求）があれば、債務者が期限の到来を知らなくても、なお催告の時から遅滞になる（したがって、結局、これらのいずれか早い時から遅滞を生ずる）という、旧法下でも学説上異論のなかった考え方を明文化したものである。**Case**についての考え方は、【Before】と同じであり、つぎのとおりである。

(1)では、Cの死亡によって、AE間の使用貸借は終了し（135条2項・新597条1項）、かつ、Eの乙返還債務の履行期が到来するので、それ以降、AはEに対して乙の返還を請求することができる（135条1項）。もっとも、Eが乙の返還債務について履行遅滞となるのは、Eが、「Cの死亡を知った時」または「Cの死亡後にAから乙の返還の請求を受けた時」のいずれか早い時からである。

(2)では、Cの死亡後6ヶ月を経過した時に使用貸借は終了し、かつ、それ以降、AはEに乙の返還を請求することができる。もっとも、Eが履行遅滞となるのは、Eが、「Cの死亡後6ヶ月を経過したことを知った時」または「Cの死亡後6ヶ月を経過した後にAから乙の返還の請求を受けた時」のいずれか早い時からである。　　　　　　　　　　　　　［奥冨　晃］

53
受領遅滞と保存義務の軽減・増加費用の負担

Case

　Aは、中古自動車（甲）を購入する契約をB会社と締結し、代金を支払った。甲の引渡しは、3月1日にBの店舗で行われることが合意された。同日、Bは、同店舗で引渡しの準備を済ませていたが、Aは現れなかった。Bは、翌日に甲を引き取るようにAに連絡を入れ、その後も何度か連絡をした。Aは、9月1日に、ようやく甲を引き取った。

　(1)　3月1日から9月1日の間に、甲の車体に傷が付いた場合、Aは、Bに対して、修理費用相当額の損害賠償を請求できるか。

　(2)　Bは、Aに対して、3月1日から9月1日までの間の甲の保管費用と、余計にかかった提供の費用の支払を請求できるか。

【Before】

　旧413条では、①債務者による「履行の提供があった」こと、②「債権者が債務の履行を受けることを拒み」（受領拒絶）、または、「受けることができない」（受領不能）ことが受領遅滞の要件とされていた。Caseのような取立債務の場合にAが受領遅滞に陥るためには、確定期限である引渡日を徒過しているときであっても、口頭の提供（旧493条ただし書）が必要とされた。したがって、3月2日に、Bが口頭の提供をしたにもかかわらず、Aが甲を受領しなかったことにより、Aは受領遅滞に陥ったといえる。

　また、旧法は、受領遅滞の効果について、債権者が「遅滞の責任を負う」（旧413条）と規定するのみで、その具体的な内容を明らかにしていなかった。その効果として解釈論上認められてきたのは、㋐保存義務の軽減、㋑増加費用の負担、㋒債権者への対価危険の移転（→ Case54）などである。もっとも、これらの効果が受領遅滞に固有の効果なのか、弁済の提供（旧492条）の効果に過ぎないのかについては、争いがあった。また、受領遅滞の法的性質を債権者の受領義務違反（債務不履行）と理解する債務不履行責任説の中には、これらの効果について、債権者の帰責事由も要件とする有力説があった。

【After】

　新法は、㋐保存義務の軽減と㋑増加費用の負担を、弁済の提供ではなく受領遅滞の効

果として明文化した（新413条）。⑰対価危険の移転についても同様である（新413条の2第2項・新536条2項）。これにより、弁済の提供と受領遅滞が趣旨、要件、効果を異にする別個独立の制度であることが明確化された。

　また、新法は、㋐㋑㋒のそれぞれについて個別に要件を規定しており、従来は明示的に論じられてこなかった点を明確にしている。すなわち、上記の要件①②に加えて、㋐保存義務の軽減については、債務の目的が特定物の引渡しであることが、㋑増加費用の負担については、履行の費用が増加したことが、それぞれ要件とされた（新413条1項）。いずれの場合も、債権者の帰責事由は、条文の文言上は要件とされていない。

　(1)では、Bが甲を保存する義務を履行する際に尽くすべき注意は、善良な管理者の注意（新400条）から自己の財産に対するのと同一の注意に軽減される（新413条1項）。これは、受領遅滞を契機として債務者が負う債務の内容が変容し、受領遅滞中は債務者の免責事由が拡張されることを意味する。もっとも、免責事由が拡張されるのは、受領遅滞中の目的物の保存義務のように、債権者の不受領によって債務者が増加的に負担することとなった債務に限られる。したがって、(1)で甲の引渡しを受けたAがBに対して甲の車体の傷について契約不適合による損害賠償を請求する場合（新564条・新415条1項本文）、Bは、㋐Aが受領遅滞にあったこと、㋑受領遅滞中に甲の車体に傷が付いたこと、㋒自己の財産に対するのと同一の注意を尽くして甲を保存していたことを主張立証すれば、免責される（新413条1項・新567条2項→Case186）。

　買主の他の法的救済（追完請求権、代金減額請求権、解除）も、売主が自己の財産に対するのと同一の注意を尽くしていたときは、認められない（新413条1項・新567条2項）。

　(2)では、Bは、Aに対して、増加費用の償還を請求することができる（新413条2項）。増加費用とは、受領遅滞によって債務者が負担することとなった履行費用であり、目的物の保管・維持、弁済の提供にかかる費用が主なものである。ただし、債務者が償還請求できるのは、㋐現実に生じた㋑相当の費用に限定される。**Case**でいえば、Bに甲を保管するだけの敷地の余裕がなく、Bが新たに駐車場を借りたとすれば、駐車料相当額が償還の対象に入る。しかし、不相当に高額な駐車料を支払った場合には、償還の対象となるのは相当な部分に限られる。相当かどうかは、目的物の性質や価値を考慮して判断されるべきである（新版注釈民法(10-1)527頁〔奥田昌道・潮見佳男〕は、「事務管理の法理にもかんがみ、本人たる債権者の最も利益となる方法を考慮すべきであろう」とする）。また、Bの敷地に余裕があり、甲の保管に費用を要しなかったのであれば、駐車料相当分の費用は現実には発生しておらず、償還の対象とならない。さらに、Bが自己の敷地に甲を保管したために営業上の逸失利益が現に生じたとしても、その損害は償還の対象とならない。逸失利益は履行費用ではないからである。以上のほか、Bは、2度目の弁済の提供にかかった費用を償還請求できる。

［坂口　甲］

54
受領遅滞中の履行不能

Case

　Aは、Bから、工場建物内にプラント（甲）を設置する工事を請け負った。1億円の報酬のうち、4,000万円は契約時にAに支払われ、残りは甲の引渡時に支払われることが約定された。工事を完成させるためには建物を補強する必要があり、その補強はBの責任で行うものとされた。Aは工事に着手したが、Bによる建物の補強は相当な期間を超えて遅延し、工事は中途で停止した。これによりBは受領遅滞に陥ったものとする。その間に、甲の設置工事は、以下の理由により不能となった。Aは、残報酬の支払をBに請求できるか。また、Bは、既払報酬4,000万円の返還をAに請求できるか。なお、Aの既履行工事は、Bの利益にならなかったものとする。
　(1)　Aの不注意により工場建物が焼失した場合。
　(2)　落雷により工場建物が焼失した場合。
　(3)　Bの不注意により工場建物が焼失した場合。

【Before】

　Caseでは、請負契約において、債権者（注文者）Bの受領遅滞中に債務者（請負人）Aの債務の履行（仕事の完成）が不能となっている。

　(1)では、受領遅滞中に、債務者Aの帰責事由によって、仕事の完成が不能となっている。この場合、Bは、履行不能を理由に契約を全部解除することができた（旧543条）。したがって、Aは、残報酬の支払をBに請求することができず、Bは、解除による原状回復請求として、既払報酬の返還をAに請求することができた。

　(2)では、受領遅滞中に、両当事者の帰責事由なしに、仕事の完成が不能となっている。この場合、債務者に帰責事由のない不能により、Aの仕事完成債務は消滅するとされていた。このとき、旧法では、当該債務と牽連関係にあるBの報酬支払債務も消滅するかが問題となった（危険負担の債務消滅構成）。受領遅滞も債権者の帰責事由に当たるとする見解によれば、旧536条2項により、受領遅滞後の対価危険は債権者が負担し、Aは、反対給付を受ける権利を失わないこととなる。Aの残報酬の弁済期は甲の引渡しまで到来しないとも考えられるが、旧536条2項によって弁済期が到来するものと解

することができ、AはBに残報酬の支払を請求できた。この場合、Bは、Aが仕事完成債務を免れることによって得た利益の償還を請求することができた（旧536条2項後段）。

(3)では、受領遅滞中に、債権者Bの帰責事由によって、仕事の完成が不能となっており、旧536条2項が適用される。結論は、(2)と同様である。

【After】

(1)では、Aの仕事完成債務は、「債務の全部の履行が不能である」ときに当たるから、Bは、契約全部を解除できる（新542条1項1号）。結論は、【Before】の(1)と同様である。

(2)では、BがAに仕事完成債務の履行を請求したとしても、Aは、同債務の履行不能によりその履行を拒絶できる（新412条の2第1項）。この場合、新法では、Bが同債務と牽連関係にある報酬支払債務の履行を拒絶できるかが問題となる（危険負担の履行拒絶権構成→Case77）。新413条の2第2項によれば、受領遅滞の場合に、「履行の提供があった時以後に当事者双方の責めに帰することができない事由によってその債務の履行が不能となったとき」は、その不能は、債権者の帰責事由によるものとみなされる。さらに、新536条2項によれば、履行不能が債権者の帰責事由によるときは、債権者は、反対給付の履行を拒むことができない。そして、新536条2項により残報酬債権の弁済期が到来するとすれば、Aは、残報酬の支払をBに請求できることとなる。これに対して、Bは、Aが債務を免れたことによって得た利益の償還を請求できる（同項後段）。

5点を補足する。第1に、新413条の2第2項の文言上は、「履行の提供があった時以後」に生じた履行不能が要件とされているが、「受領遅滞があった時以後」に生じた履行不能が要件であると解すべきである。履行の提供後における債権者の状態が受領拒絶または受領不能と評価されて初めて、債権者が不利益を受けることが正当化できるからである。第2に、規定の文言上は両当事者に帰責事由のない履行不能が要件とされているが、反対給付を請求する債務者は、債権者に帰責事由がないことまで主張立証する必要はない（潮見・概要65頁）。第3に、債務者に帰責事由がないかどうかは、債務者の免責事由の拡張（新413条1項）を考慮して判断される（→Case53）。第4に、受領遅滞による対価危険の移転については、売買契約に特則があり（新567条2項）、これは請負契約にも準用され得る（559条本文）。新567条2項は、物の引渡債務で物が滅失・損傷した場合に準用され、新413条の2第2項は、それ以外の債務が履行不能の場合に適用されると解すべきである（→Case186）。第5に、(2)の場合、Bは、新542条1項1号により契約を解除することができない。なぜなら、Aの仕事完成債務の履行不能は、Bの帰責事由によるものとみなされ（新413条の2第2項）、Bの解除権は排除されるからである（新543条→Case74）。

(3)では、Aは、新413条の2第2項によるまでもなく、新536条2項により反対給付を請求できる。利益償還（同項後段）は、(2)と同様である。　　　　　［坂口　甲］

55
履行請求権と履行不能

Case

　美術品の収集を趣味とする買主Ａは、古美術商である売主Ｂとの間で、Ｂが所有する掛け軸甲を10万円で買い受ける旨の契約（以下「本件契約」という）を締結した。引渡しは1週間後にＢの店舗で行うこと、代金は甲の引渡しと引換えに全額を一括して支払うこととされた。

　ところが、引渡しの2日前の深夜、Ｂの店舗が盗難の被害にあい、甲が何者かに盗まれてしまった。Ｂはただちに警察に被害届を出したが、犯人につながる手がかりがほとんどなく、甲は見つかっていない。

　Ａは、約定の期日に、代金10万円を提供して甲の引渡しを求めることができるか。

【Before】

　本件契約に基づき、買主Ａは、売主Ｂに対し、目的物である掛け軸甲の引渡しを目的とする債権を取得する。債権には請求力があるため、債権者Ａは、債務者Ｂに対し、その債務の履行を請求することができる。これが、履行請求権である。

　債務の履行が不能となった場合、債権者は、履行を請求することができなくなる。このことを定めた条文はなかったが、判例・通説はこのように解していた。なお、判例・通説は、不能について債務者に帰責事由があれば、債権者の履行請求権は塡補賠償請求権に転化し、帰責事由がなければ履行請求権は消滅すると解していた。

　債務の履行が「不能」とされる典型例は、債務の履行が物理的・客観的に不可能な場合である。Caseでいえば、甲が滅失した場合がこれに当たる。さらに、判例・通説は、物理的・客観的には履行が可能であっても、債務者に過大な負担を強いる等の理由から社会通念に照らして履行が不可能と認められる場合に、不能と判断していた。これは、社会通念上の不能といわれ、あたかも、当該契約を離れて一般的な社会通念を基準に履行が不能であるか否かを判断するかのような印象を与えていた。

　Caseでは、甲は盗難にあっただけであり、世の中からなくなったわけではない。債務者たる売主Ｂが犯人または甲そのものを探し出し、甲を取り戻したうえでＡに引き渡すことは、物理的・客観的に不可能ではない。しかし、現実にはそれがきわめて困難

なこともある。**Case** のように、警察の助力を得てもなお甲が見つからない場合、このような事態は、社会通念上の不能と評価できよう。したがって、A は、B に対して甲の引渡しを請求することができないと解される。

【After】

新法のもとでも、本件契約に基づき A に履行請求権があること、ただし、履行が不能な場合には履行を請求することができないことに変わりはない。今回の法改正における変化は、この点が履行請求権の限界という形で明文化されたこと、履行請求権の限界を画する履行不能の判断基準が示されたことである。

新412条の2第1項によれば、債務の履行が契約その他の債務の発生原因および取引上の社会通念に照らして不能であるときは、債権者は、その債務の履行を請求することができない。「契約その他の債務の発生原因及び取引上の社会通念に照らして不能」とは、取引上の社会通念をふまえて当該契約の解釈を行った結果明らかとなる契約内容に照らして、債務者が当該契約によって引き受けたリスクを超える事由が存すると評価される場合をいう。ここには、目的物の滅失など履行が物理的・客観的に不可能である場合はもちろん、そうでなくても、履行に要する労力や費用が、債権者がその履行から得る契約利益に比べて著しく過大である場合などが含まれる。

Case では、盗難にあい紛失してしまった甲を探し出して A に引き渡すことが一般的に不可能ないし困難であるか否かという観点からではなく、甲を探し出して A に引き渡すために要する労力および費用の大きさを考慮して、それでもなお B が本件契約により A に甲を引き渡す債務を負ったとみられるかという観点から、履行が不能であるか否かを判断することになる。結論が大きく異なることにはならないかもしれないが、契約の趣旨・目的に照らして契約内容を探究し、そこから明らかになる契約規範を重視しようとする新法の基本的な態度が、ここに表れている。

実は、よく似た考えを表した規定は旧法に存在していた。請負の仕事に瑕疵があった場合における注文者の瑕疵修補請求権は、瑕疵が重要でないにもかかわらず修補に過分の費用を要する場合には認められないとする規定である（旧634条1項ただし書）。この規定は、今回行われた担保責任規定の大幅改正の中で姿を消したが、この考え方が否定されたのではなく、むしろ新412条の2第1項に一般化されたのだということができる。

もっとも、旧634条1項ただし書のもとで瑕疵修補請求が否定されていた場合がすべて新法のもとで不能と評価されるかどうかは、明らかでない。また、旧法のもとで不能とされていなかった場合が、新法のもとで不能とされる場合があるのかどうかも、明らかでない。今回の法改正が不能概念に与える影響については、注視していく必要があろう。

[松井和彦]

56
債務不履行を理由とする損害賠償と免責事由

Case

　ベーカリーを営む A は、故障した業務用オーブン（甲）の修理を B に依頼した。B は、A の店舗から甲を B の作業所まで運んで修理を行い、A の作動確認を受けたうえで、A の店舗まで甲を再搬送して据え付けることを約した。B は、この合意に基づき修理を完了し、A の立会いを受けて作動確認を行い、さらに専門の検査業者による作動確認証明を得たうえで、A の店舗まで甲を搬送して据え付けた。ところが、甲に再び不具合が生じ、その再修理を行うためには約 3 週間を要することが判明した。甲の不具合は、B が甲を修理した後、A の店舗に搬送する過程で何らかの原因により生じたものと推認されるが、詳細は不明である。

　このとき、A は、B に対し、ベーカリーの営業に支障が生じることによる損害の賠償を請求することができるか。

【Before】

　AB 間においては、A を注文者、B を請負人として、B が甲の修理を完成させるとともに、修理後の甲を A の店舗へ搬送し、これを据え付けることを内容とする請負契約が締結されていた（632 条以下。なお、B による甲の修理と搬送・据付けは別個の契約とみる余地もあるが、ここでは立ち入らない）。

　B は、甲の修理および搬送・据付けという仕事を完成させる義務（結果債務）を負い、搬送途上の原因による甲の不具合についても、A に対し、損害賠償の責任を負っていた（旧 634 条 2 項）。この責任については、①特約のない限り無過失責任であるとする説、②無過失責任を前提としつつ不可抗力による免責を認める説、③損害賠償については請負人の帰責事由を要件とする説、などに分かれていた。また、②における不可抗力および③における帰責事由の不存在は、B が立証する責任を負い、また、帰責事由とは、「故意・過失または信義則上これと同視すべき事由」を意味するものと解されていた。

　上記を前提とすれば、B が A からの損害賠償請求を免れるためには、本件不具合の発生が、不可抗力ないしは B の帰責事由によらないことを立証する必要があり、不具合が発生した原因の詳細が不明である以上、その立証は難しいと考えられた。

【After】

　ＡＢ間における契約の性質および内容をどのように理解するかについては、原則として、【Before】で述べたところと異なることはない。

　ただし、新法は、契約内容や当事者が負う債務の内容および程度が、「契約の趣旨」および「取引上の社会通念」に照らして決せられるべきことに注意を促している（新400条・新412条の２第１項・新415条１項・新483条・新541条ただし書など参照）。ＡＢ間の契約についても、これは請負だから甲の修理および搬送・据付けは結果債務である、といった形式的・類型的判断だけでなく、当該契約および取引上の社会通念に照らした実質的・個別的検討をも念頭に置くことが、従来以上に意識されるべきであろう。とりわけ、Ｂが修理済み甲の搬送・据付けを含めて結果債務を負うか否かについては、ＡＢ間における交渉の過程・内容、対価の有無などをふまえた判断が必要となる（以下では、旧法下における解釈と比較する趣旨で、Ｂが結果債務を負うことを前提として検討を行う）。

　新法は、請負人の担保責任に関する旧634条以下の規定を削除し、売買における目的物の契約不適合における売主の責任に関する規定を請負に準用する（559条による新562条以下の準用）。その結果、Ｂは、Ａに対し、損害賠償の責任を負うが（新564条・新415条）、その不履行が、契約および取引上の社会通念に照らしてＢの責めに帰することができない事由によるときは、Ｂは、免責される（新415条１項ただし書）。具体的な免責事由としては、天災事変といった不可抗力や、不履行が債権者または履行過程に組み込まれていない第三者の行為に起因することなどが挙げられるが（債務者の支配の及ばない外的事由である）、今後の事例の蓄積に待つところが大きい。また、免責事由の有無を判断するに当たっては、「過失責任主義」は意味を持たないとの理解が有力であるものの、免責事由を検討する際は過失の有無も考慮され得るという見解もあり、この点も今後の検討課題として残されている。

　なお、**Case** から離れるが、いわゆる「手段債務」（債務者が結果の実現に向けて十分な注意を払って行動することを内容とする債務）においては、債務者が負うべき債務の特定とその不履行の事実の立証により、債務者の帰責事由も立証されたに等しいとの理解が一般的である（債権者にとっては、具体的な債務内容を特定することが難しい）。

　Case は、Ｂが請負契約上の「仕事を完成する」という「結果債務」を負っていた事例であり、その不履行の事実が明らかになっているので、Ｂが損害賠償の責任を免れるためには、不可抗力などの免責事由を立証する必要がある。**Case** において、原因の詳細は不明とされているので、Ｂによる免責の立証が奏功する可能性は低いといえよう。

　したがって、法改正の前後を問わず、Ａは、Ｂに対し、損害賠償を請求することができると考えられるが、新法のもとでは、契約の性質決定や債務の内容および程度の探究に意を用いるべきこと、また、免責事由の有無が債務不履行の一般規定（新415条１項ただし書）に即して判断されること、に留意が必要である。

　　　　　　　　　　　　　　　　　　　　　　　　　　　　　［渡辺達徳］

57
履行補助者の行為と債務者の損害賠償責任

Case

　Aは、自らが所有している壺（甲）をBに売った。売買契約書には、甲をBのもとに運ぶ際に、Aは甲の運送を第三者に依頼し、Bはこれに同意する旨の条項がある。甲がAのもとからBのもとに運送される際、以下の事情により甲が全損した。Bは、甲の引渡債務が履行不能となったことを理由に、Aに対し、履行に代わる損害賠償を請求した。

　(1)　Aが運送を委託したCがトラックでの運搬中に居眠りをしたために、トラックが対向車両と衝突し、これにより甲が全損した。

　(2)　Aが運送を委託したCがトラックでの運搬中に未曾有の大地震が発生したために、トラックが横転し、これにより甲が全損した。

【Before】

　Case は、債務の履行不能が生じた局面における履行補助者の行為を理由とする債務者の損害賠償責任（旧415条後段）の問題として処理された。そして、長らく通説といわれてきた見解によれば、ここでは、債務不履行（履行不能）について債務者に帰責事由があるか否かが問われるところ、債務者の帰責事由とは「債務者自身の故意・過失ならびに信義則上これと同視すべき事由」であり、そこにいう「信義則上これと同視すべき事由」とは「履行補助者の故意・過失」のことであった。そして、この見解によれば、債務者に代わって履行の全部または一部を引き受けた者（履行代行者）の行為については、①履行代行者の使用を債権者が承諾していた場合には、債務者は、履行代行者の選任・監督について過失がなければ、自らに帰責事由がないものとして損害賠償責任を負わず、②履行代行者の使用につき禁止も許可もない場合には、履行補助者自身に故意・過失があれば、債務者には帰責事由があるものとして損害賠償責任が課された。他方、判例（大判昭4·3·30民集8-363等）は、①の場合であっても、履行補助者自身に故意・過失があれば、債務者には帰責事由があるものとして債務不履行責任（損害賠償責任）が課されるものとの理解を基礎に据えていた。

　Case では、伝統的な通説からは、Cの選任・監督についてAに過失がなければ、Aには帰責事由がないため、Aは損害賠償責任から免責されるのに対し、判例法理によ

れば、Ａがこの責任から免責されるかどうかは、引渡債務の履行としての甲の運搬につきＣに過失があったかどうかが決め手となった。その結果、判例法理からは、(1)では、履行不能となったことについてＣに過失があるため、Ａに帰責事由があり、Ａは履行不能を理由とする損害賠償に応じなければならず、(2)では、Ｃに過失がないため、Ａには帰責事由がなく、Ａは損害賠償責任から免責された。

【After】

　Case は、債権者が履行不能を理由として履行に代わる損害賠償を請求してきた場合（新 415 条 2 項 1 号）における債務者の免責事由（「債務者の責めに帰することができない事由」）の存否に関する問題（同条 1 項ただし書）として処理される。

　新 415 条 1 項ただし書は、「債務者の責めに帰することができない事由」に関して、その内容が「契約……及び取引上の社会通念に照らして」判断されることを明記している。したがって、債務不履行を理由とする損害賠償から債務者が免責されるかどうかは、契約上の債務についての不履行が問題となる局面では、契約の趣旨に即して、すなわち、当該契約の性質、契約をした目的、契約締結に至る経緯その他取引を取り巻く諸事情を考慮に入れて、損害賠償責任を免じることが相当かという観点から判断される。

　その結果、履行補助者の行為を理由とする債務者の損害賠償責任の問題は、新法のもとでは、ⓐ債務不履行の有無を契約内容に即して確定する際に、履行補助者の「行為」をどのように組み込むかというレベル（本旨不履行のレベル）と、ⓑ債務不履行が認められた場合に、契約および取引上の社会通念に照らして「債務者の責めに帰することができない事由」が存在するかどうかを判断する際に履行補助者の「行為」をどのように評価するか（免責レベル）の問題に解消される。ここでは、もはや、債務者の「故意・過失」、履行補助者の「故意・過失」、さらには「過失責任」という枠組みは、理論的に無用のものとなる。

　Case においては、(1)(2)のいずれも、上記の観点から、AB 間の売買契約のもとで壺甲の滅失に至った事情を考慮したときにＡの免責がこの契約の趣旨に照らして相当であるか否かで、結論が変わり得る。もっとも、買主のもとへの物品の運送を伴う売買契約であって、契約中で運送をする者の選定をする権限が売主に与えられている場合の典型例を想定すれば、Ａの免責は、(1)では認められず、(2)では認められるという結果になるものと思われる（結果的に、旧法下におけるのと同じ）。　　　　　　［潮見佳男］

58
確定的履行拒絶と履行に代わる損害賠償

Case

　20X1年3月1日、Aは、Bとの間で、絵画（甲）を代金1,000万円で購入する契約を締結した。この契約では、同年7月1日に代金の支払と引換えに甲の引渡しが行われるものとされた。3月中頃、某著名人の称賛をきっかけに甲の作者Cに対する評価が急上昇し、5月中頃の時点で、甲の市場価値も20%程度上がっているが、Cへの批判的な評価も現れ始めており、今後は下落することも考えられる状態にある。以下の場合、Aは、甲の価値に相当する額の損害賠償を請求することはできるか。

　(1)　7月1日、Aは、Bから、代金の増額がされない限り甲の引渡しには一切応じられないと一方的に告げられた。

　(2)　5月15日、Aは、Bから、代金の増額がされない限り甲の引渡しには一切応じられないと一方的に告げられた。現在は5月20日である。

　(3)　5月15日、Aは、Bからの代金増額の求めに対しこれに応じることはできないと回答したところ、甲の引渡しについて少し考えさせてくれないかと告げられた。現在は5月20日である。

【Before】

　Case では、債務者が債務の履行を拒絶している場合に、債権者が債務の履行に代わる損害賠償を請求することができるかが問題となった。

　債務者が債務の履行を確定的に拒絶している場合に、債権者が履行に代わる損害賠償を請求することができるかについて、旧法は特段の規定を置いていなかった。(1)のように履行期後の履行拒絶であれば、履行不能や履行遅滞の問題として処理することもできた。しかし、あらゆるケースで履行拒絶を履行不能と同視し得るわけではないし、履行不能として扱うことができなければ、履行拒絶に特段の意味を認めない限り、債権者は、相当期間を定めた催告をしてその期間内に履行がされない場合でなければ、履行に代わる損害賠償を請求することはできなかった（→ Case59）。

　他方、(2)のように履行期前の履行拒絶については、これを債務不履行と評価し得るのかという点自体に議論があった。裁判例の中には、履行期前の確定的な履行拒絶に履行

不能と同一の法的評価を与えてよいとするものがあった。学説では、履行期の到来を待って履行遅滞の問題とすれば足りるとして履行期前の履行拒絶に特段の意義を認めない考え方と、債務不履行の評価に際し履行期の経過は決定的な意味をもたないとして履行拒絶が確定的なものであれば履行に代わる損害賠償を認めてよいとする考え方とがあった。前者によれば、Ａは、履行期が到来しない限り（かつ、履行拒絶を履行不能と同視することができないときには、相当期間を定めた催告をしてその期間内に履行がされない場合でなければ）、絵画（甲）の価値に相当する額の損害賠償を請求することはできないのに対し、後者によれば、Ｂに確定的な履行拒絶がある以上、これを認めてよいことになる。

【After】

新法は、債務者が債務の履行を拒絶する意思を明確に表示したときには、債権者は、その要件を充足する限り、履行に代わる損害賠償を請求することができるとする（新415条2項2号）。履行を拒絶する意思を明確に表示したとは、拒絶の意思が明確であり、そのことが明示的に表示されていることをいう。債務者による履行拒絶が履行期前であるか、履行期後であるかは、問題とならない。(1)(2)では、Ｂにおいて絵画（甲）の引渡しを拒絶する明確な意思が表示されていると評価することができるため、Ａは、甲の価値に相当する額の損害賠償を請求することができる。その際、Ａは、Ｂに対し相当期間を定めて催告をする等の措置を講じる必要はない。

もっとも、履行拒絶があれば、それがどのようなものであってもよいというわけではなく、履行に代わる損害賠償が認められるためには、債務者による履行拒絶の意思が明確であること、言い換えれば、履行拒絶の意思がその後に翻されることが見込まれない程度に確定的であることが必要である。したがって、(3)のように、Ｂが「甲の引渡しについて少し考えさせてくれ」と述べただけでは、Ｂにおいて履行拒絶の意思が明確に表示されているとは認められず、Ａは、甲の価値に相当する額の損害賠償を請求することはできない。他方で、債務者による明示的な表示が必要であるため、例えば、ＢがＡとの連絡を絶ち甲とともに行方をくらませているというような事情があるだけでは、履行拒絶の意思が明確に表示されたとは評価されない。

なお、債務者が債務の一部の履行を明確に拒絶し、その結果、債権者が契約を締結した目的を達成することができない場合には、債権者は、契約全体についての解除権を有する（新542条1項3号→Case70）。このとき、債権者は、債務全体の履行に代わる損害賠償を請求することができる（新415条2項3号）。これに対して、債務者に確定的な一部履行拒絶があったとしても、債権者が契約を締結した目的を達成することができる場合には、債権者は、契約の一部についてしか解除権をもたないため（新542条2項2号）、当該拒絶部分の履行に代わる損害賠償しか請求することができないと解される。

［白石友行］

59
履行遅滞と履行に代わる損害賠償

Case

Aは、農業機械（甲）を所有していたが、農業をやめたので適当な形で処分しようと考えていたところ、Bが新たに農業を始めようとしていることを聞き、Bと交渉をした結果、甲とBが所有する絵画（乙）を交換する契約を締結した。この契約では、1ヶ月後にそれぞれの引渡しが行われるものとされた。1ヶ月後、Aは、Bに対して、甲を引き渡したが、Bは、乙を手放すのが惜しくなったとして、乙を引き渡さなかった。

(1) Aは、Bに対して、乙の価値に相当する額の損害賠償を請求することはできるか。

(2) その後、AがBに対して2週間以内に乙を引き渡すよう求める通知を送付したが、2週間が経過してもBが乙を引き渡そうとしなかった場合はどうか。

【Before】

Case では、債務者が履行遅滞の状況にある場合に、債権者が債務の履行に代わる損害賠償を請求することができるかが問題となった。

債務者が履行期に債務を履行しなかった場合、債権者は、債務不履行による損害賠償の要件を充足する限り、履行が遅れたことによって生じた損害の賠償を求めることができた。また、債権者は、債務者の債務不履行を理由に債務を発生させた契約を解除すれば、その要件を充足する限り、履行に代わる損害賠償を請求することができた。これらについて、ほぼ異論は存在しなかった。これに対して、本来の債務を履行することがなお可能な状況下で、債権者が履行に代わる損害賠償を請求することができるかについては、多くの議論が存在した。

判例は、定期行為で期日に履行がされなかった場合のほか、債権者が債務者に対し相当期間を定めて債務の履行を催告し、その期間内に履行がされない場合であれば、債権者は、契約を解除することなく履行に代わる損害賠償を請求することができるとしていた（前者につき、大判大4・6・12民録21-931等。後者につき、大判昭8・6・13民集12-1437）。これによると、(1)では、Aは、Bに対して、絵画（乙）の価値に相当する額の損害賠償

を請求することはできないが、(2)では、これが可能だということになる。

　もっとも、本来の債務の履行が可能である限り履行請求を行うべきであること、契約を解除してから履行に代わる損害賠償を請求すればよいこと等を理由として、この場合の履行に代わる損害賠償を否定する見解もあった。しかし、**Case** のように債権者が自己の債務を履行することに意味がある場合や、継続的供給契約における一部の債務に不履行があったものの契約それ自体は存続させたい場合等、債権者が契約を維持したまま履行に代わる損害賠償を請求したい場面では、判例の解決にも実際上の意味があった。学説の多くも、少なくとも(2)のような事案では履行に代わる損害賠償の可能性を認めていた。とはいえ、その説明の仕方とこれを肯定する範囲には争いがあった。

【After】

　新法は、旧法下での判例および学説上の議論を整理し、履行に代わる損害賠償が認められる場面を明確にしている（新415条2項）。このうち、履行遅滞に関わる部分としては（他の場面については→Case58・60）、債務を発生させた契約が解除され、または債務の不履行による契約の解除権が発生したときには、債権者は、その要件を充足する限り、履行に代わる損害賠償を請求することができるとされている（同項3号）。これによると、(2)で、Aは、Bに対して、相当期間を定めて債務の履行を催告し、その期間内に履行がされておらず、かつ、期間経過時における不履行が軽微なものではないため、解除権を有している（新541条）。したがって、Aは、Bに対して、契約を解除することなく絵画（乙）の価値に相当する額の損害賠償を請求することができる。

　新法は、相当期間を定めて債務の履行を催告しその期間内に履行がされなかったことではなく、債務不履行による契約の解除権が発生したことを、履行に代わる損害賠償の要件とするため、定期行為で期日に履行がされなかった場合のほか、旧法下では必ずしも明確ではなかった、債務の一部が不能となり残存する部分のみでは契約をした目的を達成することができない場合でも、債権者は、解除権をもつことを理由に（新542条1項3号・4号）、債務全体の履行に代わる損害賠償を請求することができる（新415条2項3号）。また、新法は、履行に代わる損害賠償を求めることができる場面を規定するだけで、本来の債務の履行請求と履行に代わる損害賠償請求の関係には触れていない。そのため、債権者が履行に代わる損害賠償を請求した後でもなお本来の債務の履行を請求することができるか、債権者が履行に代わる損害賠償を請求したときに債務者はなお本来の債務の履行をすることができるか等については、解釈に委ねられている。一定の範囲で本来の債務の履行請求と履行に代わる損害賠償請求との併存が認められている以上、また、いずれも契約利益の実現に関わる請求であるとすれば、権利濫用や信義則等による制約を受けるほかは、どちらの問いについても原則的に肯定してよいと考える。

［白石友行］

60
合意解除と履行に代わる損害賠償

Case

　20X1年3月1日、Aは、Bとの間で、綿花1,000kgを代金20万円で購入する契約を締結した。この契約では、同年6月1日に代金の支払と引換えに綿花の引渡しが行われるものとされた。ところで、契約締結から履行期までの間に、綿花の相場は2倍程度にまで上昇した。6月1日、Aは、代金全額を支払ったが、Bは、綿花を引き渡そうとしなかった。以下の場合、Aは、綿花の引渡しに代えて損害賠償を請求することはできるか。

　⑴　Bが綿花を引き渡さなかったのは相場の上昇を理由とするものであった。Aは、Bに対して、2週間以内に綿花を引き渡すよう求めたが、2週間が経過しても引渡しはされなかった。そこで、Aは、Bに対して、売買契約を解除する旨の意思表示をした。

　⑵　Bが綿花を引き渡さなかったのは相場の上昇を理由とするものであった。Aは、Bから綿花を引き渡すことは難しいと告げられたので、Bとの合意により売買契約を解除した。

　⑶　この契約ではBの倉庫内の綿花が売買の対象とされていた。Bが綿花を引き渡さなかったのは、未曾有の災害により倉庫内の綿花がすべて滅失したからであった。Aは、Bから綿花を引き渡すことは難しいと告げられたので、Bとの合意により売買契約を解除した。

【Before】

　Caseでは、履行されなかった債務の発生原因である契約が解除された場合に、債権者が債務の履行に代わる損害賠償を請求することができるかが問題となった。

　債権者は、債務者の債務不履行を理由に債務を発生させた契約を解除したときには、その要件を充足する限り、履行に代わる損害賠償を請求することができた（旧545条3項・旧415条）。この場合、債権者は、契約の解除によって自己の債務を免れているため、ここでの損害賠償の額は、自己の債務の価値に相当する額を差し引いた部分となった。⑴で、Aは、Bに対して、綿花の価値に相当する額から代金額を差し引いた分を損害賠償として請求することができた。

他方で、(2)のように、相手方に債務不履行がある状況下で、債権者が債務不履行を理由とする解除ではなく、相手方との合意により契約を解除した場合に、相手方に対して履行に代わる損害賠償を請求することができるかについては、ほとんど論じられていなかった。合意解除の場合には、当事者間でどのように損失を塡補するのかについてまで合意されるのが一般的であろうし、明示の取決めがなかったとしても合意の解釈を通じて当事者間での損失塡補のあり方を明らかにし得る場合もあるが、これらの事情がない場合にどのように処理されるのかは明確でなかった。もとより、(3)のように、債務不履行が債務者の責めに帰すことができない事由によるものである場合に、債権者が損害賠償を請求することができないことは、明らかであった（旧415条）。

【After】

　新法は、債務が契約によって生じたものである場合において、その契約が解除され、または債務不履行による契約の解除権が発生したときは、債権者は、その要件を充足する限り、履行に代わる損害賠償を請求することができるとする（新415条2項3号）。ここでは、解除に関しては、解除権の発生とは異なり、債務不履行によるという限定が付されていないこと、したがって、合意解除をした者や双務契約の当事者双方に不履行がある状況下で相手方から解除の意思表示を受けた者も履行に代わる損害賠償を請求することができることに注意が必要である。履行に代わる損害賠償の根拠は債務不履行によって債権者に損害が生じたことにあり、契約の解除はそのきっかけに過ぎない以上、損害賠償が認められる場面を債権者が債務者の債務不履行を理由に契約を解除したときに限定する必要はないからである。

　(1)では、Aは、Bに対して相当期間を定めて催告し、その期間内に履行がされず、かつ、期間経過時における不履行が軽微なものではないため、解除権をもつ（新541条）。したがって、Aは、契約が解除されたことではなく、債務不履行により契約の解除権が発生したことを理由として、綿花の価値相当額から代金額を差し引いた額の損害賠償を請求することができる。他方で、(2)では、Aは、債務不履行による契約の解除権を発生させることができる状況にあるだけで債務不履行による契約の解除権を有しているわけではないので、債務不履行による契約の解除権の発生を理由に上記額の損害賠償を請求することはできないが、Bとの間で合意解除をしているため、契約が解除されたことを理由として、これを請求することができる。もとより、債権者が履行に代わる損害賠償を請求するためには、契約の解除だけでは不十分であり、損害賠償の要件を充足することが必要である。したがって、(3)では、契約は解除されているものの、債務不履行がBの責めに帰すことができない事由によるものであるため、Aは、上記額の損害賠償を請求することはできない（新415条1項→Case56）。　　　　　　　［白石友行］

61
履行遅滞・受領遅滞中の履行不能

Case

　Aは、その所有する有名書家の書（甲）をBに500万円で売った。引渡しは、3週間後に代金の支払と引換えにすることとした。

　(1)　約定の期日にBはAに代金債務の履行を提供したが、Aは甲を引き渡さなかった。その後、A宅は近隣の火事で類焼し、A宅にあった甲も焼失した。焼失時、甲には550万円の価値があった。BはAに対して550万円の損害賠償を求めている。認められるか。

　(2)　約定の期日に、AはBに甲の引渡債務の履行を提供したが、Bは甲の引取りおよび代金の支払を拒んだ。そこで、Aは甲を自宅で保管していたが、その後、A宅は近隣の火事で類焼し、甲も焼失した。AはBに対して代金500万円の支払を求めている。認められるか。

【Before】

　(1)では、売主Aに帰責事由のある履行遅滞が生じた後に、Aの責めに帰することができない事由により甲（特定物）が滅失し、Aの甲を引き渡す債務は履行不能となっている。この場合、Bは、その不能はAの責めに帰すべき事由によるものとして、Aに対して550万円の損害賠償＝塡補賠償を請求することができた（旧415条後段）。Aが適時に履行していたとすれば甲は焼失せず損害は生じなかったとみられるからである（判例〔大判明39・10・29民録12-1358〕および通説が認めていた考え方であった）。したがって、適時に履行したとしても生じたはずの損害であることをAが立証したときには、Aは免責された（例えば、Aの履行遅滞後に大地震が発生してA宅近隣が火事になり、A宅が類焼して甲も焼失したが、甲を飾る予定であったB宅もこの大地震で焼失したという場合）。

　(2)では、売買の目的物である甲が、売主Aの責めに帰することができない事由により滅失している。旧法下では、ここでは旧534条1項により買主Bが危険を負担しなければならず、したがって、BはAに代金500万円を支払わなければならなかった。また、AB間に、危険は引渡しの時までAが負担するとの特約があった場合や、危険の移転時期を目的物に対する実質的支配の債権者への移転時にずらすという旧534条1項の制限的解釈（旧534条1項をめぐって旧法下で有力に主張されていた見解）に立った場

合であっても、(2)ではBに受領遅滞（旧413条）があり、したがって、その効果として
Bへの危険移転が生じていると解することができた。そして、Bの受領遅滞の間にA
の甲を引き渡す債務は当事者双方の責めに帰することができない事由によって履行不能
となっているので、Bはやはり代金500万円をAに支払わなければならなかった。

【After】

(1)はつぎのようになる。新法は、旧法下での判例法理および学説の解釈を明文化し、
履行遅滞に陥っている間に当事者双方の責めに帰することができない事由により債務の
履行が不能となった場合には、その履行不能が債務者の責めに帰すべき事由によるもの
であったと「みなす」（新413条の2第1項）。したがって、これにより、Bには新415
条1項に基づく損害賠償請求権が認められる。なお、明文の規定はないが、新法のもと
でも、履行遅滞に陥らなくても同様の結果となったときには、履行不能を理由とする損
害賠償請求権は、因果関係の不存在を理由として否定される。

(2)はつぎのようになる。新法は、旧534条を、その不合理への学説のほぼ一致した認
識をふまえて削除している。新法のもとでは、双務契約において、当事者双方の責めに
帰することができない事由によって債務の履行が不能となったときには、債権者は、反
対債務の履行を拒むことができ（新536条1項）、また、自己の反対債務からの解放を望
む場合には、契約を解除することができる（新542条1項1号→Case77・68）。しかし、
履行不能が債権者の責めに帰すべき事由によって生じた場合には、債権者は、反対債務
の履行を拒むことはできず（新536条2項）、また、契約を解除することもできない（新
543条→Case77・74）。そして、新法は、債権者の受領遅滞中に当事者双方の責めに帰
することができない事由により履行不能が生じた場合には、その不能を債権者の責めに
帰すべき事由によるものと「みなす」（新413条の2第2項）。したがって、この場合に
も、債権者は反対債務の履行を拒むことができず、契約を解除することもできない。(2)
では、甲を引き渡すAの債務はBの受領遅滞中に当事者双方の責めに帰することがで
きない事由により履行不能となっているので、これはBの責めに帰すべき事由による
履行不能とみなされる（新413条の2第2項）。したがって、Bは、代金債務の履行を拒
むことができず（新536条2項）、代金500万円をAに支払わなければならない。また、
契約を解除して代金債務を免れることもできない（新543条）。　　　［奥冨　晃］

62
損害賠償の範囲と予見可能性

Case

　パソコン販売会社であるB社は、A社に対してパソコン100台を販売する旨の契約を締結した。Aは、当該パソコンを自社で業務用に利用する目的であり、こうした用途のための一定量の購入につき、Bは価格を割引するサービスを行っていた。ところが、その後、不測の事態によりBの工場の生産ラインが停止したため、BはAに対し約定どおりの引渡しをすることができなかった。これに加えて次のような事情がある場合、AはBに対して損害賠償を求めることができるか。

　⑴　契約締結後しばらくしてから（生産ライン停止よりも前とする）、AはBに対し、本件パソコンのうち一部は社内業務に不要となったため転売することにした旨を一方的に通告した。

　⑵　Bは生産ライン停止にかかる事情をAに説明したうえ、再稼働の目処は当分立ちそうにないため、別のところから代替品を調達してほしい旨を、そのために要した費用等は賠償する用意がある旨と併せて伝えた。しかし、Aはこれに対し特に対応しないまま履行期を待った。果たしてパソコンは引き渡されず、Aの業務遂行の支障により営業上の損害が生じた。

【Before】

　債務不履行の場面で賠償されるべき損害の範囲につき、旧416条は、1項で通常損害が常に賠償されるべきことを、2項で特別損害が特別事情の予見可能な場合に限り賠償されるべきことを、それぞれ定めている。このうち、特別損害における予見可能性については、その時期・主体をめぐって見解の対立があったが、近時は、不履行時における債務者の予見可能性を規準とするもの（あるいはそれに親和的なもの）が増えていた。

　問題は、そこでいう予見可能性とは具体的に何を意味するのかである。この点、旧416条2項の文言からは、実際に予見できたかどうかという事実的な可能性が問題となっているようにも読める。これによると、Case⑴⑵いずれにおいても予見可能性が認められるだろう。Case⑴では実際に転売の予定を告げられているし、Case⑵では、BはAの逸失利益発生を予見したからこそ代替取引を要請したのだからである。

もっとも、このような立場は旧法のもとでごく少数であり、むしろ、旧416条2項で規準とされるのは予見すべきだったかどうかという規範的な可能性だとする見解が一般的だった。

【After】

　新法では、416条2項の文言が「その事情を予見すべきであったときは」と改められた。これは、同項における予見可能性が規範的なものであるという従来の一般的見解を確認するものである。

　問題は、「規範的」ということの内実であるが、これについては、旧法のもとで、契約において債権者にいかなる利益が保障されていたか（契約利益）を規準とする見解が有力に説かれていた。こうした理解は、契約の趣旨に重要な意味を与える新法のもとではより内的整合性を増すといえよう。そのうえで、新416条1項の「通常生ずべき」損害と、同2項の「予見すべき」特別事情による損害との違いは、従来の契約利益説が説いてきたとおり、前者が当該契約類型（もとより、これをどこまで抽象化あるいは具体化して捉えるべきか〔目的物等に応じた類型化をすべきか〕は、1つの問題である）において一般に債権者に保障される利益の喪失を指し、後者が当該契約において特に保障された（と解釈される）利益の喪失を指す点にあると解される（一部に、「契約利益」が任意規定の内容をなすことへの疑問が表明されているが、以上の契約利益説の出発点が理解されていないと思われる）。

　もっとも、これに対し、新416条2項の特別事情を契約締結後の事情に純化して捉え、同規定をもって債務者の損害回避義務（債権者の財産についての保護義務）違反の効果を定めたものとする見解が示されている。しかし、そうした保護義務は新415条1項のレベルで認めることができ、新416条のレベルでは、当該保護義務違反による通常損害が何かを問えば足りると考えられる。

　以上をふまえて **Case** をみると、まず **Case**(1)では、Aによるパソコンの転売は契約上そもそも予定されていないということが、そのことを前提とした価格設定から明らかである（もちろん、価格への反映が不可欠というわけではない）。契約の趣旨がこのようなものである以上、転売利益は本件契約によって保障された利益とはいえず、したがって「予見すべき」ものとはいえないことになろう。

　つぎに **Case**(2)では、Aには信義則上、代替品を調達して営業損害の発生を回避すべき損害回避義務があると考えられる。それをふまえれば、Aがそうした措置を講じなかったことにより失われた営業利益は、契約上Aに保障された利益とはいえず、したがって「予見すべき」ものではないと考えられる（以上は、最判平21・1・19民集63-1-97が通常損害について述べる趣旨を特別損害にも及ぼしたものである）。　　　　　　　　　[長野史寛]

63
過失相殺

Case

　Aは、Bよりその所有する甲ビルの1フロアを借り受け、そこで飲食店を経営していたところ、ある日、甲から火災が発生した。これにより、そこに置かれていたAの事業用機器が滅失したほか、当分の間その場所で営業を続けることができなくなった。その後の調査により、甲に当初より設置されていたスプリンクラーに瑕疵があり、それが適切に作動しなかったことが判明した。これに加えて以下のような事情がある場合、AはBに対して損害賠償を請求することができるか。

　⑴　出火の原因は、Aのミスによるものだった。

　⑵　出火に気づいたAが、たまたま近くにあった段ボールを用いて消火を試みたところ、その段ボールに火が燃え移り、火の手が逆に強まってしまった。

　⑶　Aには火災保険が支払われており、それを元手に別の場所で営業を再開することが十分期待できたにもかかわらず、Aはそのような措置を一切採ることなく、火災後の全期間についての逸失利益の賠償をBに対し請求してきた。

【Before】

　旧418条は、過失相殺の要件として「債務の不履行に関して債権者に過失があったときは」と定めており、その文言を厳密に受け取るならば、債務不履行それ自体ではなく、それによって損害が発生したこと、またはその損害が拡大したことについて債権者の過失が寄与したような場合は同条の適用対象でないかのようにも読める。しかし、これらの間で扱いを異にする合理的理由はなく、いずれの場合にも同条による過失相殺が認められるということにつき、見解の一致をみていた。これによると、債権者の過失が、Case⑴のように損害発生に寄与した場合も、Case⑵のように損害拡大に寄与した場合も、過失相殺が行われることになる（もっとも、Case⑴については後述の留保を要する）。

　一方、Case⑶のような事情については、同様の事例において、最高裁は旧416条における通常損害の確定に際してそれを考慮し、一定期間以降の損害はそもそも賠償され

るべき損害の範囲に含まれないと判示した（最判平21・1・19民集63-1-97）。これを受け、近年は、損害軽減義務の位置づけについて盛んに議論されるようになっていた。

【After】

　新418条は、「損害の発生若しくは拡大」についての過失も過失相殺の対象となる旨を明示して、上記のように従来から異論なく認められていた解釈を明文化する。それを超えて、実質的な改正が意図されていたわけではない。

　Case (3)のような場面については、新418条の文言に「損害の……拡大」が明記されるようになったことから、従来に比べて同条の適用対象とされやすくなったようにみえるかもしれない。しかし、賠償範囲画定と過失相殺の関係をどう理解するかにも関わることだが、両者を峻別したうえで前者が後者に論理的に先行する問題であると考える限り、賠償範囲画定のレベルで損害軽減義務というものをどう評価するかがまず問題とされるべきであって、新418条の文言の変更はその点に影響を及ぼすものではない。

　以上のように、418条内在的には改正前後で何らの変更もないのだが、同条の外にも目を向けるならば、民法の整合的解釈という観点から、他の箇所の変更が同条の解釈論に影響を及ぼす可能性がないわけではない。その一例として、新法では損害賠償を含む様々な文脈で「契約の趣旨」が重視されているところ、このような視点は同条の解釈・適用に際しても考慮するのでないと整合性を欠くことになろう。そのような考慮の結果、例えばCase (1)のような事例では、スプリンクラーを適切に作動し得る状態にしておくというBの賃貸借契約上の義務は、Aのミスにより出火するという万一の事態に備えることをまさにその趣旨としているのだから、そのようなAのミスは過失相殺の原因として考慮されるべきものではないといった解釈が導かれ得る。こうした解釈は、旧法のもとでも有力に説かれていたものだが、契約の趣旨を重視する新法のもとではより内的整合性が増しているといえよう。

　もっとも、以上のように過失相殺の場面で「契約の趣旨」を重視することに対しては、その視点の有効性は契約において債権者の一定の行為が想定されている場合に限られるのではないかとの指摘が（その他の場合には経済的効率性を根拠ないし規準とすべきだとの主張と併せて）されている。契約法の規律と「効率性」との関係という一般的な問題の一環として、今後さらなる議論の進展が期待される。

　さらに、一定の場合に債権者に「損害の発生若しくは拡大」のための措置が期待されることの反面として、当該措置のために債権者が要した費用についての賠償を認める必要性が指摘されている。Case (3)でいえば、仮に他の場所での営業再開がされていれば、それに要した費用が新416条に即して賠償されるべきことになる（生ずべき逸失利益が通常損害なら、その回避費用も通常損害とみるべきだろう）。

[長野史寛]

64
損害賠償額の予定

Case

　A社は建設業者B社に対し、オフィスビルの建設を委託した。ＡＢ間で交わされた契約書中には、履行遅滞の場合には1日につき50万円の遅延損害金を支払う旨の規定が置かれていた。その後、履行期が到来したにもかかわらずビルは未だ完成していない。これに加えて以下のような事情がある場合、AはBに対し、この特約に基づく損害賠償の請求をできるか。

　(1)　上記特約は、目下の債務弁済のための資金繰りに窮していたBの窮状にAがつけ込んで契約中に入れさせたものだった。

　(2)　Bの履行遅滞は、Aが再三にわたり建築計画の変更を申し入れたことにその一因があるものだった。

【Before】

　旧420条1項後段は、損害賠償額の予定に関して、「裁判所は、その額を増減することができない」と定めていた。これは、旧民法（いわゆるボワソナード民法）が債権者の過失が協働した場合など一定の場面につき裁判官による減額を認める規定を有していたところ、訴訟や損害の証明負担の回避という実益を重視する観点からそれらの可能性を排除したものだった。

　もっとも、その後の展開の中で、旧420条1項後段は契約自由の原則の帰結を確認したものに過ぎず、公序良俗違反等を理由とする減額まで否定されるものではないと理解されるようになっていった。これによると、Case(1)では、公序良俗違反（暴利行為）を理由に、特約の（一部）無効が認められる可能性がある。

　このように裁判官による賠償額予定合意への介入の余地が認められていく流れの中で、立法過程においては明確に否定されていた過失相殺による減額についても、①債権者が賠償額予定合意を理由に自己の過失のリスクを債務者に転嫁することは認められるべきでないとして、これを認める見解が一般的になっていった。これによると、Case(2)において、Aの再三の計画変更が不合理なものといえるのであれば、過失相殺に基づく減額が認められることになる（やや特殊な事案についてではあるが、同様の判断をした判例として、最判平6・4・21裁時1121-1がある）。もっとも、これに対しては、②上記のような

旧420条1項後段の立法趣旨を尊重する見地から、過失相殺を原則として認めず、合意の尊重や債権者の立証省略の利益を覆すような債権者側の行為があったときに限り例外的に過失相殺を認めるにとどめるべきだとする少数説も説かれていた。

【After】

　新420条1項では、後段が姿を消している。これは、この後段の存在にもかかわらず、上記のように公序良俗違反等を理由とする減額は従来から異論なく認められてきたことをふまえ、これと一見矛盾するかにみえる同後段を削除したものである。したがって、**Case**(1)の事例の処理には、改正の前後で何らの違いも生じない。同項後段が削除されたからといって、裁判官の裁量による減額が認められることになったわけではない点に留意を要する（同じことは、増額についてもいえる）。

　旧420条1項後段の削除に際して念頭に置かれていたのは、もっぱら以上の点である。したがって、それが**Case**(2)のような事例にいかなる影響を及ぼすかは、必ずしも明確でない。一方で、旧法から何らの変更も企図されていないということを重視するならば、新法のもとでも、旧法における上記の議論がそのまま妥当し続けることになる。

　他方で、この改正が、立案担当者の意思を離れて解釈論に影響を及ぼす可能性があり得ないわけではない。すなわち、旧民法における過失相殺許容を否定した旧420条1項後段を削除したということは、過失相殺を犠牲にしてでも訴訟や証明の負担の回避という価値を優先するとの旧民法立法当初の政策判断を（意識的にではないにせよ）放棄したことを意味し、その結果、過失相殺許容という旧民法当時の政策判断に回帰したものである、との解釈の余地が生じ得る。仮にこのような解釈を採るとすれば、損害賠償額の予定合意は任意規定レベルでは過失相殺を排除しないということになり（その実質的理由は、上記①説のような理解に求められることになろう）、その結果、上記②説はその存立の基礎を失うことになる。

　もとより、これは、任意規定としての新420条1項の解釈にのみ関わる事柄であり、当事者が過失相殺による減額の可能性を明示的に排除した賠償額予定合意をすること（あるいは、予定合意をそのように解釈すること）は、公序良俗違反等の可能性を別にすれば、何ら妨げられない（この点は、旧法のもとでも同じである）。　　　　　　［長野史寛］

65
代償請求権

Case

Aは、その所有する甲家屋を事情があって、時価よりも安く1,000万円でBに売った。その際、甲の所有権は残代金完済時にBに移ることが合意された。しかし、甲は、引渡前に焼失した。Aは甲についてC損害保険会社との間で火災保険契約を締結していた。

(1) 火災は何者かの放火によるものであり、焼失時の甲の時価は1,100万円であった。この場合、BのAに対する対応にはどのようなものが考えられるか。

(2) 火災はAの責めに帰すべき事由によるものであり、焼失時の甲の時価は1,100万円であった。この場合、BのAに対する対応にはどのようなものが考えられるか。

【Before】

(1)では、甲(特定物)の滅失につきAに帰責事由はない。この場合、旧法下ではBはAに代金1,000万円を支払わなければならなかったが(旧534条1項)、他方、AはCに対し保険金請求権を取得する。そして、それは甲の代償として考えられる。このように、債務者が、履行不能を生じたのと同一の原因によって履行の目的物の代償となる利益を取得したときは、債権者は、履行不能により被った損害の限度で、その代償となる利益の引渡しを請求できるとされていた(代償請求権)。それゆえ、AがCに対し、甲の時価額である1,100万円の保険金請求権を取得したという場合には、BはAに対し、甲の代償としてのその保険金請求権の譲渡を請求することができた(甲を取得できないBの客観的な損害額は、焼失時の甲の評価額である1,100万円)。代償請求権について条文はなかったが、判例(最判昭41・12・23民集20-10-2211)・通説は公平の観念からこれを認めていた。なお、保険金請求権は保険契約に基づき保険料の対価物として発生するものであって「代償」となり得ないとの見解もあったが、判例(上記昭和41年判決)・通説は代償請求権の目的となることを認めていた。

(2)では、甲はAの責めに帰すべき事由により滅失している。この場合には、Bは、契約を解除し(旧543条)、残る100万円の損害賠償をAに請求できた(旧545条3項)。

また、契約を解除せずにAに1,100万円の損害賠償を請求し（旧415条後段）、他方、代金1,000万円をAに支払うことでもよかった。では、AがCに対し1,100万円の保険金請求権を取得したとすれば（甲の焼失にAの重過失まではなく保険約款の保険金不払条項に抵触しないというとき）、Bは、Aとの契約を解除しない場合、Aに対して損害賠償請求権だけでなく代償請求権も有するか。判例（上記昭和41年判決）・通説は肯定していた。これによると、Bが代償請求権を行使し、Aから保険金請求権の譲渡を受けたときは、その分、BのAに対する損害賠償請求権は縮減するので、1,100万円の損害賠償請求権は消える。Aの資力が不十分な場合に実益がある議論であった。

【After】

(1)では、甲（特定物）はAの帰責事由によらずに滅失し、Aの債務が履行不能となっている。新法では、このような場合でもBはAとの契約を解除できる（解除に債務者の帰責事由は不要〔新542条1項1号〕→ Case68）。そこで、これを選択すればBは代金債務から解放される。そして、それゆえ、この場合には、AがCに対して保険金請求権を取得していても代償請求権は問題にならない。代金既払いの場合に、Bが契約解除のうえで代金返還請求をせず、Aに保険金請求権の譲渡を請求するということもできない。解除により契約関係を解消した以上、Bは契約目的物の代償について問題にすることは、もはやできないからである。他方、Bが契約を解除せずにこれを維持し、Aに代金1,000万円を支払う場合には、BはAに対し、Aが取得した1,100万円の保険金請求権の移転を請求できる。すなわち、新法は、旧法下で判例・通説によって認められていた代償請求権を明文化し、債務者が、その債務の履行が不能となったのと同一の原因により債務の目的物の代償である権利または利益を取得したときは、債権者は、その受けた損害額の限度で、債務者に対してその権利の移転またはその利益の償還を請求できるとしている（新422条の2）。もっとも、正確には、保険金請求権を含め、何が代償に当たるかは今後の解釈に委ねられている。

(2)では、Bの対応方法、問題となる事柄は、旧法下でのそれらと同じである。Bが契約を解除する場合の根拠条文は新542条1項1号である。Aが保険金請求権を取得したというとき、BがAとの契約を解除しない場合に、BはAに対して損害賠償請求権（新415条2項1号）だけでなく代償請求権も有するかは、新422条の2の解釈にかかっている。すなわち、新422条の2には、代償請求をすることができるのは債務者の責めに帰することができない事由による履行不能の場合（債務者が損害賠償義務を免れる場合）に限る旨の文言はないが、これは、新422条の2が、代償請求権の発生要件として、債務者の帰責事由の不存在を要求しない説を採用したからというわけではなく、債務者の帰責事由との関係を書かないことによって、代償請求権の発生要件として債務者に帰責事由がないことを要求するか否かを今後の解釈に委ねたものである。　　　[奥冨　晃]

66
催告解除の原則

Case

AはBとの間で種類動産（工業用機械甲1台）を譲渡する契約（以下「本件契約」という）を3月1日に締結し、Bは即日代金100万円を支払った。しかしAは履行期の4月1日になっても引渡しをしない。Bは本件契約を解除できるか。

【Before】

旧法のもとでは、債務不履行後もなお債務者の履行義務の履行が可能か否か（以下「追完可能性」という）によって、債務不履行一般についての解除規定（旧541条）および不能についての解除規定（旧543条）のいずれが適用されるか決まるというのが通説であった。それによれば、本件契約は種類物売買契約であり、4月1日のAの債務不履行によってAの引渡義務の履行は不能とならず、追完可能性があるので旧541条が適用される。なお同条の「履行しない」の語は、履行遅滞に限らず追完可能な不履行を広く包含し、その意味で旧541条の見出しは「履行遅滞等による解除権」とされていた（圏点は引用者による）。

さらに、旧541条は明示しないが旧543条の類推により、この①「履行遅滞等」の債務不履行の要件に加えて、②債務者の帰責事由（例えば、Aが4月1日の配送の手配を怠った）を要件とするのが通説であった（ただし、実際にはAに帰責事由なしとして解除が否定されることはまずなかった）。

①②の要件充足のもとでBが③相当期間の催告をし（例えば、「4月10日までに引き渡せ」という旨の通知）、Aに④催告期間の徒過（例えば、4月10日を過ぎてもAは引き渡さない場合）があって初めて解除権が発生するというルール（"second tender rule"と呼ばれる）が採用されていた（①〜④の主張立証責任は②についてのみAにある）。なお④の要件の判定にあたっては、Aがどのように催告内容に応じていないか（以下「催告不履行」という）の評価が問題となり得る（CaseのようなAの全部不履行は催告不履行と評価されるが、Case67ではこの点が問題になる）が、このことは条文上明示されていなかった。

【After】

　新541条本文は旧法と文言上の変更はなく、second tender rule も堅持されるから、上記③の催告の要件の細目についての従来の判例法（例えば、相当期間を付すことなく催告を繰り返した場合でも、相当期間経過後に解除権の発生を認める大判昭2・2・2民集6-133）は維持される。

　しかし新法は、第1に、債務不履行態様ではなく催告の要否を基準として解除の要件を類型化して、明示的に規定し分けた。

　第2に、催告の要否自体については、新法はこれを、旧法下の通説のように追完可能性に直結はさせず、「契約をした目的を達することができない」こと（新542条1項3号・4号）、「催告をしても契約をした目的を達するのに足りる履行がされる見込みがないこと」（同項5号）に示される「契約目的」達成可能性の有無によって決することとした（→ Case68）。したがって新541条本文は「履行しない」という文言は変更しないものの、解除要件の2類型を切り分ける①の要件の意味は〈不履行があったがなお「契約目的」到達可能な場合〉というものへと転換している。しかし、**Case** では甲を市場からAが調達する見込みがあるから、未だなお契約目的到達不可能とはいえず、催告は必要とされる。

　第3に、解除権の発生要件としての帰責事由についての文言を欠く文理に変更はないが、旧543条ただし書において明示されていた帰責事由要件を新542条が明示的に削除した以上（→ Case68）、新541条も文字どおり帰責事由を不要とするものとなり、②の要件を要求する従来の通説からは変更されている。**Case** ではAが自らに帰責事由がないことを立証してBからの解除を免れる余地はなくなった。なお、債務者の帰責事由要件を削除すると、従来この要件の中に取り込まれていた、当該債務不履行を招来した債権者の側の事情を考慮する余地がなくなる。そこで、新543条は債権者の帰責事由を解除権発生の阻却要件として正面から規定した。

　第4に、④の要件に論理的に内包される催告不履行の評価に関する要件は、新法においても新541条本文には明示されていない。しかし同条ただし書は「その期間を経過した時における債務の不履行」、すなわち催告不履行が「その契約及び取引上の社会通念に照らして軽微であるとき」には解除権は発生しないこととした。このことは裏側から催告不履行に重大性を要求する絞りの要件がかかっていることを示している（→ Case67）。**Case** では、例えば、4月10日を過ぎてもAがまったく甲を引き渡さない場合、いずれにせよその催告不履行は全部無履行であり、軽微とはいえないからBの解除権が発生する。

[森田　修]

67
催告解除と軽微性

Case

売主Aは特定動産（中古の工業用機械甲1台）をBに譲渡する契約（以下「本件契約」という）を締結し、履行期にBは代金100万円を支払い、Aは甲を引き渡した。次の各場合にBは本件契約を解除できるか。

(1) 本件契約では甲の出力は200馬力とされていたが、実際には150馬力しか出ず、Bの想定した稼働効率が実現されていない。

(2) 本件契約では、付属書類として甲の稼働に必要なソフトウェアの使用許可証乙をAがBに交付すると約定されていたが、未交付である。

【Before】

(1)の場面でのAの債務不履行は、主たる給付義務の不完全な履行だが、このときBの解除が旧541条および旧543条のいずれに基づくかは、Aの修補が可能か否かに従って決まった（→ Case66）。この場面で、甲の出力不足がそもそもの設計等によるもので、修補をしても甲の出力を200馬力にはできない場合には旧543条による解除の可否の問題となった（→ Case68・69）。修補による出力回復が可能である場合には旧541条による解除の問題となり、BはAに対して相当期間を定めて修補を催告し、Aがその期間内に催告に応じないとき（このような場合を「催告不履行」という）には、Bは本件契約を解除できた。

(2)の場面でのAの債務不履行は付随義務違反だが、判例は、このときBは特段の事情がない限り原則として解除できないとしてきた（最判昭36・11・21民集15-10-2507）。特段の事情としては、当該付随義務違反が「契約締結の目的の達成に重大な影響を与える」ことによって、当該付随義務が当該「契約の要素たる債務」に入ると評価される場合などが挙げられていた（最判昭43・2・23民集22-2-281）。したがって、(2)の場面では、書類乙を欠くことでBの機械甲の使用に支障が生じるような場合には、例外的に解除が認められ得た。なお、このときも解除の催告の要否は(1)の場面にならい、書類乙の追給がなお可能か否かで決まると解されていたのであろう。

しかし問題は、まず①甲の出力不足や書類乙の不交付による支障が、通常の機械使用においては取るに足りないと評価されるような場合であった。そのような場合、修補や

追給がなお可能な場合に（不可能な場合については→ Case68・69）、Ｂがそれらの支障につき追完の催告をし、Ａが催告に応じない場合には解除が認められるかは、条文上は判然としなかった。

　また②Ａが催告に応じて、(1)の場面で修補をしたが甲の出力は 180 馬力までしか回復しなかった場合や、(2)の場面で書類乙自体の追給はできなかったがＢに対する何らかの使用許可を確保した場合について、これが「催告不履行」と評価されて解除権を発生させる要件についても明文を欠いていた。

【After】

　新法は解除における催告の要否の基準を「契約目的」達成可能性の有無に求めた（新 542 条 1 項 5 号参照）。(1)の場面において機械甲の出力が 150 馬力にとどまっても、ただちにそれによって契約をした目的を達成できないとまではいえない場合には新 542 条による無催告解除は認められないが、新 541 条の催告解除は認められる余地がある。

　しかし、新 541 条ただし書は催告に付された「期間を経過した時における債務の不履行がその契約及び取引上の社会通念に照らして軽微」か否かという基準（以下「軽微性基準」という）に照らしてＡの「催告不履行」を評価し、「軽微」とされれば解除権を不発生とした。軽微性基準も債務不履行を評価する実体的基準であり、その基準時は催告期間経過時点であり、その判断基準は、当該契約のみならず、社会通念に照らした客観的なものとされている（ただ、この「軽微」でないという 541 条解除の要件の判定と、542 条解除の要件である、当初の契約不履行が契約目的到達を不可能にしたという判定とは、その規範的判断の内容が異なる。前者には、催告期間中に債務者がどのように追完を試み、不履行後の契約当事者間の信頼維持義務を尽くしたかといった後者にはない規範的評価が付け加わるからである。その意味で両要件が異質であることに注意すべきである）。

　以上の枠組みに照らせば【Before】の①のような、そもそも当初の義務違反が「軽微」の場合には、Ａがそれに何ら対処せず相当期間が経過した後もやはり軽微と判断されるからＢの解除は認められない。また、①のように当初不履行が取るに足りない場合には、催告期間の経過とその時点での軽微性判断を待つまでもなく、541 条の「債務を履行しない場合」にそもそも該当しないとして、解除を否定する余地はある。

　また、当初の義務違反が「契約目的」を達成不能とはしないが、「軽微」であるとまではいえない場合には、新 541 条の催告解除はあり得るが、【Before】の②のように、この催告に何らかの形でＡが応接した場合に、それが「催告不履行」と評価されるかは、相当期間が経過した時点で、「契約目的」の達成可能性基準ではなく、軽微性基準によって決まる。Ａの応接によっても残る債務不履行（20 馬力の出力不足や書類乙自体の不交付）が「軽微」とされない限りＢは解除でき、機械甲の使用についてＢの「契約目的」がなお達成可能というだけでは、Ａは解除を免れない。

[森田　修]

68
無催告解除

Case

　Aは特定動産（中古の工業用機械甲1台）を代金100万円でBに売却する契約（以下「本件契約」という）を3月1日に締結した。Aの引渡期日は5月1日とされ、Bの支払期日は引渡しの1週間後とされた。次の各場合にBは本件契約を解除できるか。

　⑴　4月1日に、Aの倉庫に保管中の甲が出火で焼失した。

　⑵　Aは5月1日に引き渡し、Bも代金を1週間後に完済した。ところが本件契約では甲の出力は200馬力とされていたのに実際には50馬力しか出ず、Bの工場での使用には全く役に立たないことが判明した。

　⑶　折から工業用機械の需要が増加したこともあって、AはBに対して突然甲の引渡しを拒絶する通告を4月1日に内容証明郵便で行った。

【Before】

　⑴の場面でAの履行は物理的に不可能であり、旧543条の定める履行不能の典型なので、Bは無催告解除ができた。しかし同条ただし書により甲の滅失についてAの帰責事由が必要とされ、それを欠く場合には危険負担の問題とされた。その場合には、条文上はBの代金債務不消滅（債権者主義）が原則だった（旧534条1項）。

　⑵の場面で、出力が50馬力では「契約をした目的を達することができない」とされる場合には、旧570条・旧566条によって無催告解除ができた。Bに修補請求権を認める立場（いわゆる契約責任説）では、修補で200馬力まで出力回復できる場合には、主たる債務の追完可能な不完全履行として遅滞に準じ、催告解除のみを認める立場も想定された。

　⑶の場面では、⑴⑵と異なりAが約定どおりに履行を行う論理的可能性は残るから、旧541条の問題となるが、4月1日は履行期前のためBはAに催告できず、したがって解除できないとも考えられる。しかし判例には履行期前の履行拒絶を履行不能とし旧543条解除を認めるものもあった（大判大15・11・25民集5-763）。またこのとき契約履行へのBの信頼を裏切らないというAの付随義務を認め、その義務違反が要素たる債務の違反とされる特段の事情ありとして解除を認める立場（→ Case67【Before】における

(2)の場面についての叙述を参照のこと）も想定され得た（この立場では破壊された信頼は修復不可として、無催告解除が認められたであろう）。

【After】

(1)の場面は、Aの過失なき出火でも、新542条の解除にはAの帰責事由は不要なので、同条1項1号によってBは無催告解除により、代金債務を消滅できる（解除なき場合Bの代金債務は残るが、Aの履行請求に対してBは拒絶権を有する〔新536条1項における債務者主義の危険負担制度の修正的存続〕）。

(2)の場面は、新564条により特定物・種類物売買を問わず新541条・新542条の問題となる。修補しても出力回復できない場合には、50馬力では「契約をした目的を達することができない」とされれば、新542条1項3号によって無催告解除ができる（修補による出力回復が物理的に可能でも費用が過大となる場合は同号の不能に含まれる）。50馬力のままでは「契約目的」達成不可能であっても、相当費用での修補で出力が回復する場合、Bが解除するのに新541条により修補の催告を要するか、は問題であるが、必要と解すべきであろう。新542条1項5号の「債務者がその債務の履行をせず、債権者が前条の催告をしても契約をした目的を達するのに足りる履行がされる見込みがないことが明らかであるとき」という文言は、「当事者の一方が履行をせず、これにより契約をした目的を達することができないこと」という文言（部会資料54第一の1(2)(ウ)）を退けて採用されたものであるので、(2)の場面で50馬力の甲が引き渡された状態が、仮に修補がなされ出力が回復したとしても、なお「契約目的」は達成されない状態であると評価される場合にしか無催告解除は認められないことになろうからである。

(3)の場面は履行期前であるにもかかわらず、Aが引渡しを「拒絶する意思を明確に表示したとき」（ここで履行拒絶の意思表示に要求されている要件を明確性の要件と呼び、それを充足した履行拒絶を「確定的履行拒絶」と呼ぶ）には、新542条1項2号により無催告解除ができる。明確性の要件の基準は問題だが、少なくとも**Case**のような内容証明郵便によるAからの通告があれば確定的履行拒絶と評価されよう。なお同号はAが履行期後に（例えば、5月10日に）履行拒絶をした場合も含む（中間試案からのこの変更につき部会資料68A・24頁の付表参照）。ただ履行期後は催告は論理的に可能なのだから、履行拒絶が明確性の要件を充たさない場合でも、仮に催告をしても「契約目的」達成の見込みがないと評価されれば、新542条1項5号により無催告解除を認め得る（第78回会議議事録10頁では、履行期前の履行拒絶についても5号の適用を認める発言と、履行期の前後を問わず5号の適用には消極的な発言とが交錯している）。　　　　　　　　　　　　　　　［森田　修］

69
一部不能等による解除

Case

　古書店Ａは中世哲学者某の全集甲（全27巻）を研究者Ｂに1セット100万円で売却する契約（以下「本件契約」という）を結んだ。納期は4月1日とし納品後1週間以内にＢは代金全額を支払うこととされた（本件契約には各巻ごとの値段も記載されている）。Ａは4月1日に納品したが、このうち第12巻（売買価格4万円）が欠本であることが判明した。Ｂは本件契約を解除できるか。

【Before】

　全集甲が稀覯書であって、第12巻の調達は不可能である場合、本件契約は一部不能となっている。旧543条は「履行の全部又は一部が不能となったとき」に債権者に無催告解除を認めていたため、①全部不能による契約の全部解除の可否、②一部不能による契約の一部解除の可否、③一部不能による契約の全部解除の可否の3つの問題が文理上区別されておらず、②③の問題は特段の手がかりがないまま解釈に委ねられていた。通説は、当該契約債権の給付内容が数量的に可分であるか否かを区別したうえで、不可分の場合には全部解除を原則として認め、不能の部分が軽少の場合には解除を（②も含め）認めないとしていた。他方、可分の場合には原則として一部解除を認め、一部不能では契約の目的を達し得ない場合には全部解除を認めていた（解除が認められる場合にはいずれも無催告解除とされた）（我妻・債権各論上156〜157頁・173頁）。

　この枠組みによれば、稀覯本全集のセットの売買契約当事者の意思が、本件契約上Ａのなすべき給付を不可分とし、かつそのうちのひとつの巻の欠本でも「契約目的」達成不能とするものであると評価されれば、全部解除が認められた（目的達成可能とされれば一部解除も認められないが、ＢはＡに損害賠償を請求する余地はある）。これに対して各巻ごとの値付けもあったことに照らしてＡのなすべき給付が可分とされれば、原則として一部解除が認められ、4万円の代金の返還（ないし減額）のみが認められた（可分とされてもこの欠本によって「契約目的」が到達不能となったとして全部解除を認める余地を上記の枠組みは認めていた）。

【After】

　新542条1項3号は上記③の一部不能に基づく全部解除の可否を「契約目的」達成不能の基準によって判定する明文を置いた。他方、同条2項1号は上記②の一部不能に基づく一部解除については、「契約目的」達成不能という要件による限定なく認めることとした。追完の余地がない以上いずれも無催告解除とされている。同条1項3号による解除は、当初の不履行それ自体によって「契約をした目的を達することができない」ことを判断要素としている点で、同項4号の定期行為解除と共通する。これらは「契約目的」達成不能基準によって催告の要否が決まるという構造を端的に示す（ただし、無催告解除の一般規定である同項5号が採用した「催告をしても契約をした目的を達するのに足りる履行がされる見込みがないことが明らかである」という定式は、4号の定式からあえて変えられていることには注意を要する）。

　新法は給付の可分・不可分を区別していない点で従来の通説的枠組みとは異なるが、新542条1項3号の全部解除については、「契約目的」達成の可否の要件の判定の中で、給付の不可分性にも考慮がなされよう。問題はこの要件を欠く同条2項の一部解除である。Case でBが全部解除を求めた場合には、本件契約が稀覯本全集のセット販売であるという当事者の意思解釈によって「契約目的」達成の可否が判定されることになるが、文理上は一部解除は常に認められ代金4万円の返還ないし減額が生じそうである（ただし、第91回会議議事録11〜12頁）。問題は4万円という第12巻についてのみの価格の定めが仮にない場合であるが、その場合には新563条2項1号の定める代金減額権によることになる。つまり同条2項は新542条2項の特則と位置づけられる。さらにAが欠本を見落として本件契約を結んだことに帰責事由ありとされればBのAに対する損害賠償請求の余地が生じる（新412条の2第2項・新415条・新564条）。

　なお、以上の一部不能解除の枠組みは「確定的履行拒絶」（→ Case68）が給付の一部についてされた場合についても拡張されている（新542条1項3号「又は」以下および同条2項2号）。Case で全集甲が通常の古書であり、第12巻の調達の可能性も相当程度あるにもかかわらず、Aが調達の努力をしない旨をBに内容証明郵便で通告したような場合にも、無催告の全部解除または一部解除が上述した枠組みに従って認められることになる。

[森田　修]

70
確定的履行拒絶と解除

Case

20X1 年 3 月 1 日、A は、B との間で、鉄鉱石 100t を代金 50 万円で購入する契約を締結した。この契約では、同年 7 月 1 日に代金の支払と引換えに鉄鉱石の引渡しが行われるものとされた。契約締結後、鉄鉱石の相場は 2 倍程度にまで上昇した。以下の場合、A は、B との間の売買契約を解除することはできるか。

(1) 7 月 1 日、A は、B から、代金の増額がされない限り鉄鉱石の引渡しには一切応じられないと一方的に告げられた。

(2) 6 月 1 日、A は、B から、代金の増額がされない限り鉄鉱石の引渡しには一切応じられないと一方的に告げられた。現在は 6 月 5 日である。

(3) 7 月 1 日、A は、B から、50t 分だけ鉄鉱石を引き渡すが、それを超える分の鉄鉱石の引渡しには一切応じられないと一方的に告げられた。

【Before】

Case では、債務者が債務の履行を拒絶している場合に、債権者はどのような場合であれば契約を解除することができるかが問題となった。

債務者が債務の履行を確定的に拒絶している場合に、債権者が契約を解除することができるかについて、旧法に明確な規定は存在しなかった。(1)のような履行期後の履行拒絶であれば、履行不能や履行遅滞の問題として処理することもできた。しかし、債務者による履行拒絶を履行不能と同視することができなければ、債権者は、相当期間を定めて催告をしてその期間内に履行がされない場合でない限り、契約を解除することはできなかった（旧 541 条）。

他方、(2)のような履行期前の履行拒絶については、これを債務不履行と評価し得るのかという点自体に議論があった（→ Case58）。債務者に確定的な履行拒絶がある場合には、債権者を履行期まで契約に拘束しておく必要はなく、早期に契約関係から離脱させることが望ましいとの観点から、履行期前であったとしても契約の解除を認めるべきだとの見解が有力であったが、履行期後の履行不能や履行遅滞の問題として処理すれば足りるとの考え方もあった。仮に契約の解除を肯定するとしても、催告等の手続を経る必

要があるのか、どの程度の履行拒絶があればよいのか等については見解の一致をみていなかった。判例については、履行不能を柔軟に解釈することで履行期前の履行拒絶の場合に契約の解除を肯定するものがあると指摘されていたが、どのような場合であれば履行不能と同視され、契約の解除が認められることになるのかは明確ではなかった。

さらに、(3)のような一部履行拒絶の場合にどの範囲で契約を解除することができるのかという点については、履行拒絶に特別の意味を認めなければ、一部不能や一部遅滞に準じた問題として扱われ、履行拒絶に格別の意味を付与するならば、これにより債権者が契約目的を実現することができなくなるかどうかという観点から評価されることになるのだろうが、必ずしも明確な規律が提示されていたわけではなかった。

【After】

新法は、債務者による確定的履行拒絶のケースにおける解除の規律を明確にする。

まず、債権者は、債務者がその債務の全部の履行を拒絶する意思を明確に表示したときには、催告をすることなく契約を解除することができる（新542条1項2号）。ここで、履行を拒絶する意思を明確に表示したとは、拒絶の意思が明確であり、そのことが明示的に表示されていることをいう。この場合に催告が不要とされるのは、催告が債務者に履行の機会を保障するために行われるものである以上、債務者が確定的に履行を拒絶している場合にこれを要求しても意味がないと考えられるからである。また、ここでは、債務者による履行拒絶が履行期後であるか、履行期前であるかは、問題とならない。さらに、履行拒絶があれば、それがどのようなものであってもよいというわけではなく、債務者による履行拒絶の意思が明確であること、言い換えれば、履行拒絶の意思がその後に翻されることが見込まれない程度に確定的であり、これにより債権者が契約をした目的を達成することができない状況にあることが必要である。これによると、(1)(2)では、Bにおいて鉄鉱石の引渡しを拒絶する明確な意思が表示されていると評価することができるため、Aは、催告をすることなくBとの間の売買契約を解除することができる。

つぎに、債権者は、債務者がその債務の一部の履行を拒絶する意思を明確に表示した場合には、残存する部分のみでは契約をした目的を達成することができなければ、催告をすることなく契約の全部を解除することができ（新542条1項3号）、そうでなければ、催告をすることなく契約の一部のみを解除することができる（同条2項2号）。(3)で、Aは、100tの鉄鉱石の引渡しを一度に受けなければこれを購入した目的を達成することができないような場合であれば、Bとの間の売買契約のすべてを解除することができる一方、50tの鉄鉱石の引渡しでも、その目的の達成に支障がないということであれば、Bが履行を拒絶している部分についてのみ売買契約を解除することができる。

［白石友行］

71
売買契約の目的達成不能と解除

Case

　Aは、Bとの間で、Bが経営する甲ゴルフクラブへの入会を目的とする契約（入会契約）を締結した。Bが会員募集のために作成したパンフレットには、「ゴルフ場には高級ホテルが併設されるほか、室内プール、スポーツジム等の付帯施設も順次完成する」と謳われており、Aは、こうした説明に魅力を感じて甲クラブに入会しようと考えたものであった。ところが、その後、ゴルフ場は予定どおりにオープンしたものの、パンフレットに謳われていたこれらの施設の工事はいずれも未着工であり、もはや完成の見通しが立たない状況である。Aは、Bの債務不履行を理由として入会契約を解除することができるか。

【Before】

　これまで、契約を解除することができる場合としては、履行遅滞等を理由とする催告解除（旧541条）と、定期行為（旧542条）または履行不能（旧543条）を理由とする無催告解除とが定められていた。

　ところで、これら各条の文言をみる限りでは、債務者の責めに帰すべき事由による債務不履行がありさえすれば、債権者は当然に契約を解除することができそうである。しかし、判例は、「法律が債務の不履行による契約の解除を認める趣意は、契約の要素をなす債務の履行がないために、該契約をなした目的を達することができない場合を救済するため」であるとの理解に基づき、解除権は、契約の目的を達成するのに必須の「要素たる債務」の不履行がある場合に発生するとしてきた（最判昭36・11・21民集15-10-2507等）。「契約目的の達成」というこの定式は、契約各論における解除規定（旧566条1項前段・607条・旧611条2項・旧635条本文）にみられるものであったが、これらの場合には催告を経ずに契約を解除することが認められていた。契約目的を達することができなくなってしまった以上、催告を求めることはもはや無意味だからである。

【After】

　新法は、履行不能以外の場面で無催告解除が認められる場合として、定期行為（新

542条1項4号）のほか、包括的に、債務者がその債務の履行をしない場合であって、催告をしても契約をする目的を達するのに足りる履行がされる見込みがないことが明らかであるときを規定する（同項5号）。これは、上記の旧法上の解釈論を明文化し、契約の目的を達することがもはや見込まれなくなったときは、催告を経ずに契約を解除することができることを明らかにしたものとみることができる。

それでは、どのような債務が契約目的の達成にとって意味をもつのだろうか。この点を直接に定めた規定はないが、定期行為に関する新542条1項4号（旧542条）において、「契約の性質」「意思表示」という2つの事由が規定されていたことが参考になる。これに即してみると、ある債務が契約の目的となる場合には、①契約の性質からして、契約目的の達成に当然に不可欠である場合と、②通常であれば契約目的の達成に必要とはいえないが、当事者の意思表示によって特に重要性が与えられた場合とがあるとみることができよう。実際、旧来の判例においても、各典型契約における主たる給付のようなもの（①）だけが契約目的にかかわるとされてきたわけではなく、当該契約の内容を個別・具体的に考慮して（②）契約目的の認定が行われてきたといえる。

Case に即していえば、Aによる解除の主張が認められるか否かは、「ゴルフ場には高級ホテルが併設されるほか、室内プール、スポーツジム等の付帯施設も順次完成する」というBの債務内容が、甲ゴルフクラブへの入会契約の目的といえるほどに重要な位置づけを与えられていたかどうかの判断にかかることとなる。その判断に当たっては、契約締結過程における言明の内容や、施設の併設が価格設定に反映されているか、といった点が特に考慮されることとなろう。

この問題に関しては、一般論としていえば、ある事項が契約目的達成に必要であるといえるためには、一方の当事者だけがその点を重要と考えていただけでは足りないことにも注意が必要である。重要なのは、その点について両当事者が合意し、契約の内容とされていたことである。**Case** についていえば、Aには、Bが作成したパンフレットの説明に魅力を感じて契約を締結したという事情があるが、単にAが魅力を感じていたというにとどまらず、その説明が契約内容に取り込まれたと認められるのでなければならない。

なお、契約各論に位置づけられていた解除規定の一部（旧566条・旧635条）は、新法においては削除された。これらの場面も、法定解除の通則である新542条1項5号の適用によって解決されることとなる（→ Case73）。　　　　　　　　［山城一真］

72
賃貸借契約の目的達成不能と解除

Case

　甲ショッピングセンターを運営し、店舗開設のためにその区画を賃貸する事業を行っているＡは、飲食店を経営するＢに対し、甲の奥に位置する店舗スペースの一画を賃貸した。次の各場合において、Ａは、賃貸借契約を解除することができるか。

　(1)　ＡＢ間の契約においては、「いかなる改装も、Ａの許可を得てしなければならない」旨が特約されていた。それにもかかわらず、Ｂは、店内のレイアウトを変えるために、Ａに無断で壁紙を貼り替えた。

　(2)　Ｂは、売上げが芳しくないため、人通りの多いエスカレーター脇に店舗を移すようＡに要求した。Ａがこれを拒絶すると、Ｂは、「うちの若い者を来させる」などと述べてＡを脅したうえ、エスカレーターの周囲に勝手に自店の看板を並べるようになった。こうした様子をＡがとがめたところ、激高したＢは、Ａに暴行を加え、全治２週間の怪我を負わせた。

【Before】

　賃貸借契約における無催告解除を基礎づける法理としては、判例において、いわゆる信頼関係破壊の法理が形成されてきた。賃借人の債務不履行を理由として賃貸人が契約解除を主張する場合において、信頼関係破壊の法理が果たす役割は、二面的である。すなわち、一方で、賃借人の不履行が信頼関係を破壊する程度にまで至らないときは、賃貸人による解除は否定される。しかし、他方、その程度に至っているときは、賃貸人は、催告を経ずに契約を解除することができる。後者の側面に着目していえば、定期行為（旧542条）とも履行不能（旧543条）とも異なる独自の無催告解除原因が、解釈論によって承認されていたとみることができよう。

　Case (1)では、賃借人による増改築禁止特約違反が問題となる。賃貸借契約においては、その性質上、賃借人は使用した物それ自体を返還しなければならない。賃借人が目的物の保管義務（旧400条）を負うのはそのためであるが、増改築禁止特約も、この義務の延長において理解することができる。

　(1)では、Ｂの行為は「いかなる改装」も無断でしてはならないとする特約に違反して

いるから、この点に債務不履行があることは明らかである。しかし、Ｂがした改装は、目的物を原状に復して返還することを妨げるほどのものではないから、信頼関係を破壊する程度にはなお至っていないといえよう。したがって、Ａは、Ｂの増改築禁止特約違反を理由として賃貸借契約を解除することはできず、ただ、壁紙の張替えによって損害が生じたときにはその賠償を請求することができる（旧415条前段）にとどまると考えられる。

これに対して、Case (2)では、賃借人が目的物を平穏に利用する義務に違反した場合の取扱いが問題となる。目的物の平穏な利用は、一般的な注意義務に過ぎず、賃借人としてなすべき給付の内容とはいい難い。しかし、甲ショッピングセンターの一画を目的とする Case の賃貸借契約においては、その性格上、各賃借人が目的物を平穏に利用することは、センター全体の運営・維持にとって不可欠だとみる余地がある。そうであれば、Ｂの粗暴な行為によってＡＢ間の信頼関係は破壊されるに至ったと評価することも、十分にあり得よう（利用方法に関する特約があった事案ではあるが、最判昭50・2・20民集29-2-99をも参照）。

【After】

Case (1)および(2)の具体的な解決に関する限り、新法は、従前の法状況に変更を加えるとは解されない。新法は、賃貸借契約の解除につき、判例によって形成されてきた上述の解決を明文化したわけではないからである。

ただし、新542条1項5号が、債務が履行されないために契約目的を達する見込みがなくなったことを無催告解除の原因として明定した（→ Case71）ことにかんがみると、賃貸借契約における信頼関係破壊の法理もまたこの規定の一適用であると解するのが、1つの見方だといえよう。そのような見方からは、同規定の存在により、信頼関係が破壊されたかどうかの評価が、賃貸借契約の目的という視点によって方向づけられるべきことが示されたと解することができる。同様の理解は、賃貸借契約のみならず、使用貸借においても妥当し得よう（旧597条2項ただし書〔新598条1項に相当〕の類推適用による無催告解除を認めた最判昭42・11・24民集21-9-2460を参照）。

なお、(2)においては賃借人の給付義務を構成しない債務（付随義務）の不履行が問題になっている。しかし、それだからといって、当該不履行は契約目的の達成とは無関係だと速断することはできない（この問題については→ Case73）。　　　　　　　［山城一真］

73
付随的義務の違反と解除

Case

　Aは、不動産業者Bから、自ら居住することを目的として甲建物を購入した。Bは、前の所有者から「甲の床材は、すべて国産の天然スギ材を使用して建築されたものである」との説明を受けていたため、Aとの売買契約においてもその旨を約定していた。ところが、Aが改めて調べてみると、甲の床材に使用されていたのは、実は外国産のナラ材であることがわかった。もっとも、床材としての強度等において両者の間にみるべき相違はなく、建材としての価値も同等程度である。Aは、床材が事前の説明と異なることを理由として、契約を解除することができるか。

【Before】

　1つの契約から生じる債務は、1つであるとは限らない。むしろ、契約は、主たる給付を中心として、これを取り巻く様々な債務を生じさせるのが通例である。しかし、それらの債務の不履行が、すべて等しく契約の解除を基礎づけるわけではない。

　例えば、主たる給付についてみても、金銭債務の弁済のために持参した金銭の額がわずかに不足していた場合のように、量的にみて軽微な債務不履行があるに過ぎない場合には、債権者は、その債務不履行を理由として契約を解除することはできないと解されてきた。もっとも、この場合にも債務の履行がされていないことに変わりはないから、残部の履行を求めることは妨げられないし、旧415条所定の要件を充たす限り、残部の不履行にかかる損害賠償を請求することもできる。

　これに対して、Caseで問題となるのは、いわば質的な意味における債務不履行の重大性である。Case71でも確認したとおり、判例によれば、契約解除を基礎づける不履行は、「要素たる債務」に違反し、契約目的の達成を不能にするものでなければならず、「付随的義務」の不履行によっては解除は基礎づけられないとされてきた（最判昭36・11・21民集15-10-2507等）。

　ここにいう付随的義務は、給付義務と対比される意味での「付随義務」とは異なる概念である。「付随的義務」とは、契約の要素とならず、契約目的の達成にかかわらない債務を意味する。したがって、「付随義務」違反であっても、それが契約目的の達成を

不能にする場合には「付随的義務」の不履行とはいえず、契約解除が認められることとなる。このことは、既に確認したとおりである（→ Case72⑵）。

【After】

　新542条1項5号が契約解除の可否を判断するための基準として「契約目的の達成」を問題とする趣旨については、既に Case71 に述べたとおりである。ここでは、さらに2点に注意したい。

　第1に、新法においては、旧来の瑕疵担保責任（旧570条・旧566条1項前段）は、一種の債務不履行責任と位置づけられることとなった。これを承けて、Case における契約解除の可否も、法定解除の通則である新542条に照らして決せられることとなる（新564条を参照）。

　第2に、従来の判例が、「契約の要素をなす債務の履行がないために、該契約をなした目的を達することができない」という定式によって解除の可否を判断したのに対し、新法は「契約をした目的」の達成のみを要件として掲げている。これに伴い、新542条1項5号の適用に関する限りは、当該債務が「要素たる債務」か否かを問題とする意義はもはや失われたといえよう。もっとも、「要素」という概念は、従来、錯誤や契約の成立との関係でも論じられてきたものであり、改正後も、これら各場面の体系的な関連を考察する際には一定の重要性をもち続けるものと考える。

　さて、Case では、床材が約定と相違していたことが問題となる。ＡＢ間の売買契約において、「国産の天然スギ材」が使用されている旨が約されていたことは疑いないから、Ｂの給付は、債務の本旨に従った履行とはいえない。問題は、それが契約目的を達する見込みを失わせる債務の不履行に当たるか否かである。床材が約定の内容と違っていても、甲建物の所有権移転（555条）が妨げられることはなく、また、甲は住居としての用を果たし得るという点でも、契約目的の達成が不能になったとは解し難いのが通常であろう。したがって、ＡＢ間の売買契約において、一定の床材が用いられていることが特に重視されたとみられる特段の事情がない限り、Ａは、契約を解除することはできず、Ｂの不履行によって生じた損害の賠償を請求し得るにとどまることとなろう（新564条を参照）。

　なお、Case の解決としては、Ｂに対して追完（新562条1項）を求めることができるかどうかも問題となる。しかし、Ｂが建材の細部に至るまで事前の説明に適合する物を引き渡さなければならないとすることが合理的であるかは、疑問である。床材の交換が、Ｂが契約によって引き受けた負担の限度を超えると解されるならば、追完は不能だと評価されることとなる。　　　　　　　　　　　　　　　　　　　　　　　　　　　　　［山城一真］

74
債権者の責めに帰すべき事由による債務不履行と解除

Case

　Aは、Bから中古自動車（甲）を購入した。AB間で締結された契約においては、「Bは、移転登録手続を済ませ、一通りの整備をしてから甲をAに引き渡すこととし、Aは、甲の引渡しと同時に代金をBに支払うこととする」と取り決められていたが、引渡しに先立ち、Aは、試運転といって甲を公道で走らせた。ところが、その際にAが運転操作を誤ったため、甲は街路樹に激突し、もはや修理が不可能なくらいに大破してしまった。Aは、甲が滅失したことを理由として、売買契約を解除することができるか。

【Before】

　後発的な履行不能が生じた場合の取扱いは、契約当事者の帰責事由の有無に応じて区別されていた。すなわち、債務者に帰責事由がある場合には解除（旧543条）、これがない場合には危険負担の問題となる（旧534条以下）。さらに、後者のうちでも、債権者の責めに帰すべき事由によって履行不能が生じた場合には、対価危険は債権者が負担し、債務者は反対給付を受ける権利を失わないものとされていた（旧536条2項前段）。

　これを Case に即してみると、中古車である甲は、当事者がその個性を度外視して目的物を選択したとみられるような事情がない限り、特定物であるとみてよい。したがって、その滅失により、売主Bの財産権移転義務（555条）は履行不能となる。しかし、この履行不能は、債務者である売主Bの責めに帰すべき事由によってではなく、債権者である買主Aの過失によって生じたものである。そうすると、Aは、契約を解除することができないのはもちろん、危険負担法理の適用によっても代金支払義務を免れないこととなる。

【After】

　新法においては、履行不能が債務者の責めに帰すべき事由によるものであることは、もはや契約解除の要件とはされていない（新541条および新542条を参照）。しかし、債権者の責めに帰すべき事由によって履行不能が生じたときは、債権者は、契約を解除することはできない（新543条）。そして、契約が存続する以上、この場合には債務者が

反対給付請求権を失うこともない（新536条2項前段）。

　以上をCaseに即して整理してみよう。まず、特定物である中古自動車（甲）が滅失したことにより、AのBに対する履行請求権は、履行不能によって消滅する（新412条の2第1項）。しかし、この履行不能はBの責めに帰すべき事由によって生じたものではないから、Aは、Bに対して、履行に代わる損害賠償を請求することはできない（新415条1項ただし書・2項）。さらに、この履行不能は、Aの責めに帰すべき事由によって生じたものであるから、上記のように、Aは売買契約を解除して自身の債務を免れることができず（新543条）、したがって、Bは反対給付を受ける権利を失わない（新536条2項前段）。以上の解決は、従来の規律を変更するものではない。

　ところで、この種の問題が生じるのは、Caseと同じく、売買契約において、買主の過失によって売主の義務が履行不能になる場合が多いのではないかと思われる。けれども、その場合には、解除の可否はそれほど大きな意味をもたない。仮に買主による解除を認めても、売主は、損害賠償を請求することで、結果的に代金額相当の金銭の支払を受けることができるはずだからである。これに対して、交換契約のように、債務者が有する反対給付請求権もまた非金銭債権である場合には、債権者による解除を否定することのメリットは大きいといえよう。この場合には、あくまでも現物を給付するよう求めることにつき、債権者が大きな利益をもつと考えられるからである。

　なお、債務不履行が債権者の責めに帰すべき事由によって生じたことを理由として債権者の救済が制限される場面は、ほかにもある（例えば、追完請求につき新562条2項、代金減額請求につき新563条3項）。しかし、その一方で、契約類型によっては、債権者の責めに帰すべき事由によって履行不能が生じたにもかかわらず、なお解除が可能とされる場合もある（例えば、賃貸借契約に関する新611条2項を参照。賃貸人は、賃借物の滅失等につき、賃借人に対して損害賠償を請求すべきこととなる）。これらのルールをいかにして整合的に理解することができるかは、今後の解釈論において検討されるべき課題といえるだろう。

［山城一真］

75
解除の場合の果実・使用利益の返還

Case

　Aは、Bに対して、新車（甲）を300万円で販売した。Aが期日までに甲をBに引き渡したのに対し、その後、Bによる代金の支払がないため、Aは、Bとの契約を解除し、甲の返還を求めた。そのほかに、Aは、つぎの各場合の利益を返還請求して、認められるだろうか。

　⑴　Bがレンタカー業者であり、甲を貸し出すことで利益を上げていた。

　⑵　Bが自己使用目的で甲を購入し、実際に使用していた。

　⑶　Bが自己使用目的で甲を購入したが、実際には使用していなかった。

【Before】

　契約が解除されると、金銭を受領している当事者は、受領の時から利息をつけて返還しなければならない（旧545条2項）とされる。これに対し、改正前は、金銭以外のものが受領されている場合について、明文の規定を欠いていた。しかし、金銭の場合との均衡から、給付を受けた物または権利から生じる果実・使用利益も返還しなければならないと解されてきた（大判昭11・5・11民集15-808が、金銭の場合との均衡を理由に使用利益の返還を認めている）。果実・使用利益をも返還して、初めて原状回復（旧545条1項）したことになると考えるわけである（最判昭34・9・22民集13-11-1451が、使用利益返還義務の性質を、解除による契約関係の遡及的消滅〔直接効果説〕を前提に、原状回復義務に基づく一種の不当利得返還義務とする）。

　具体的には、**Case**⑴のように、新車（甲）から果実が生じていれば、これも返還しなければならない。

　また、**Case**⑵のように、Bが甲を使用することによって利益を得ている場合には、Bはその利益（使用利益）を返還しなければならず、さらに、**Case**⑶のように、実際にはBが甲を使用していない場合であっても、やはり使用利益は返還すべきだと解されている。一般に、使用利益の額は、使用料（賃料）相当額を基準に算定されるが（不動産が目的物となっていた上記昭和11年判決、昭和34年判決参照）、**Case**の新車（甲）のような場合、その使用により価値の減耗が著しい物であるから、その価値減耗分を使用利益の範囲に含むのか、含むとしてどう算定するのか等については、解釈上の議論がある。

【After】

新法においては、新545条3項が新設され、「金銭以外の物を返還するときは、その受領の時以後に生じた果実をも返還しなければならない」と定める。旧法においては、「金銭を返還するときは、その受領の時から利息を付さなければならない」との2項のみが定められていたため、金銭以外の物の受領の時以後に生じた果実については返還しなくてよい、との誤解を生じかねないからだ、と説明される。したがって、**Case**(1)のように、金銭以外の物を返還するときの果実返還義務について、直接の根拠条文（新545条3項）が与えられることになったに過ぎず、従来からの解釈に実質上の変更を加えるものではない。

同様に、誤解を避けるという意味では、判例で認められる使用利益の返還義務についても明文化するという考え方はあり得たはずである。しかし、今回の改正では見送られ、解釈に委ねることとされている。使用利益の外延が必ずしも明確でなく、また、使用利益が目的物の価値の減耗分に等しいと考える場合には両者の関係をどう整理するのかが問題となるためだ、と説明される。したがって、明文化されなかったからといって、**Case**(2)(3)のような場合の使用利益の返還義務が否定されたわけではない。今後も解釈に委ねられるのであって、使用利益をめぐる学説上の議論に何らかの決着を付けたものでもない。

なお、果実と同様、使用利益を目的物から生じる利益と解すれば、使用利益返還の根拠条文は、新545条3項によることになる（ただし、同項が実際に生じた果実のみを返還の対象にしていると解する立場からは、**Case**(2)のように、現実に使用して利得をしている場合に使用利益の返還が限られることになろう）。価値の減耗分については、それが使用利益と等しいと解する場合、同様に同項が根拠条文となろうが、時間の経過に伴い生じる価値の減耗分は、目的物から生じる利益ではなく、むしろ目的物本体の一部であると解する立場からは、同条1項に根拠が求められることになろう。

その他、甲が、もともとAではなくCの所有物であり、BからCに甲が返還された後、他人物売買を理由に解除された事案において、判例（最判昭51・2・13民集30-1-1）は、買主Bが原状回復義務の内容として使用利益を売主Aに返還すべき義務を負うと述べ、この結論は、AがBから返還された使用利益を究極的には正当な権利者Cからの請求により保有し得ないこととなる立場にあったとしても変わらないとする。これに対し、学説上、Cとの関係でも使用利益の返還を求められる立場にあるBの不利益などを理由に、反対説も有力に説かれている。

[鶴藤倫道]

76
解除権の消滅

Case

　Aは、特定物である動産（甲）をBに対して50万円で売却した。50万円の支払と引換えに、甲はBに引き渡されたが、1ヶ月後、甲には修補不可能な瑕疵のあることが判明した。そこで、Bは契約を解除し、50万円の返還を請求した。Bのこの請求は、つぎの各場合であっても、認められるだろうか。

　(1)　甲が、解除権発生後に滅失していて、原状では返還できない場合。また、その滅失が、Bの不注意による場合と大地震による場合。

　(2)　甲が、Bにより改造されていて、原状では返還できない場合。

　(3)　上記(1)(2)それぞれの場合につき、Bが自己に解除権のあることを知っていた場合と知らなかった場合。

【Before】

　解除権者の行為もしくは過失による目的物の著しい損傷もしくは返還不能、または加工もしくは改造による他の種類の物への変形の場合に、解除権は消滅する（旧548条1項）。これらの場合は、解除権者が解除権を放棄したものとみることが可能だからであり、また、仮に解除権を認めたうえで解除権者に金銭で原状回復させるとした場合、相手方に十分な満足を与えないおそれがあることから、当事者間の公平のため解除権が消滅するものとしているのである。

　したがって、Bによる契約の解除に基づく代金の返還請求に対して、**Case**(1)の場合、動産甲の返還が不能であること（滅失のほか第三者への譲渡も含む）、それが解除権者Bの「行為若しくは過失」によることを、Aが主張立証できれば、解除権は消滅し（旧548条1項）、Bからの代金返還請求を拒むことができる。しかし、大地震のような不可抗力による滅失のような場合には、解除権者Bの「行為若しくは過失」によるものではないから、解除権は消滅せず（同条2項）、AはBからの代金返還請求を拒むことができない。なお、文言上の「行為若しくは過失」は「故意若しくは過失」と解することで異論がない。

　また、**Case**(2)のように、解除権者Bによる加工もしくは改造による他の種類の物へ

の変形の場合にも、解除権は消滅する（旧548条1項）。ただし、文言上、解除権者の「行為若しくは過失」は、加工もしくは改造による他の種類の物への変形を修飾していない。したがって、目的物を「加工若しくは改造によってこれを他の種類の物に変えた」ことを、Aが主張立証しさえすれば、解除権は消滅し、Bからの代金返還請求を拒むことができる。加工・改造による変形が解除権者Bの「行為若しくは過失」によることを主張立証する必要はない、ということである。

なお、**Case(3)**の場合につき、旧法のもとでは、Bが自己に解除権のあることを知っていたか否かが、直接に、**Case(1)(2)**の各場合における解除権消滅の効果に影響するわけではない。

【After】

新法は、以下のように3つの点を改めている。

第1に、**Case(1)**との関係では、解除権者の「自己の行為若しくは過失」の「自己の行為」は「故意」に置き換えられる（新548条本文）。これまでの通説的見解に沿ったものであり、実質的な変更ではない。

第2に、同じく**Case(1)**との関係では、解除権者の行為または過失によらない目的物の滅失または損傷の場合、解除権は消滅しないとする旧548条2項が削除される。旧1項により、その内容は既に示されていると理解できるからである（旧法の起草者も疑いを起こさないために旧2項を置いたと述べている）。また、滅失または損傷の場面だけを取り出して定める旧2項を維持することで、無用の混乱を招きかねない、ということも理由として挙げられる。したがって、旧2項が削除され、新548条本文（旧548条1項に相当）によったとしても、実質的な変更が生じるわけではない。解除権者Bが、自己の故意または過失によるものではないと否認することは、なおも可能である。

第3に、**Case(3)**との関係では、新548条本文（旧548条1項に相当）に、ただし書が追加され、解除権者が解除権を有することを知らない場合には解除権は消滅しないものとされることになった。解除権行使できることを知らないのに、新548条本文所定の各場合に、解除権者がその有する解除権を黙示に放棄したと評価することは適当ではないと考えられたからである。したがって、**Case(1)(2)**の場面でのAによる解除権消滅の抗弁に対し、解除権者Bは、再抗弁として「その解除権を有することを知らなかった」ことを主張立証することで、解除権は消滅せず（同条ただし書）、Bからの代金返還請求が認容されることになる（この場合、解除権者Bの側でも、原状回復〔新545条1項〕としての価額償還をしなければならない）。

[鶴藤倫道]

77
危険負担と反対給付の履行拒絶

Case

Aは、Bに対して、自らが所有し、自宅に飾っている壺（甲）を400万円で売った。甲の引渡しと代金の支払は引換えで行われるものとされていた。約定の引渡期日よりも前の日に、甲がつぎの理由により、滅失した（復元不可能であるとする）。AとBとの間で、Bの代金支払義務（Aの代金支払請求権）の帰趨が問題となっている。

(1) Aが室内を片付けていた際に、不注意で甲を棚から落とし、大破させてしまった。

(2) Aの居住地を大地震が襲い、地震の揺れで甲が落下して、大破した。

(3) A宅を訪れたBが、不注意で甲を棚から落とし、大破させてしまった。

【Before】

Case は、特定物の売買で、引渡しの前に目的物が滅失した事案である。

(1)では、特定物甲の滅失が売主Aの責めに帰すべき事由によって生じている。それゆえ、旧543条により、買主Bは、履行不能を理由として、AB間の甲の売買契約を解除することができた。他方、危険負担の規律は適用されなかった。危険負担の規律は、債務者の責めに帰することができない事由による履行不能の場合を適用対象として設計されていたからである。

(2)では、甲の滅失が当事者双方の責めに帰することのできない事由により生じている。旧543条によれば、債務者の責めに帰することができない事由による履行不能の場合には、債権者は契約を解除することができなかった。それゆえ、Bは、履行不能を理由としてAB間の甲の売買契約を解除することはできなかった。ここでは、危険負担の規律によって、Bの代金債務（Aの代金債権）が消滅するか、それとも存続するかが問題となった。この問題を扱う規定として、旧534条1項が存在し、この規定を適用したときには、特定物の引渡しを目的とする債務における当事者双方の責めに帰することのできない事由による目的物の滅失については、別段の合意がなければ、買主が危険を負担しなければならず（債権者主義）、したがって、Bは、売買代金400万円をAに支払わ

なければならなかった。もっとも、旧法下では、旧534条の規定の合理性に対して疑義を示す見解が有力に主張されていた。この見解によれば、特定物が動産である場合は、当該動産の実質的支配が売主から買主に移転した時点、すなわち、引渡し時より前に生じた滅失についての危険は、売主が負担すべきであるということになった（債務者主義）。この見解に立つときは、(2)では、Bの代金債務は消滅し、BはAに代金を支払う必要がなかった。

(3)では、甲の滅失が買主Bの責めに帰すべき事由によって生じている。それゆえ、Bは、旧536条2項により、危険を負担しなければならなかった（債権者主義）。したがって、Bは、売買代金400万円をAに支払わなければならなかった。また、甲の滅失は、Aの責めに帰することのできない事由によるものであることから、(2)と同様、Bは、AB間の甲の売買契約を解除することもできなかった。

【After】

(1)では、特定物甲が滅失しているため、売主Aの甲を移転する債務が履行不能となっている。それゆえ、買主Bは、新542条1項1号により、履行不能を理由として、AB間での甲の売買契約を解除することができる。また、Bは、契約を解除しなくても、新536条1項により、Aへの売買代金400万円の支払を拒絶することができる（危険負担＝履行拒絶権構成）。もとより、Bが代金債務から解放されるためには、売買契約を解除しなければならない。解除をしない間は、Bは代金債務の履行を拒絶することができるだけであって、履行不能を理由としてBの代金債務が消滅するものではない。

(2)では、甲の滅失が当事者双方の責めに帰することのできない事由により生じている。この場合も、代金債務の帰趨に関する処理は、(1)と同じになる。新法は、債務者の帰責事由（債務者の責めに帰すべき事由）を解除の要件としていないため、買主Bは、新542条1項1号により、履行不能を理由として、AB間の甲の売買契約を解除することができる。また、Bは、契約を解除しなくても、新536条1項により、Aへの売買代金400万円の支払を拒絶することができる（危険負担＝履行拒絶権構成）。もとより、Bが代金債務から解放されるためには、売買契約を解除しなければならない。解除をしない間は、Bは代金債務の履行を拒絶することができるだけであって、履行不能を理由としてBの代金債務が消滅するものではない。

(3)では、甲の滅失が買主Bの責めに帰すべき事由によって生じている。それゆえ、買主Bは、履行不能を理由としてAB間の甲の売買契約を解除することはできない（新543条）。また、Bは、新536条2項により、代金債務の履行を拒絶することができず、売買代金400万円をAに支払わなければならない。　　　　　　　　　　　［潮見佳男］

78
債権者代位権における被保全債権

Case

　A₁は、20X1年4月10日、一級建築士Bに、甲建物の設計および工事監理を委託し、Bの設計に基づき甲の建築が開始され、20X2年3月10日に甲が完成したが、甲には雨漏りが発生する瑕疵があり、A₁は自ら修理費用500万円を拠出して修理を行った。ところで、Bは、保険会社Cとの間で、Bを被保険者とする建築家賠償責任保険契約を締結しており、Bの設計した甲の雨漏り等の瑕疵について300万円を上限としてBに対して保険金が支払われることとなっている。Bは、20X2年3月に入って資金繰りに窮していた。

　⑴　A₁は、Bへの損害賠償債権を被保全債権として、BのCに対する保険金請求権を代位行使して、自己に300万円の支払を請求できるか。

　⑵　測量会社であるA₂は、20X2年2月20日に、Bの下請けとして測量を行い、報酬代金50万円につき同年4月30日に支払を受けることとなっていた。A₂は、20X2年3月31日、⑴の保険金請求権を代位行使して、Cに対して自己に50万円の支払を請求できるか。

　⑶　Bについて、破産手続が開始され、20X2年7月10日に免責許可決定が確定した。A₁は、⑴の保険金請求権を代位行使して、Cに対して自己に300万円の支払を請求できるか。

【Before】

　⑴　「自己の債権を保全するため」（旧423条1項）の要件については、金銭債権を被保全債権として債権者代位権を行使する場合、債務者が「無資力」（債務者が債権を弁済するに足る資力を有しないこと）であることを要すると解するのが判例法理であった（最判昭40・10・12民集19-7-1777等）。学説からの批判が存するところではあるが、その点は、交通事故の被害者が加害者の保険会社に対する自動車対人賠償保険金請求権を代位行使する場合など、被保全債権と被代位権利との間に「密接な関連性」があるときであっても同様である（最判昭49・11・29民集28-8-1670）。

　⑵　被保全債権の期限が未到来の場合には、保存行為でなければ、債権者代位権を行使できない（旧423条2項）。ただし、非訟事件手続法上に「裁判上の代位」の手続が規

定されており、債権者は、債権保全が困難となるおそれがあるときは、期限前であっても、裁判上の代位の許可を申し立てることができるとされていた（非訟旧85条〜91条）。しかし、実務で裁判上の代位が用いられることはほとんどないといわれていた。民事保全法上の保全処分（仮差押え）を行うことが一般的であった（民保20条2項）。

(3)　条文上、明記されていないが、被保全債権は、強制執行によって実現することができるものでなければならないと解されていた（東京高判平20・4・30金判1304-38）。債権者代位権は、詐害行為取消権と同様、責任財産を保全し、強制執行の準備を行うことが制度目的だからである（詐害行為取消権につき、最判平9・2・25判時1607-51）。

【After】

(1)　新法は、債権保全の必要性の要件につき、旧法の「自己の債権を保全するため」（旧423条1項）を、「自己の債権を保全するため必要があるときは」（新423条1項）と文言を改めたのみであり、無資力要件についての解釈論は法改正後も引き継がれる。よって法令（自賠16条など）や約款によって直接請求権が認められていない限り、無資力であることを要する。(1)では、建築家賠償責任保険契約において直接請求権が認められていない場合、A₁は、Bの無資力を立証しない限り、債権者代位権を行使できない。

(2)　新法は、被保全債権の期限が未到来の場合には、保存行為でなければ債権者代位権を行使できないとしつつ（新423条2項）、旧423条2項の被保全債権の期限が未到来の場合に、裁判上の代位によることができるとする部分を削除し、それに伴い非訟事件手続法上の裁判上の代位の制度も廃止された（非訟旧85条〜91は削除）。これは、民事保全手続が用意されているのであるから、保存行為を除いては、被保全債権の期限到来前に代位権行使を認める必要性は乏しく、実際に用いられることのなかった裁判上の代位の制度はそれを廃止することが妥当と判断したことによる。(2)では、20X2年3月31日の段階では、期限（同年4月30日）が到来していないので、A₂は、（消滅時効完成を阻止するための請求等）保存行為に該当する場合を除き、Bの保険金請求権を代位行使することはできない。

(3)　旧法下において最高裁の判断は詐害行為取消権に関するものしかなく、代位権については下級審の判断が存するのみであったところ、新法は一歩踏み込んで、条文上、「債権者は、その債権が強制執行により実現することのできないものであるときは、被代位権利を行使することができない」と明記した（新423条3項の新設。詐害行為取消権につき、新424条4項）。例えば、破産手続開始後、免責許可決定が確定した場合、破産者は「破産債権について、その責任を免れる」（破産253条1項）。よって(3)については、A₁の損害賠償債権は、「いわゆる自然債務」となり、訴えをもって履行を請求することができず、強制執行により実現することもできないのであるから、A₁は同債権を被保全債権として代位権を行使できないこととなる。　　　　　　　　　　　　［片山直也］

79
代位権行使の範囲

Case

A₁はBに対して200万円の売掛代金債権（以下「α債権」という）を有していた。Bは経営が悪化し、債務超過に陥っており、A₂に対しても300万円の報酬支払債務（以下、同債務に係るA₂のBに対する債権を「β債権」という）を負担していた。利息および損害金については考慮しなくてよい。

(1) Bは、取引先のC₁に対して、400万円の売掛債権（以下「γ債権」という）を有していた。A₁は、Bに代位して、C₁に対してγ債権を代位行使し、400万円の支払を請求できるか。

(2) Bは隣接する甲土地および乙土地（甲の価格は2,600万円相当、乙の価格は400万円相当）を有していた。ところが、Bは、C₂と通謀し、甲および乙をC₂に贈与する虚偽の契約書を作成し、C₂への移転登記を了してしまった。A₁は、Bに代位して、C₂に対して贈与契約の無効を主張して、甲および乙の移転登記抹消登記請求権を行使することができるか。

【Before】

(1) 旧法は、債権者代位権行使の範囲については、明文を置いておらず、解釈論に委ねられていた。最高裁は、金銭債権を被保全債権として、債務者の第三債務者に対する金銭債権を代位行使するケースについて、「債権者代位権は、債権者の債権を保全するために認められた制度であるから、これを行使しうる範囲は、右債権の保全に必要な限度に限られるべきものであって、債権者が債務者に対する金銭債権に基づいて債務者の第三債務者に対する金銭債権を代位行使する場合においては、債権者は自己の債権額の範囲においてのみ債務者の債権を行使しうるものと解すべきである」としていた（最判昭44・6・24民集23-7-1079）。よって(1)については、A₁は、被保全債権（α債権）の債権額200万円の範囲でのみ、γ債権を代位行使することができる。

(2) 代位行使の範囲については、最高裁は、被代位権利が金銭債権の場合を想定して「債権者は自己の債権額の範囲においてのみ債務者の債権を行使しうる」と判示したのであって、(2)では2つの不動産の返還（抹消登記）の範囲が問われているが、そのよう

に金銭以外のケースへの射程は必ずしも明らかではなかった。

【After】

(1) 新法は、代位行使の範囲について、判例法理を敷衍して、「被代位権利の目的が可分であるときは、自己の債権の額の限度においてのみ、被代位権利を行使することができる」との明文規定を置いた（新423条の2）。被代位権利が金銭債権の場合は、(1)で述べた旧法下の判例法理の取扱が維持される。

立法過程においては、事実上の優先弁済を否定し、代位行使の範囲については全部行使を原則とする考え方が優勢であった（「基本方針」【3.1.2.02】は、「事実上の優先弁済」（債権回収機能）を明確に否定し、相殺を禁止するとしていた）。「中間試案」でも、その立場を承継し、「代位行使に係る権利の全部を行使することができるものとする」としつつ、注記において「被代位権利の行使範囲を被保全債権の額の範囲に限定するという考え方がある」との選択肢が別案として提示された（第14 債権者代位権 2）。しかし、実務界からの反対が強かったため、新法では、相殺を禁止する規定を設けずに、代位行使の範囲についてのみ、被保全債権の債権額の範囲に限定するとの規定が置かれた。受領した金銭については、代位債権者が事実上優先弁済を受けることになる。

それでは、他の債権者 A_2 が別訴で C_1 を被告として代位訴訟を提起した場合はどうか。旧法下の判例は、裁判所は両請求を併合審理し、ともに認容できるとしていた（最判昭45·6·2民集24-6-447）。この取扱いは、改正後も維持されることになる。なお、その場合の認容額については、全額認容（A_1 につき 200 万円、A_2 につき 300 万円の請求認容）とするのか、債権額に応じた按分の範囲（A_1 につき 160 万円の範囲、A_2 につき 240 万円の範囲）で認容とするのかで考え方が分かれるところであろう。

(2) 新 423 条の 2 が、被代位権利を金銭債権に限定せずに、広く「目的が可分であるとき」としたことから、金銭債権以外での同条の適用の可否が解釈論として残されることとなった。動産についても、米 100kg、油 20ℓ のような可分給付については、同条を適用し、その価格を金銭評価したうえで、被保全債権の債権額の限度で代位行使を認めるということになろう。(2)のように、被代位権利が、複数の不動産や価値の高い動産の給付を目的とする場合については、同条の趣旨から、その価格を金銭評価し、被保全債権の保全に必要な範囲で代位行使を認めるという解釈論が想定される。売買契約の個数の問題とも関連するが、「債権の保全に必要な限度に限られるべきもの」（上記昭和44年判決）との趣旨からは、200 万円の被保全債権に基づく抹消登記請求の代位行使は、乙（400 万円相当）のみに限定されると考えることが妥当であろう。A_1 と A_2 が共同原告となった場合、被保全債権額は合計 500 万円となるので、甲の贈与について無効を主張し、返還（抹消登記）の代位行使をする余地が生じる。　　　　　　　　　　　［片山直也］

80
債権者の直接請求権

Case

電子部品メーカー A は、工作機械製造業者 B に対して 200 万円の売掛代金債権（以下「α 債権」という）を有していた。B は経営が悪化し、債務超過に陥っており、電子部品メーカー C に対しても 300 万円の代金支払債務（以下、同債務に係る C の B に対する債権を「β 債権」という）、経営コンサルティング業者 D に対しても 400 万円の報酬支払債務（以下、同債務に係る D の B に対する債権を「γ 債権」という）を負担していた。利息および損害金については考慮しなくてよい。

(1)　B が、C に対して、400 万円の貸金債権（以下「S 債権」という）を有していた場合、A は、B に代位して、S 債権を行使し、C に対して A に直接 400 万円を支払うよう請求することができるか。C はどのような反論をすることができるか。

(2)　B が C から電子部品 100 個（以下「T 動産」という）を 300 万円で購入したが、未だ B のもとへの搬入がされていない場合、A は B に代位して、T 動産引渡債権を行使し、A への T 動産の直接の引渡しを請求することができるか。C はどのような反論をすることができるか。代金債権である β 債権が支払われていないものとする。

【Before】

(1)　旧法下においては、明文規定は存しないが、判例は古くから、被代位権利が金銭債権の場合には、代位債権者は、第三債務者に対して、自己への直接の給付を請求することができるとしてきた（大判昭 10・3・12 民集 14-482 等）。これは被保全債権の弁済を受けるものではなく、単に、債務者が第三債務者の給付を受領しないと、債権の保全を図ることができなくなるので、あくまで債務者に対する第三債務者の債務の履行として、代位債権者への直接の給付を請求することができるとするものである。とはいえ、配当手続等を定める明文の規定が存しないため、代位債権者は受領した金銭を相殺等の方法により自己の債権に充当することができ、「事実上の優先弁済」を是認する結果となってしまう。この点に対しては、債権者代位権に「債権回収機能」を付与するもので、債

権（責任財産）の保全という制度趣旨を逸脱しているとの有力な批判も存していた。

　よって、判例法理による限り、(1)では、Aは、被保全債権200万円の範囲で、Cに対してS債権を代位行使し、自己への200万円の支払を請求することができる。

　さらにCは、BにはCやDなどの他の債権者がβ債権（300万円）、γ債権（400万円）を有することを主張立証して、按分額の支払を拒絶することが想定されるが、そのための手続を定める実定法上の規定を欠くことから、かかる主張は認められないと考えられていた（詐害行為取消権につき、最判昭46・11・19民集25-8-1321参照）。

　(2)　なお、その点を明確に論じた判例は存しないが、代位債権者への直接の引渡請求は、金銭だけではなく動産についても認められると解されていた。

【After】

　事実上の優先弁済をどのように評価するかが、債権者代位権の制度設計における最大の論点であるとされていた。当初、「基本方針」は、「事実上の優先弁済」（債権回収機能）を明確に否定し、相殺を禁止するとしていたが（【3.1.2.02】）、「中間試案」では、その立場を承継しつつも、注記により「規定を設けない（相殺を禁止しない）という考え方」があることを選択肢として提示した（第14債権者代位権3(2)）。しかし、実務界から、債権者代位権の債権回収機能が否定されると、債権の保全の努力をしようとする債権者のインセンティブが奪われるとの指摘、さらに（任意整理等において）債権者代位権の債権回収機能は労働債権の回収を図るうえで重要なものであるから、その機能が否定されると労働債権の回収に支障が生ずるおそれがあるとの指摘がされ、「要綱仮案」では、相殺禁止に関する明文の規律を設けず（第15債権者代位権4）、同時に代位権行使の範囲について、「（当該権利が可分であるときは）自己の債権の額の限度においてのみ、当該権利を行使することができる」との規律を設けることとした（第15債権者代位権3）。新法は、代位行使の範囲を債権額に限定しつつ（新423条の2）、相殺禁止規定を設けることなく、金銭または動産の代位債権者への直接の支払請求または引渡請求を明文化している（新423条の3）。さらに相手方の抗弁についても明記された（新423条の4）。

　(1)については、旧法下と同様に、Aは被保全債権200万円の範囲で、Cに対してS債権を行使することができる（新423条の3）。これに対するCの反論としては、β債権との相殺の抗弁を主張することが想定される。第三債務者が債務者に対して主張できる抗弁を代位債権者に主張できる（新423条の4）。対当額（300万円）での相殺の主張がなされた場合、AはS債権の残額100万円についてのみ代位行使が許される。

　(2)については、AはBに代位して、T動産引渡債権を行使し、AへのT動産の直接の引渡しを請求することができる（新423条の3の「動産」）。なお双方未履行の契約上の債務ゆえ、Cは代金債権（β債権）との同時履行、さらには履行遅滞に基づく解除を抗弁として主張することができる（新423の4）。　　　　　　　　　　　　　　　　[片山直也]

81
裁判外の代位権行使等と債務者の処分権限等

Case

1　無資力のAはBに対し代金債権（甲債権）を有していた。BはAが行方不明であったため甲に係る債務を履行せずにいた。Aに対して貸金債権を有するCは、債権者代位権に基づきBに対し自己に甲を弁済するよう請求した。しかしAは偶然これを了知し、Bの前に姿を現して甲を請求したので、BはAに対して弁済した。この弁済は有効か。

2　無資力のAは、所有する乙土地をBと通謀してB名義にしていたところ、Aに対して貸金債権を有しているCが事情を聞きつけ、債権者代位権に基づき、乙についてのAのBに対する所有権移転登記抹消登記手続請求権（丙債権）を行使すべきBに対して訴訟を提起した。

(1)　BC間の訴訟で仮にCの請求棄却判決が確定した場合、当該判決の効力はAに及ぶか。また、Aが係属中のBC間の訴訟に加入する方法とその機会確保の手段を論ぜよ。

(2)　Aに対して貸金債権を有しているDも事情を聞きつけ、債権者代位権に基づき丙を行使すべきBに対して別訴を提起した。この訴えは認められるか。

【Before】

　債務者が行方不明、または債権回収に不熱心等のときに、裁判外での債権回収目的で**Case** 1のように債権者代位権が使われる。ここでは代位権行使により債務者Aや第三債務者Bに対しいかなる効果が及ぶかが問題となる。まずAに対する効果であるが、代位権行使の着手があり、その旨の通知ないしAの了知があれば、Aは代位の目的たる債権につき管理処分権を失うものと解され、甲の行使は認められなかった（大判昭14·5·16民集18-557）。このときBに対して弁済禁止の効力が生じるかは争いがあった。肯定説（Aへの弁済は無効、Cは甲を請求可能）に立つとみられる下級審判例（東京高判昭60·1·31判タ554-174）が存在する一方で、Bの代位要件具備に関する判断負担、債権保全制度との均衡の観点から否定説（Aへの弁済は有効、甲は消滅）も有力であった。

　Case 2では、Cが乙土地を差し押さえるためには債権者代位権に基づき丙債権を行

使し乙の名義をＡにする必要がある（登記請求権は債権執行の対象とならない）。**Case** 1
と同様、本来型債権者代位権の典型的場面の１つである。

　まず(1)であるが、丙債権の管理処分権が債務者から奪われて代位債権者のみがこれを
有することとなる結果、債務者は丙に関する訴訟の当事者適格を失い、代位債権者は法
定訴訟担当における担当者と捉えられ、判決効は有利不利を問わず被担当者である債務
者Ａに及ぶこととなる（民訴115条１項２号）。Ａが係属中の代位訴訟に加入する方法と
しては、補助参加（民訴42条）のほか、Ｃが代位要件を欠き自己に丙の管理処分権があ
ることを主張しＢに丙を請求して独立当事者参加をすること（民訴47条１項）が考えら
れた（最判昭48・4・24民集27-3-596）。しかしＡが代位訴訟の存在を知る機会は保障され
ず、Ａの手続保障上問題がある。

　(2)については、ＣとＤの代位訴訟に関してＢに矛盾した判決効を及ぼせない以上、
共同して訴えたときに判決の合一確定が義務付けられる場合（類似必要的共同訴訟）に
該当し、実体法上も各代位債権者は被代位権利の管理処分権について共同行使が義務づ
けられているものと解される。したがってＤは別訴提起を許されず、ＢＣ間の訴訟に
共同訴訟参加（民訴52条１項）すべきことになる。

【After】

　新法は、債務者の手続保障、第三債務者の判断負担の観点から、債権者代位権の行使
があっても、被代位権利について債務者の管理処分権は制限されず、第三債務者の債務
者への弁済も許容する（新423条の5）。よって、**Case** 1 におけるＡへの弁済は有効で
ある。

　Case 2 の(1)について、新法によれば債権者代位権の行使があった場合、債務者と代
位債権者の双方が被代位権利の管理処分権を有することになる（新423条の5）。この場
合に、判決の矛盾を回避し紛争を一回的に解決するため、各管理処分権は双方が行使さ
れるときは共同行使が義務づけられ、被代位権利についての債務者と代位債権者の訴訟
上の各請求についての判決は合一確定が義務づけられるものと解すべきであるし、また、
代位債権者のみが被代位権利を訴訟上行使した場合も判決効は有利不利を問わずに債務
者に及ぶものと解すべきである（民訴115条１項２号）。したがって、(1)におけるＢの勝
訴判決の効力はＡに及ぶ。また、ＡはＢＣ間の訴訟に補助参加（民訴42条）できるほか、
共同訴訟参加（民訴52条１項）も可能である。Ａの独立当事者参加の可否については、
新法下において丙に関するＡとＣの各請求は両立し得るものの、ＡがＣに対し被保全
債権の不存在確認を請求する場合には当該請求とＣの請求が非両立の関係と評し得る
から同参加を肯定すべきである。代位訴訟を提起したＣにはＡに対する訴訟告知義務
があり（新423条の6）、債務者による参加の機会が確保される。

　(2)については、【Before】と同様である。 ［赫　高規］

82
直接請求の代位訴訟と債務者の処分権限

Case

　無資力であるＡはＢに対し金銭債権（甲債権）を有していたが、Ｂが任意に履行しないのでしばらく放置していた。Ａに対して金銭債権（乙債権）を有するＣは、債権者代位権に基づき甲の自己への支払を求めてＢに対し債権者代位訴訟を提起した。

　(1)　Ｃの敗訴判決が確定した。この判決効はＡに対して及ぶか。

　(2)　Ｃの訴訟提起後Ａが事情を聞きつけ、自身で甲を回収しようと思い立ち、Ｂに対して自己に甲債権を弁済するよう求めて訴訟を提起した。この訴えは適法か。

　(3)　Ｃの訴訟提起後Ａに対する金銭債権について債務名義を有しているＤが事情を聞きつけ、甲を差し押さえ、Ｂに対して取立訴訟を提起した。甲の存在が認められるとき、裁判所はどのような判決をすべきか。

　(4)　Ｃの訴訟提起後Ａに対する金銭債権を有しているＥが事情を聞きつけ、甲について自己に支払うよう求めて債権者代位訴訟を提起した。甲債権の存在が認められるとき、裁判所はどのような判決をすべきか。

【Before】

　Case は、代位債権者が自己への直接支払を求めて代位訴訟を提起する事案であり、数々の理論的難問が含まれる。もっとも、実務上は金銭債権を裁判上代位行使して回収を図る例は極めて少なく、手続の密行性に優れ第三債務者の弁済禁止効を確実に獲得できる債権保全・執行手続によるのが一般的である。

　(1)(2)については、Case81 の 2 (1)の【Before】と同様の考え方により、代位訴訟の判決効は有利不利を問わず債務者Ａに及ぶものと解され、また、Ａは甲の請求訴訟の当事者適格を失っているから、その訴えは却下される。

　(3)については、まず仮にＡのＢに対する甲請求訴訟の係属中にＤが甲を差し押えたとした場合のＡに及ぶ処分禁止効（民執 145 条 1 項）の内容を検討すべきであるが、Ａの請求権限は失われず現実の弁済に当たってＤが優先されれば足りるものと解される。このとき、Ｂに対するＡとＤの各請求につき合一確定を要するものと解される（類似

必要的共同訴訟）。以上を前提とすると、Ａの権利を代位行使するＣも甲の請求権限を維持し、Ｄは共同訴訟参加（民訴52条1項）の方法により取立請求をすべきことになる。甲の存在が認められるとき、ＣとＤの請求はいずれも認容されるが現実の弁済の場面でＤが優先することになる（最判昭45・6・2民集24-6-447参照）。

(4)については、ＣとＥの代位訴訟に関してＢに矛盾した判決効を及ぼせない以上、両請求につき合一確定を要する場合（類似必要的共同訴訟）に該当し、Ｅは共同訴訟参加の方法により代位訴訟を提起すべきである。甲の存在が認められるとき、ＣとＥの請求はいずれも認容され、Ｂがいずれかに弁済すれば他方は消滅する。

【After】

債権者代位権の債権回収機能を重視する従前からの実務に配慮し、新法でも、代位債権者が金銭支払等を目的とする被代位権利について自己への履行を求めることが可能とされる（新423条の3）。ただし、この場面にも、債権者代位権行使の着手により被代位権利について債務者の管理処分権が制限されないとの新法の規律（新423条の5）は及ぶ。

そこでCase81の2(1)の【After】の考え方に基づいてCaseを検討すると、次のとおりとなる。すなわち、(1)(2)については、ＢＣ訴訟の判決効はＡに及び（民訴115条1項2号）、また、Ａは、ＢＣ訴訟への共同訴訟参加の方法で甲を裁判上請求することができることになる。(3)については、債務者と差押債権者との関係、ひいては代位債権者と差押債権者との関係はCaseの【Before】と異なるところはないから、Ｄの取立訴訟の提起の方法や甲が認められる場合の判決も【Before】と同様である。(4)についても、(1)の取扱いを前提とすれば、Case81の2(2)の【After】と同様、すなわちCaseの【Before】とも同様の扱いとなる。

しかし、(2)の場面で、改正法におけるＣとＡの各請求は、それぞれ自己への履行を求める点が請求の趣旨の要部であり、しかも当該各請求は優劣のない対決的関係にあるのであり、ＣがＡへの財産返還を求めているCase81の2の場面とは利害状況が根本的に異なっている。そこで、代位債権者の自己への直接履行請求権については、債権者の固有の資格に基づき被代位権利の管理処分権の単独行使を認めるものと捉えるのが実質に適合するものと考える。この私見によれば、(1)についてＢＣ訴訟の判決効はＡに及ばず、Ｂは蒸返し回避のためにはＡに対して甲債務の不存在確認訴訟の提起等の対応を要することになる。なお、ＢがＡに対して勝訴判決を得ればその反射的効力がすべての債権者に及ぶものと解される。(2)は、Ａによる別訴提起が可能である。当該別訴の訴訟物はＢＣ訴訟のそれと共通しているが、当事者が異なる以上、二重起訴には当たらない。またこれがＢＣ訴訟に併合されたときは通常共同訴訟（民訴38条）となる。(3)はCaseの【Before】と同様である。(4)については、Ｅは別訴提起が可能でありＢＣ訴訟に併合されたときは通常共同訴訟となる。

［赫　高規］

83
登記等請求権を保全するための債権者代位権

Case

A は B より甲土地を 3,000 万円で購入した。代金のうち 1,000 万円については土地の引渡しと引換えに支払ったが、2,000 万円については 1 ヶ月後に所有権移転登記に必要な書類の交付と引換えに支払うことが約定されていた。B は、甲を C から購入し代金も支払済みであったが、C が移転登記手続に協力しなかった。このため、B は A に登記に必要な書類を交付できなかった。A は、移転登記を完了するために、誰を相手にどのような訴訟を提起したらよいか。

【Before】

Case では、所有権移転時期について特約がない限り、甲土地の所有権は、C → B → A と移転していることになる。A が C に対して所有権に基づいて移転登記を求めることは中間省略登記となり、原則として認められない（最判平 22·12·16 民集 64-8-2050）。A は売買契約に基づいて B に対して移転登記請求権があるが、甲土地の登記名義は C であることから、A が B に対する移転登記訴訟の勝訴判決等を債務名義としても、強制執行によって A 名義の登記は実現しない（民執規 23 条）。

そこで、A は、①B に対して AB 間の売買契約に基づいて移転登記訴訟を提起するとともに、B に対する移転登記請求権を被保全債権として、②C に対して、BC 間の売買契約に基づく B の C に対する移転登記請求権（債権的登記請求権）、ないしは、B の C に対する所有権に基づく妨害排除請求権としての移転登記請求権（所有権が B から A に既に移転しているため物権変動的登記請求権）を代位行使して、B への移転登記を求める代位訴訟を提起することになる。

不動産登記法では代位による登記を認めており、②についての勝訴判決によって、A は単独申請で C から B に対する移転登記をなし得る（不登 59 条 7 号・63 条 1 項）。もっとも、②のみでは、甲土地の登記名義を B 名義に移転することが認められるだけである。B の債権者が甲土地を差し押さえると、A は、177 条によって、差押債権者に対して当該不動産の所有者であることを対抗できなくなる。そこで、①②の訴訟を併合して提起し、両訴訟の勝訴判決によって B から A への移転登記をする必要がある。

通常、債権者代位訴訟を提起するためには、債務者が無資力であることが要件となる。債務者の財産関係に介入する根拠を債務者の責任財産が不十分なために債権者が満足を得られなくなる点に求めており、無資力要件は債務者の財産管理権行使の自由との調整のための要件と解される。しかし、**Case** では、Ｂは A に登記移転義務を負っており、ＡのＢに対する移転登記請求権を実現するためには、ＢがＣに対して移転登記請求権を行使することが不可欠である。**Case** の場合、ＢにはＣに対する債権行使の自由があるとはいえないことから、Ａの代位権行使のために、Ｂの無資力要件は不要であると解されてきた（判例・通説）。

【After】

債権者代位権の要件をめぐっては、自己の債権を保全する必要性を基礎づける事実として債務者が無資力である点を要件として明文化するべきかどうかが検討されてきたが、新法でもこの点の明文化はされなかった。明文化によって債務者の無資力の立証を厳格に求められるおそれがあること、また、新法では、登記等請求権を保全するための債権者代位権について、特則規定（新423条の7）が置かれることになったが、転用型について一般規定が置かれなかったことから、上記特別規定が適用される以外の転用型については新423条1項が根拠条文となることを理由とする。

新423条の7は、登記・登録をしなければ権利の得喪変更を第三者に対して対抗できない財産を譲り受けた者Ａが、その譲渡人Ｂが第三者Ｃに対して有する登記・登録請求権を代位行使する場合について、譲渡人が無資力でなくても債権者代位権の行使ができるとする特則規定を置いている。改正前の判例理論を条文化したものといえる。新423条の7に基づいて債権者代位権が認められる場合の効果については、新423条の4〜新423条の6のみが準用され、新423条の2と新423条の3は準用されていない。

新423条の7については適用範囲が問題となる。被相続人の死亡によって相続人の共有になっている不動産が被相続人の名義になっている場合に、相続人の債権者が、当該不動産に対して強制執行や担保執行の準備として、相続人に代位して共同相続登記をする際に、登記申請権の代位行使について同条の適用があるのだろうか。同条は、①債権者と債務者の間に物権変動があり、②物権変動の原因が当該財産の譲渡である場合に限定されている。①②の点からは、同条の直接適用は難しい。不動産登記法59条7号の代位による登記申請の際に、債務者について無資力を証する書面の提出を要しないことからすると、登記等請求権の保全を目的とする債権者代位権の行使のうち、新423条の7に該当しない場合には、改正後も新423条1項に基づいて代位権の行使を認めることになるが、その場合には無資力要件は不要と解すべきである。　　　　　　　［千葉惠美子］

84
詐害行為取消権における被保全債権

Case

　債権者Aは債務者Bに対し500万円を貸し付けるとともに、保証人Cとの間で、BのAに対する貸金債務を主たる債務とする保証契約を締結した。その後、当該貸金債務の弁済期が到来したが、Bはその返済を怠った。そして、Bは弁済する資力がない状態であったにもかかわらず、唯一の財産である時価500万円の不動産を、子であるDに贈与した。当時、DはBが弁済する資力がない状態であることを知っていた。その後、AはCに対して、保証債務の履行を求め、Cはこれに応じて500万円の保証債務を履行した。

　以下の場合、Cは、取得したBに対する求償権を被保全債権として、BD間の贈与契約を取り消すことができるか。

　(1)　保証契約が委託に基づかないものであったとき。
　(2)　保証契約が委託に基づくものであったとき。

【Before】

　BD間の贈与は、Bの責任財産を減少させ、債権者を害する法律行為（財産権を目的とする行為）であり、Bおよび受益者であるDの悪意も認められる（旧424条1項）。

　これ以外に旧424条では、詐害行為取消権の要件を定めていないものの、解釈により、①被保全債権が執行力のある債権であること（最判平9・2・25判時1607-51）および②被保全債権が詐害行為よりも前に発生したこと（大判大6・1・22民録23-8、最判昭33・2・21民集12-2-341）が、その要件として必要とされていた。

　そこで、Cの求償権は執行力ある債権であるが、詐害行為よりも「前に発生した」かが問題となった。なお、弁済による代位によって、「前に発生した」原債権（AのBに対する貸金債権）を被保全債権として詐害行為取消権を行使することは、可能である。

　(1)では、Cの有する求償権は、保証債務の弁済により発生する事後求償（旧462条1項）であるところ、詐害行為であるBD間の贈与契約は、保証債務の弁済前に行われているため、被保全債権たる事後求償権は未だ発生していない。したがって、詐害行為時点で、被保全債権は未だ発生していないのであるから、BD間の贈与契約を取り消すことはできないかに思われる。

もっとも、判例は、被保全債権に係る遅延損害金について、詐害行為の後に発生したものであっても被保全債権に含まれる旨を判示する（最判昭 35・4・26 民集 14-6-1046、最判平 8・2・8 判時 1563-112）。

　また、被保全債権が厳密には詐害行為よりも前に発生していないとも考え得る事案でも、「発生した」といえるかは解釈の余地があるのであり、被保全債権の発生の基礎となる事実関係の存続がかなりの蓋然性をもって予測される場合には、既に発生した債権として被保全債権となり得る余地があった（最判昭 46・9・21 民集 25-6-823 参照）。

　(2)では、ＣはＢに対し、保証債務の弁済により発生する事後求償権（旧 459 条 1 項）のほか、事前求償権を有する（460 条 2 号）。

　事前求償権の発生時期は、主たる債務が弁済期にあるときであり（460 条 2 号）、その弁済期が到来しているのは詐害行為であるＢＤ間の贈与契約が行われる前であるから、Ｃの有する事前求償権を被保全債権として、贈与を取り消すことができた。

　他方、保証債務の弁済により発生する事後求償権（旧 459 条 1 項）を被保全債権とする場合は、(1)と同様に、詐害行為よりも前に発生したか否かは、解釈によっていた。

【After】

　新法では、詐害行為取消権の要件として、①被保全債権が執行力ある債権であること（新 424 条 4 項）および②被保全債権が詐害行為の前の原因に基づいて生じたものであること（同条 3 項）を定める。

　被保全債権が詐害行為の「前の原因に基づいて生じた」場合には、その原因時点において、債権者には債務者の責任財産からの回収についての合理的な期待が認められるが、詐害行為の「後の原因に基づいて生じた」場合には、詐害行為後の減少した責任財産からの回収しか期待できないことから、新たに規定されたものである。これによって、被保全債権は詐害行為の前に発生することまでは要件とされず、詐害行為の「前の原因に基づいて生じた」ものであることで足りることとなった。

　(1)では、Ｃの有する求償権は、保証債務の弁済により発生する事後求償権（新 462 条 1 項・新 459 条の 2 第 1 項）であるものの、その発生原因は、Ａとの間の保証契約の締結にあることから、詐害行為の前の原因に基づいて生じたものである。

　(2)では、Ｃの有する事後求償権（新 459 条 1 項）および事前求償権（460 条 2 号）は、いずれも、その発生原因はＡとの間の保証契約の締結にあることから、詐害行為の前の原因に基づいて生じたものである。

　したがって、(1)および(2)のいずれについても、求償権の発生原因は、詐害行為前のＡＣ間の保証契約を原因として発生したものであるから、Ｃの有する求償権を被保全債権として、贈与を取り消すことができる。　　　　　　　　　　　　　　　［稲田正毅］

85
相当価格処分行為の詐害性

Case

　Aは、自己の所有する無担保の甲土地を当時の評価額 1,000 万円で B に売却し、B への所有権移転登記手続を行い、B から売買代金として 1,000 万円を受領した。A に属するめぼしい一般財産は甲のみであり、A の一般負債総額は 1 億円であった。以下の場合において、A の B に対する甲の売却は詐害行為取消権の対象となる詐害行為になるか。

　(1)　A が甲を売却したのは、売却代金を A およびその家族の生活費に充てるためであった。

　(2)　A が甲を売却したのは、売却代金により一般債権者 C に対する債務を弁済するためであった。

【Before】

　Case では、債務者 A が、甲を相当価格で売却した行為が旧 424 条に基づく詐害行為取消権の対象となる詐害行為になるか否かが問われている。詐害行為になるなら、判例の立場からは、A の債権者は、詐害行為取消権を行使して AB 間の売買契約を取り消し、甲の返還および登記名義の回復を求めることができる。

　判例は、不動産を消費または隠匿しやすい金銭に替えることは、原則として詐害行為となるが（大判明 44・10・3 民録 17-538）、「有用の資」に充てるためであるなど、債務者の売却の目的・動機が正当なものであれば詐害行為にはならないとする（大判大 6・6・7 民録 23-932）。

　(1)は生活費を捻出するための売却であり、有用の資に充てるためであるといえるので、判例の立場に立てば、A の B に対する甲の売却は詐害行為にはならない。

　(2)は債務の弁済資金とするための売却である。判例は、これも有用の資に充てるための正当な目的であるが（大判大 13・4・25 民集 3-157）、特定の債権者と通謀して同人に優先弁済を受けさせるために処分する場合には詐害行為になるとする（最判昭 39・11・17 民集 18-9-1851）。したがって、(2)では、A の B に対する甲の売却が詐害行為になるか否かは、A と C の通謀の有無による。

【After】

　新法は、破産法 161 条と同じく、相当の対価を得てした財産の処分行為は原則として詐害行為にならないとし、例外として、①当該行為が不動産の金銭への換価その他の当該処分による財産の種類の変更により、債務者において隠匿、無償の供与その他の債権者を害することとなる処分（以下「隠匿等の処分」という）をするおそれを現に生じさせるものであること、②債務者が、当該行為の当時、対価として取得した金銭その他の財産について、隠匿等の処分をする意思（以下「隠匿等処分意思」という）を有していたこと、③受益者が、当該行為の当時、債務者が隠匿等処分意思を有していたことを知っていたこと、のいずれの要件をも充足する場合に限って、詐害行為になるものとした（新 424 条の 2）。なお、一般規定である新 424 条 1 項により、債務者の行為時に無資力であったことも要求される。

　(1)では、① A の甲の売却は担保価値の高い不動産を金銭に換価するものとして隠匿等の処分をするおそれを現に生じさせるものの代表例である。しかしながら、②「隠匿等処分意思」とは、破産法の議論を参照すれば、当該行為が責任財産を減少させる効果をもつことの認識に加え、一般債権者の権利実現を妨げる意図のあることを意味する。A は生活費の捻出目的で甲を売却したのであって一般債権者の権利実現を妨げる意図を有しているわけではないから、隠匿等処分意思に欠ける。したがって、A の B に対する甲の売却は詐害行為とはならない。

　(2)では、(1)と同様に① A の甲の売却は隠匿等の処分をするおそれを現に生じさせるものである。② A の C に対する債務を弁済する意思が隠匿等処分意思といえるかについては、破産法上の議論が参考になる。破産法 161 条では、特定債権者に対する弁済は、法的にも、また経済的にも合理的なものであり、それを行う意思を隠匿等処分意思と同視することは適当でなく、弁済そのものは、偏頗行為否認（同 162 条）の対象となり得ることから、特定債権者に対する弁済の意思は隠匿等処分意思にならないとする見解が通説である。これによれば、(2)では、A の隠匿等処分意思は否定される。ただし、破産法上、弁済先である C が A の内部者である場合には弁済が隠匿と同視され、また、A の C に対する債務が弁済期の到来していないものであった場合などに隠匿等処分意思が推認されるという見解がある。A に隠匿等処分意思が肯定される場合には、さらに、③ A が隠匿等処分意思を有していたことを B が甲の買受時に知っており、A が甲の売却時に無資力であれば、A の B に対する甲の売却行為は詐害行為となる。　　［福井俊一］

86
同時交換行為の詐害性

Case

　Aは、事業の経営が上手く行かず、資金繰りが苦しくなったため、事業資金とするためBから 1,000 万円の融資を受けた。その際、Aは、Bからの融資の担保として、自己の所有する無担保の甲土地（評価額 1,000 万円）にBのために抵当権を設定した。Aに属するめぼしい一般財産は甲のみであった一方で、Aの一般負債総額は 1 億円であった。Aに対して 2,000 万円の貸金債権を有するCは、AのBのための甲に対する抵当権設定が詐害行為であるとして、Bに対して詐害行為取消権を行使することができるか。

【Before】

　Case は、債務超過に陥っている債務者が、新たな借入れを行う際に、自己の所有する土地に抵当権を設定した事案である。新たな借入れについての担保設定行為（以下「同時交換行為」という）の詐害行為性が問われている。これが詐害行為とされれば、判例の立場からは、債権者であるCは、受益者であるBに対し、詐害行為取消権を行使してAB間の抵当権設定契約を取り消し、抵当権設定登記の抹消を求めることができる。

　判例は、不動産を消費または隠匿しやすい金銭に替えることは、原則として詐害行為となるが（大判明 44・10・3 民録 17-538 → Case85）、同時交換行為は、新たな借入れの目的・動機および担保目的物の価格に照らし、相当な担保設定行為であることを受益者において主張立証できた場合には、詐害行為にはならないとする（最判昭 42・11・9 民集 21-9-2323）。

　Case では、Aの借入れの目的は、事業資金とすることであり、担保目的物である甲の評価額は新規借入額と同額である。そのため、判例の立場からは、Aの担保設定行為は、相当な担保設定行為として、詐害行為にはならない。したがって、Cは、Bに対して、AのBのための甲に対する抵当権設定を詐害行為であるとして取り消すことはできない。

【After】

新法では、同時交換行為は、新424条の2によって処理される。すなわち、①当該行為が不動産の金銭への換価その他の当該処分による財産の種類の変更により、債務者において隠匿、無償の供与その他の債権者を害することとなる処分（以下「隠匿等の処分」という）をするおそれを現に生じさせるものであること、②債務者が、当該行為の当時、対価として取得した金銭その他の財産について、隠匿等の処分をする意思（以下「隠匿等処分意思」という）を有していたこと、③受益者が、当該行為の当時、債務者が隠匿等処分意思を有していたことを知っていたこと、のいずれの要件をも充足する場合に限って、詐害行為になる（新424条の2）。これらの要件については旧法とは異なり債権者がすべて主張立証する必要がある。これによってすべての要件が充足されれば、債権者は、受益者または転得者に対し、詐害行為の取消しおよび逸出財産の返還を求めることができる（新424条の6）。なお、一般規定である新424条1項により、債務者の行為時に無資力であったことも要求される。

Case では、①Aが担保価値の高い不動産である甲に抵当権を設定する行為は、実質的に不動産を金銭に換価するものとして隠匿等の処分をするおそれを現に生じさせるものといえる。しかしながら、②「隠匿等処分意思」とは、破産法の議論を参照すれば、当該行為が責任財産を減少させる効果をもつことの認識に加え、一般債権者の権利実現を妨げる意図のあることを意味する。Aは事業資金の担保とする目的で甲に抵当権を設定したのであって、一般債権者の権利実現を妨げる意図はなく、隠匿等処分意思に欠けるため、新法のもとでも、AのBのための甲に対する抵当権設定は詐害行為とはならず、Cは、Bに対して、AのBのための甲に対する抵当権設定を詐害行為であるとして取り消すことはできない。

なお、新424条の3は、特定の債権者に対する担保の供与等の場合における詐害行為取消権の特則を定めているが、同条による詐害行為取消の対象となる行為は、「既存の債務」についての担保の供与または債務の消滅に関する行為である。**Case** のような同時交換行為は同条の詐害行為取消しの対象とならないことに注意が必要である。

［福井俊一］

87
弁済の詐害性

Case

　20社に対して合計1億円の一般負債を負うAは、資金繰りに窮し、20X1年3月末日に支払期限が到来したCに対する借入金債務6,000万円の約定元本を弁済することができなかった。Aは、同年4月15日、旧知の取引先であり、Aに対して同日を支払期限とする1,000万円の売掛金債権を有するBに、「早晩破産申立てをせざるを得ないため他の債権者には弁済できないが、Bには迷惑をかけたくないので特別に支払いたい」と伝えたところ、Bも、「他の債権者には弁済せずにBだけには何とか支払ってほしい」とAに伝えたため、Aは、保有していた預金の大部分である800万円を引き出してその全額をBに弁済した。Aにはその他にめぼしい一般財産はない。

　⑴　AのBに対する弁済は詐害行為といえるか。

　⑵　AがBに事情を伝えて800万円を弁済したのが20X1年3月20日であった場合はどうか。

【Before】

　Caseは、債務超過に陥っている債務者が、一部の債権者に対して弁済した事案であり、弁済の詐害行為性が問題になる。

　判例は、債権者が弁済期の到来した債務の本旨弁済を求めることは当然の権利行使であって、債務者も債務の本旨に従った履行をすべき義務を負うものであるから、債務者が債務超過でありながら一部の債権者に対して弁済することで責任財産を減少させたとしても、その弁済は原則として詐害行為とならず、債務者が一債権者と通謀し、他の債権者を害する意図（以下「通謀的害意」という）をもって弁済したような場合に限って、詐害行為になるという（最判昭33・9・26民集12-13-3022）。

　⑴は、AがBに対して履行期の到来後に債務の本旨弁済をした事案である。Aは、旧知の得意先であるBに早晩破産申立てをせざるを得ず他の債権者には弁済できないがBには特別に弁済したいと伝え、Bもその申し出を了解して積極的にAから弁済を受けている。したがって、AB間においては、AとBには上記判例にいう通謀的害意が認められ、AのBへの弁済は詐害行為となる。

(2)は、AがBに対して履行期の到来前に債務を弁済した事案である。期限前弁済は、債権者が債務者に当然の権利行使として求めることができるものではなく、債務者もそれに応じる義務はない。したがって、期限前弁済は、判例のいう通謀的害意が認定されやすく本旨弁済のケースよりも詐害行為となりやすい。いずれにせよ、**Case** のようなAとBとの意思連絡がある事情のもとでは、通謀的害意ありとされ、AのBに対する弁済は詐害行為とされる。

【After】

新法では、債務者が債務超過ないし無資力であっても、既存の債務の本旨弁済は原則として詐害行為とならず、①弁済が債務者が支払不能の時に行われたものであり（新424条の3第1項1号）、②債務者と受益者が通謀して他の債権者を害する意図をもって行われたものである場合に限って詐害行為となる（同条1項2号）。

(1)においては、AがBへの弁済時に支払不能であったかが、まず問われている。「支払不能」とは、債務者が、支払能力を欠くために、その債務のうち弁済期にあるものについて、一般的かつ継続的に弁済することができない状態をいう（新424条の3第1項1号かっこ書）。破産法2条11項のいう支払不能と同義である。「一般的」とは、債権者全体に対して履行ができない状態を意味し、「継続的」とは、突発的な出来事による資力の喪失ではないことを意味する。Aは、資金繰りに窮して20X1年3月末日のCからの借入金の約定元本を返済することができず、他の債権者にも弁済できる状況にはなかったから、20X1年3月末日には支払不能であったといえる。したがって、①Bへの弁時時に、Aは支払不能であったといえる。また、②AはBに、早晩破産申立てをせざるを得ず、他の債権者には弁済できないがBには特別に弁済したいと伝えたうえで、Bもその申し出を了承して積極的にAの預貯金の大部分である800万円から弁済を受けたものであって、新424条の3第1項2号にいう通謀があったといえる。したがって、(1)では、AのBへの弁済は詐害行為となる。

(2)では、Aは、支払不能になる前にBに期限前弁済をしているところ、支払不能前の行為は原則として詐害行為にはならない（新424条の3第1項1号）。もっとも①債務者の義務に属せず、またはその時期が債務者の義務に属しない弁済については、②弁済が債務者が支払不能になる前30日以内に行われたものであり、③債務者と受益者とが通謀して他の債権者を害する意図をもって行われたものである場合に詐害行為になる（同条2項）。①期限前弁済はその時期が債務者の義務に属しない債務消滅行為であり、②Aは支払不能になる3月末の10日前にBに弁済しており、③AB間には上記のとおり他の債権者を害する意図での通謀が認められる。したがって、(2)でも、AのBへの弁済は詐害行為となる。

［福井俊一］

88
担保供与の詐害性

Case

　20 社に対して借入金、買掛金等合計 1 億円の一般負債を負う A は、資金繰りに窮し、20X1 年 3 月 20 日、旧知の取引先であり、A に同日を支払期限とする 1,000 万円の売掛金債権を有する B に、「早晩破産申立てをせざるを得ないため他の債権者には弁済できないが、B には迷惑をかけたくないので特別に支払いたい」と伝えたところ、B も、「他の債権者には弁済せずに B だけには何とか担保を提供してほしい」と A に答えたため、A は、B のため、在庫商品一式に集合動産譲渡担保権を設定し、これを占有改定により引き渡した。同年 3 月末日、A は、支払期限が到来した C からの借入金債務 6,000 万円の約定元本を弁済することができず、支払不能に陥った。A の B のための在庫商品一式に対する集合動産譲渡担保権の設定は詐害行為といえるか。

【Before】

　Case は、債務超過に陥っている債務者が、一部の債権者に対して在庫商品一式に集合動産譲渡担保権を設定した事案である。

　判例は、一部の債権者に担保を供与することは、弁済とは異なり債務者の義務ではなく、その債権者に優先弁済を得させ、他の債権者の共同担保を減少させるから、原則として詐害行為となるとする（最判昭 32·11·1 民集 11-12-1832）。例外的に詐害行為とされなかった事案として、継続的供給を受けてきた仕入先に対する担保提供が、営業継続のためやむを得ないものであって、かつ、合理的な限度内のものであると判断されたものがある（最判昭 44·12·19 民集 23-12-2518）。

　Case では、A が早晩破産申立てをせざるを得ない状況であり他の債権者には弁済できないものの B だけには迷惑をかけたくないために唯一のめぼしい資産である在庫商品一式を担保に提供したいと B に伝え、B も他の債権者には支払えなくとも B だけには何とか支払ってほしいと答えたため、B のために在庫商品一式に集合動産譲渡担保権を設定したものである。したがって、A の B のための集合動産譲渡担保権の設定は、営業継続のためやむを得ないものではなく、判例の立場からは、詐害行為といえる。

【After】

　債務者が債務超過ないし無資力であっても、既存の債務についての担保の供与は、既存債務の債務消滅行為と同じく（→ Case87）、原則として詐害行為とはならない。ⓐ担保供与行為が債務者が支払不能の時に行われたものであり（新424条の3第1項1号）、ⓑ債務者と受益者が通謀して他の債権者を害する意図をもって行われたものである場合に限って詐害行為になる（同条1項2号）。

　Caseでは、Aは、20X1年3月末日のCからの借入金の約定元本を返済することができず、同日、支払不能に陥っている（支払不能の意義につき新424条の3第1項1号かっこ書→ Case87）。AのBに対する在庫商品一式への集合動産譲渡担保権の設定は、それに先立つ同年3月20日にされているから、ⓐ担保供与行為が債務者が支払不能の時に行われたとはいえず、新424条の3第1項の詐害行為にはならない。

　ただし、支払不能前に行われた担保供与行為であっても、①債務者の義務に属せず、またはその時期が債務者の義務に属しない担保供与については、②その行為が、債務者が支払不能になる前30日以内に行われたものであり、かつ、③その行為が債務者と受益者とが通謀して他の債権者を害する意図をもって行われたものである場合には詐害行為になる（新424条の3第2項）。

　Caseでは、①の要件に関し、AのBに対する在庫商品一式への担保設定行為がAの義務に属する行為といえるかが問題である。破産法162条2項2号の解釈論としては、担保供与行為が義務に属すると認められるためには、債務者と債権者との間にその旨の特約が存在する必要があり、単に債務が存在するというだけでは、担保供与義務は存在しないとされている。この立場によるならば、AのBに対する在庫商品一式への担保設定行為は、AとBとの間に、あらかじめ担保設定が予約されているなどその旨の特約が存在しない限り、Aの義務に属しない担保設定行為であるといえる。②当該担保設定行為はAが支払不能になる3月末の10日前に行われており、③Aは早晩破産申立てをせざるを得ない状況であり他の債権者には弁済できないもののBだけには迷惑をかけたくないために唯一のめぼしい資産である在庫商品一式を担保に提供したいとBに申し出たうえで、Bもその申し出を了承して積極的に在庫商品につき担保設定を受けており、AB間には、他の債権者を害する意図での通謀が認められる。

　したがって、AのBに対する在庫商品一式に対する集合動産譲渡担保設定は、新424条の3第2項の詐害行為となる。　　　　　　　　　　　　　　　　　［福井俊一］

89
過大な代物弁済の詐害性

Case

　20 社に対して借入金、買掛金等合計 1 億円の一般負債を負う A は、資金繰りに窮し、20X1 年 3 月 20 日、旧知の取引先であり A に同日を支払期限とする 600 万円の売掛金債権を有する B に対する支払ができなかった。同年 3 月 25 日、B は、A を訪問して売掛金全額の履行を求めた。A は、B に対し、現在は資金繰りが苦しく他の債権者にも弁済できる状況にないと説明のうえ、3 日後に売掛金を回収できる見込みであり、その回収によって支払いたいので 3 日間だけ支払を猶予してほしいと懇願した。しかし、B は、A からの支払猶予の申入れを拒絶し、強硬な態度で A に弁済を求めたため、A は、やむなく唯一のめぼしい資産である甲建物（評価額 800 万円）を B への代物弁済に供し、B に所有権移転登記を行った。同年 3 月末日、A は、支払期限が到来した C からの借入金債務 6,000 万円の約定元本を弁済することができず、支払不能に陥った。C は、A の B への甲の代物弁済を詐害行為として取り消すことができるか。

【Before】

　A は、債務超過の状態にありながら、一部の債権者 B から強硬に迫られたため、債権額以上の価値のある甲建物を B に代物弁済したものである。この代物弁済は、A が他の債権者に弁済できる状況にないとの認識で行われたものであり、B もこれを理解していたのであるから、債務者が債権者を害する法律行為（旧 424 条）であり、詐害行為となる。したがって、C は、A の B への甲の代物弁済を詐害行為として取り消し、A の B に対する甲の所有権移転登記の抹消を求めることができる。

【After】

　A の B に対する甲建物の代物弁済が詐害行為となるか否かに関し、新法では、特定の債権者に対する担保の供与等の特則を定めた新 424 条の 3 と、過大な代物弁済等の特則を定めた新 424 条の 4 という 2 つの条文の適用の可否が問題になる。

　まず、新 424 条の 3 についてみると、A が B に対して甲を代物弁済したのは、A が

支払不能になる日（3月末日）の6日前（3月25日）のことであるから、同条2項が問題になる。同項によると、①債務者の義務に属せず、またはその時期が債務者の義務に属しない債務消滅行為については、②その行為が、債務者が支払不能になる前30日以内に行われたものであり、かつ、③その行為が債務者と受益者とが通謀して他の債権者を害する意図をもって行われたものである場合に詐害行為になる。

　AのBに対する甲の代物弁済は、ⓐ新法のもとでは代物弁済は「諾成的な（しかも、債務者には義務づけられていない）代物弁済合意とその合意の履行」と捉えるべき（新482条）である点を直視する場合には、①甲を客体とする代物弁済の合意とその履行は債務者の義務に属しない債務消滅行為であり、②その行為は債務者が支払不能になる前30日以内に行われたものであるといえるが、③AはBから強硬に弁済を求められたためやむなく甲をBに代物弁済したものであってAとBとの間に他の債権者を害する意図をもった通謀は認められないため、新424条の3第2項の要件を充たさないということになる。他方、ⓑ破産法との平準化を貫徹することで、代物弁済は破産法162条1項2号と同様に「債務者の義務に属しない」行為に当たらないと解する場合（代物弁済は、破産法162条2項2号の「方法」が「破産者の義務に属しない」行為に当たる）には、AのBに対する甲の代物弁済はそもそも上記①の要件を充たさないため、新424条の3第2項の要件を充たさないということになる。ⓑが新法における多数説と目される。

　つぎに、新424条の4は、債務者がした債務の消滅に関する行為であって、受益者の受けた給付の価額がその行為によって消滅した債務の額より過大であるものについて、新424条の要件に該当するときは、債権者は、その債務の額に相当する部分以外の部分について、詐害行為取消請求をすることができるとしている。

　AのBに対する甲の代物弁済によりBが受けた給付の価額は、甲の評価額である800万円である。一方、代物弁済により消滅したAのBに対する債務は600万円であり、AのBに対する代物弁済は、債務の額に比して過大である。その代物弁済は、Aが、債務超過に陥った状況のもと、他の債権者に弁済できないことを知りながらしたものであり、BもそのことをAから聞いて認識していたから、新424条の要件に該当する。したがって、Cは、Bに対し、新424条の4に基づいて、AのBに対する甲の代物弁済を、600万円を超える200万円の範囲で取り消し、200万円の価額償還を求めることができる（新424条の6）。　　　　　　　　　　　　　　　　　　　　　　　　　［福井俊一］

90
転得者に対する詐害行為取消権の要件

Case

　債権者Ａは債務者Ｂに対し 1,000 万円の債権を有する。Ｂは弁済する資力がない状態であったにもかかわらず、あえて唯一の財産である時価 500 万円の宝石を、Ｃに贈与した。その後、ＣはＤに対して、当該宝石を 300 万円で譲渡した。

　以下の場合、Ａは、ＣまたはＤに対して、詐害行為取消権を行使することで、ＢによるＣへの贈与を取り消すことができるか。

　(1)　Ｂの無資力につき、Ｃが贈与時に知り、Ｄも譲渡時に知っていたとき。

　(2)　Ｂの無資力につき、Ｃが贈与時に知り、Ｄは譲渡時に知らなかったとき。

　(3)　Ｂの無資力につき、Ｃが贈与時に知らず、Ｄは譲渡時に知っていたとき。

【Before】

　ＢＣ間の贈与は、Ｂの責任財産を減少させ、債権者を害する法律行為（財産権を目的とする行為）であり、詐害行為に該当する。そして、債務者Ｂは当該行為が債権者を害することを知っていたことが認められる。

　もっとも、旧 424 条 1 項ただし書では、受益者とその後の転得者について、債権者を害する事実を知らなかった場合には詐害行為取消権を認めていなかった。

　そこで、受益者Ｃと転得者Ｄについての、債権者Ｂを害する事実の善意・悪意によって、詐害行為取消権の行使の可否が異なることとなっていた。なお、主観的要件の基準時は、それぞれの行為時、すなわち、詐害行為時または転得行為時であり、債権者を害する事実を知らなかったことの主張立証責任は受益者・転得者側にあるとされていた（最判昭 37・3・6 民集 16-3-436）。

　(1)では、受益者Ｃも転得者Ｄも、債権者を害する事実を知っていたのであるから、Ａは、ＣまたはＤに対し、いずれも詐害行為を取り消すことができる（旧 424 条 1 項）。

　(2)では、受益者Ｃは、債権者を害する事実を知っていたのであるから、Ｃに対しては詐害行為を取り消すことができる（旧 424 条 1 項）のに対し、転得者Ｄは、これを知らなかったのであるから、取り消すことはできない（同項ただし書）。

　(3)では、受益者Ｃは債権者を害する事実を知らなかったのであるから、Ｃに対して、

詐害行為を取り消すことはできない（旧424条1項ただし書）。これに対して、債権者を害する事実につき悪意の転得者Dに対して、詐害行為を取り消すことができるかについては争いがあった。この点、判例（最判昭49・12・12金法743-31）は、「受益者又は転得者の善意、悪意は、その者の認識したところによって決すべきであって、その前者の善意、悪意を承継するものではないと解すべきであり、また、受益者又は転得者から転得した者が悪意であるときは、たとえその前者が善意であっても同条〔旧424条〕に基づく債権者の追及を免れることができない」としていた。

【After】

新法では、受益者に対する詐害行為取消権（新424条）とその後の転得者に対する詐害行為取消権（新424条の5）を分けて規定する。

受益者が詐害行為の時において、債権者を害する事実を知らなかった場合に、受益者に対する詐害行為取消権が認められないことは、旧法の場合と変わりはない（新424条1項ただし書）。

他方、新424条の5においては、転得者に対する詐害行為取消権の要件について、①受益者に対して詐害行為取消請求をすることができる場合であり、かつ、②転得者が転得行為時に債権者を害する事実を知っている場合に限り、詐害行為取消請求ができるとし（同条1号）、また、その後の転得者に対する詐害行為取消権の要件については、上記①の場合であり、かつ、②′当該転得者およびその前に転得したすべての転得者がそれぞれの転得行為時に債権者を害する事実を知っている場合に限り、詐害行為取消請求ができるとする（同条2号）。

そして、転得者およびその後の転得者についても、債権者を害する事実を知っていることの主張立証責任は、債権者側にあるとする（新424条の5）。

このように、上記の旧法における主張立証責任ならびに受益者と転得者の善意および悪意の関係についての判例法理を、明文にていずれも変更した。

(1)では、受益者Cも転得者Dも、債権者を害する事実を知っていたのであるから、Aは、CまたはDに対し、いずれも詐害行為を取り消すことができる（新424条1項・新424条の5第1号）。

(2)では、受益者Cは、債権者を害する事実を知っていたのであるから、Cに対しては詐害行為を取り消すことができる（新424条1項）のに対し、転得者Dは、これを知らなかったのであるから、取り消すことはできない（新424条の5第1号）。

(3)では、受益者Cは債権者を害する事実を知らなかったのであるから、Cに対して、詐害行為を取り消すことはできず（新424条1項ただし書）、また、受益者につき詐害行為取消請求できない以上、Dに対してもこれを取り消すことはできない（新424条1項ただし書・新424条の5柱書）。

[稲田正毅]

91
詐害行為取消権の請求の内容

Case

債権者Aは債務者Bに対し1,000万円の債権を有する。Bは弁済する資力がない状態であったにもかかわらず、あえて唯一の財産である時価500万円の宝石を、Bが無資力である事情をよく知るCに贈与した。

(1)　AはCに対して、詐害行為取消権の行使として、どのような請求を行うことができるか。

(2)　Cが事情をよく知る転得者Dに対して当該宝石を贈与してしまっていた場合はどうか。

(3)　BC間では書面による贈与契約が締結されたのみで、宝石の引渡しが未了であった場合はどうか。

【Before】

ＢＣ間の贈与は、Ｂの責任財産を減少させ、債権者を害する法律行為（財産権を目的とする行為）であり、詐害行為に該当する。

では、具体的に、Ａはどのような内容の請求をすることができるか。

旧424条1項は、詐害行為取消訴訟における取消債権者の請求の内容について、「法律行為の取消しを裁判所に請求することができる」とのみ定め、請求の内容について他の明文はなかった。そのため、詐害行為の取消しの請求に加えて逸出財産の返還を請求することができるかについて、問題となった。

詐害行為取消権の法的性質に関する考え方の違いによって、詐害行為取消権は詐害行為の取消しのみを請求できるとの立場や、逸出した財産の返還のみを請求できるとの立場などがあったが、判例（大連判明44·3·24民録17-117）は、詐害行為取消訴訟の性格について、詐害行為の取消しを求める形成訴訟としての性格と、逸出財産の返還を求める給付訴訟としての性格とを併有すると捉える立場（折衷説）であった。

また、判例（大判昭7·9·15民集11-1841等）は、逸出財産の返還方法として、現物返還と価額償還のいずれの請求ができるかの規律について、原則として現物返還を命じ、現物返還が不可能または困難であるときは例外的に価額償還を認める立場であった。

したがって、(1)では、ＡはＣに対して、ＢＣ間の贈与行為の取消しと、宝石の現物

返還を求めることができる。

そして、(2)では、AはCに対して、BC間の贈与行為の取消しを求めることができるが、宝石は既に転得者Dに対して贈与されてしまっていることから、その現物返還を求めることができず、その価額の償還を請求することができる。また、AはDに対して、BC間の贈与行為の取消しと、宝石の現物返還を求めることができる。

(3)では、AはCに対して、BC間の贈与行為の取消しを求めることができる。しかしながら、その取消しの効果は、相対的であり債務者には及ばないとするのが判例（上記明治44年判決等）であった。そのため、債務者Bと受益者Cとの間では、贈与契約は有効なものであるから、CはBに対して、BC間の贈与契約に基づく履行請求を行うことはでき、他方、Bはこれに応じる義務がある。この結論の不合理性に対しては、理論面での批判が強かった。

【After】

新法では、詐害行為取消権の請求内容について、明文化を行った。詐害行為取消訴訟の性格について、詐害行為の取消しを求める形成訴訟としての性格と、逸出財産の返還を求める給付訴訟としての性格とを併有すると捉えるものであり（折衷説）、判例法理を明文化するものである。

すなわち、新424条の6において、受益者および転得者に対する詐害行為取消請求として、いずれも①詐害行為の取消しと、②逸出財産の取戻しができること、また、逸出財産の取戻しに際しては、現物返還を原則とし、これが困難なときには価額償還請求ができることを明文化した。

(1)では、AはCに対して、BC間の贈与行為の取消しと、宝石の現物返還を求めることができる（新424条の6第1項前段）。

(2)では、AはCに対して、BC間の贈与行為の取消しを求めることができるが（新424条の6第1項前段）、宝石は既に転得者Dに対して贈与されてしまっていることから、その現物返還を求めることができず、その価額の償還を請求することができる（同項後段）。

他方、AはDに対して、BC間の贈与行為の取消しと、宝石の現物返還を求めることができる（新424条の6第2項前段）。

(3)では、AはCに対して、BC間の贈与行為の取消しを求めることができる（新424条の6第1項前段）。この場合、Aの勝訴判決による取消しの効果は、債務者Bにも及ぶことから（新425条）、Bとの関係でもBC間の贈与契約の取消しの効果は及び、CはBに対して、BC間の贈与契約に基づく履行請求を行うことはできない。　　　　［稲田正毅］

92
詐害行為取消権の行使の方法

Case

　債権者Ａは債務者Ｂに対し1,000万円の債権を有する。Ｂは弁済する資力がない状態であったにもかかわらず、あえて唯一の財産である時価500万円の宝石を、Ｂが無資力である事情をよく知るＣに贈与した。

　ＡはＣに対して、どのような方法によって、詐害行為取消権を行使できるか。

　その後、事情をよく知る転得者Ｄに対して当該宝石を贈与した場合はどうか。

【Before】

　ＢＣ間の贈与は、Ｂの責任財産を減少させ、債権者を害する法律行為（財産権を目的とする行為）であり、詐害行為に該当する。そして、債務者Ｂ、受益者Ｃおよび転得者Ｄについて、いずれも当該行為が債権者を害することを知っていたことが認められる。

　したがって、Ａは、受益者Ｃおよび転得者Ｄに対し、ＢＣ間の贈与行為を詐害行為として取り消すことができる（旧424条1項）。

　では、その取消権をどのような方法により行使すべきか。

　詐害行為取消権の行使方法について、旧424条1項本文では、「裁判所に請求することができる」と規定していたことから、必ず裁判上の行使によらなければならなかった。反訴で行使することはできる（最判昭40·3·26民集19-2-508）が、抗弁の方法によることは許されない（最判昭39·6·12民集18-5-764）とするのが判例であった。

　他方、裁判上の請求において被告を誰とすべきかについては、明文の規定がなく、詐害行為取消権の法的性質に関する考え方の違いなどによって違いが生じていた。判例（大連判明44·3·24民録17-117）は、債権者取消権の効果が相対的であることを明示し、訴訟の被告は受益者または転得者であって、債務者は被告適格を有しないとした。

　したがって、Ａは受益者であるＣまたは転得者であるＤを被告として、詐害行為取消権を裁判上の請求によって行うことができる。

【After】

　新法でも、旧法と同様に詐害行為取消権の行使方法について、「裁判所に請求することができる」と規定しており（新424条1項本文）、必ず裁判上の行使によらなければならない。

　他方、被告を誰とすべきかについて、新424条の7第1項にて、明文で、被告が受益者または転得者であることを定めた（その反対解釈として債務者は被告とはならない）。

　もっとも、新法では詐害行為取消権の効果につき、詐害行為取消請求を認容する確定判決は「債務者及びその全ての債権者に対してもその効力を有する」（新425条）としたことから、債務者に対する手続保障の観点から、債務者に対する訴訟告知を、債権者に対して義務づけた（新424条の7第2項）。

　民事訴訟法の一般的規律（民訴115条1項1号）のとおり、判決の効力が及ぶ債務者には被告適格を認めるのが債務者の手続保障に最も資すると考えられるが、無資力の債務者が詐害行為取消訴訟の帰趨に関心を有しない場合もあり、和解等の柔軟な解決が阻害されることが懸念されることから、債務者の被告適格は否定し、債務者に対する訴訟告知を義務づけることによって、解決の柔軟性と債務者の手続保障とのバランスを図ったものである。

　したがって、Aは受益者であるCまたは転得者であるDを被告として、詐害行為取消権を裁判上の請求によって行うことができる（新424条の7第1項）。この場合、Aは訴訟提起したことを債務者Bに訴訟告知しなければならない（同条2項）。

　なお、債権者Aが債務者Bに対する訴訟告知をしない場合の効果については明文規定はないが、判決効を及ぼされる債務者の手続保障の観点から、訴訟要件を欠くものとして、訴えを却下すべきものと解される。　　　　　　　　　　　　［稲田正毅］

93
詐害行為取消訴訟の競合

Case

　債権者A₁およびA₂は、いずれも債務者Bに対し1,000万円の債権を有していたところ、無資力であるBは、その所有する甲土地を、Cに対し贈与し、所有権移転登記も経由した。そこで、A₁がCに対し、詐害行為取消しと当該登記の抹消登記手続請求訴訟を提起した。

　(1)　当該取消訴訟係属中に、A₂がCに対し、同じ贈与につき、詐害行為取消しと当該登記の抹消登記手続請求訴訟を提起した。かかる訴えは適法か。

　(2)　A₂が提起した訴訟の係属中、A₁が提起した詐害行為取消訴訟が、A₁勝訴により確定した。かかる事情は、A₂が提起している詐害行為取消訴訟に影響を与えるか。

【Before】

　このCaseは、詐害行為取消訴訟が競合したケースである。

　(1)　折衷説を採るといわれる判例法理のもとでは、複数の債権者が同一の詐害行為に対する詐害行為取消訴訟を提起した場合であっても、詐害行為取消しの効果は、取消債権者と受益者または転得者の間で相対的に生じ、債務者には及ばないことから、各詐害行為取消訴訟の判決が合一に確定する必要はないとされていた。

　したがって、1人の債権者が受益者、転得者に対し詐害行為取消訴訟を提起したとしても、別の債権者は、同じ受益者、転得者に対し詐害行為取消訴訟を提起することができることから、A₂が提起した詐害行為取消訴訟も適法である。

　(2)　詐害行為取消訴訟の効果は債務者には及ばないことから、同一の詐害行為について複数の詐害行為取消訴訟が提起されても、各々の訴訟物は異なる。したがって、A₁による勝訴判決の効果は、A₂が提起した取消訴訟には及ばず、影響を与えない。

【After】

　(1)　新425条において、詐害行為取消請求を認容する確定判決の効力が全ての債権者に対してのみならず債務者にも及ぶこととなった。

　しかしながら、債権者代位訴訟の場合、被代位権利が訴訟物となり判決の既判力が債

務者に及ぶことから、その反射的効果として、当該判決の既判力が他の代位債権者にまで及ぶのに対し、詐害行為取消訴訟の場合、債務者の権利を訴訟物とする訴訟ではないことから、取消債権者の提起した詐害行為取消訴訟における判決の既判力が債務者に及ぶからといって、反射的に当該判決の既判力が他の取消債権者に及ぶということはない。つまり、複数の債権者が提起した詐害行為取消訴訟の判決につき、その既判力が抵触することはない（新425条における「全ての債権者」への判決効の拡張の規定の趣旨は、旧425条と同様、全ての債権者が債務者に回復された財産への強制執行をなし得ることを示すものとされている）。

したがって、詐害行為取消認容確定判決の効力が債務者に及ぶよう改正されたからといって、複数の取消債権者が同一の詐害行為に対する詐害行為取消訴訟を提起した場合に各取消訴訟における合一性は要求されないと解される。

また、債権者代位訴訟が債務者の被代位権利を訴訟物とする訴訟であるのに対し、取消訴訟の訴訟物は訴訟ごとに異なることから、重複起訴の禁止にも抵触しない（部会資料35・58〜59頁）。

よって、詐害行為取消訴訟の効力が債務者に及ぶとされても、旧法下と同様、A_2が提起した詐害行為取消訴訟は、A_1が提起した詐害行為取消訴訟の影響を受けず独自に審理されるため、適法となる。

(2) 詐害行為取消訴訟が債権者勝訴により確定した場合、その認容判決の形成力および既判力は、債務者およびすべての債権者に対しても及ぶとされた（新425条）。

形成力が債務者およびすべての債権者に対して及ぶので、例えば、他の債権者が、詐害行為が取り消されたことを前提に、債務者のもとに回復された不動産について強制執行をかけることなどが許されることになる。

Case においても、取り消すべき贈与が A_1 が提起した取消訴訟によって既に取り消されており、この判決の効果が A_2 および B に及ぶことから、A_2 が提起している訴訟においても、取消しを求めている贈与は既に取り消されていることになる。したがって、A_2 が提起している訴訟のうち取消しを求める部分は訴えの利益がないこととなり、却下されることになろう。

もっとも、この点については、債権者ごとに詐害行為取消訴訟の訴訟物が別個のものであると捉えることを前提に、取消判決の形成力が抵触することはなく、A_1 勝訴の確定判決は A_2 が提起した取消訴訟には影響を与えず、理論的には、A_1 は勝訴したが A_2 は敗訴するということも起こり得るとの見解も考えられるところであり、今後の判例および学説の展開を待つ必要があろう。　　　　　　　　　　　　　　［髙尾慎一郎］

94
取消債権者の直接請求権

Case

　債務者Bが悪意の受益者Cに対しBの唯一の財産である1,000万円相当の甲土地を贈与し、Cに対し所有権移転登記を経るとともに、Cは善意の転得者Dにこれを売却し、Dに対し所有権移転登記を経た。

　Bに対し1,000万円の債権をもつAは、詐害行為取消権に基づきCに対しBC間の贈与の取消しを求めるとともに、金銭を直接回収したい。

　Bには他に債権者Eが存在するとして、Aはどのような方法を採るべきか。

【Before】

　この Case は、詐害行為取消権の効果に関連して、債権者の受益者に対する直接引渡請求権と債務者の請求権の関係について検討するものである。

　Dが善意であることから、Dとの関係ではBC間の贈与を詐害行為として取り消すことはできず、Aは、Cに対し、詐害行為取消訴訟によってBC間の贈与を取り消すとともに、Cに対し1,000万円の価額償還請求を求めることになる。

　詐害行為取消しの効果は、判例上、債務者には及ばないとされており（相対的取消し）、債務者と受益者との関係では、債務者・受益者間の法律関係は取り消されていないので、金銭・動産の返還請求や価額償還請求をする場合には、債権者は、受益者に対し、債務者への返還または償還を請求することはできず、代わりに、取消債権者への直接引渡請求が認められると解されていた。そして、取消債権者は、取消債権者が直接引渡請求に基づき引渡しを受けたものを債務者に返還する義務を負うが、引渡しを受けたものが金銭である場合には、被保全債権と相殺することで事実上の優先弁済を受けることができた。

　したがって、Aは、Cに対し、詐害行為取消訴訟を提起するとともに、1,000万円の価額償還を求めることになり、Cから1,000万円を受領し結果として優先弁済を受けることになる。他の債権者Eもこの結果を甘受することとなる。

【After】

　(1)　詐害行為取消請求の認容確定判決は、債務者に対してもその効力を有することか

ら（新425条）、当該詐害行為が取り消され、金銭・動産の返還や価額償還が問題となる場合には、取消債権者による直接支払・引渡請求が認められるとともに、債務者も受益者等に対する支払・引渡請求権を有することになるので、当該詐害行為が取り消されたとしても、受益者等がいずれか一方を履行した場合には他方は消滅することになる。

したがって、取消債権者が受益者等に対する直接支払等を命じる判決を得ても、受益者等が債務者に支払等をした場合には、取消債権者の受益者等に対する直接引渡請求権は消滅し、取消債権者は、事実上の優先弁済を受けることができないこととなる。

受益者等が債務者に金銭を支払い、債務者がこれを隠匿・費消することを防ぐ必要があることから、取消債権者は、自己への直接支払を請求する場合でも、取消訴訟係属中に、被保全債権（取消債権者の債務者に対する請求権）でもって、債務者の受益者等に対する請求権（取消判決確定を条件とする請求権）を仮に差し押さえる実務対応が必要となると考えられる。もっとも、受益者等が執行供託（民保50条5項、民執156条）をした場合、取消債権者の直接引渡請求権は消滅し、事実上の優先弁済を受けることはできなくなる。

(2) また、取消債権者が受益者等に対し直接支払を求めた場合でも、取消しによって、債務者の受益者に対する支払請求権が発生することから、債務者に対する他の債権者が当該支払請求権を差し押さえるなどの介入行為を行う可能性が生じる。

したがって、債権者としては、他の債権者に先行して回収を目指すためには、直接支払請求権を行使する場合であったとしても、別途、被保全債権について債務名義を取得しておき、取消判決確定の1週間前までに債務者の受益者等に対する支払請求権を差し押さえ、取消判決確定後ただちに受益者等から金銭を取り立てることが必要となる（民執155条。なお、債務者の受益者等に対する支払請求権は、条件付き債権として取消判決確定前に差し押さえることが可能である）。

(3) Aとしては、詐害行為取消訴訟を提起し、BC間の贈与の取消しおよびCに対して直接支払請求を求めるとともに、BのCに対する価額償還請求権の仮差押えをすることとなる。また、あらかじめまたは取消訴訟と並行して、被保全債権について債務名義を取得したうえで、取消訴訟が認容されたらただちにBのCに対する価額償還請求権を差し押さえることになる。

(4) このように、新法下においては、債務者と受益者等の間に原状回復の関係が生じることになり、事実上の優先弁済機能は、取消債権者にとって確実なものではないことに留意する必要がある。　　　　　　　　　　　　　　　　　　　［髙尾慎一郎］

95
詐害行為取消しの範囲

Case

　無資力のＡの次の各行為は詐害行為に該当し、Ａ、ＢおよびＣの主観的要件も充たすものとする。次の(1)～(5)の場合に、Ｃの請求は認められるか。

　(1)　ＡはＢに対して金銭 1,200 万円を贈与した。Ａに対して 800 万円の甲債権を有するＣは、Ｂに対し、贈与の取消しと贈与金 1,200 万円の自己への引渡しを求めて詐害行為取消訴訟を提起した。

　(2)　ＡはＢに対して乙土地（時価 1,000 万円）および丙土地（時価 200 万円）を贈与する旨の契約を締結して履行した。Ａに対して 800 万円の甲債権を有するＣは、Ｂに対し、当該贈与契約の取消しと、乙丙両土地のＢへの移転登記の抹消登記手続を求めて詐害行為取消訴訟を提起した。

　(3)　Ａは、自身に対して 700 万円の丁債権を有するＢに対し、丁を担保するため乙土地（時価 1,000 万円）と丙土地（時価 200 万円）に抵当権を設定した。Ａに対して 800 万円の甲債権を有するＣは、Ｂに対し、乙丙両土地の抵当権設定の取消しと、両土地の抵当権設定登記の抹消登記手続を求めて詐害行為取消訴訟を提起した。

　(4)　ＡはＢに対して借入金 1,200 万円を弁済した。Ａに対して 800 万円の甲債権を有するＣは、Ｂに対し、1,200 万円の弁済行為の取消しと同額の弁済金の自己への支払を求めて詐害行為取消訴訟を提起した。

　(5)　上記(1)(2)の場合において、Ａに対して 3,000 万円の戊債権を有するＤがＢＣ間の詐害行為取消訴訟の帰趨に関心をもってフォローしていた。

【Before】

　詐害行為取消権は取消債権者の救済を図るためのものであるから、詐害行為の目的が不可分である場合を除き、被保全債権額の範囲内でのみ詐害行為を取り消すことができるものとするのが大審院時代以来の判例である（一部取消しの法理）。

　したがって(1)のＣは、800 万円の限度でＡＢ間の贈与を取り消し、Ｂに対し 800 万円を請求できるに過ぎない。なお、Ｂから 800 万円を受領したＣは当該受領金の債務者への返還債務との相殺により、甲を事実上優先的に回収することができる。

(2)のＣも、乙の贈与のみを取り消すことができるに過ぎない。なお、Ｃは乙の登記名義をＡに回復させ、乙を競売することにより甲を回収する。

(3)については、一部取消しの法理を適用すると、乙の競売手続にＢが丁をもって参加することは明らかだからＣは甲の回収に不足を来たす。判例は同様の事案で「債権ヲ保全スルノ必要存スル場合ニ於テハ其債権ノ数額ヲ越ヘテ取消権ヲ行使スルモ毫モ妨クル所ニ非ス」（大判大5・12・6民録22-2370）とし、一部取消しの法理の適用対象外としている。よって、Ｃの請求は認められる。

(4)のＣは、800万円の限度でＡの弁済行為を取り消し、Ｂに対して当該弁済金の返還を請求でき、これをもって甲を事実上優先回収することが可能である。

(5)の(1)の場合は、Ｃは800万円のみの取消しにより甲を事実上優先的に回収できるから同額を超えて取消しをする必要性が認められず、上記(1)と同じ結論である。(5)の(2)の場合は、一部取消しの法理を適用すれば乙の競売手続にＤが戊をもって参加することでＣによる甲の回収に不足を来たすから、同法理の適用対象外であり、Ｃの請求が認められるものと解される。

【After】

新424条の8は一部取消しの法理を明文化したが、取消しの効力が債務者に及ぶ（新425条）影響により、【Before】とは結論が一部異なり、適用関係は複雑である。

(1)(2)(3)については、【Before】と同様となる。

(4)は、一部取消しの法理を適用すると、取消しによって生じたＡのＢに対する弁済金800万円の返還請求権を、Ｂが、取消しにより復活すべき債権（新425条の3）を被保全債権として自ら仮差押えを行い（権利供託によりＣのＢに対する弁済金の直接支払請求権は消滅する）、債権執行に移行することが予想され、Ｃとしては当該執行手続に加入するほかないからＣは甲の回収に不足を来たす（→ Case98【After】）。すなわち、偏頗行為が取り消された場合は新424条の8は一律に適用対象外であると解される。

(5)の(1)の場合は、取消しによって生じたＡのＢに対する贈与金返還請求権を、Ｄが戊をもって差し押さえることでＣによる甲の回収に不足を来たすから、新424条の8は適用外であると解される。(5)の(2)の場合は、【Before】と同様である。

なお、私見は、詐害行為取消しは債務者に効力が及ぶとの前提のもとでは原則として全債権者の利益となる実質を有するものであり、取消債権者の救済制度であることを前提とする新424条の8の適用場面は、取消債権者が自己への直接引渡しを請求するのに併せて取消しをする場合に限定すべきものと解する。これによれば、(1)(4)と(5)の(1)の場合に同条が適用される。同条の適用回避のためには、詐害行為取消しのみを請求し、または取消しとともに債務者への支払等を請求すればよい（このときＣは、取消しによって生ずるＡのＢに対する債権を対象とする保全・執行により甲を回収する）。［赫　高規］

96
廉価売却行為の取消しと受益者の反対給付

Case

　無資力のＡが自己の所有する甲不動産（評価額 500 万円）を悪意のＢに 100 万円で売却したところ、Ａに対して 600 万円の債権を有するＣがこの売買契約の詐害行為取消し、および、Ｂに対する甲の所有権移転登記の抹消を求めて訴えを提起した。Ｃによる取消請求等が認められるとして、ＢはＡに対して、いかなる請求をすることができるか。Ｂが当該請求権の履行を確保するためにどのような方策があるかも検討せよ。

【Before】

　(1)　判例・多数説（折衷説）によれば、詐害行為取消しは、取消債権者Ｃと受益者Ｂとの関係においてのみ生じ、詐害行為取消しの効力は、債務者Ａには及ばないとされている（相対的取消し。大連判明 44・3・24 民録 17-117）。したがって取消し後も、ＡＢ間では当該行為は有効と扱われる。

　そのため、Ｃの取消請求を認める判決が確定した場合であっても、Ｂは当然にはＡに対して反対給付の返還請求をすることはできない。

　(2)　しかし、このままでは、とりわけＡＢ間の行為が有償行為であった場合には、Ｂが不利益を被ることになる。これについて、①有償行為の場合にはＢから受けた反対給付の価額がＡの不当利得になるとしてその返還請求を認める説、②ＡＢ間が有効である以上不当利得とはいえず、Ｂは売主の担保責任を問えるとする説などがあるが、③ＡＢ間では有効である以上、Ｂは、Ｂが返還した財産から、ＣおよびＡの他の債権者が弁済を受けたときに初めて、自らの財産によってＡの債務の消滅をもたらした第三者弁済をした者の地位に立ち、ＢはＡに対する不当利得返還請求権を行使できるに過ぎないとする説が有力である。この説によれば、ＡＢ間においてＢに帰属するはずの甲からＡの債務が弁済された点を不当利得と捉えるため、Ｂが取得する不当利得返還請求権の額は甲の価額である 500 万円となり、また、ＡＢ間の取引が仮に無償行為であっても不当利得は成立し得ることになる。

　(3)　Ｂは、甲の登記をＡに戻し、甲についての競売手続でＣやその他のＡに対する債権者が満足を得た後に、Ａに対し、不当利得金 500 万円を請求することができるに

過ぎず、同請求権に関して甲の競売手続に参加することができず、回収面でＣらに劣後するものであり、その満足を得るのは極めて困難である。

【After】

(1)　新法では、詐害行為取消しの効果が債務者にも及ぶことを前提に（新425条）、債務者がした財産処分行為が取り消されたときには、受益者は、当該財産を取得するためにした反対給付の返還を債務者に対して請求することができる旨定めている（新425条の2）。

したがって、Ｂは、Ａに対して100万円を請求することができる。

(2)　では、Ｂが、Ａに対する反対給付返還請求権の履行を確保するために、どのような方策が考えられるか。ＢのＡに対する反対給付返還請求権とＡのＢに対する所有権移転登記抹消登記手続請求権の関係をどのように考えるかにより異なる。

この点、①新法の規律全体に照らして、逸出財産の回復が反対給付の返還よりも先履行と考えるのが整合的であるとする説（先履行説）のほか、②倒産法上の否認権の場合の取扱いとの平仄の観点、および、債務者の財産処分行為の取消しという1つの原因より生じた相対立する債権であることから、受益者の財産返還義務と債務者の反対給付返還義務は同時履行の関係に立つとする説（同時履行説）、③新425条の2の文言上も先履行ではないが（新425条の3対照）、同時履行と考えると取消債権者の負担が過大となるとの理由から当然には同時履行関係にはないとする説（対立債務併存説）などに分かれている。

取消判決が確定し、甲がＡ名義に戻った後、Ｃは、甲について競売を申し立てるものと考えられるが、①～③のいずれの説による場合も、Ｂは、当該競売手続へ配当加入できるようにするため、取消訴訟の係属中に、取消判決の確定を条件として生ずる100万円の返還請求権（条件付債権）について債務名義を取得しておくことが考えられる。これにより、Ｂは、甲の競売手続で、Ｃや他に権利行使をしたＡに対する債権者の債権との按分弁済を受けることができる。

もっとも、②説による場合、Ｂは、Ａに対する甲の登記名義の返還につき反対給付100万円の返還との引換給付判決を求めることができ、これにより反対給付返還の履行を確保できる。判決の実現段階でＡが任意に当該100万円をＢへ返還することは期待できないから、甲の登記名義をＡに戻したいＣとしては、当該100万円の返還を立て替えて行わざるを得ないことになる。

②説の問題点として、この立替払の負担が重過ぎる点が指摘されるが、取消債権者が反対給付返還のために要した費用については各債権者の共同の利益のためにされた債務者の財産の保存に要する費用（307条1項）であるとして、競売時に優先的に回収するのを認めることで保護を図ることができるとの反論がされている。　　　　　［栗本知子］

97
高値購入行為の取消しと受益者の反対給付

Case

　CはAに対して600万円の債権を有している。下記(1)および(2)の場合において、Cの取消請求等が認められるとしてBはAに対していかなる請求をすることができるか。その履行を確保するためのBの方策についても検討せよ。

　(1)　Aは現金500万円以外にめぼしい資産がなかったが、時価100万円ほどの絵画（甲）を懇意にしている悪意のBから、500万円で購入し、自宅に飾った。CがBに対して、AB間の売買契約の詐害行為取消しと、代金500万円のCに対する直接返還を求めて訴えを提起した。

　(2)　上記(1)において、甲がAのもとで焼失していた場合はどうか。

【Before】

　判例・多数説（折衷説）によれば、詐害行為取消しの効力は、債務者Aには及ばず（相対的取消し）、取消判決が確定した場合であっても、受益者Bは、Aとの関係で売買契約は有効とされるから、当然にはAに対して反対給付の返還請求をすることはできない。

　この場合のBの不利益の回復方法として諸説あるが、有力なのは、BがCに500万円を支払い、Cが当該500万円のAへの返還債務との相殺によりAに対する債権の満足を受けた（事実上の優先弁済）ときに初めて、不当利得の返還を請求できるとする説である（他の説については→Case96）。Bが取得する不当利得返還請求権の額は、Aとの関係で売買は有効であるにもかかわらずBがCに返還しなければならなかった代金500万円である。

　Case(1)においては、Bは、当該不当利得返還請求権につき満足を得るために、取消訴訟係属中に絵画（甲）を仮差押えすることにより保全し、その後債務名義を得て差し押さえることが考えられる。もっとも、甲の強制執行手続に、Aに対する残債権100万円を有するCやその他のAに対する債権者が加入する場合にはBは按分した満足を受け得るに過ぎないし、また、Cやその他の債権者がBの不当利得返還請求権の発生に先立って甲の強制執行を実施し完了させる可能性もあり、この場合にはBが満足を

得るのは事実上困難となる。

Case (2) においては、A に資産は残っておらず、当該不当利得返還請求権の満足を受けることは事実上困難である。

【After】

(1) 新法では、詐害行為取消しの効果が債務者にも及ぶことを前提に（新 425 条）、債務者がした財産処分行為が取り消されたときには、受益者は、当該財産を取得するためにした反対給付の返還を債務者に対して請求することができること、および、反対給付の現物の返還が困難である場合には価額償還請求権を有することを定めている（新 425 条の 2）。

よって、C の取消しが認められたときは、Case (1) の場合、B は A に対して絵画（甲）の返還を請求することができる。Case (2) の場合、甲の現物返還が困難であることから、B は A に対して甲の価額 100 万円を請求することができる。

(2) B はそれらの権利をどのように保全し得るか。B の A に対する反対給付返還請求権と A（または C）の B に対する代金返還請求権の関係についての考え方（①先履行説、②同時履行説、③対立債務併存説）をふまえて検討する（各説の詳細については→ Case96）。

Case (1) では、①～③のいずれの説も、B は、A に対して、取消判決の確定（①は加えて B による代金 500 万円の返還）により生じる B の A に対する甲の返還請求権（条件付債権）を被保全債権として、甲の占有移転禁止の仮処分を取消訴訟係属中に申し立てておくとともに、取消訴訟係属中に、上記被保全債権について債務名義を取得しておくことが考えられる。その後に甲の引渡しの強制執行を行うことにより B は甲の現物返還を受けることができる。もっとも、②説では、B は引換給付判決を得ることができるから、C への 500 万円の支払は甲の返還との引換えにのみ行えば足りることになる。

Case (2) では、①説によれば、B は取消判決確定後に代金 500 万円を返還してからでなければ、A に対して甲の価額 100 万円の償還を請求し得ない。そこで、B は、当該甲の価額の償還請求権（条件付債権）を被保全債権として、取消判決の確定により生じる C の B に対する 500 万円の返還請求権（条件付債権）の仮差押えを申し立てるとともに、被保全債権について債務名義を取得することが考えられる。これにより、B は C や権利行使をした他の債権者との間で按分弁済を受けることができる。

これに対し②および③説では、B は、A に対する甲の価額 100 万円の償還請求権について A に対する代金返還債務と相殺して回収し、そのうえで残代金 400 万円を C に返還すれば足りることになる。なお、②説では、自働債権に同時履行の抗弁権が付着していることになるが、受働債権との同時履行関係であるため相殺の障害にならないものと解される。

[栗本知子]

98
詐害行為取消しと受益者の債権の復活

Case

　(1)　CはAに対して600万円、BはAに対して900万円の債権をそれぞれ有している。Aが支払不能後、Bと通謀して他の債権者を害する意図をもって、Bに対し900万円を弁済したところ、CがBに対して、この弁済を600万円の限度で詐害行為として取り消すこと、および、Cに対する当該600万円の直接支払を求めて訴えを提起した。Cの取消請求等が認められるとして、Bはいかなる手段をとり得るか。

　(2)　(1)において、BがAに対して1,600万円の債権を有していたところ、Aが支払不能後に、Bに対し、このうちの900万円を弁済した場合はどうか。

【Before】

　判例によれば、詐害行為取消しの効力は、債務者には及ばないとされているものの（相対的取消し）、債務者の受益者に対する弁済や代物弁済が取り消された場合には、受益者の債務者に対する債権は回復するとされている（大判昭16・2・10民集20-79参照）。したがって、Case(1)(2)において取消判決に基づきBが弁済金600万円をCに返還したときはBのAに対する債権600万円が復活する。

　なお、BがCに600万円を返還した後に、Cに対して受領した金銭の分配を請求してもCには分配義務はないとされている（最判昭37・10・9民集16-10-2070）。

　また、例えばCase(1)の取消訴訟において、Bは、Aに対して900万円の債権を有していることを理由に、AがBに弁済した900万円はBとCの債権額に応じて按分されるべきであるとして、360万円（900万円×600÷〔600＋900〕）の限度でのみ返還に応じ、残りの240万円については返還を拒めるかについては（按分の抗弁）、判例は、総債権者の利益が損なわれるとしてこれを認めない（最判昭46・11・19民集25-8-1321）。

　したがって、Case(1)(2)ともに、Cは事実上の優先弁済により債権全額を回収できる一方で、Bが復活債権（および残債権）を回収することは事実上困難となる。この結論は、先に回収したBの独り占めを取り消した後に、遅れて回収したCの独り占めを事実上認めるに等しく、批判が強い。

【After】

(1) 新法においても、債務者の弁済が取り消されたときは、受益者の債務者に対する債権は復活する。受益者が債務者から受けた偏頗弁済金等を返還した後に、債権が復活するものとされている（新425条の3）。そのためBは、AまたはCに対し、600万円を返還すると、BのAに対する600万円の債権が復活する。

旧法と同様、CはBに対し、600万円を自己に交付するよう請求することができ、Bがこれに応じて、Cに600万円を交付すると、CはAに対する600万円の返還債務とCのAに対する債権600万円を対当額で相殺でき、Bは復活した600万円の債権行使の機会を実質的に失う。もっとも、新法では、取消しの効力が債務者に及ぶため、取消しによって偏頗弁済金600万円につきAのBに対する返還請求権をも観念することができる。そこでCase(1)のBは、Aに対する偏頗弁済金の返還（具体的には民保50条5項、民執156条による執行供託）を停止条件として復活すべき債権を被保全債権として、取消判決の確定を停止条件として生じるAの自己に対する偏頗弁済金の返還請求権の仮差押命令を得ることができる。後に当該被保全債権の債務名義を得て当該返還請求権を差し押さえ、債権執行手続（当該手続にはCも参加するであろう）に基づき債権額に応じた配当を得ることができる。

Case(2)のBは、復活債権600万円のほか残債権700万円も含めてこれを被保全債権として仮差押えを行い、後に債権執行手続に基づく配当を得られることになる。

なお、按分の抗弁は、新法下においても、認められていない。

(2) ところでCase(2)においては、Bは、取消しにより生じるAのBに対する600万円の返還請求権とBのAに対する700万円のうち600万円の残債権を相殺して、Cへの600万円の返還を免れることができるかも問題となり得る。

この点、破産法では、破産手続開始後に負担した債務を受働債権とする相殺は禁止されるが（同法71条1項1号）、民法では相殺禁止規定は設けられていない。そのため、Bは上記相殺ができるとする考え方があり得る。この相殺により、BはAに対する残債権700万円のうち600万円を失う一方でAに対する600万円の債権が復活するから、結果的に、詐害行為取消請求前の状態と変わらないことになる。この考え方によれば、Case(2)のようにBがAに対する残債権を自働債権とする場合のみならず、例えば、Bが取消後Aの債権者から債権を譲り受けてこれを自働債権として相殺することも許され得ることとなろう。

しかし、新425条の2の「返還」または「償還」は実際に受益者から債務者または取消債権者に対し逸出財産たる現物や金銭が出捐された場合をいうものとして、債権との相殺によっては元の債権は復活しないとする考え方もあり得るというべきであり、詐害行為取消権の趣旨が没却されないためには、この考え方が妥当と考える。　　　［栗本知子］

99
詐害行為取消しと転得者の反対給付

Case

下記(1)〜(3)の場合に、Aに対し1,500万円の債権を有するCが、AB間の行為の取消しと、Dに対する機械甲（評価額1,500万円）の返還を求め訴えを提起した。Cの請求が認容されるとして、Dはいかなる主張ができるか。

(1)　無資力のAは、事情を知るBに対し、甲を代金1,000万円で売却した。その後、Bは、事情を知るDに対し、甲を代金1,200万円で譲渡した。

(2)　無資力のAは、事情を知るBに対し、甲を代金1,000万円で売却した。その後、Bは、事情を知るDに対し、甲をBのDに対する債務800万円の代物弁済として譲渡した。

(3)　Aは、支払不能後に、Bと通謀して他の債権者を害する意図をもって、Bに対する債務1,500万円の代物弁済として甲を譲渡した。その後、Bは事情を知るDに対し、甲を代金1,500万円で譲渡した。

【Before】

詐害行為が取り消されて転得者Dが債務者Aないし取消債権者Cに対しその前者から取得した財産を返還またはその価額を償還しても、判決の効果はCと取消しの相手方となったDとの間にのみ及び、転得者の前者である受益者Bには取消しの効力が及ばないため（相対効）、当然には、DからBに対してその反対給付の返還を請求できず、あるいはDのBに対する債権が復活することはない。そして、Cらの、Aに対する債権者がDから返還された財産の換価金をもって債権の満足を受けて初めて、Dは、Aに対し当該財産価額相当額の不当利得返還請求をすることができることになる（→Case96）。したがって、いずれのCaseでも、例えば、Cらが、甲の動産執行手続において甲の換価金1,500万円により同額の債権の満足を受けた場合に、DはAに対して同額の不当利得返還請求をすることができることとなる。

【After】

(1)　新法においては、取消判決の効力は、取消債権者Cおよび転得者Dのほか、債務者Aにも及ぶが（新425条）、仮に転得者Dからの取得者Eがいる場合には及ばず、

また、受益者B（その他の転得者の前者がある場合にはその者も含む）にも当然には及ばないものと一般に解されている。もっとも、転得者の前者には、一定の場合にあるいは場合を限定せずに取消効が及ぶと解する余地もあり、今後の議論に委ねられる。

以上を前提に、新法は、転得者保護のための規律を設けた。すなわち、転得者は、仮に受益者に対する取消しがされたとすれば受益者が有する反対給付に関する権利、ないし、回復すべき受益者の債務者に対する債権を「転得者がその前者から財産を取得するためにした反対給付又はその前者から財産を取得することによって消滅した債権の価額を限度」として行使することができるものとされた（新425条の4）。

したがって、Dは、新法の上記規律に基づき、**Case**(1)においてBの反対給付である代金1,000万円について、**Case**(2)において同代金のうちの800万円についてそれぞれAに対して請求することができる。**Case**(3)においては、復活すべきBのAに対する債権1,500万円を行使できる。なお、DがAに対してかかる請求ができるとしても回収不能の場合もあるし、また、**Case**(1)ではDにはなお転嫁先のない200万円の不利益が残っている。これらをBに請求できるか否かは今後の解釈に委ねられる。

(2)　新法に基づくDの権利とその保全方法について検討する前提として、DのAに対する反対給付返還請求権とAのDに対する請求権の関係が問題となり、この場面でも①後者を先履行とする説、②同時履行説、③先履行でも同時履行でもないとする説（対立債務併存説→Case96）をふまえてDの権利保全の方法を検討する。

Case(1)では、①〜③のいずれの説による場合も、Dは、取消訴訟係属中に、取消判決の確定（①説では、加えて甲の引渡し）を停止条件とするAに対する1,000万円の反対給付返還請求権を被保全債権として、AのDに対する甲の引渡請求権を仮差押えすることができる（その後に差押命令を得て甲の売却により一定の回収を得る〔民執163条1項〕）。もっとも、②説では、Dが、取消判決に関し、1,000万円の給付返還と引換えに甲を引き渡すべき旨の引換給付判決の取得により、同給付返還を保全できる。

(3)　**Case**(2)は、Aに対する反対給付返還請求権が800万円である点を除いて、**Case**(1)と同様である。

(4)　**Case**(3)については、いずれの説によっても、Dが甲を返還した場合に初めて、DはAに対して1,500万円の支払を請求できる。そもそもBに対して取消しがされたとした場合に復活するBのAに対する債権の復活時期が、偏頗弁済物ないしその価額のAないしCに対する返還・償還の時点とされているからである（新425条の3）。

したがって、Dの権利保全の方法としては、**Case**(1)で①説による場合と同様、取消判決の確定および甲の引渡しを停止条件とするAに対する1,500万円の債権を被保全債権として、AのDに対する甲の引渡請求権の仮差押命令を得ることになる（Dは、その後に差押命令を得て執行官に甲を引き渡すことにより〔民執163条1項〕、停止条件が成就してAに対する1,500万円の債権が発生し、行使できるようになる）。　　　　　　［栗本知子］

100
詐害行為取消権の期間制限

Case

　Aは、Bに対し1,000万円を貸し付けたが、弁済を受けることができなかったため、Bに対し貸金返還請求訴訟を提起して勝訴、同判決は20X0年10月31日に確定した。

　Bは、20X0年10月31日、その唯一の財産である1,000万円相当の甲不動産を、Cに対し100万円で売却し、所有権移転登記も経た。売却時、BもCもこの売買がAを害することを知っていた。

　⑴　Aは、20X1年1月31日、BがAを害することを知って甲をCに対し100万円で売却し所有権移転登記も経たことを知った。

　そこで、Aは、BおよびCに対し、上記売買は詐害行為に該当するので甲の所有権をBに戻すよう求めたところ、BおよびCは、20X2年1月31日、当該売買が詐害行為に該当しAに詐害行為取消権があることを承認した。しかし、BおよびCは甲の所有権をBに戻さずCが所有者であるとの登記もそのままにされた。

　Aが20X3年3月1日にCに対し詐害行為取消訴訟を提起した場合、同請求は認められるか。

　⑵　Aが、20X0年から11年後の11月1日に上記売買の存在を知り、同年12月1日にCに対し詐害行為取消訴訟を提起した場合、同請求は認められるか。

【Before】

　このCaseは、詐害行為取消権の期間の改正および期間制限の法的性格に関わるものである。

　詐害行為取消権は、債権者が取消しの原因を知った時から2年間行使しないときは時効によって消滅し、行為の時から20年を経過したときも同様とされた（旧426条）。

　「債権者が取消しの原因を知った時」とは、債務者が債権者を害することを知って法律行為をした事実を債権者が知った時をいう（最判昭47・4・13判時669-63）。そして、短期2年については、文言どおり消滅時効期間とされているが、長期20年については、

行為の時から起算され、かつ、中断がありえないので、消滅時効ではなく除斥期間であると解されていた。

(1)の場合、Aは、20X1年1月31日に、BがAを害することを知って甲をCに対し100万円で売却したことを知ったものの、20X2年1月31日に、Cが詐害行為取消権を承認していることから、この時点で相手方の承認による時効中断が生じる。したがって、短期の行使期間については、この時点から2年間となることから、20X3年3月1日に提起された詐害行為取消訴訟は行使期間内の提訴となる。

(2)の場合、詐害行為が行われたのが20X0年10月31日であり、長期の除斥期間はこの時点から起算されるので、20X0年から11年後の12月1日に提起された詐害行為取消訴訟は当然行使期間内の提訴となる。もっとも、被保全債権の判決確定日から既に10年が経過しており、受益者は被保全債権の消滅時効を援用できる（最判平10·6·22民集52-4-1195）ので、Cも本件被保全債権の消滅時効を援用することになろうから、その場合は請求は認められないことになる。なお、詐害行為取消訴訟の提起によっては被保全債権の時効中断の効果は生じないので（最判昭37·10·12民集16-10-2130）、注意を要する。

【After】

詐害行為取消権は、新120条以下の取消権などの実体法上の形成権とは異なるという観点から、新426条の期間の意味を消滅時効・除斥期間から出訴期間に改めるとともに、長期出訴期間を20年から10年に短縮した。また、2年の出訴期間の起算点につき、「債務者が債権者を害することを知って行為をしたことを債権者が知った時」と規定し、従前の判例法理（前掲最判昭47·4·13）を明確化した。

(1)の場合、20X2年1月31日にBおよびCがAに詐害行為取消権があることを承認しているが、短期2年の期間制限が消滅時効ではなく出訴期間であることから、かかる承認は期間制限との関係では意味をもたず、Aが本件詐害行為を知った20X1年1月31日から2年経過した20X3年1月31日が出訴期限となる。したがって、20X3年3月1日に提起された詐害行為取消訴訟は、出訴期間を徒過していることから、訴えは却下される。

(2)の場合も、詐害行為時である20X0年10月31日から10年が経過した年の10月31日が出訴期限となることから、20X0年から11年後の12月1日に提起された詐害行為取消訴訟は出訴期間を徒過しており、訴えは却下される。　　　　［髙尾慎一郎］

101
不可分債務と連帯債務

Case

　共同生活をしているＡＢＣの３人は、３人で共同して、家賃 30 万円の家をＤから借りている。この場合、Ｄは、ＡＢＣ各人から 10 万円ずつ家賃を取り立てなければならないか。

【Before】

　旧法は、旧 428 条で、いかなる場合に不可分債権になるかについては、「債権の目的がその性質上又は当事者の意思表示によって不可分である場合」と定めていた。これに対して、不可分債務については、旧法は、同条のような定義規定を置いていなかった（旧 430 条参照）が、学説は、不可分債権と同様に、不可分債務にも、債務の性質上不可分のものと、当事者の意思表示により不可分のものがあり、債権者は、旧 430 条による旧 432 条の準用により、各債務者に全額を請求でき、債務者の１人が履行すれば、債務は、すべての債務者について消滅することになると解していた。ただし、不可分債権の場合は、請求は絶対的効力を有する（旧 428 条）のに対して、不可分債務の場合は、旧 434 条は準用されていないので、相対的効力にとどまる（旧 430 条）。

　性質上の不可分債務の典型は、共有者の共有物引渡債務（大判大 12・2・23 民集 2-127）のように、物理的に不可分な給付を目的とする債務である。しかし、学説・判例は、性質上の不可分債務の概念を拡張し、不可分的利益の対価としての債務も性質上の不可分債務と解していた。**Case** の共同賃借人ＡＢＣは、１つの賃借物を共同で利用するという不可分な利益を受けているので、その対価である賃料債務は金銭債務で可分ではあるが、不可分債務とされていた（大判大 11・11・24 民集 1-670）。したがって、Ｄは、ＡＢＣ各人に 30 万円請求できることになる。

　ところで、不可分債務に似て非なるものに、連帯債務がある。不可分債務と連帯債務の差は、いかなる事由が絶対的効力事由——債務者の１人と債権者との間で生じた事由のうち他の債務者に効力を及ぼす事由——とされるかにある（旧 430 条→ Case111）。

【After】

　【Before】で述べたように、旧法においては、いかなる事由が絶対的効力事由となる

かについて、不可分債務と連帯債務では大きく異なっていた。これに対して、新法においては、不可分債務については、混同を除いて、連帯債務に関する規定が準用されることとなったために、給付が可分である場合に、不可分債務とする余地を残すことの実質的必要がなくなったとされる。そこで、新430条において、不可分債務が成立するのは「債務の目的がその性質上不可分である場合」に限り、「債務の目的がその性質上可分である場合」には、「法令の規定又は当事者の意思表示」によって連帯債務となると規定した（新436条）。

　Case にある賃料債務は金銭債務であり、給付は可分である。では、新法下では、**Case** にある賃料債務は、不可分債務——「債務の目的が性質上不可分である場合」——、連帯債務のどちらなのだろうか。前述したように、新法における両者の差は、債権者と債務者の1人との間に混同が生じた場合だけである。この場合、不可分債務では相対的効力であるのに対し、連帯債務では絶対的効力とされる。例えば、**Case** にある賃料債務が不可分債務だとすると、Aが、Dから、この家屋を購入した場合、Dの地位を承継したAは、Bに30万円請求でき、Bは、Aに10万円求償できることになり、求償の循環が起こる。これに対して、連帯債務では、新440条は、混同を弁済とみなし、絶対効を与えているので、求償の循環は起きない。混同において、不可分債務と連帯債務とで扱いを異にするのは、不可分債務では連帯債務と異なり、履行すべき内容と求償の内容が異なっているので、同一の者に履行したうえで、求償することは、無駄な循環にはならないからである。したがって、給付が可能な場合には、あえて、不可分債務とする必要はなく、連帯債務として処理すればよい。ここで、連帯債務であることは、ABC・D間の賃貸借契約から導かれる黙示の連帯の意思表示によることになる（新436条）。しかし、不可分債務、連帯債務のいずれにせよ、Dは、ABC各人に賃料全額の請求ができる。

［角　紀代恵］

102
連帯債務者の１人に対する請求

Case

　ＡＢＣは、連帯して返済する約定で、Ｄから600万円を借り入れた（この借入れは商行為ではない）。返済の期限は１年後、年利は５％である。約定の返済期限に元金の支払がなかったため、返済期限から６ヶ月後にＤがＡに対して、600万円および遅延損害金の支払を求めて訴えを提起した。提訴から２年後に勝訴判決が確定した。Ａから一部しか支払を得られなかったＤは、Ａに対する判決確定から２年後にＢに対して残元金および遅延損害金の支払を求めた。Ｂは、２ヶ月の猶予を求め、債務承認書をＤに差し入れた。しかし、猶予期間を過ぎてもＢからの支払はなかった。その後、Ｄは、ＢおよびＣに対して、残元金および遅延損害金の支払を求め、訴えを提起した。この時点で当初の約定の返済期限から11年が経過していた。

　Ｃは、Ｄに対し、消滅時効を援用して支払を拒むことができるか。

【Before】

　ＣのＤに対する債務については、約定の返済期限から消滅時効が進行し、Ｃに対し時効中断事由となる請求（訴え提起〔旧147条１号・旧149条〕）がされたのはそれから11年後であるから、この間に時効障害事由がなければ、Ｃにつき消滅時効が完成している（旧166条１項・旧167条１項）。しかし、返済期限から６ヶ月後にＤは連帯債務者の１人であるＡに対して訴えを提起しており、消滅時効はその裁判の確定時（返済期限から２年６ヶ月後）から新たに進行を始め、ＢおよびＣに対する提訴時点では時効は完成していない（旧157条２項・旧174条の２第１項）。Ａに対する訴えの提起は連帯債務者の１人に対する履行の請求に該当し、旧法下では、履行の請求は他の連帯債務者に対してもその効力を生じるものであったから（旧434条。いわゆる絶対的効力事由）、Ａに対する訴え提起により、Ｃとの関係でも「履行の請求」の効力が生じ、時効中断の効力が生じた。したがって、Ｃは、Ｄに対し、消滅時効を援用して支払を拒むことはできなかった。なお、時効中断事由にはＢによる債務承認があるが、債務承認は絶対的効力事由ではなかった。

　また、仮に、ＡＢＣが連帯してＤに対し債務を負担する原因が共同不法行為であり

（719条1項）、ＡＢＣの間には相互の意思的な連携も認識もないような場合には、履行の請求に絶対効をもたらす基礎を欠く。そのため、解釈上、これらは、債権総則の連帯債務の規定の適用のない「不真正連帯債務」である、あるいは「全部義務」であると性質決定され、基本的に、債権総則の連帯債務の規定――とりわけ絶対的効力事由の規定――が適用されないと解されていた。

【After】

　連帯債務者の1人に対する履行の請求を絶対的効力事由とする規律はなく（旧434条の削除）、履行の請求も相対的効力事由となるから（新441条本文）、Ａに対する訴え提起による時効の完成猶予・更新（新147条・新169条）の効力はＢやＣには及ばない。また、債務の承認が相対的効力事由であるのは、改正前と同様である（新441条本文）。したがって、Ｃについては返済期限到来時から5年後に消滅時効が完成する（返済期限として確定期限が約定されている **Case** では、約定の返済期限の到来時が債権者Ｄが「権利を行使することができることを知った時」に該当し、消滅時効期間は5年である〔新166条1項1号〕）。Ｃに対する訴え提起は、時効完成後のことであるから、Ｃは消滅時効を援用して、Ｄに対する支払を拒むことができる。

　新法では、当事者の意思表示のほか法令の規定により連帯しての債務負担となるときも、債権総則の連帯債務となることが明らかにされ（新436条。さらに明文の法令の規定のないものも適用対象となると解される）、改正前に不真正連帯債務や全部義務と性質決定されていた連帯しての債務負担も、適用対象となる。そのため、連帯債務には、債務者間に意思的な連絡も相互の認識さえないようなものから、共同して契約を締結した場合のように意思的な連絡や協働があるものまで、さまざまなものが含まれることになる。そこで、絶対的効力事由は、弁済やそれに準じるもの等に縮減し（弁済、代物弁済、供託のほか、明文では、相殺と更改、混同〔新439条1項・新438条・新440条〕）、意思的な連絡や協働がある場合については、合意による調整・対応を図るべく、そのための規定が用意されている。すなわち、債権者が各連帯債務者との間の合意により他の連帯債務者の1人について時効障害事由が生じたときにその効力が当該合意主体である連帯債務者にも及ぶ旨を合意することは妨げられない（新441条ただし書）。したがって、ＤがＣとの間で、ＡまたはＢについて裁判上の請求や承認があったときは、Ｃについても時効の完成猶予・更新の効力が生じる旨を合意していたときは、Ａに対する提訴・勝訴判決確定により、Ｃに対しても時効の完成猶予・更新の効力が及ぶから、Ｃとの関係でも時効期間は満了していないことになる。このような合意の対象事項は、履行の請求に限定されない。承認を含め他の時効障害事由をも対象とし得る。なお、ＡとＤとの間においてＡに対する裁判上の請求等の効力がＢやＣに及ぶ旨を合意しても、合意当事者でないＢやＣの地位を左右することができないのは当然である。　　　　　　［沖野眞已］

103
連帯債務における相殺

Case

　ＡＢＣは、Ｄに対して、連帯して600万円の金銭債務を負担している。ＡＢＣの内部的な負担の割合は平等である。一方、Ａは、Ｄに対して400万円の金銭債権（甲債権）を有している。甲の弁済期は到来しており、Ａが連帯してＤに対して負う債務と相殺適状にある。

　(1)　Ｄから600万円の支払の請求を受けたＡは、甲と相殺する旨を告げ、200万円のみを支払った。Ｄは、Ｃに対し、Ａからの弁済額200万円を除いた残金400万円の支払を請求することができるか。

　(2)　Ｄから600万円の支払の請求を受けたＢは、甲と相殺する旨を告げ、200万円のみを支払った。Ｄは、Ｃに対し、Ｂからの弁済額200万円を除いた残金400万円の支払を求めた。Ｃは、これを拒めるか。

【Before】

　連帯債務者の１人が、債権者に対して反対債権を有している場合に、その連帯債務者が「相殺を援用」すると、連帯債務に係る債権はすべての連帯債務者の利益のために消滅する（旧436条１項。相殺は、弁済等と同様に債権者が満足を受ける消滅原因であって、同項は確認規定と解される）。同項にいう相殺の援用とは相殺する（旧505条）という意味である。したがって、(1)において、Ａが甲債権との相殺の意思表示をすると、他の連帯債務者もそれによりＤに対する債務を免れる。相殺による400万円の債権消滅と弁済による200万円の債権消滅により、Ｄの債権は全額について消滅するから、Ｄは、Ｃ（またはＢ）に対して400万円につき請求することはできない。

　連帯債務者のうち反対債権を有している者が、「相殺を援用」しない間は、他の連帯債務者は反対債権を有する連帯債務者の負担部分についてのみ「相殺を援用する」ことができた（旧436条２項）。反対債権を有する者による場合もそれ以外の連帯債務者による場合も同じ「相殺を援用」という表現が用いられていたが、他の連帯債務者については、２通りの解釈があった。第１は、いずれも同義であって、相殺するという意味であり、他の連帯債務者にも、反対債権を有する者の負担部分の範囲で、相殺権限を認めたものと解釈する。他の連帯債務者が相殺すると、その範囲で、すべての連帯債務者のた

めに債務が消滅する。判例はこの立場を採用しているといわれていた（大判昭12·12·11民集16-1945。もっとも、事案や判示内容に照らすと、先例としての意義には疑問が残る）。第2は、「相殺を援用」の意味は他の連帯債務者については、自身以外の連帯債務者が相殺権（相殺可能な地位）を有することをもって履行を拒絶することができるという意味であり、抗弁権を付与したものと解釈する。学説はこの立場を採っていた。いずれの見解であれ、他の連帯債務者が相殺を援用できるのは、反対債権を有する連帯債務者の「負担部分」についてである。

(2)においては、相殺権限の付与という第1の見解によるなら、Bは（400万円ではなく）Aの負担部分である200万円の範囲で、甲債権と相殺することができる。したがって、この範囲でCは、（Bがした相殺による）債務の消滅を理由として履行を拒むことができた。これに対し、履行拒絶の抗弁権の付与という第2の見解によるならBの相殺の意思表示は効力を有しない。しかし、Cは、Aによる相殺が未定の段階である以上、Aの負担部分につき、履行を拒絶することができる。したがって、いずれの見解によるにせよ、Cは200万円の範囲でDの請求を拒むことができ（その理由は異なる）、残る200万円については履行を拒むことができないという点の帰結は共通であった。

【After】

連帯債務の影響関係において、相殺が弁済等と並ぶ絶対的効力事由であることは改正の前後で変わりはなく、(1)に関する帰結は【Before】と同様である（新439条1項。同項の改正は「すべて」を「全て」に改める形式的修正のみである。なお、その性格が確認規定と解されることも変わりがない）。

他の連帯債務者については、反対債権を有する連帯債務者が相殺をしない間は、その連帯債務者の負担部分の限度において、他の連帯債務者は債権者に対して履行を拒絶できる（新439条2項）。旧436条2項についての議論を受け、履行拒絶権・抗弁権構成を採用し明文化したものである。たとえ相互に認識や意思の連絡のある連帯債務者間であっても、自己の権利ではない反対債権をもって相殺（それによる反対債権の処分）までできるのは行き過ぎであり、2項の規定の趣旨である求償関係の簡明化および反対債権についてそれを有する連帯債務者の相殺の機会の確保（特に債権者の無資力ゆえに反対債権を回収できない危険からの保護）には、他の連帯債務者に履行拒絶権（抗弁権）を認めることで足りるためである。したがって、(2)の場合、改正前の履行拒絶権・抗弁権とする見解によるのと同様の帰結となる。すなわち、Bには甲債権との相殺権限はないから、Bの相殺には効力がない。Dは、Cに対してBから弁済を受けた残額である400万円を請求することができるが、Aの相殺が未定である段階では、CはAの負担部分の範囲で履行拒絶権を有するから、その範囲で履行を拒むことができ、残額の200万円のみを支払えば足りる。　　　　　　　　　　　　　　　　　　　　　　　　　　［沖野眞已］

104
連帯債務者の１人に対する免除

Case

　ＡＢＣは、Ｄに対して、連帯して 600 万円の金銭債務を負担している（内部負担割合は平等）。Ｄが、Ａに対し債務全額を免除する旨を告げた。

　⑴　Ｄは、Ｂに対して 600 万円の支払を請求することができるか。

　⑵　Ｂは、Ｄに対して 600 万円を支払った。Ｂは、Ａに対して、200 万円の支払を請求することができるか。

　⑶　ＢがＤに対して 600 万円を支払い、ＡがＢに対して 200 万円を支払ったとき、ＡはＤに対して 200 万円の支払を請求することができるか。

【Before】

　連帯債務者の１人に対してした債務の免除は、その連帯債務者の負担部分について、他の連帯債務者の利益のためにも効力を生ずるとされていた（旧 437 条）。

　Case の場合、⑴Ａの負担部分は、３分の１、200 万円であり、旧 437 条によれば、ＢおよびＣにもその範囲で免除の効力が及ぶため、ＤがＢおよびＣに対して請求できるのは、400 万円である。⑵ＢがＤに 600 万円を支払った場合、ＢがＤに対して負担する債務は 400 万円であるから、これを超える部分（200 万円）の支払は非債弁済となり、ＢはＤに対し不当利得返還請求ができる（703 条・705 条）。また、Ｂが求償できるのは有効な債務の弁済である 400 万円の支払の部分であり、これにつき、Ｂは、200 万円をＣに対して求償できるが、その負担部分につきＢにも免責の効果の生じているＡに対しては求償はできない。⑶ＡがＢの求償請求に対して 200 万円を支払った場合、Ｂに対する非債弁済となり、Ｂに対して不当利得返還請求ができる。Ｄに対して不当利得返還債権をもつのはＢであり、ＡはＤに対して償還請求はできないと解される。

　Ｄが「免除」として旧 437 条の負担部分絶対効をもたらす免除とは異なる意思を表示することはできる。相対的免除や不訴求の意思表示である。相対的免除や不訴求の趣旨であるなら、同条にいう「免除」はされていないから同条は発動しない。Ｄの「免除」がいずれの意味かは、債権者のした意思表示の解釈の問題である。旧法下でも債権者の通常の意思は、不訴求ないしせいぜい相対的免除であるといわれていた。なお、１人に対して免除の意思表示をした場合に、それが全員を免除する意であると解釈される

ことはあり、そのときは、その者の負担部分に限られない全部免除の効力をもつ（最判平 10・9・10 民集 52-6-1494 参照）。

【After】

　連帯債務の影響関係において免除について特別の規定はない（旧 437 条の削除）から、相対的効力の原則が妥当し、1 人に対し債務の免除がされても、他の連帯債務者に対しては効力を生じない（新 441 条本文）。また、求償関係においても影響はなく、他の連帯債務者が債権者に対して弁済等の債務消滅行為をしたときは、求償の規定（新 442 条 1 項）に従い、免除を受けた連帯債務者に対しても求償権を行使することができる（新 445 条）。債権者の意思表示によって連帯債務者間の負担を変更することはできないからである。この場合に、免除を受けた連帯債務者が他の連帯債務者の求償に応じて出捐をしたとき、免除をした債権者にその償還を請求できるかについては規定がない。これは、免除の効力が他の連帯債務者に及ばず、債権者が有効な債務の弁済を受けており、被免除者との関係でも、その利得に法律上の原因があり不当利得の要件を充たさず、特別の規定が置かれるか、当事者の意思（債権者が負担する意思）によるのでない限り、免除を受けた連帯債務者が債権者に対して償還を請求することはできないという考え方に基づいている。新 445 条は債権者に対する償還請求の否定を前提としているといえる。

　その意味で、連帯債務者の 1 人に対する債務免除は、不訴求の意思表示をデフォルト・ルールとするのと同様の扱いとなる。異なる扱いは封じられてはいない。まず、債権者と各連帯債務者の合意によって、他の連帯債務者に対して生じた事由の効力が当該合意当事者である連帯債務者に及ぶ旨を合意したときは、合意どおりの効力が認められる（新 441 条ただし書）。例えば、D と B との間で、A や C に対する債務免除がそれぞれの負担部分につき B にも効力が生じる旨を合意した場合に、D が A に対して債務免除の意思表示をしたときは、DB 間の合意に従い、その効力は B にも及び、B との関係では A の負担部分絶対効となる（旧 437 条によるのと同様の帰結をもたらすためには、A や C との間でも同様の合意をすべきことになる）。また、あらかじめ各連帯債務者と合意をしていない場合でも、（負担部分）絶対的免除（B および C に対しても、A の負担部分において債務を免除する旨）、相対的免除（B および C には全部の履行を求めるが、求償関係において A が出捐をしたときは償還に応じる旨）、不訴求の意思表示は、いずれも、債権者がする意思表示として可能である。A のみならず全員を免除する意思表示についても改正前と同様である。いずれであるかは意思表示の解釈の問題となる。

　したがって、**Case** の場合、(1)の D の請求、(2)の B の請求は認められるが、(3)の A の請求は認められない。ただし、D と B や C との間であらかじめの別段の合意があればその合意の効力が認められるほか、そもそも、A に対する「免除」の意思表示として別段の意思表示をすることは妨げられない。 ［沖野眞已］

105
連帯債務者の１人についての消滅時効

Case

ＡＢＣは、Ｄに対して、連帯して 600 万円の金銭債務を負担している（内部負担割合は平等）。Ａについて消滅時効が完成した。ＢおよびＣについては時効は完成していない。

(1) Ｄは、Ｂに対し 600 万円の支払を請求することができるか。

(2) ＢがＤに対し義務を全部履行したとき、ＢはＡに対し求償することができるか。

(3) 上記(2)において、ＢがＡに対し求償することができるとき、Ｂに対する求償義務を履行したＡは、Ｄに対し、その償還を請求できるか。

【Before】

連帯債務者の１人のための消滅時効の完成により、当該の連帯債務者の負担部分につき、他の連帯債務者もその義務を免れた（旧 439 条。負担部分絶対効）。Ａの負担部分は、３分の１、200 万円である。したがって、Ａについての消滅時効の完成により、ＢおよびＣも、Ａの負担部分 200 万円につき義務を免れるから、ＢおよびＣが連帯してＤに対し支払義務を負うのは 400 万円であり、(1)でＤがＢに対して請求できるのは 400 万円の支払であった。(2)でＢがＤに対して義務の全部を履行した、つまり 400 万円の支払をしたとき、Ｂは、そのうち 200 万円をＣに対して求償できるが、Ａに対しては求償はできなかった。Ａの負担部分についてはＢ・Ｃにも義務消滅が生じていたからである。したがって、(3)においてＡがＤに対して償還を請求する事態には至らなかった。

【After】

連帯債務の影響関係において時効の完成について特別の規定はない（旧 439 条の削除）。したがって、相対的効力の原則が妥当し、１人について時効が完成しても、他の連帯債務者に対しては効力を生じない（新 441 条本文）。また、求償関係においても影響はない。すなわち、他の連帯債務者が債権者に対して弁済等の債務消滅行為をしたときは、求償の規定（新 442 条１項）に従い、時効の完成した連帯債務者に対しても求償権を行使することができる（新 445 条）。時効の完成、ひいては債権者による時効管理の態様に

よって連帯債務者間の負担を変更する結果をもたらすことは相当ではないと考えられるためである。この場合に、時効の完成した連帯債務者が他の連帯債務者の求償に応じて出捐をしたとき、債権者にその償還を請求できるかについては規定がないが、否定する趣旨である。債権者は、時効が完成しておらず免責もされていない他の連帯債務者から有効に弁済を受けたのであって、その利益取得には法律上の原因があるため、時効の完成した連帯債務者が不当利得として返還を請求するには703条の要件を欠き、また、他にその償還請求を基礎づける規律がない以上、特別の規定を置かない限り、時効の完成した連帯債務者から債権者に対する償還請求は認められないという理解を新445条は前提としている。したがって、当事者間の合意（新441条ただし書。後述）のないときは、(1) D は B に 600 万円の支払を請求でき、(2)それを支払った B は、A に対し 200 万円の求償請求ができるが、(3) B の求償に応じて 200 万円を支払った A は D に償還を請求することはできない。

　旧439条の負担部分絶対効の規律の趣旨は、求償の循環を封じて法律関係を簡明にし、かつ、時効の完成した連帯債務者の利益を保護する点にある（相対効のもと、債権者に対する償還請求ができるとしても、その労や債権者無資力のリスクを負う）。反面において、旧439条は、各連帯債務者についての時効管理の負担と危険を債権者に課す。この規律に対しては、旧434条により履行の請求に絶対効があるとはいえ、債権者が特定の資力のある者だけから履行を受けるつもりであっても（債務承認を得ているなど）、他の連帯債務者やとりわけ資力のない連帯債務者との間でも時効中断の措置を採らねばならず、連帯債務が有する人的担保としての機能を減じ、債権者に過剰な負担を課すという批判があった。新法はこの批判を容れている。時効の完成した連帯債務者が求償に応じて出捐をしたときに、債権者にその償還を求めることができるとすると、結局、その部分の負担を債権者に負わせることになり、改正を支える上記の考え方と相容れないことになる。

　新法の立場は、時効の利益を後退させることになる反面、債権者による時効管理の集中を可能とする。履行の請求も相対的効力事由となって、各連帯債務者と個別の合意をしない限り、絶対効を有する時効障害事由はなく、時効管理の負担がその分増していること（→ Case102）、また、連帯債務の規律の適用範囲が拡大され、共同不法行為や競合的不法行為も対象となり、それらの中には債権者が一部の債務者を確知できない場合もあり得ることも、このような規律の採用に関連づけて理解することができる。

　この規律が適合的でない場合に対応すべく、当事者の合意による調整が定められている（新441条ただし書）。例えば、DB 間で、A や C につき時効が完成したときは B も免責される旨を合意していた場合には、A についての時効完成により B も免責される。合意の内容として、A の負担部分に限ることも、そのような限定なく免責されるとすることもできる。債権者に対する償還請求の可否についても別段の合意ができ、合意当事者間ではその合意に従った扱いとなる。　　　　　　　　［沖野眞已］

106
連帯債務者の１人による一部弁済後の求償関係

Case

(1)　Ａに対して、ＢＣＤが連帯して900万円を借り入れている。ＢＣＤ各自の負担部分は、3分の1ずつである。利息・遅延損害金は度外視するとして、ＢがＡに対し150万円を弁済した場合、Ｂは、ＣＤに対し求償することができるか。

(2)　Ａに対して、ＢＣＤが共同して危害を加えた。これにより、Ａに9,000万円の損害が生じている。ＢＣＤの過失割合は、3分の1ずつである。遅延損害金は度外視するとして、ＢがＡに対し1,500万円を弁済した場合、Ｂは、ＣＤに対し求償することができるか。

【Before】

　連帯債務者の１人が弁済をし、その他自己の財産をもって共同の免責を得たときは、その連帯債務者は、他の連帯債務者に対し、各自の負担部分について求償権を有する（旧442条1項）。

　この負担部分は、連帯債務者相互間で各自が負担すべき「割合」であり、連帯債務者間の特約（合意）により定めることができる。特約がなくても、連帯債務を負担することにより受ける利益が異なるときは、負担部分もその割合に従う。これらの事情がないときは、平等の割合となる。

　連帯債務者の１人が自己の負担部分を超えて弁済することは、実質的には他人の債務の弁済になるという観点からの一種の不当利得に基づく公平がその趣旨とされる。

　共同の免責を得た額が債務全額に対する負担部分を超えることを要するかにつき、判例（大判大6·5·3民録23-863）・通説は、これを要しないとする。負担部分は割合であり、共同免責のための出捐があれば、その割合で分担させることが公平に資するとされる。したがって、自己の負担部分額以下の額の弁済等をした場合も、求償権が生じる。

　(1)の場合、Ｂは、Ａに対し、自己の負担部分額300万円以下の150万円を弁済したが、求償権が生じ、各自の負担部分が3分の1ずつの平等の割合であることから、ＣＤに対し、50万円ずつ求償することができる。

　他方、不真正連帯債務の場合、主観的共同関係がないから債務者同士の間に負担部分

がなく、求償の問題は生じないとされていたが、不真正連帯債務の場合にも負担部分は
あり得るとされ、判例も、共同不法行為者相互の間における求償を公平の見地から認め、
各自の負担部分は過失の割合によって定まるとした（最判昭41・11・18民集20-9-1886）。
そして、このような責任割合により定まることとなる自己の負担部分を超えて損害を賠
償したときに初めて求償できるとされた（最判昭63・7・1民集42-6-451、最判平3・10・25民
集45-7-1173）。

(2)の場合、ＢＣＤの責任割合は3分の1ずつで、Ｂの負担部分額は3,000万円であり、
判例に従えば、Ｂは、1,500万円の弁済では自己の負担部分額3,000万円を超えておらず、
ＣＤに対し求償できない。

【After】

新法は、旧442条における判例や解釈を取り込み、明文化した。

連帯債務者の1人が弁済をし、その他自己の財産をもって共同の免責を得たときは、
その連帯債務者は、その免責を得た額が自己の負担部分を超えるかどうかにかかわらず、
他の連帯債務者に対し、その免責を得るために支出した財産の額（その財産の額が共同
の免責を得た額を超える場合にあっては、その免責を得た額→Case107）のうち各自の負担
部分に応じた額の求償権を有する（新442条1項）。

(1)の場合、150万円を弁済したＢは、ＣＤに対し、50万円ずつ求償できる（旧法下の
判例と同じ）。

他方、旧法下で不真正連帯債務といわれてきたものについては、新法の規定は必ずし
も明確ではない。すなわち、新法は、真正の連帯債務と不真正連帯債務の区別を無用の
ものとする立場を基礎に据えていると解すると、連帯債務の求償権に関する規律は不真
正連帯債務にも適用されることになる（というよりは、不真正連帯債務概念自体が無用のも
のとなる）が、不真正連帯債務の解釈を変更するものではないとすると、新法は不真正
連帯債務という概念を維持したうえで、真正な連帯債務についてのみ、従前の判例・通
説を明文化したものに過ぎず、不真正連帯債務における求償については規定を設けてい
ないことになる。いずれと解すべきかについては、今後の動向に注意が必要である。

(2)の場合、新442条1項が旧来の不真正連帯債務にも適用されるとすると、1,500万
円を弁済したＢは、ＣＤに対し、500万円ずつ求償でき、不真正連帯債務には適用され
ないとすると、Ｂは、1,500万円の弁済では自己の負担部分額3,000万円を超えておらず、
ＣＤに対し求償できない（この場合は、旧法下の判例と同じ）。　　　　　　　［野村剛司］

107
連帯債務者の１人による代物弁済後の求償関係

Case

(1) Aは、連帯して借入れをしたBCDに対し、900万円の貸金債権を有している。BCDの各自の負担部分は、3分の1ずつである。BがAに対し価格が1,200万円のもので代物弁済した場合、Bは、CDに対しいくら求償することができるか。

(2) 同じく、価格が810万円のもので債務全額の代物弁済をした場合はどうか。

【Before】

連帯債務者の1人が弁済をし、その他自己の財産をもって共同の免責を得たときは、その連帯債務者は、他の連帯債務者に対し、各自の負担部分について求償権を有する（旧442条1項→Case106）。

この点、共同の免責を得るための出捐は、弁済に限らず、代物弁済でもよい。ただ、代物弁済の場合、金銭ではないことから、出捐当時の時価によって判断することになり、その出捐額が共同免責額を超えても、求償においては共同免責額以上とはならないと解されている。

(1)の場合、BがAに対し価格が1,200万円のもので代物弁済をしても、求償においては共同免責額の900万円となり、Bは、各自の負担部分が3分の1ずつの平等の割合であることから、CDに対し、300万円ずつの求償をすることができる。

また、逆に、共同免責額を下回る価格のもので債務全額の代物弁済をしたとしても、求償においては共同免責額ではなく、出捐額以上とはならないと解されている。

(2)の場合、BがAに対し価格が810万円のもので、900万円の債務全額の代物弁済をしたとしても、共同免責額の900万円ではなく、求償においては出捐額の810万円にとどまり、Bは、CDに対し、270万円ずつの求償をすることができる。

【After】

新法は、旧442条の解釈を明確に規定した。

新442条1項において、「その免責を得るために支出した財産の額（その財産の額が共

同の免責を得た額を超える場合にあっては、その免責を得た額)」と規定することで、代物弁済の場合に、その出捐額が共同免責額を超えても共同免責額以上とはならないことを明確にした。旧法と同様、出捐当時の時価によって判断することになる。

(1)の場合、BがAに対し価格が1,200万円のもので代物弁済をしても共同免責額の900万円となり、Bは、CDに対し、300万円ずつの求償をすることができる（旧法下の解釈と同じ）。

また、共同免責額を下回る価格のもので債務全額の代物弁済をしたとしても、新442条1項は「その免責を得るために支出した財産の額」となることを明確にした。

(2)の場合、価格が810万円のもので、900万円の債務全額の代物弁済をしたとしても、出捐額の810万円にとどまり、Bは、CDに対し、270万円ずつの求償をすることができる（旧法下の解釈と同じ）。　　　　　　　　　　　　　　　　　　　　　　［野村剛司］

108
連帯債務における事前通知・事後通知

Case

(1) Aは、連帯して借入れをしたBCDに対し、900万円の貸金債権を有している。BCDの各自の負担部分は、3分の1ずつである。Aから履行の請求を受けたBが、CDに対し事前の通知をしないで、Aに対し900万円を弁済し、CDに対し300万円ずつ求償したところ、Cから、CはAに対し、300万円の債権を有しており、相殺できたはずであると主張された。Bは、Cに対し求償できるか。

(2) Bが、Aに対し、900万円を弁済したが、CDに対する事後の通知をせず、CがBDに事前の通知をしたうえで、Aに900万円を弁済した場合、BはCに対し求償できるか。Cが事前の通知をしていなかった場合はどうか。

【Before】

連帯債務者の1人が債権者から履行の請求を受けたことを他の連帯債務者に通知しないで弁済をした場合、他の連帯債務者は、債権者に対抗することができる事由を有していたときは、その負担部分について、その事由をもってその免責を得た連帯債務者に対抗することができる（旧443条1項前段）。他の連帯債務者が債権者に対抗できる事由を有していれば、それを主張する機会を与える必要があるからである。

また、相殺をもってその免責を得た連帯債務者に対抗したときは、過失のある連帯債務者は、債権者に対し、相殺によって消滅すべきであった債務の履行を請求することができる（旧443条1項後段）。過失があった求償者よりも他の連帯債務者を保護する趣旨である。

(1)の場合、Bは事前の通知をしておらず、CはAに対する300万円の債権をもって相殺できたことから、CはBに対抗でき、BはCに対し300万円の求償はできない。ただ、CのAに対する300万円の債権が移転するので、Bは、Aに対し300万円を請求できる。

連帯債務者の1人が弁済をしたことを他の連帯債務者に通知することを怠ったため、他の連帯債務者が善意で弁済をしたときは、その連帯債務者は、自己の弁済を有効であったものとみなすことができる（旧443条2項）。弁済等をした連帯債務者は、他の連

帯債務者が二重に弁済等をすることを防ぐ必要があるためである。この効果の及ぶ範囲につき、債権者および総債務者との関係にまで及ぶのか（絶対的効果）、事後の通知を怠った連帯債務者との関係においてのみ及ぶのか（相対的効果）、問題となるが、判例（大判昭 7・9・30 民集 11-2008）・多数説は、相対的効果とする。ただ、第 2 の弁済等をした連帯債務者が事前の通知を怠った場合は、判例は、事前の通知につき過失のある連帯債務者まで保護する趣旨ではないとする（最判昭 57・12・17 民集 36-12-2399）。

(2)の場合、B は事後の通知を怠り、C は事前の通知をしたうえで第 2 の弁済をしており、C は、B に対し自己の弁済が有効であったものとみなすことができるので、B は、C に対し求償できない。C が事前の通知を怠っていた場合は、C は、B に対し自己の弁済が有効であったものとみなすことはできず、B は、C に対し 300 万円の求償をすることができる。

【After】

新法も旧法の事前通知義務の規律を基本的に維持している（新 443 条 1 項）。

事前の通知の内容を、「債権者から履行の請求を受けたこと」から、「共同の免責を得ること」に変更している。

また、事前通知義務につき、他の連帯債務者があることを知っている場合（悪意）に限定している。他の連帯債務者があることを知らない場合にまで事前通知義務を課すことは相当ではなく、善意の場合は、対抗されることはないことになる。

(1)の場合、B は、他の連帯債務者である CD の存在を知りながら、事前の通知をしておらず、C は、A に対する 300 万円の債権をもって相殺できたことから、C は、B に対抗でき、B は、C に対し 300 万円の求償はできない。ただ、C の A に対する 300 万円の債権が移転するので、B は、A に対し 300 万円を請求できる（旧法と同じ）。

つぎに、新法は、旧法の事後通知義務の規律を基本的に維持している（新 443 条 2 項）。

事後通知義務につき、他の連帯債務者があることを知っている場合（悪意）に限定している。他の連帯債務者があることを知らない場合にまで事後通知義務を課すことは相当ではなく、第 1 の弁済等が有効となる。ただ、第 2 の弁済等をした連帯債務者が事前の通知を怠った場合については、上記昭和 57 年判決どおりとなるか解釈に委ねられている。

(2)の場合、B は、他の連帯債務者である CD の存在を知りながら、事後の通知を怠り、C は、事前の通知をしたうえで第 2 の弁済をしており、C は、B に対し自己の弁済が有効であったものとみなすことができるので、B は、C に対し求償できない（旧法と同じ）。C が事前の通知を怠っていた場合は、旧法下の判例に従えば、C は、B に対し自己の弁済が有効であったものとみなすことはできず、B は、C に対し 300 万円の求償をすることができる（旧法下の判例と同じ）。　　　　　　　［野村剛司］

109
連帯債務における償還無資力者の負担部分の分担

Case

(1) Aは、連帯して借入れをしたBCDに対し、900万円の貸金債権を有している。BCDの各自の負担部分は、3分の1ずつである。BがAに対し900万円を弁済し、CDに対し求償したところ、Cが無資力であった。Bは、Dに対し、いくら求償することができるか。

(2) Cのみが負担部分を有し、BDは負担部分を有しない場合はどうか。

【Before】

連帯債務者の中に償還をする資力のない者（償還無資力者）がいる場合、その償還することができない部分は、求償者および他の資力のある者の間で、各自の負担部分に応じて分割して負担する（旧444条本文）。弁済等をした者のみが無資力の危険を負担するのは公平ではないことから、連帯債務者間の内部関係として、償還無資力者の負担部分の分担を各自の負担部分で按分して分担することとしたものである。

ただし、求償者に過失があるときは、他の連帯債務者に対して分担を請求することができない（旧444条ただし書）。求償者が求償の時機を逸したために、償還無資力者が生じたような場合である。

(1)の場合、償還無資力者Cの負担部分額300万円を求償者Bと他の資力のある者Dが、負担部分（各自3分の1ずつ）に応じて追加で150万円ずつ負担すべきことになり、Bは、Dに対し、合計450万円を求償できる。Bに過失があった場合は、Dに対し、追加分担部分150万円の請求はできず、300万円を求償できるにとどまる。

また、償還無資力者のみが負担部分を有し、求償者および他の資力のある者が負担部分を有しない場合であっても、判例は、負担部分のない求償者および他の資力のある者の間で等しい割合で負担するとしている（大判大3・10・13民録20-751）。

(2)の場合、BとDの間で等しい割合で負担することになるので、Bは、Dに対し、450万円を求償できる。

【After】

新法も旧法の規定および判例法理を踏襲する。

まず、新444条1項は旧444条本文と、新444条3項は旧444条ただし書と同様である。

　(1)の場合、償還無資力者Cの負担部分額300万円を求償者Bと他の資力のある者Dが、負担部分（各自3分の1ずつ）に応じて追加で150万円ずつ負担し、Bは、Dに対し、合計450万円を求償できる。Bに過失があった場合は、Dに追加分担部分150万円の請求はできず、300万円を求償できるにとどまる（旧法と同じ）。

　つぎに、新444条2項は、上記の判例法理を明文化し、求償者および他の資力のある者がいずれも負担部分を有しない者であるときは、その償還をすることができない部分は、求償者および他の資力のある者の間で、等しい割合で分割して負担するとした。

　(2)の場合、BとDの間で等しい割合で負担することになるので、Bは、Dに対し、450万円を求償できる（旧法下の判例と同じ）。　　　　　　　　　　　　　　　［野村剛司］

110
連帯の免除

Case

　Aは、連帯して借入れをした連帯債務者BCDに対し、900万円の貸金債権を有している。BCDの各自の負担部分は、3分の1ずつである。Aは、Cに対し、連帯の免除をし、その後、BがAに対し900万円を弁済し、CDに対し300万円ずつ求償したところ、Dが無資力であった。Bは誰にいくら求償することができるか。

【Before】

　連帯の免除とは、債権者が、連帯債務者に対し、債務額を負担部分に相当する額に限り、それ以上は請求しないとする、債権者の一方的な意思表示である。

　これには2つの場合があり、1つは、総債務者につき連帯の免除をすると、連帯債務は各債務者の負担部分に応じた分割債務となり、求償関係は生じなくなる（絶対的連帯免除）。もう1つは、債務者の一部につき連帯の免除をすると、連帯の免除を受けた債務者のみ分割債務となり、他の債務者は全額につき連帯債務を負担したままで、求償関係も生じる（相対的連帯免除）。

　相対的連帯免除の場合、**Case** のように、他の連帯債務者に償還無資力者がいた場合に、償還無資力者の負担部分の分担が問題となる。

　この点、旧法は特別の規定を設け、債権者は、償還無資力者が弁済することができない部分のうち連帯の免除を受けた者が負担すべき部分を負担する（旧445条）。

　Case の場合、本来、償還無資力者Dの負担部分額300万円をBとCが追加で150万円ずつ分割して負担すべきであるが（旧444条本文）、これではCが連帯の免除を受けた意味がなくなるので、Bは、Cに対し、Cの負担部分である300万円のみ求償でき、Cの追加分担部分の150万円を債権者であるAに対し請求することができる。

【After】

　新法は、旧445条を削除した。

　相対的連帯免除をした債権者の通常の意思は、債権者と連帯の免除を受けた債務者との関係において、当該連帯債務者の負担部分額に債務を縮減するものであって、連帯の

免除を受けた債務者が他の連帯債務者との関係で負担すべき分担額まで引き受けるものではないと考えられたことによる。連帯の免除は、債権者との外部関係に限定し、連帯債務者間の内部関係には及ばないものとされたのである。旧法下で、立法論的に疑問が呈されていた点であり、削除することでの解決が図られた。

したがって、本来の償還無資力者の負担部分の分担のルール（新444条）により処理されることになる。

Case の場合、償還無資力者Dの負担部分額300万円をBとCが追加で150万円ずつ分割して負担することになるので、Bは、Cに対し、450万円を求償することができる。

［野村剛司］

Case

　ＡＢは、共同して、Ｃに結婚のプレゼントを贈ることにした。ＡＢは、Ｃに、甲社製の最新型の乾燥機を贈ることを約束した。その後、⑴⑵の事態が生じた。それぞれの場合、Ｂは、Ｃの請求に応じなければならないか。

　⑴　Ｃの婚約者Ｄは、Ｃに対して、結婚のプレゼントは、乾燥機よりも、乙社製の最新型の洗濯機がいいと言った。そこで、Ｃは、Ａとの間で、プレゼントを当初約束した甲社製の乾燥機から、乙社製の洗濯機に変更した。しかし、乾燥機に未練のあるＣは、Ｂに対して、甲社製の乾燥機の引渡しを請求した。

　⑵　Ｃは、仕事で多忙を極めているＡに対して、Ａを煩わせるのは悪いと思い、プレゼントはいらないと言った。Ｃは、Ｂに対して、甲社製の乾燥機の引渡しを請求した。

【Before】

　ＡＢは、Ｃに対して、甲社製の最新型乾燥機の引渡債務を負っており、この債務は不可分債務である。債権者Ｃと不可分債務者の１人であるＡとの間に、⑴においては更改が、⑵においては免除がある。不可分債務者の１人と債権者間に生じた免除・更改の他の不可分債務者に対する効力については、旧430条が、不可分債権に関する旧429条を準用しており、相対的効力を有するにとどまる。したがって、債務者の１人が更改をし、または、免除を受けても、他の債務者は、全部を弁済すべき義務を免れない。ただし、全部の弁済をした債務者は、免除を受け、または、更改をした債務者の負担部分の価額の償還を、債権者に対し、直接、請求することができる。そこで、⑴⑵ともに、Ｃは、Ｂに対して、甲社製の最新型の乾燥機の引渡しを請求することができる。ただし、Ｂが債務を履行した場合、Ｃは、Ｂに対して、更改あるいは免除をしたＡの負担部分の価額を、償還しなければならない。なお、⑴の場合、Ｃは、Ａに対して、乙社製の洗濯機の引渡しも請求することができるが、甲社製の乾燥機、乙社製の洗濯機のどちらかを受領すると、他の債権は消滅する。

【After】

　旧法下では、連帯債務については、債務者の1人と債権者の間の更改の場合、債務は、すべての連帯債務者のために消滅することとされており（旧435条）、**【Before】**で述べたように、不可分債務と扱いを異にしていた。これは、連帯債務の場合は、新債務と旧債務は等価値であるとの前提に立っていたのに対して、不可分債務の場合には、更改をした債務者の旧債務の負担部分と新債務が等価値であるとの前提に立っていたことを意味する。しかし、このような扱いの違いに合理性があるかは疑問であることから、新法下では、更改は、不可分債務、連帯債務ともに、絶対的効力事由とされた（新430条の準用による新438条）。

　また、旧法下では、連帯債務、不可分債務ともに、免除の場合には、免除を受けた債務者の負担部分は債権者が負担することになっていた（旧430条の準用による旧429条1項・旧437条）。しかし、今日の取引における債権者の通常の意思は、連帯債務、不可分債務ともに、当該債務者に対しては請求しないことにとどまり、弁済をした他の債務者が同人に対して求償することには関知しない、換言すると、免除を受けた債務者の負担部分を債権者が負担する意図は有していないと考えられる。そこで、新法では、連帯債務、不可分債務ともに、免除は相対的効力事由とされた（新441条・新430条）。ただし、当事者が別段の意思表示をしたときは、別段の意思表示が優先する（新441条ただし書）。

　以上をまとめると、CはBに対して、甲社製の乾燥機の引渡しを、(1)の場合は請求できず、(2)の場合は請求できる。　　　　　　　　　　　　　　　　　［角　紀代恵］

112
連帯債権

Case

　ＡＢは、1,500 万円ずつ出し合って、Ｃに、3,000 万円を貸した。この 3,000 万円の金銭消費貸借契約において、ＡＢ各人は、Ｃに対して、3,000 万円全額を請求する権利を有し、Ｃが、請求に応じて、ＡあるいはＢに支払った場合には、ＡＢ両人の債権が消滅すると規定されている。その後、Ａは、Ｃに対して、債権全額を免除した。Ｂは、Ｃに対して、いくら請求できるか。

【Before】

　Case にある債権は、連帯債権である。連帯債権とは、複数の債権者が債務者に対し、同一内容の給付について、それぞれ独立して、全部の給付を請求する権利を有し、そのうちの 1 人がその給付を受領すれば残りの債権者の権利も消滅するという多数当事者の債権である。内部関係においては、連帯債務における負担部分の裏返しとして、給付を受領した債権者は、残りの債権者に分配をなす義務がある。旧法は連帯債権の規定を置いていないが、契約によって、このような関係を生じさせることは可能であった。

　連帯債権は、契約自由の原則に基づいて成立するものであるから、債権者の 1 人について生じた事由の効力については、通常は、連帯債務の規定（旧 434 条〜旧 440 条）を類推して、決すべきであるとされた。そこで、不可分債権（旧 428 条・旧 429 条）よりも、絶対的効力事由が認められることが多い。免除は連帯債務においては、免除を受けた債務者の負担部分について絶対的効力が認められる（旧 437 条）。したがって、旧 437 条の類推適用により、Case の場合、Ｂは、Ａが免除をしなければＡに分配されるべき金額 1,500 万円を控除した 1,500 万円をＣに請求できる。

【After】

　新法においては、新 432 条以下に、新たに、連帯債権の規定が置かれた。債権の目的が性質上不可分の場合は不可分債権となるから、連帯債権は可分な場合に限られる。連帯債権は、法令の規定または当事者の意思表示によって生じる（新 432 条）。Case の債権は、性質上可分である金銭債権が当事者の意思表示によって連帯債権となったものである。

旧法下においては、【Before】で述べたように、通常は、連帯債権者の１人について生じた事由の効力については連帯債務の規定が類推適用されていたが、新法下においては、新432条以下に、連帯債務とは別に、書き下ろされた。すなわち、新法においては、連帯債権も、連帯債務と同じく、相対的効力が原則とされた（新435条の２）。しかし、免除については、連帯債務は相対的効力（新441条）とされたのに対し、連帯債権では、「その連帯債権者がその権利を失わなければ分与されるべき利益に係る部分については、他の連帯債権者は、履行を請求することができない」と規定され（新433条）、連帯債務と連帯債権では異なる規律となった。ここで、「その連帯債権者がその権利を失わなければ分与されるべき利益に係る部分」とは、連帯債務の負担部分の裏返しであり、弁済等で得た利益は、この割合に応じて内部で分配される。

このように免除について連帯債務と連帯債権とで異なる規律が置かれた理由は、以下のとおりである。すなわち、連帯債務においては、免除をした債権者の意図は、免除を受けた債務者の負担部分まで負担する意図は有していないと考えられることから、免除は相対的効力に改められた（新441条）。これに対して、連帯債権の場合には、免除をした債権者の意図は、連帯債務の場合とは異なり、通常は、自己に分配されるべき利益は受け取らないことにある。この場合、免除を相対的効力にすると、**Case**では、Ｃは Ｂに3,000万円を弁済する。ＢはＡに分配されるべき利益として1,500万円をＡに支払う。Ｃは免除を受けたのに3,000万円を支払い、その結果、Ａは1,500万円の支払を受けたので、Ｃは、Ａに対して、1,500万円を不当利得として返還請求でき、1,500万円が、ＣからＢ、ＢからＡ、ＡからＣへと一回りすることになる。しかし、このような循環があると、Ｃは、せっかく免除を受けたのに、免除をしたＡの無資力の危険を負担することになる。そこで、このような循環を避けるべく、免除をした債権者に分配されるべき利益について絶対的効力とした（新433条）。したがって、結論としては、【After】も【Before】と同じく、Ｂは、Ｃに1,500万円だけ請求できる。　　　　［角　紀代恵］

113
不可分債権

Case

　ＡＢは、２人で、Ｃから馬（甲）を購入した。ＡＢとＣ間の甲の売買契約は、売買代金は先払いと定めていた。ＡＢは、契約どおり、Ｃに売買代金を支払ったにもかかわらず、Ｃは、契約で定められた日になっても、甲を引き渡さなかった。そこで、Ａは、Ｃに対して、甲の引渡しを求めたが、Ｃは言を左右にして、Ａの請求に応じなかった。ＡＢは、Ｃとの甲の売買契約を解除できるか。

【Before】

　契約の当事者が多数あるときは、解除は全員との間で行わなければならない（544条）。また、解除を行うには、債権者から催告して、相手方を遅滞に陥れなければならない（旧541条）。

　ＡＢがＣに対して有する債権は、馬（甲）の引渡しという不可分給付を目的としているので、不可分債権である。不可分債権にあっては、各債権者はすべての債権者のために履行を請求することができる（旧428条）ので、請求は絶対的効力を有している。したがって、Ａのした請求により、ＣのＡに対する債務だけでなく、ＣのＢに対する債務も履行遅滞に陥っている。したがって、ＡＢは、Ｃとの甲の売買契約を解除できる。

【After】

　旧法では、不可分債権には、**Case** のような性質上の不可分債権と当事者の意思表示による不可分債権とがあった（旧428条）。しかし、新法においては、連帯債権概念が導入された。連帯債権は、債権の目的が可分である場合に、法令の規定または当事者の意思表示によって、数人が、連帯して債権を有するものである（新432条）。新法では、連帯債権は相対的効力を原則とし（新435条の２）、連帯債権の規定は、新433条および新435条を除いて、不可分債権に準用される（新428条）。ここで、新433条および新435条は、債権者の１人について更改・免除および混同があった場合の規定である。連帯債権では絶対的効力事由とされる更改・免除に関する新433条と混同に関する新435条が不可分債権に準用されない理由は、不可分債権では連帯債権と異なり、履行すべき内容と履行を受けた債権者が他の債権者に分配すべき内容が異なっていることから、相

対的効力にしても償還の循環が生じないことに求められる。したがって、新法において
は、相対的効力にすると償還の循環が生じる給付が可分な債権は連帯債権となる。**Case**
の債権は、甲の引渡債権というその内容自体の性質が不可分であるので、改正後も不可
分債権である。

　新法においては、請求と弁済の絶対効を定めた連帯債権に関する新 432 条は不可分債
権に準用される（新 428 条）。したがって、不可分債権において、請求は、旧法と同様
に、絶対的効力を有する。解除に関する 544 条および新 541 条は、旧法下の規律を維持
している。したがって、【Before】と同様に、A がした請求により、C の A に対する債
務だけでなく、C の B に対する債務も履行遅滞に陥っているので、A B は C との甲の
売買契約を解除できる。　　　　　　　　　　　　　　　　　　　　［角　紀代恵］

114
保証債務の内容の付従性

Case

　20X1 年 2 月 1 日に、買主 A と売主 B は商品（甲）を代金 100 万円で売買する旨の契約を締結した。この契約では、3 月 1 日に甲を引き渡すこと、および引渡しの 3 ヶ月後に代金を支払うことが約定されており、A の代金債務を C が保証した。その後、A の資金繰りが厳しくなったことで B は不安を抱き、甲の引渡しを躊躇したが、交渉の末、代金の支払期限を 4 月 1 日に前倒しする旨を合意したうえで、3 月 1 日に B は甲を引き渡した。しかし、3 月下旬以降、A は支払を停止している。

　4 月 2 日、売主 B は保証人 C に 100 万円の支払を請求した。当初の約定期限は 6 月 1 日であることを理由として、C は期限の利益を主張できるか。

【Before】

　保証とは、主たる債務者が債務を履行しないときに、保証人がその履行責任を負担するものである（旧 446 条 1 項）。このため、保証債務は主たる債務に付従する。具体的には、主たる債務が成立しない限り保証契約は効力を生じないし（成立における付従性）、主たる債務者に対する債権が譲渡されれば保証債務も移転し（随伴性）、主たる債務が消滅すれば保証債務も消滅する（消滅における付従性）。

　内容の付従性（旧 448 条）が働く典型的な例は、主たる債務の弁済期が 6 月 1 日であったところ、保証契約では 4 月 1 日の支払を約定したという場合である。この場合、保証契約における弁済期の定めは効力をもたず、内容の付従性によって保証債務の弁済期は 6 月 1 日となる。主たる債務と保証債務は主従の関係にあって、従たる債務である保証債務が主たる債務よりも重いのは保証の趣旨に反するからである。

　それでは、保証契約の成立後に主たる債務者と債権者が合意して、債務の目的や態様を加重すると、保証人の負担は重くなるだろうか。保証人は主たる債務と同一内容の給付を約定するが、その基準時は保証契約時である。その後に主たる債務者と債権者が債務内容の変更を合意しても、保証人は第三者の立場に立っており、その関与なしに保証人の負担を重くすることはできない。

　Case において、契約時に定めた主たる債務の弁済期（6 月 1 日）は未到来であるから、

売主Ｂの請求に対して、保証人Ｃは期限の利益を主張できる。Ｂと買主Ａの間で弁済期の前倒しを約定したことは、その結論を左右しない。そのために、Ｂとしては弁済期の前倒しに関して、Ａだけでなく、Ｃの同意を得ておくべきである。

　他方で、保証契約の成立後に主たる債務の目的や態様が軽減された場合には、その軽減を保証人も主張することができる（→ Case115）。

【After】

　新法は、保証契約時における付従性（新448条1項）とは別に、契約後に保証人の負担が加重されないことを定める（同条2項）。これは従来の解釈を明文化しただけであって、法状況に変化はない。すなわち、新法のもとでも、**Case**における保証人Ｃは当初の弁済期6月1日まで期限の利益を主張できる。

　そこでの鍵は、債務の目的または態様に関する「加重」の判断である。ここでの債務目的は給付価値を指しており、例えば100万円の代金債務に関する保証人が105万円の支払を約定しても、5万円の限度で保証契約は無効である。また、保証契約の成立後に売買契約の改訂交渉が成立し、代金を105万円に変更しても、変更に関する保証人の同意がない限り保証債務は100万円のままである。

　債務の態様とは利息の有無や利率・弁済期などを指す。ただし、主たる債務と保証債務は別個の債務だから、保証債務だけについて損害賠償額を予定することができ（新447条2項）、これは付従性に反しない。

　「加重」の判断が特に問題になるのは、主たる債務者が債権者と債務内容の変更を合意して、弁済期を先延ばしにする一方で、約定利率を引き上げた場合である。この場合には、変更契約における各条項を個別に検討するのではなく、変更契約の内容を実質的に評価して、全体としての軽重を検討すべきだと解釈されている。保証人が付従性を口実にして利率引上げの不利益を回避する一方で、弁済期先延ばしの利益を享受するのでは、変更契約の趣旨に反するからである。　　　　　　　　　　［福田誠治］

115
主たる債務に関する抗弁の援用

Case

　20X1年2月1日に、Aにつき保佐開始審判があり、Bが保佐人に選任された。しかし、Aは、Bの同意なしに、3月1日、Cから甲不動産を代金3,000万円で購入する旨の契約を締結し、代金の弁済期を4月1日と約定した。また、その契約によるAの債務をDが保証したが、その際、Aに関する保佐開始審判の事実をDは知らなかった。

　その後、買主Aは代金を支払っておらず、またAやBは売買契約を取り消しておらず、追認もしていない。5月31日、売主Cは代金3,000万円を保証人Dに請求した。Aに取消権があることを理由としてDは履行を拒絶できるか。

【Before】

　内容の付従性からすると、主たる債務者が抗弁を有していれば、それを保証人も主張できる。その典型例は同時履行の抗弁（旧533条）や期限の利益である。例えば、保証契約の締結後に主たる債務者が債権者から弁済期の先延ばしを受ければ、それを保証人も主張できると理解されていた（大連判明37·12·13民録10-1591）。それでは、主たる債務者が契約の取消権や解除権を有している場合、あるいは主たる債務につき相殺適状が成立している場合において、保証人は履行を拒絶できるだろうか。

　まず、相殺適状が成立している場合を考えると、旧法は、保証人が「相殺をもって債権者に対抗することができる」と定めていた（旧457条2項）。その意味については解釈が対立しており、判例は保証人による相殺の意思表示を認める（連帯債務に関するものだが、大判昭12·12·11民集16-1945参照）。しかし、それだと、主たる債務者の財産である反対債権を保証人が処分できることになる。そのため、通説は保証人の履行拒絶権を認めたものだと解釈していた。

　つぎに取消権をみると、判例は保証人による取消権行使を否定する（大判昭20·5·21民集24-9）。取消権者の範囲は、本人のほか、その代理人・承継人・同意権者に限定されているし（旧120条1項）、主たる債務者と債権者の関係に保証人が干渉すべきではないからである。もっとも、取消しの可能性があるという状況で保証人に履行を強いるの

は付従性に反する。このため、通説によれば、取消権の存在によって主たる債務の運命が不確定である間、保証人に履行拒絶権がある。そうすると、Case における保証人Dは代金 3,000 万円の支払を拒絶できるが、それ以上に取消権を行使して契約を無効にすることはできない。

それは解除権でも同様である。例えば、買主が代金を弁済提供したうえで履行期に商品の引渡しを求めたところ、売主がそれに応じないまま催告期間を経過し、解除権が成立したとする（旧 541 条）。この場合に、買主が解除権を行使すれば消滅における付従性が働くが、その行使がない限り保証債務は存続する。通説によると、その場合に買主の保証人は履行を拒絶できるが、主たる債務者の解除権を行使することはできない。

【After】

新法は、まず、主たる債務者の抗弁を保証人が主張できることを明文化する（新 457 条 2 項）。この点は内容の付従性からいって当然であると理解されてきたが、それを明確にしたのである。

つぎに、主たる債務者が相殺権を有する場合について、新法は旧法の文言を改め、保証人の履行拒絶権を明文化している（新 457 条 3 項）。そこでは、さらに、主たる債務者が取消権や解除権を有する場合についても履行拒絶権を定める。これらは通説を採用したものであり、Case において保証人Dが代金の支払を拒絶できるという結論に変化はない。

換言すれば、新法は判例の考え方を変更している。上記のように、旧法下での判例は保証人による相殺権の行使を肯定していた。また、上記昭和 20 年判決は保証人による取消権行使を否定しているが、それ以上には踏み込んでおらず、履行拒絶権については判断していなかった。そういったなかで、新法は、保証人による主たる債務者への干渉を回避しつつ、保証人の利益に配慮したのである。これは、持分会社における社員に関する規定（会社 581 条 2 項）とも調和する。　　　　　　　　　　［福田誠治］

116
委託保証人の求償権

Case

　20X0 年に A は B から 300 万円を借り受けて、20X1 年 6 月 1 日の返還を約定した。また、A の委託を受けて、その貸金債務を C が保証した。その後に次の事実があったことで、C は A に求償金を請求している。それぞれの場合に求償範囲はどうなるか。

　⑴　6 月 2 日、保証人 C が債権者 B に 300 万円を弁済した場合。

　⑵　6 月 2 日、C が 300 万円の支払に代えて自動車甲（280 万円相当）の給付を B と約定し、甲の登録名義を移転した場合。

　⑶　C が B に対して 300 万円の乙債権を有しており、4 月 1 日、保証債務に関する期限の利益を放棄したうえで相殺の意思を表示した場合。

　⑷　上記⑶で、主たる債務者 A も B に対して 200 万円の丙債権を有しており、4 月 1 日の時点でその弁済期が到来していたという事情がある場合。

【Before】

　⑴は、受託保証人 C が弁済期経過後に単純な弁済をした場合における求償問題である。保証人の求償範囲は保証委託の有無によって異なるが、委託があれば弁済額（支出額）を求償できるうえに（旧 459 条 1 項後段）、弁済日から当然に利息を生じる（旧 459 条 2 項・旧 442 条 2 項）。ここでは A から C への保証委託があるから、C は弁済額 300 万円を求償できるほか、6 月 3 日以降、求償金の支払を受けるまでの期間における法定利息を請求できる。

　⑵は、受託保証人 C が代物弁済した場合である。代物弁済では、債務の消滅範囲と給付された代物の価値が対応しないことがあり、いずれを求償の基礎とすべきかが問題になる。これについては、原則として支出額が求償の基礎となるが、支出額が債務消滅額を超えるときは債務消滅額が基礎になると理解されている。また、その支出額は支出時を基準として客観的に評価される。**Case** では、280 万円相当の支出によって 300 万円の免責を受けているから、求償金の元本は支出額 280 万円である。しかし、**Case** を変更し、給付した自動車甲が 320 万円相当だったとすると、債務消滅額 300 万円が求償金の元本になる。

(3)では、受託保証人Cが相殺によって債務を消滅させているが、その相殺は弁済期の前に行われている。その場合には弁済期まで求償できないと理解されていた（大判大3・6・15民録20-476）。これは、期限の利益を主たる債務者から剥奪すべきでないからである。そのため、4月1日に相殺したCは、弁済期6月1日を待って求償すべきことになる。ここでの求償金元本は300万円である。ただし、(4)のように、主たる債務者Aが相殺の抗弁を有していた場合には事前通知が問題となり（旧463条・旧443条1項前段）、Cが通知を怠っていれば対当額200万円の限度で求償できない（→ Case117）。

【After】

(1)〜(4)のいずれについても、結論は旧法下と同じである。ただし、(4)については、これにどの規定を適用するかという解釈問題が残っており、場合分けが必要である。

新法はまず、原則として受託保証人の支出額を求償の基礎としつつ、債務消滅額を超えて支出した場合における求償範囲を債務消滅額に限定する（新459条1項第2かっこ書）。これは代物弁済に関する従来の解釈を明文化するものである。つぎに期限前弁済に関して、新法は判例を明文化し、弁済期が到来するまでは求償できないことを示す（新459条の2第3項）。この場合における法定利息は弁済期以降の分に限られる（同条2項）。

さらに新法は、期限前弁済による求償金の元本を主たる債務者が「利益を受けた限度」にとどめており（新459条の2第1項前段）、期限前弁済を無委託保証人の弁済と同列におく（新462条1項参照）。それは、受託保証人が主たる債務者（保証委託者）に対して善管注意義務を負担しており、期限前弁済はこの義務に違反するからである。義務に違反した保証人の求償を認めると、保証人は債権者の無資力リスクを回避し、そのリスクを主たる債務者に押し付けることになってしまう。それを避けるために新法は求償範囲を限定しており、(4)においては保証人Cの求償権元本が100万円に限定される。貸金債権と丙債権の対当額200万円の限度ではCの相殺が主たる債務者Aに利益をもたらさないからである。

ただし、新459条の2第1項前段の射程については解釈問題が残っている。Cが弁済時に主たる債務の弁済期を認識しており期限の利益を放棄した場合にはそれを適用してよいが、Cが弁済期を認識していなかった場合については別論である。この場合には新463条1項前段を適用し、Cが事前通知を怠ったことを求償制限の要件とみるのが妥当である。Cが主たる債務の弁済期を知らず、かつ事前通知をしてもAからの返答を受けなかったのであれば、善管注意義務違反に当たるとはいえないからである（初版の解説を改める）。

［福田誠治］

117
保証における事前・事後の通知

Case

　AはBから300万円を借り受けて、20XX年6月1日の返還を約定した。また、Aの委託を受けて、その貸金債務をCが保証した。Cは、6月2日に300万円をBに支払ったため、Aに求償金を請求している。しかし、さらに次の事実があったことで、Aは求償金の支払を拒絶している。Aの主張は認められるか。

　(1)　主たる債務者Aが債権者Bに対して200万円の甲債権を有しており、その弁済期が6月2日までに到来していた場合。

　(2)　6月3日、Aが保証人Cの弁済を知らなかったことで、Bに300万円を支払った場合。

　(3)　6月1日、AがBに300万円を弁済していた場合。

【Before】

　(1)は受託保証人が負担する事前通知義務の問題である。これは主たる債務者Aに抗弁行使の機会を保障するための制度であって、保証人Cの弁済時において、Aは債権者Bに対して相殺の抗弁を有していた。このため、仮にCが弁済に先立ってAに通知していなかったとすれば、Aは相殺の抗弁をCに対して主張することができる（旧463条1項・旧443条1項）。これにより、対当額200万円の限度でAは求償義務を免れる。

　(2)では、保証人Cが弁済した後に、主たる債務者Aが善意で二重に給付している。仮にCが弁済の事実をAに通知していれば二重給付を回避できたはずであって、Cは事後通知の義務を負っていた。その義務を怠ったCからの求償金請求に対して、Aは自己の給付が弁済に当たると主張でき、これにより求償義務を免れる（旧463条1項・旧443条2項）。

　それら保証人の事前・事後通知については保証委託の有無を問わない。ただし、十分な議論はないものの、無委託保証においては、通知のほかに求償要件の充足が問題になる。例えば、無委託保証人の弁済時において主たる債務者の相殺の抗弁が成立していれば保証人は求償できないが、これは事前通知を怠ったからではない。それはむしろ、弁済が主たる債務者に利益をもたらさず、求償要件（旧462条1項にいう「当時利益を受け

た限度」）を充足しないからである。また、保証人の弁済後に主たる債務者が給付した場合、保証人の弁済時点では主たる債務者に利益が及んでいるが、後行給付によってその利益が消滅する。このため、保証が主たる債務者の意思に反する限りにおいて、求償要件（同条2項にいう「現に利益を受けている限度」）を充足せず、意思に反する保証人は求償できない。ここでも、事後通知を怠ったことが理由になるわけではない。

(3)では、主たる債務者Aが先に弁済している。ここでは、二重給付を回避するためにAは事後通知の義務を負うが、さらに保証人Cも事前通知の義務を負う（最判昭57・12・17民集36-12-2399参照）。そして、仮に通知義務違反がAだけにあり、かつCがその給付時においてAの先行弁済を知らなかったとすれば、AとCの間ではCの給付が弁済に当たると主張する余地がある（旧463条2項・旧443条2項）。その主張が認められるのであれば、CはAに求償できることになる。

主たる債務者の事後通知義務については保証委託が要件となっている。保証委託がなければ、保証の事実を主たる債務者が把握しているとは限らず、主たる債務者に通知を要求することはできないからである。

【After】

新法は保証委託がある場合について旧法の考え方を維持しており、(1)〜(3)の結論に変化はないが、無委託保証における求償要件と通知義務の関係を整理している。すなわち、まず保証人の事前通知については保証委託を要件としており（新463条1項）、無委託保証で問題になるのは事前通知ではなく、求償要件であることを明確にしている。

つぎに、保証人の事後通知については、保証が主たる債務者の意思に反する場合を除外する（新463条3項）。事後通知制度で想定するのは主たる債務者が二重に給付した場合であるが、保証が主たる債務者の意思に反するのであれば、二重給付によって利得消滅の抗弁が働く（新462条2項）。そのため、事後通知を問題にするまでもなく、意思に反する保証人は求償権を取得しない。

さらに、主たる債務者が先に弁済した場合について、新法は受託保証人への事後通知を主たる債務者に義務づける（新463条2項）。旧法は準用規定にとどめていたが、独立した規定を置くことで明確化を図っている。ただし、そこでは保証人の事前通知義務を明文化しておらず、改正前と同様に、解釈によって補う必要がある。　　　　　［福田誠治］

118
連帯保証

Case

　AはBから300万円を借り受けて、20X0年7月1日の返還を約定した。また、Aの委託を受けて、その貸金債務をCが連帯保証した。その後、20X4年7月1日に、BがCを相手取って提訴し、300万円の支払を求めた。これにより、20X5年6月1日に請求認容の判決が確定した。そのうえで、20X6年4月1日、BはAに対して300万円を請求した。Aは時効を援用できるか。

【Before】

　連帯保証の法律関係については連帯債務の規定が準用されており（旧458条）、これにより、債権者と連帯保証人の間で生じた事由の効力が主たる債務者にも及ぶ。旧法は多様な事由に絶対的効力を認めるが、もっとも重要なのは請求の効力である。すなわち、連帯保証人に対する請求があれば、主たる債務者についても時効中断の効力を生じる（旧458条・旧434条）。**Case**では、弁済期が20X0年だから20X6年の時点では民事時効（旧167条1項）は完成していない。また、仮に商事時効（商旧522条本文）で考えても、保証人Cに対する提訴によって保証債務の時効とともに主たる債務の時効が中断し、20X5年の判決確定によって新たな時効期間が進行する。このため20X6年の時点では商事時効も完成しておらず、主たる債務者Aは時効を援用できない。

　そのほか、保証人が債権者との間で更改契約を締結した場合や、債権者を相続するなどして両者の地位が同一人に帰した場合には、保証債務とともに主たる債務も消滅する（旧458条・旧435条・旧438条）。このため、以後は、保証人が求償権によって主たる債務者に請求することになる。ただし、その2点については立法論としての批判が強い。他方で、負担部分を前提とした旧436条2項（連帯保証人の有する反対債権による相殺適状）や旧437条（連帯保証人に対する債務免除）・旧439条（連帯保証債務に関する時効完成）については、準用の余地がないと理解されていた。

【After】

　新法も連帯債務規定を準用するが（新458条）、その内容は旧法と大きく異なる。連帯保証人が請求を受けても、その効力は原則として主たる債務者に及ばず（新458条・

新441条本文）、効力拡張には事前の合意が必要となる（新458条・新441条ただし書）。また、新法は商事時効の制度を廃止する一方で、二重の時効期間を定めており、弁済期（客観的起算点）から10年の時効（新166条1項2号）と権利行使の可能性を債権者が認識した時（主観的起算点）から5年の時効（同項1号）を用意する。確定期限付債権の場合は、いずれの時効についても弁済期が起算点となるから、**Case**では、20X5年7月1日に時効が完成しており、主たる債務者Aは時効を援用できる。この点で旧法とは結論が異なる。もっといえば、債権者Bが連帯保証人Cに対する確定判決を強制執行しようとしても、主たる債務の時効消滅に伴って付従性が働くから、Cは請求異議の訴え（民執35条1項・2項）によって確定判決の執行力を排除できる。それらを回避するには、Cに対する請求の効力をAに拡張することについて、事前にAとBの間で合意しておく必要がある。

　また、保証債務に関して更改契約や混同が成立した場合にも、主たる債務は消滅し、以後は求償問題になる（新458条・新438条・新440条）。これにつき旧法下では批判があったが、特に更改による主たる債務の消滅を認めたのは、更改契約の趣旨に由来する。すなわち、更改は新たな債権を創設することで旧債権にかかわる抗弁をすべて消滅させるものである。それなのに、保証債務に代わる新たな債権と主たる債務者に対する旧債権を存続させると、2つの債権は、いずれか一方の履行によって他方も消滅するという関係（給付の一倍額性）に立つことになってしまう。それでは新債権の行使が制約を受けることから、新法は、新債権を旧債権に関わる抗弁から完全に切断すべきであるとみている。

［福田誠治］

119
個人根保証契約における極度額等

Case

　6階建ての賃貸用マンション（甲建物）を所有するAは、その606号室に入居を希望するBとの間で、Bの叔父であるCを根保証人とし、賃料を月額10万円とする賃貸借契約を締結した。根保証契約上、賃貸借契約に基づきBがAに対し将来負担する一切の債務が保証の対象となっているが、極度額は定められていない。

　(1)　Bは、606号室に入居したが、賃貸借契約に違反して606号室の設備を乱暴に扱ったため水漏れ事故を発生させ、甲全体について500万円の損害を発生させた。Aは、Cに対し、500万円の支払を求めることができるか。

　(2)　Bは、606号室に入居した後死亡し、Bの唯一の相続人である配偶者Dが賃借人の地位を相続して引き続き606号室に居住している。しかし、Dは、賃料の支払を滞るようになり、現在2ヶ月分の賃料が滞納している。Aは、Cに対し、Dの滞納賃料20万円の支払を求めることができるか。

【Before】

　(1)　平成16年改正で新設された旧465条の2では、個人が締結する貸金等根保証契約（①一定の範囲に属する不特定の債務を主たる債務とする保証契約〔根保証契約〕であって、②主たる債務の範囲に金銭の貸渡しまたは手形の割引を受けることによって負担する債務〔貸金等債務〕が含まれるもの）は、極度額を定めなければ効力を生じないものとするなど、一定の類型の個人根保証について保証人の保護が図られた。

　しかし、**Case**(1)では、根保証契約上、主債務に貸金等債務が含まれないことから、極度額の定めがなくとも、Cの根保証は有効であり、AはCに対し賃貸借契約に基づく損害である500万円について保証債務の履行を求めることができた。

　(2)　賃貸借契約に基づく賃借人の債務を主債務とする根保証契約においては、主債務者が死亡した場合であっても賃借人の相続人が賃貸借関係を承継すると、根保証人は承継後の相続人の債務についても保証責任を負う（大判昭12・6・15民集16-931）。

　Case(2)では、Aは、Bの相続人Dが賃貸借関係を承継したことから、Cに対し、Dのもとで発生した滞納賃料20万円について保証債務の履行を求めることができた。

【After】

(1) 建物賃貸借契約に基づく賃借人の債務に対する根保証の場合であっても、賃借人が長期にわたって賃料債務を履行せず、遅延損害金を含めて未履行の債務が多額に上っている場合や、賃借人が故意や過失によって賃貸目的物を損傷し、多額の損害賠償を請求される場合など、貸金等根保証契約以外の根保証においても、保証人が予想を超える多額の保証債務の履行を求められることがある。

新法は、保証人の予測可能性を確保し、根保証の要否および必要とされる金額的な範囲について慎重な判断を求めるという極度額に関する規律（旧465条の2）を、貸金等根保証契約に限らず、個人根保証契約に拡大することとした。対象となる個人根保証契約とは、一定の範囲に属する不特定の債務を主債務とする保証契約であって保証人が法人でないものである（新465条の2）。

Case(1)(2)とも、極度額が定められていないことから、ＡＣ間の根保証契約は無効となり、Ａは、Ｃに対し保証債務の履行を求めることはできない。

問題は極度額の定め方である。保証人の予測可能性を確保する観点から、根保証契約締結の時点において確定的な金額を定めることが必要である。また、極度額の決定自体について民法上直接の制限はないが、著しく金額の大きな極度額の定めをすることは、新465条の2第2項の趣旨から有効性に疑義があり、公序良俗（90条）に反するとして保証契約が無効となる可能性もある。

(2) 契約締結後に著しい事情変更に該当すると考えられる定型的な事由が生じた場合に、その責任の拡大を防止すべきことは、個人根保証契約一般に当てはまる要請である。新法は、旧法で貸金等根保証契約の元本確定事由とされていた事由のうち、①債権者が、保証人の財産について、金銭の支払を目的とする債権についての強制執行または担保権の実行を申し立てたとき（ただし、強制執行または担保権実行の手続の開始があったときに限る）、②保証人が破産手続開始の決定を受けたとき、③主債務者または保証人が死亡したときは、個人根保証契約は確定するものとした（新465条の4第1項）。

Case(2)は、仮に保証契約において極度額が定められており、滞納賃料の額が極度額の範囲内であるとしても、Ｂの死亡により根保証契約における主債務の元本は確定するため、その後にＤのもとで発生した債務についてＣが保証債務を負うことはない。なお、Ｂの死亡時に債務自体が発生していれば、仮に具体的な額が判明したのが元本確定後であっても、Ｃは責任を負う。　　　　　　　　　　　　　　　　[安部将規]

120
求償権保証契約

Case

(1)　Aは、Bに対し、その所有する甲建物を、賃料月額10万円で賃貸した。家賃保証業を営むC社は、BのAに対する賃料債務を保証し、Bの兄であるDは、CがAに対し将来保証履行した場合にBが将来負担する求償債務を保証した。AC間およびCD間の保証契約においてはいずれも極度額の定めはない。

　その後、Bは賃料の支払を遅滞するようになったため、Cは、Aに毎月滞納賃料の保証債務を履行し、その合計は6ヶ月分（合計60万円）となった。Cは、Dに対し、60万円の支払を求めることができるか。

(2)　化粧品メーカーE社は、小売業者であるF社と取引をすることとした。Fが倒産した場合に備え、G信用金庫が、FのEに対する将来の売買代金債務を保証することとなり、Fの社長Hは、GがEに保証履行した場合にFが将来負担する求償債務を保証した。EG間およびGH間の保証契約においてはいずれも極度額の定めはない。

　その後、Fは業績が悪化し、破産手続開始決定を受けたことから、GはEに対し、Fの売買代金債務合計300万円について保証債務を履行した。Gは、Hに対し、300万円の支払を求めることができるか。

【Before】

　根保証契約の保証人の主債務者に対する求償権について個人がする保証契約（以下「求償権保証契約」という）には、①主債務の範囲に当該求償債務を含む個人根保証契約と②当該求償債務をそのまま主債務とする通常の保証契約の2種類がある。

　(1)では、DのCに対する保証は、毎月発生する賃料債務をCがBに代わって都度弁済し、その都度発生する求償債務を保証する内容であることから、①の個人根保証契約である。

　貸金等根保証契約については、極度額の定めがなければ効力を生じない等の保証人保護の規律が定められている（旧465条の2〜旧465条の4）。

　しかし、AC間の根保証契約は貸金等根保証契約に当たらないため、旧465条の2は

適用されない。したがって、ＣＤ間の根保証契約は極度額の定めがなくても有効であり、ＣはＤに対し保証履行を求めることができる。

(2)では、ＨのＧに対する求償権保証がＥＧ間の根保証契約の元本が確定した後にその確定した保証債務の履行に基づく求償権について保証をする趣旨であるものと解される場合には、②の通常の保証契約に当たる。

この場合、通常の保証契約であるから旧465条の2は適用されないが、主債務の範囲に貸金等債務が含まれる根保証である場合、法人の根保証契約において、①極度額の定めがないとき、②元本確定期日の定めがないとき、または③元本確定期日の定めもしくはその変更が旧465条の3第1項もしくは3項の規律に従ったものでないときは、法人が個人と締結する求償権保証契約は無効となる（旧465条の5）。

しかし、ＥＧ間の根保証契約における主債務の範囲には、貸金等債務は含まれていないため、旧465条の5は適用されない。したがって、ＥＧ間の根保証契約に極度額の定めがなくても、ＧＨ間の保証契約に対する根保証契約は有効であり、ＧはＨに対し保証履行を求めることができる。

【After】

(1) 個人が不特定の求償債務を主債務の範囲に含む根保証契約を締結する場合、これは個人根保証契約に当たることから、主債務に関する保証契約において極度額の定めがあるか否かにかかわらず、求償権についての根保証契約自体に極度額の定めが必要である（新465条の2 → Case119）。

(1)では、ＣＤ間の根保証契約が個人根保証契約に当たるため、新465条の2により極度額の定めが必要である。しかし、極度額の定めがないことから、ＣＤ間の根保証契約は効力を生じず、ＣはＤに対し保証履行を求めることができない。この場合、ＡＣ間の根保証契約に極度額の定めがあるか否かは問題とならない。

(2) 求償権保証契約が根保証契約ではない保証契約である場合、新465条の2は適用されない。しかし、法人である根保証人と債権者間の根保証契約に極度額の定めがないと、求償権保証契約の保証人は、予想を超える過大な保証責任の追及を受けるおそれがある状態となってしまう。そこで、新法は、新465条の2の趣旨をふまえ、貸金等債務が主債務の範囲に含まれていない場合であっても、保証人が法人である根保証契約において極度額が定められていないときは、個人を保証人とする求償権保証契約の効力は生じないこととした（新465条の5第1項・3項）。なお、求償権保証契約についても、元本確定期日に関する規律の対象は拡大されていない（同条2項・3項）。

(2)では、ＥＧ間の根保証契約自体は有効であるものの、ＥＧ間の根保証契約に極度額の定めがないことから、ＧＨ間の求償権保証契約は無効となり、ＧはＨに対し保証債務の履行を求めることができない。　　　　　　　　　　　　　　［安部将規］

121
公正証書の作成と保証の効力

Case

　Aは、長年の友人Bから頼まれて、Bの金融業者Cに対する借入れについて保証人となることを了解し、Cに対する保証契約書に署名捺印した。Bの借入れおよびAの保証について、次の各事情がある場合、AのCに対する保証は有効か。

　(1)　Bは、大手メーカーに勤める会社員であり、自家用車の購入資金に充てる目的でCから100万円を借り入れ、Aがこの借入れを保証する場合。

　(2)　Bは、個人事業を営んでおり、その事業の運転資金に充てる目的で100万円を借り入れ、Aがこの借入れを保証する場合。

　(3)　Bは、個人事業を営んでおり、その事業の運転資金に充てる目的でCから継続的に借入れをする予定であることから、Bの現在および将来の借入金一切を対象として、Aが極度額を300万円とする根保証をする場合。

【Before】

　平成16年改正において、根保証契約を含む保証契約一般を対象として、保証契約は書面等でしなければその効力を生じないものとされた（446条2項・3項）。また、貸金等根保証契約については、極度額（旧465条の2）、元本確定期日（旧465条の3）、元本確定事由（旧465条の4）および求償権根保証契約（旧465条の5）の規律により個人根保証人について一定の保護が図られた。

　しかし、個人が保証することについて、書面等による保証契約締結のほかには、事前に特別の意思確認手続を経ることまでは必要とされていなかった。

　(1)〜(3)は、いずれも書面により保証契約または根保証契約が締結されており、AのCに対する保証は有効である。

【After】

　保証契約を締結した後になって、個人の保証人が必ずしも想定していなかった多額の保証債務の履行を求められ、生活の破綻に追い込まれるような事例が後を絶たないとして、個人保証を制限すべきなどとする議論がされていた。

そこで、新法は、いわゆる経営者保証の場合を除き（→ Case122）、個人が保証人となる次の①～④の保証契約は、保証契約締結日の前１ヶ月以内に作成された公正証書で、保証人となる者が保証債務を履行する意思を表示していなければ、効力は生じないとした（新465条の6第1項・3項・新465条の8）。

①　事業のために負担した金銭の貸渡しまたは手形の割引を受けることによって負担する債務（貸金等債務。以下同）を主たる債務とする保証契約。

②　主たる債務の範囲に事業のために負担する貸金等債務が含まれる根保証契約。

③　事業のために負担した貸金等債務を主たる債務とする保証契約または主たる債務の範囲に事業のために負担する貸金等債務が含まれる根保証契約の保証人の主たる債務者に対する求償権に係る債務を主たる債務とする保証契約。

④　主たる債務の範囲に③の求償権に係る債務が含まれる根保証契約。

「事業のために負担した」貸金等債務に当たるかは、借主が貸金等債務を負担した時を基準時として、借主が借り入れた金銭等を自らの事業（「営利」の要素は必要ない）に用いるために負担した債務か否かで客観的に判断される。

　(1)は、Ｂが事業のために貸金等債務を負担する場合ではないことから、Ａが保証するに当たって、保証債務を履行する意思を表示する公正証書（保証意思宣明公正証書）の作成は不要であり、旧法におけるのと同様、ＡのＣに対する保証契約は有効である。

　(2)は、Ｂが事業のために負担する貸金等債務を主たる債務とする保証契約に当たるため、保証契約締結日の前に保証意思宣明公正証書の作成が必要である。かかる公正証書の作成がない場合、ＡのＣに対する保証契約は効力を生じない。

　(3)は、主たる債務の範囲にＢが事業のために負担する貸金等債務が含まれる根保証契約に当たるため、保証意思宣明公正証書の作成が必要である。かかる公正証書の作成がない場合、ＡのＣに対する根保証契約は効力を生じない。

　保証意思宣明公正証書は、保証人となろうとする者が、主たる債務の債権者および債務者、主たる債務の元本等（根保証にあっては極度額、元本確定期日の有無およびその内容等）、保証契約や連帯保証契約の基本的な内容を、公証人に口授するなどしたうえで作成されることが必要である（新465条の6第2項・新465条の7）。この公正証書の作成方法は、証人の立会いを要しないとの相違はあるが、公正証書遺言の作成方法（969条・969条の2）を参考に定められたものである。

　保証意思宣明公正証書作成時に口授した内容が、実際に借入をする時点での条件（主債務の融資内容）と異なる場合も、その内容に同一性が認められることが必要である。保証契約締結後、保証契約の対象である主債務について、保証意思宣明公正証書の口授対象事項が変更される場合において、債権者と主債務者間で目的または態様を加重するように主債務の内容を変更するときは、改めて公正証書の作成が必要である。

［安部将規］

122
公正証書の作成と保証の効力に関する規定の適用除外

Case

　つぎの各事例について、各保証契約書以外に保証債務を履行する意思確認がされていない場合、CおよびFの保証は有効か。

　⑴　A社は、メインバンクをB銀行として、20年以上、小さな町工場で金属加工業を営んでいる。Aの代表取締役社長Cは、Bとの銀行取引から生じるAの一切の債務を担保するため、極度額を500万円とする根保証契約書に署名捺印した。

　⑵　飲食店を営むDは、経営する店舗の改装資金に充てるため、E信用金庫から300万円を借り入れることとし、Dの配偶者Fはこの借入れに関する保証契約書に署名捺印した。

【Before】

　金融機関からの借入れに対する保証に関し、平成16年改正前は、極度額の定めや保証期間の制限がない包括根保証が用いられる場合も多かったが、主債務者の破綻に伴い、保証人が予想もしなかった過大な保証債務を負担するに至る事例が多くみられた。

　平成16年改正では、保証契約は書面等でしなければ効力を生じないものとされ（新446条2項・3項）、また、貸金等根保証契約については、極度額（新465条の2）の定めが必要とされるなど個人の保証人について一定の保護が図られた。

　しかし、主債務者と保証人の関係にかかわらず、個人が保証することについて、保証契約をするに当たり事前に特別の意思確認手続を経ることまでは必要とされていない。

　Case⑴におけるCの保証は、貸金等根保証契約として、極度額の定めがあり、かつ、書面で契約が締結されたものであるから、有効である。

　Case⑵におけるFの保証は、貸金等根保証契約ではない保証契約として、書面で契約が締結されたものであるから、有効である。

【After】

　⑴　事業のために負担した貸金等債務を主たる債務とする個人保証や、主債務の範囲に事業のために負担する貸金等債務が含まれる個人根保証等については、保証契約締結

に先立って、公正証書により保証債務履行意思を確認することが義務づけられた（新465条の6・新465条の8）。

(2) しかし、中小企業が金融機関から融資を受けるに際して、その経営者や家族が個人保証することは実務上少なくないところ、すべての場合に公正証書による保証債務履行意思の確認を必要とするのは煩瑣であるとの実務上の要請がある。また情誼に基づかずに保証をなし得、保証契約を締結するリスクについて合理的な判断が可能な地位にある者については、厳格な手続を経る必要がないともいえる。

(3) 新法は、主債務者が法人である場合のその取締役やその法人の議決権の過半数を有する者など、いわゆる経営者が保証人となろうとする保証契約等については、公正証書による保証債務を履行する意思表示を経る必要はなく、これまでどおり書面により契約を締結すれば足りるとした（新465条の9第1号・2号）。

Case(1)では、Cは、Aの取締役であり、改正前と同様、保証意思宣明公正証書を作成することなく、保証契約を有効に締結することができる。

(4) 主債務者の家族については、単に家族であるというだけで、保証意思宣明公正証書による意思確認を不要とすることは妥当でない。他方、主債務者が個人事業主である場合、経営と家計が一般に未分離であることが多くみられ、配偶者を保証人とする必要性が認められる。また、共同事業者や、主債務者が行う事業に現に従事している配偶者の場合、自らまたはその配偶者である事業主を通じて事業の状態を知ることができ、自らが共同して従事し、あるいは配偶者の事業のための貸金等債務等を保証することは、事業を継続することに主眼があり、情誼に基づくという側面が弱いといえる。

そこで、新法は、主債務者（法人であるものを除く）と共同して事業を営む者または主債務者が行う事業に現に従事している主債務者の配偶者が保証人となる保証契約についても、改正前と同様に、保証意思宣明公正証書を作成することなく、保証契約を有効に締結することができるとした（新465条の9第3号）。

もっとも、配偶者による保証契約について保証意思宣明公正証書の作成が不要となるのは例外的な場面に限られるべきであって、共同事業者に準ずる場合に限るという解釈が有力である。単に書類上事業に従事している場合や契約締結に際して一時的に従事した場合は、「事業に現に従事している」とはいえず、要件を充たさない。

Case(2)では、Fは、主たる債務者Dの配偶者であるが、例えば、Fが開業資金をDとともに拠出し、その後も飲食店の経理担当兼接客担当として、現にDとともにその事業を共同して行っている場合には、保証意思宣明公正証書を作成することなく、有効に保証契約を締結できる。これに対し、書類上従業員となっていたとしても、実際にはFがDの事業に現に従事していない場合は、原則どおり、保証契約の締結に先立ち、公正証書による意思確認が必要である（新465条の6第1項）。　　　　　[**安部将規**]

123
保証契約締結時の情報提供義務

Case

　個人事業主Ｂは、Ａ銀行から事業資金1,000万円を借り入れるに当たり、Ｂの妻の兄であるＣ（Ｂの事業には一切関わっていない）に連帯保証人となってもらった。この時点でＢは既に複数のノンバンクから多額の借入れがあり、大幅な赤字経営に陥っていたが、ＢはＣに保証人となることを依頼する際にその旨は告げず、むしろ事業は順調であり自分が責任をもって支払っていくから迷惑はかけないと述べていた。ところが、借入れ後４ヶ月でＢは支払不能となり、自己破産をするに至った。なお、ＡはＢにおける多額の借入れの存在や大幅な赤字経営の事実を認識していたが、Ｃにその旨を告げず、かえってＡの職員は、保証契約締結時にＣからＢの経営状態を尋ねられ、「大丈夫です」と回答していた。Ｃは連帯保証契約の有効性を争うことはできるか。

【Before】

　保証契約について格別の取消権を認めた規定は旧法上存在しなかったため、保証契約の有効性を争う場合には他の契約一般と同様に錯誤無効（旧95条）、詐欺取消し（旧96条）等、民法総則規定における意思表示の欠缺・瑕疵の主張の可能性が検討されることとなる。また、**Case**における保証契約は、事業者である銀行Ａと消費者であるＣが締結をしていることから消費者契約法の適用があると考えられるところ、不実告知（消契4条1項1号）等による誤認取消しの主張も検討されることとなる。

　詐欺については、Ｂが多額の借入れや大幅な赤字経営の事実を告げなかったという不作為が欺罔行為となるのか、事業が順調であり迷惑はかけないと述べた程度で欺罔行為となるのか、Ｂにいわゆる「二重の故意」は認められるのか、Ａに悪意等の主観的要件（旧96条2項）が認められるのかなど、その要件を充たすための立証のハードルは高い。錯誤については、真実は異なるのに事業が順調で返済を継続できると誤信したことが動機の錯誤に該当するか、その動機がＡに明示ないし黙示的に表示され意思表示の内容となっているかなどが検討されることとなる。Ａの職員がＣに対し「大丈夫です」と応えたというやり取りを通じて、Ｃの動機が黙示的に表示されていたと認められるかに

ついては、さらに具体的な事情を拾い上げる必要があると考えられる。同種の事案において錯誤無効の主張を認めた事案としては東京高判平17・8・10判時1907-42がある。

なお、旧法下では、主たる債務者の返済能力に関わる情報について保証人に提供をする義務を定めた明文の規定は存しなかったため、信義則を根拠に判断がなされていた。

【After】

新法では、Cが保証人となるためには、公正証書の作成が必要である（新465条の6→Case121）。また、BはCに保証を委託する際に「財産及び収支の状況」「主たる債務以外に負担している債務の有無並びにその額及び履行状況」「主たる債務の担保として他に提供し、又は提供しようとするものがあるときは、その旨及びその内容」に関する情報を提供しなければならない（新465条の10第1項）。**Case**では、Bは、その預貯金・売掛金・有価証券・不動産等の資産の内訳、損益計算書などに基づく事業収支の状況、ノンバンクを含む借金や買掛金・未払金等の負債の内訳や返済状況（延滞などが生じていないか）、不動産担保や他の保証人の有無などについてCに情報提供をすることとなる。これによりCが保証人となることのリスクを具体的に把握することができ、安易に保証人となることが回避されることが期待される（もっとも、BはCの「義理の弟」であり、情誼的関係からなお保証人となることを拒否しにくいという問題はある）。

仮にBが借入れや収支状況についてCに情報提供せず、あるいは事実に反する情報を提供し、Cが例えばBには他に負債はなく、黒字経営が継続しているなどと誤認をして保証契約を締結してしまった場合に、Aにおいて、BがCに情報を提供せず、あるいは事実と異なる情報を提供していたことを知っていた、あるいは知ることができたとき（例えば、Cが保証契約締結時にBの経営状況が安心である旨Aに発言していたとき等がこれに当たる）、Cは保証契約を取り消すことができる（新465条の10第2項）。

もっとも、新法においてもAには明文上は情報提供義務が課されておらず、旧法と同様に信義則に基づいて判断がされることとなる。

さらに**Case**では錯誤取消しについても検討がなされる必要がある。CがBの借入れの状況や収支状況等について誤認をしたことが、Cの保証契約締結の際に「基礎とした事情についてのその認識が真実に反する錯誤」に該当し（新95条1項2号）、「その錯誤が法律行為の目的及び取引上の社会通念に照らして重要なものであるとき」は（同項本文）、「その事情が法律行為の基礎とされていることが表示されていたときに限り」（同条2項）、「取り消すことができる」ことになる（同条1項）。Aの職員がCに「大丈夫です」と応えたやりとりを通じて、基礎とされている事情が表示されたと認められるかについては、さらに具体的な事情を拾い上げる必要があると考えられる。

その他、詐欺、消費者契約法の誤認取消しについては、旧法と同様にその主張の可否を判断することとなる。　　　　　　　　　　　　　　　　　　　　　　[辰巳裕規]

124
履行状況の情報提供義務

Case

　賃貸アパートを経営するＡはその一室をＢに賃貸をしていた。Ｂは妻と幼い子と３人暮らしであった。家賃は月額10万円で、Ｂの友人であったＣがＢに頼まれて保証人となっていた。ところが、２年ほど前から、ＣはＢと連絡を取ることができない状態となっていた。１年ほど前にＣがＢのアパートを訪問すると、Ｂの妻子だけが生活をしており、Ｂの妻に確認すると、Ｂは２年前から行方不明となっているとのことであった。ＢのアパートではＢの妻子が生活を続けており、賃貸借契約は継続している様子であったが、Ｃは家賃の支払がされているか不安となり、その旨をＢの妻に確認をすると、「大丈夫です」とだけ答えた。しかしＢの妻子の暮らし向きは決して楽ではない様子であった。Ｃは家賃の滞納の有無をＡに確認することはできるか。

【Before】

　保証人の知らない間に、主たる債務者が長期間債務の履行を怠り、未払債務や遅延損害金が巨額に膨れあがるというトラブルが生じることがあるが、保証契約締結後の主債務の履行状況について保証人に情報を提供することを定めた明文は、旧法には存しなかった。保証人であるＣとしては、まずは主たる債務者Ｂに対して履行状況を確認をするのが通常であろうが、Ｂが履行状況の回答を拒絶したり、支払は滞っていないと虚偽の事実を告げることもあり得る。Case のようにＢと連絡がとれないという事態も起こり得る。そこで、履行状況について事情をよく知る債権者であるＡに、履行状況を確認することとなる。Ｂの履行状況はＣの保証責任の有無や額に直接かかわる事項である。また、ＡとＣは保証契約の当事者であるから、ＡがＣの問い合わせに対して回答をするのが通常であると思われる。もっとも、債務の履行状況というＢの個人情報にかかわる事項であるとして拒絶されることも実務上経験するところであり、この場合は信義則等一般法理等を根拠に履行状況の情報提供を求めることとなるが、保証人が債権者に対して履行状況の情報提供を求めることができるかについて、その規律は必ずしも明確ではなかった。

　なお、賃貸借の保証人の責任は、特段の事情のない限り、更新後の賃貸借にも及ぶこ

ととなるが（最判平9・11・13判時1633-81）、多額の賃料滞納がある場合において、債権者が保証人にその旨を連絡することなく更新がされたときに保証人の責任を制限する裁判例も存する（東京地判平10・12・28判時1672-84）。

【After】

　Cは、Aに対して、Bの賃料債務の履行状況について情報提供を請求することができる。Aは、Cに対して、Bについてのこれまでの賃料の未払の有無、未払賃料の額や遅延損害金の有無や額等について、遅滞なく情報提供をする義務を負う（新458条の2）。CはAよりこれらの情報提供を受けて、顕在化した自らの保証責任を把握し、未払賃料を早期に代位弁済したり、主たる債務者Bとかけ合うなどの対策を講じることが可能となる。もっとも、Cが保証契約を解約し、以後の保証責任から離脱することができるかについては、新法においても明文化はされておらず、引き続き解釈に委ねられることとなる。

　AがCの情報提供請求を拒絶した場合の効果については格別の定めはなく、債務不履行一般の規律に委ねられることとなる。Aが履行状況について情報提供を拒絶しながら、後日、高額の未払賃料に係る保証債務の履行請求をした場合には、信義則違反による責任制限を基礎づける事実として情報提供義務違反を主張する（あるいは情報提供義務違反に基づく損害賠償請求と保証債務を相殺する）ことが考え得るが、その成否は明文上必ずしも明確ではなく、今後の判例・実務の積み重ねに委ねられることとなろう。

［辰巳裕規］

125
期限の利益喪失に関する情報提供義務

Case

　個人事業主Ｂは、Ａ銀行より事業資金として 1,000 万円の融資を受けている。支払は毎月末に元本分として 100 万円ずつ分割して支払うこととされており、2 回分支払を遅滞した場合には催告をすることなく当然に期限の利益を失うという約定が存した。遅延損害金は年率 10% と定められていた。この借入れについて、Ｂの妻の兄Ｃが連帯保証人となっていた。Ｂは当初 5 回分の返済は約定どおり行っていたが、6 回目より支払を一切していなかった。Ａは、Ｂが 2 回分の支払を遅滞したこととなる 7 回目の支払を遅滞した後も、Ｂの遅滞や期限の利益喪失の事実をＣに通知していなかった。Ａはその後、残元本 500 万円の一括弁済とこれらに対する遅延損害金を主債務とする保証債務の履行請求を、Ｃに対して行った。Ｃとしては、Ｂが期限の利益を喪失することとなった 7 回目の支払期日までの段階でＢの遅滞の事実を知らされていれば、以後の分割弁済を肩代わりすることは可能であったし、7 回目の支払期日の不履行による期限の利益喪失自体はやむを得なかったとしても残元本 500 万円とその時点での遅延損害金を付して支払うことはできた。Ｃは、Ａから遅滞の通知がなかったことを理由に、期限の利益や遅延損害金の減免を主張することができるか。

【Before】

　債権者が主たる債務者の遅滞の事実や期限の利益喪失の事実を保証人に通知する義務を定めた規定は、旧法に存しなかった。債権者から保証人に保証債務の履行請求がされるのは、主たる債務者が期限の利益を喪失し残債務を一括して支払わなければならない状況に陥った後であることが一般的であった。その時点では、残元本にさらに遅延損害金が付されていることが多い。特に残債務の額が高額となりがちな事業者向け融資などにおいては、保証人が残債務の一括弁済に応じることはもとより困難な場合がほとんどであった。保証人の立場からは残債務の一括弁済は困難であるが、主たる債務者と同条件の分割弁済であれば履行することが可能である場合もあり、期限の利益を喪失する以前に主たる債務者からその旨を通知されていれば期限の利益を維持することが可能で

あったにもかかわらず、期限の利益を維持する機会を与えられないまま一括弁済だけを強いられることへの違和感は大きなものがあった。また、期限の利益喪失後遅延損害金が累積した段階で初めて保証人に請求がされる場合にも、早期に保証人に期限の利益喪失が伝えられていれば、せめて遅延損害金の累積を回避することが可能であったこともあり得るところであった。このような場合に信義則により保証債務の制限を求め得るかが検討されるところであるが、実務上は容易ではなかった。

【After】

　Bが2回分の返済を怠り期限の利益を喪失したときは、Aは、Cに対し、その利益の喪失を知った時から2ヶ月以内に、その旨を通知しなければならない（新458条の3第1項）。Aは7回目の支払期日の懈怠については間もなく知ることとなるのが通常であることから、Cに対してはその時から2ヶ月以内に通知する必要がある。Aより2ヶ月以内に通知がされた場合には、Cは残存債務500万円と遅延損害金を支払う義務を負うこととなるが、これによりCは旧法よりは早期にBの期限の利益の喪失の事態を認知し、保証債務への対応をとることが可能となる。他方、Aが期限の利益喪失から2ヶ月以内の通知を怠った場合には、Cは、期限の利益喪失時から通知がされるまでの間の遅延損害金の支払義務は免れることになる（同条2項）。**Case** では7回目の支払期日徒過における期限の利益喪失による残元本500万円に対応する遅延損害金の支払は免れることとなる。他方、6回目および7回目の支払期日の徒過による各回支払元本分（それぞれ100万円）に対応する遅延損害金の支払義務については、期限の利益喪失にかかわらず生ずるものであるから、支払義務は免れない。新法においても、Cに通知がされるのは期限の利益喪失後であることから期限の利益を維持する機会は与えられず、期限の利益喪失により負担をすることとなる残債務に対応する遅延損害金の負担を免れるに過ぎないこととなる。もっとも、早期に保証人に期限の利益喪失の事実が通知されることが実務上定着することから、これまで散見された期限の利益喪失後、長期間が経過した後に、多額の遅延損害金が累積した状態で残債務全額について一括請求がされるという事態が回避されることとなると思われる。　　　　　　　　　　　　　［辰巳裕規］

126
譲渡制限特約違反の債権譲渡後の譲渡人への弁済・相殺

Case

AはBに対し原材料の販売代金債権（甲債権）を有していたが、甲については AB間において譲渡を禁止する旨の意思表示がされていた。Aは、当該特約について善意重過失のCに対して、甲を譲渡し、Aは、Bに対して、確定日付ある証書をもって当該譲渡を通知した。

(1) 甲についてCから請求を受けたBは、Cへの弁済を拒んでAに弁済した。この弁済は有効か。

(2) Aの譲渡通知があった後、BはAに請われてAに対して製品を販売し、Aに対する乙代金債権（甲と同金額である）を取得し、履行期が到来した。Bは、Aに対し、甲と乙を相殺できるか。

【Before】

この Case は、譲渡禁止特約に違反する債権譲渡が善意重過失者に対してされた事案である。なお、旧法において旧 466 条 2 項の意思表示は、一般に、譲渡禁止特約といわれていた。

譲渡制限特約は、債権の譲渡性を物権的に奪うものであり、同特約に違反した譲渡は無効であるが、「善意の第三者」には同特約を対抗できない結果（旧 466 条 2 項ただし書）、当該第三者への譲渡は有効になるものと解される（物権的効力説）。「善意の第三者」には重過失者を含まないとするのが判例である（最判昭 48・7・19 民集 27-7-823。なお、大判明 38・2・28 民録 11-278 は、債務者が譲受人の悪意または重過失の証明責任を負うべきものとする）。

(1)では、Cは、旧 466 条 2 項ただし書の「善意の第三者」に該当しないので、Cへの譲渡は無効と解され、甲債権は依然としてAに帰属していることになる。したがって、Bは、Cに甲が帰属していないことを理由にCへの弁済を拒むことができ、Aへの弁済は有効となる。

Cへの譲渡が無効である結果として、甲は、譲渡人Aに帰属していることとなるので、(2)では、甲と乙はABが有する互いに対立する債権であり、BはAに対する相殺が可能であり、これによって甲は消滅する。

【After】

　譲渡制限特約は、譲渡の有効性を妨げるものではなく、これに違反する譲渡であっても債権は有効に譲受人に移転し（新466条2項）、第三者対抗要件を具備したときは、譲受人が確定的に債権の帰属者となる（債権的効力説）。なお、新466条2項は、債権譲渡を禁止しまたは制限する旨の意思表示を「譲渡制限の意思表示」と呼ぶことにしていることから、ここでは、譲渡禁止特約についても「譲渡制限特約」と呼ぶこととする。もっとも、譲受人が悪意または重過失者であるときは、債務者は、譲受人に対してその債務の履行を拒むことができ、かつ、譲渡人に対する弁済その他の債務消滅事由をもって譲受人に対抗することができる（同条3項）。すなわち、債務者は、譲受人が悪意または重過失の場合は、債権帰属者である譲受人に対して弁済拒絶権を有し、かつ、既に債権帰属者ではない譲渡人に対する弁済、相殺等の債務消滅事由（したがって本来無効な債務消滅事由）をもって、債権帰属者たる譲受人に対抗できることになる。この弁済拒絶権および債務消滅事由の対抗権は、いずれも譲渡制限特約の効力として認められる特別な効力であり、これらによって債務者は、悪意・重過失の譲受人に対する関係では、債務消滅事由につき既に債権帰属者ではない譲渡人をあたかも債権者として取扱うことが可能となり、譲渡に伴う事務の繁雑さや過誤払を回避し、反対債権による相殺の機会を確保するという債務者の弁済先固定の利益が保護されることとなる。この弁済拒絶権および債務消滅事由の対抗権は、（譲渡制限）特約悪意の抗弁（権）と呼ぶことができよう（特約悪意の抗弁は、譲受人が債権譲受を債務者に対抗できることを前提として、債務者に認められる抗弁であり、伝統的な債権的効力説における悪意の抗弁と同趣旨のものである。したがってまた、新法の規律は、改正法の立案過程で検討された、譲受人が債権譲受を債務者以外の第三者には対抗できるが債務者には対抗できないとする相対効の考え方（相対的効力案）とは発想の根本を異にするものである）。

　(1)では、甲は譲渡制限特約付き債権であるがCへの譲渡が有効である以上、Cが確定的に甲の帰属者となり、Aには甲が帰属していないこととなる。しかし、Bは、重過失者であるCに対して、特約悪意の抗弁に基づき弁済を拒絶することができ、またAへの弁済により甲が消滅したことをCに対抗することができる。

　また、(2)では、Bに対する甲はCに帰属し、Aに対する乙はBに帰属しているから、互いに対立する債権ではないが、Bは、特約悪意の抗弁に基づき、Aに対する乙との相殺行為をもって免責を得られる。すなわち、甲を受働債権、乙を自働債権としてAに対して相殺し、これによる甲の消滅をCに主張できる。　　　　　　　　［赫　高規］

127
譲渡制限特約違反の債権譲渡後の善意譲受人の地位

Case

AはBに対し代金債権（甲債権）を有していたが、AB間において、甲につき譲渡を禁止する旨の意思表示がされた。

Aは、当該特約について悪意のCに対して甲を譲渡し、続いて善意・無重過失のDに対して甲を二重譲渡した。その後Aは、Bに対して、確定日付ある証書をもってまずCへの譲渡を通知し、後れてDへの譲渡を通知した。

(1) CのBに対する甲の履行請求は認められるか。Bが甲についてCへ弁済したとき、当該弁済は有効か。

(2) AのBに対する甲の履行請求は認められるか。Bが甲についてAへ弁済したとき、当該弁済は有効か。

(3) DのBに対する甲の履行請求は認められるか。Bが甲についてDへ弁済したとき、当該弁済は有効か。

【Before】

この Case は、譲渡禁止特約付き債権が特約についての悪意者と善意・無重過失者に二重譲渡され、悪意者が先に第三者対抗要件を具備した事案である。

譲渡禁止特約は、Case126 で述べたとおり、債権の譲渡性を物権的に奪うものであり、同特約に違反した譲渡は無効であるが、「善意の第三者」には同特約を対抗できない結果、当該第三者への譲渡は有効になるものと解される（物権的効力説）。

Case においては、悪意のCへの第一譲渡は無効であり、先に具備した第三者対抗要件も無効であって、甲はAに帰属しており、その後の、Aによる、善意・無重過失のDへの第二譲渡は有効であり、第三者対抗要件の具備によってDが確定的に甲の帰属者になったものといえる。

(1)については、AのCへの譲渡は無効であり、Cは甲を取得しないので、CのBに対する履行請求は認められない。また、Bが甲についてCへの譲渡を承諾のうえで弁済しても、既に善意のDに対して甲が譲渡されているため、116条の法意により、当該弁済をもって、Dに対抗することができない（最判平9・6・5民集51-5-2053）。

(2)については、Aは既に甲の帰属者ではないことからAのBに対する履行請求は認

められない。また、同様にＢが甲についてＡへ弁済しても、当該弁済は無効であり、甲は消滅しない。

(3)については、甲がＤに帰属していると解される以上、ＤのＢに対する履行請求は認められ、またＢのＤへの弁済は有効であり、甲は消滅する（なお、最判平21・3・27民集63-3-449との関係で、ＤがＡのＣへの譲渡の無効を主張し得る独自の利益を有さず、結果としてＣが甲債権の帰属者と扱われるとする見解がないではないことについて→Case128。この見解によれば、Case(1)におけるＢのＣへの弁済は有効である）。

【After】

新法では、譲渡制限特約に違反する譲渡であっても債権は有効に譲受人に移転し（新466条2項）、第三者対抗要件の具備により確定的に債権の帰属者となるが、債務者は、悪意・重過失の譲受人に対して特約悪意の抗弁（履行拒絶権および譲渡人への弁済その他の債務消滅事由の対抗権〔同条3項〕）。を主張できる（債権的効力説）。

Case においては、悪意のＣへの譲渡も有効であるから、第三者対抗要件具備によって甲は確定的にＣに帰属し、Ａは甲について無権利者となる。したがって、その後のＡからＤへの譲渡によってＤが甲を取得する余地はない。

(1)については、Ｃは確定的に甲を取得しているので、ＣのＢに対する履行請求は原則として認められる。もっとも、Ｃは特約について悪意の譲受人であるため、Ｂは特約悪意の抗弁を主張してＣからの履行請求を拒むことができる。Ｂが特約悪意の抗弁を主張せずにＣに対して弁済したときは、有効に甲が消滅する。

(2)については、Ａは既に甲の帰属者ではないことからＡのＢに対する履行請求は認められない。もっとも、甲の帰属者であるＣは特約につき悪意の譲受人であることから、Ｂは特約悪意の抗弁に基づきＡに対する弁済をもってＣに対抗することができる。したがってＢのＡに対する弁済により有効に甲が消滅する。

(3)については、甲はＣに帰属しＤが甲を取得する余地はないものと解される以上、ＤのＢに対する履行請求は認められない。また、特約悪意の抗弁をもってしても、Ｄに対する弁済をＣに対抗する余地はなく、Ｄへの弁済は無効であり、当該弁済により甲は消滅しない。

[赫　高規]

128
譲渡制限特約違反の債権譲受人による履行請求

Case

AはBに対し代金債権（甲債権）を有していたが、AB間において、甲につき譲渡を禁止する旨の意思表示がされた。

Aは、当該特約について悪意のCに対して甲を譲渡し、Bに対して、確定日付ある証書をもって当該譲渡を通知した。

CがBに対して甲の履行を請求したがBがこれを拒絶したので、AがBに対して甲の履行を請求した。この請求は認められるか。

また、BがCへの甲の譲渡を許容しないにもかかわらず、CのBに対する甲の履行請求が認められる場合はあるか。この場合において、甲が期限の定めのない債務または取立債務であったとき、留意すべき点はあるか。

【Before】

このCaseは、譲渡禁止特約付き債権が特約についての悪意者に譲渡された場合に債務者が譲受人への履行をしないときの甲の履行請求の方法を検討するものである。

譲渡禁止特約は、債権の譲渡性を物権的に奪うものであり、同特約に違反した譲渡は譲受人が善意（無重過失）である場合を除き無効である（物権的効力説）。

Caseにおいて、悪意のCへの譲渡は無効であり、甲はAに帰属していることとなるから、AのBに対する請求は認められそうである。もっとも、この点に関して最判平21・3・27民集63-3-449は、「譲渡禁止の特約に反して債権を譲渡した債権者は、同特約の存在を理由に譲渡の無効を主張する独自の利益を有しないのであって、債務者に譲渡の無効を主張する意思があることが明らかであるなどの特段の事情がない限り、その無効を主張することは許されない」とした。この最高裁判例によっても、CaseではBはCへの履行を拒絶するに当たりCへの譲渡の無効を主張していると考えられるから、特段の事情が認められ、Aは、Cへの譲渡の無効を主張してBに対して請求することが認められるものと解される。

悪意のCへの譲渡が無効とされる以上、CのBに対する履行請求は認められない。

【After】

新法では、譲渡制限特約に違反する譲渡であっても債権は有効に譲受人に移転するが（新466条2項）、債務者は、悪意・重過失の譲受人に対して特約悪意の抗弁（履行拒絶権および譲渡人への弁済その他の債務消滅事由の対抗権〔同条3項〕）を主張できる（債権的効力説）。

Case において、Cへの譲渡は有効であり甲債権はCに帰属するが、Bは悪意のCに対して特約悪意の抗弁に基づき甲の履行を拒絶できる。このとき、Bは、Aへの弁済をもってCに対抗できるのだが、Aへの弁済義務があるとまではいえない。他方、Aの側からBへ甲の履行を求めようとしても、Aは既に甲の帰属者ではない以上（Cから取立権限の授権がされた場合は別として）Bに対する請求根拠を欠くから、当該請求も認められない。したがってBが任意に甲を弁済しないとき、Bに対して誰も甲の履行を求めることができないというデッドロックに陥る。

しかし、債務の履行を怠り続ける債務者はもはや弁済先を固定する利益の保護に値しないというべきである。そこで、債務者が債務の履行を怠っている場合に、譲受人が債務者に対し相当の期間を定めて譲渡人への履行を催告し、その期間内に履行がないときは、債務者は特約悪意の抗弁権を失うものとされた（新466条4項）。

Case においても、Bが甲について履行を遅滞しているときは、Cは、相当の期間を定めてAへの履行を催告し、その期間内に履行がないときは、BはCに対して特約に基づく履行拒絶権を行使できなくなり、CのBに対する履行請求が認められることになる。

ところで、この譲受人の催告による特約悪意の抗弁の喪失制度は、上記のとおり、履行を遅滞している債務者が保護に値しないことを基礎とするものであり、譲受人による催告の時点で債務者が遅滞に陥っていることが必要であるが、債務者を遅滞に付するために債権者の行為（期限の定めのない債務における履行の請求〔新412条3項〕や、取立債務における取立行為）を要する場合があり、その具体的方法が問題となる。まず、この場面で債務者は特約悪意の抗弁に基づき悪意・重過失の譲受人に対する弁済を拒絶し得るのであり、債務者がそのような弁済を拒絶し得る者の行為によって遅滞に付されることはないものといわざるを得ない。他方、債権の帰属者である譲受人から履行請求等の権限を付与された譲渡人が自己の名において債務者に履行請求等を行った場合には付遅滞の効果が生じるものと解される。すなわち、甲が期限の定めのない債務ないし取立債務であった場合は、Bを遅滞に付するために、CはAの協力を得る必要があることに留意すべきことになる。

[赫　高規]

129
譲渡制限特約違反の債権譲渡と債務者の承諾

Case

　AはBに対して貸付債権（甲債権）を有していたが、甲債権には、第三者への譲渡を禁止する旨の特約が付されていた。

　Aは、Cに対して甲を譲渡し、Bに対して確定日付ある証書をもって当該譲渡について通知した。

　その後に、Aは、Dに対しても甲を二重に譲渡し、Bに対して確定日付ある証書をもって当該譲渡について通知した。

　⑴　CもDも、上記特約について悪意であった場合、Bは、AのDに対する債権譲渡を承諾して、Dに対して弁済することができるか。

　⑵　Cは、上記特約について悪意であったが、Dは、上記特約について善意（無重過失）であった場合、Bは、AのCに対する債権譲渡を承諾して、Cに対して弁済することができるか。

【Before】

　旧法においては、譲受人が譲渡禁止特約について悪意（重過失を含む）であった場合には、当該特約に反する債権譲渡は物権的に無効と解されていたので（旧466条2項本文→Case126）、⑴では、AのCに対する債権譲渡およびAのDに対する債権譲渡は、いずれも無効である。

　ただし、譲渡禁止特約は、弁済先を固定するという債務者の利益を保護するための制度であるから、債務者が、譲渡禁止特約に反する債権譲渡を自ら承諾することは可能であり、その場合には、債務者が承諾した債権譲渡は遡及的に有効となる（最判昭52・3・17民集31-2-308）。

　上記のとおり、Bが承諾しなければ、元々、AのCに対する債権譲渡およびAのDに対する債権譲渡は、いずれも無効であるから、Bは、いずれの債権譲渡を承諾することも可能である。

　したがって、Bは、AのDに対する債権譲渡を承諾して、Dに対して弁済することができることになる。

　一方、⑵では、譲渡禁止特約について善意（無重過失）であるDに対する債権譲渡は

有効と解され（旧466条2項ただし書）、Dは、既に有効に甲債権を取得している。

　上記のとおり、譲渡禁止特約に反する債権譲渡を債務者が承諾した場合には、当該債権譲渡は遡及的に有効となり得るが、無権代理行為の追認に関する116条の法意に照らし、当該承諾によって第三者の権利を害することはできないと解されており（最判平9・6・5民集51-5-2053）、Bは、AのCに対する債権譲渡を承諾しても、既に有効に甲を取得した第三者であるDに対してこれを対抗することはできない。

　したがって、Bは、AのCに対する債権譲渡を承諾して、Cに対して弁済することはできないことになる。

【After】

　新法においては、譲渡制限特約に反する債権譲渡であっても、当該債権譲渡の効力は妨げられない（新466条2項→Case126）。

　その結果、譲渡制限特約にかかわらず、AのCに対する債権譲渡およびAのDに対する債権譲渡は、いずれもその効力を妨げられず、両者の優劣は、第三者対抗要件の優劣により決せられ、(1)でも(2)でも、第三者対抗要件について優先するCが有効に甲債権を取得する。

　Cが甲を取得するという上記結論は、Bとの関係においても異なるところはなく、弁済先を固定するという債務者の利益は、債務者が、譲受人に対する債務の履行を拒むことができ、かつ、譲渡人に対する弁済その他の債務を消滅させる事由をもって譲受人に対抗することができるという範囲において、保護される（新466条3項→Case126）。

　したがって、(1)では、Bは、甲の債権者には決してなり得ないDに対する債権譲渡を承諾することはできず、Dに対して弁済することはできないことになる。

　また、(2)では、甲の債権者とは決してなり得ないDの権利が害されることはあり得ないから、Bは、AのCに対する債権譲渡を承諾して、Cに対して弁済することができることになる。

　なお、上記のとおり、譲渡制限特約に反する債権譲渡であっても、当該債権譲渡の効力は妨げられないとすると、Bは、譲渡制限特約に基づき、Cに対する債務の履行を拒み、かつ、既に債権者ではないという理由により、Aに対する債務の履行をも拒むという、デッドロック的な事態が生じることがあり得る。

　したがって、新法においては、このような場合を想定して、譲受人に、債務者に対して相当期間を定めて譲渡人に対する履行を催告する権利を与え、当該催告にかかわらず、債務者が履行しない場合には、債務者は、譲渡制限特約を譲受人に対抗できなくなる旨の規定が、新たに設けられていることにも留意してほしい（新466条4項）。[德田　琢]

130
債務者の供託権

Case

　AはBに対して貸付債権（甲債権）を有していたが、甲債権には、第三者への譲渡を禁止する旨の特約が付されていた。

　Aは、Cに対して甲を譲渡し、Bに対して確定日付ある証書をもって当該譲渡について通知した。

　Cが上記特約について善意であったのか、悪意であったのかについては、Bには全く判然としない。

　Bは、甲について、供託所に供託をすることができるか。

　供託をすることができるとした場合、その供託原因は何か。

　また、Cが、上記特約について悪意であった場合、Aは、供託金の還付請求権を行使することができるか。

【Before】

　旧法においては、譲受人が譲渡禁止特約について悪意（重過失を含む）であった場合には、当該特約に反する債権譲渡は物権的に無効と解されていた一方（旧466条2項本文）、譲受人が当該特約について善意（無重過失）であった場合には、当該特約に反する債権譲渡も有効と解されていた（同条2項ただし書→Case126）。

　したがって、AのCに対する債権譲渡が有効であるのか無効であるのか、言い換えれば、甲債権の債権者がAであるのかCであるのかは、Cが、譲渡禁止特約について善意（無重過失）であったのか、悪意（重過失を含む）であったのかによることになる。

　ところで、Bには、この点に関するCの主観が全く判然としないというのであるから、Bは、過失なく債権者がAであるのか、Cであるのかを確知することができないこと（債権者不確知）を供託原因として（旧494条）、甲について、供託所に供託をすることができることになる。

　なお、旧法においても、譲渡禁止特約は、弁済先を固定するという債務者の利益を保護するための制度であるから、譲渡禁止特約に反して債権を譲渡した譲渡人は、当該特約を理由として債権譲渡の無効を主張する独自の利益を有さず、債務者に債権譲渡の無効を主張する意思があることが明らかであるなどの特段の事情がない限り、当該無効を

主張することは許されないと解されていた（最判平21・3・27民集63-3-449）。

　したがって、Cが、譲渡禁止特約について悪意（重過失を含む）であっても、上記特段の事情がない限り、Aは、債権譲渡の無効を主張することはできず、Cではなく自らが債権者であるとして、供託金の還付請求権を行使することはできないことになる。

【After】

　新法においては、譲渡制限特約に反する債権譲渡であっても、当該債権譲渡の効力は妨げられないので（新466条2項→Case126）、譲渡制限特約にかかわらず、AのCに対する債権譲渡は有効であり、Cは有効に甲債権を取得する。

　Cが甲を取得するという上記結論は、Bとの関係においても異なるところはなく、弁済先を固定するという債務者の利益は、債務者が、譲受人に対する債務の履行を拒むことができ、かつ、譲渡人に対する弁済その他の債務を消滅させる事由をもって譲受人に対抗することができるという範囲において、保護されるに過ぎない（新466条3項→Case126）。

　その結果、Bは、債権者がCであること自体は確知しているので、債権者不確知を供託原因として、甲について、供託所に供託をすることはできないことになる。

　しかし、これを前提とすると、譲受人が譲渡禁止特約について善意であるにもかかわらず、悪意であると誤信して、譲渡人に対して弁済してしまうなどの誤弁済のリスクが、債務者に生じる可能性があることから、新法においては、このような場合に債務者が引き続き供託することができるよう、譲渡制限特約が付された金銭の給付を目的とした債権が譲渡されたときを供託原因とする旨の規定が、新たに設けられている（新466条の2第1項）。

　したがって、Bは、これを供託原因として、甲について、供託所に供託をすることができることになる。

　なお、新法においては、上記のとおり、譲渡制限特約によっても、債権譲渡の効力は妨げられず（新466条2項）、譲受人が、有効に債権を取得するから、上記供託原因に基づく供託金については、譲受人のみが還付請求権を行使することができ、既に債権者ではない譲渡人は還付請求権を行使することはできない（新466条の2第3項）。

　したがって、特段の事情の有無にかかわらず、Aは、供託金の還付請求権を行使することはできないことになる。

［徳田　琢］

131
破産手続開始と債権者の供託請求権

Case

　AはBに対して貸付債権（甲債権）を有していたが、甲債権には、第三者への譲渡を禁止する旨の特約が付されていた。

　Aは、上記特約について悪意であるCに対して甲を譲渡し、Bに対して確定日付ある証書をもって当該譲渡について通知した。

　その後に、Aは、破産手続開始の決定を受けた。

　Bは、Aの破産管財人に対して弁済することができるか。

　当該弁済ができない場合、Bは、供託所に供託をすることができるか。

　また、Aの破産管財人は、供託金の還付請求権を行使することができるか。

【Before】

　旧法においては、譲受人が譲渡禁止特約について悪意（重過失を含む）であった場合には、当該特約に反する債権譲渡は物権的に無効と解されていたので（旧466条2項本文→Case126）、AのCに対する債権譲渡は無効である。

　したがって、甲債権はAに帰属したままであるので、Bは、Aの破産管財人に対して弁済することができることになる。

　また、Cが、譲渡禁止特約について善意（無重過失）であったのか、悪意（重過失を含む）であったのかが、Bには判然としないのであれば、Bは、債権者不確知を供託原因として（旧494条）、甲について、供託所に供託をすることもできることになる（→Case 130）。

　なお、この場合に、Aの破産管財人が、供託金の還付請求権を行使することができるかについては、肯否いずれの見解も存在した。

　譲渡禁止特約に反して債権を譲渡した譲渡人は、債務者に債権譲渡の無効を主張する意思があることが明らかであるなどの特段の事情がない限り、当該特約を理由として債権譲渡の無効を主張することは許されないこと（最判平21・3・27民集63-3-449→Case 130）、および、譲渡禁止特約は、破産管財人または破産財団を保護するための制度ではないこと等を理由として、譲渡人であるAと同様に、Aの破産管財人は、上記特段の事情がない限り、供託金の還付請求権を行使することはできないとする見解をもって

妥当と考えたいところであったが、破産管財人の第三者性を重視して、譲渡人である
Ａとは異なり、Ａの破産管財人は、供託金の還付請求権を行使することができるとす
る見解もあった。

【After】

　新法においても、債務者は、譲渡制限特約について悪意（重過失を含む）である譲受
人に対する債務の履行を拒むことができ、かつ、譲渡人に対する弁済その他の債務を消
滅させる事由をもって譲受人に対抗することができるのが原則である（新466条3項
→ Case126）。

　そうすると、Ｂは、Ａの破産管財人に対して弁済することができることになりそうで
あるが、一方、新法においては、譲渡制限特約が付された金銭の給付を目的とした債権
が譲渡された場合において、譲渡人について破産手続開始の決定があったときは、譲渡
制限特約について悪意（重過失を含む）である譲受人であっても、債務者に供託所に供
託をさせることができる旨の特則が、新たに設けられている（新466条の3）。

　破産手続開始の決定があった場合のように、譲渡人の資力が悪化している場合におい
て、譲受人がその債権を譲渡人の他の債権者に優先して回収できることが、資金調達の
円滑化（債権の流動性の確保）という観点から不可欠であること等を理由として、譲受
人に供託請求権を与え、債務者には供託義務を課すこととされたのである。

　したがって、Ｂは、Ａの破産管財人に対して弁済することはできず、供託所に供託を
しなければならないことになる。

　なお、新法においては、譲渡制限特約によっても、債権譲渡の効力は妨げられず（新
466条2項）、譲受人が有効に債権を取得するから、上記供託原因に基づく供託金につい
ては、譲受人のみが還付請求権を行使することができ、既に債権者ではない譲渡人は還
付請求権を行使することはできない（新466条の3・新466条の2第3項）。

　したがって、既に債権者でない点は、譲渡人が譲渡人の破産管財人に代わっても同様
であることから、Ａの破産管財人は、供託金の還付請求権を行使することはできない
ことになる。

[徳田　琢]

132
譲渡制限特約と債権の差押え

Case

　AはBに対して貸付債権（甲債権）を有していたが、甲債権には、第三者への譲渡を禁止する旨の特約が付されていた。

　⑴　Aの債権者であるCが、甲を差し押さえた場合、Bは、上記特約を理由として、Aに対して弁済することができるか。

　⑵　Aは、上記特約について悪意であるDに対して甲を譲渡し、Bに対して確定日付ある証書をもって当該譲渡について通知した。

　その後に、Dの債権者であるEが、甲を差し押さえた場合、Bは、上記特約を理由として、Aに対して弁済することができるか。

【Before】

　明文の規定は存在しないものの、旧法においても、私人間の合意により差押禁止財産を作出することを認めるべきではなく、債務者は、譲渡禁止特約が付された債権の差押債権者に対して当該特約を対抗することはできないと解されていた（最判昭45・4・10民集24-4-240）。

　したがって、⑴では、Bは、差押債権者であるCに対して譲渡禁止特約を対抗することはできず、Aに対して弁済することはできないことになる。

　一方、⑵は、譲渡人であるAの債権者ではなく、譲受人であるDの債権者が差押えを行った事案である。

　旧法においては、譲受人が譲渡禁止特約について悪意（重過失を含む）であった場合には、当該特約に反する債権譲渡は物権的に無効と解されていたので（旧466条2項本文→Case126）、AのDに対する債権譲渡は無効である。

　したがって、Bは、Eに対して、甲がDに帰属していない旨を主張することができるとともに、Aに対して弁済することができることになる。

【After】

　新法においては、旧法における上記昭和45年判決を受けて、債務者は、譲渡制限特約が付された債権の差押債権者に対して当該特約を対抗することはできない旨の明文の

規定が、新たに設けられている（新466条の4第1項）。

　したがって、⑴では、Bは、差押債権者であるCに対して譲渡制限特約を対抗することはできず、Aに対して弁済することはできないことになる。

　一方、新法においては、譲渡制限特約にかかわらず、債権譲渡の効力は妨げられず（新466条2項）、Dが、有効に甲債権を取得するから、⑵では、旧法におけるのとは異なり、Bは、Eに対して、甲債権がDに帰属していない旨を主張することはできない。

　しかし、譲受人の差押債権者に譲受人が有する以上の権利を認めるべき理由はないから、新法においては、債務者は、譲渡制限特約について悪意（重過失を含む）である譲受人の差押債権者に対しても債務の履行を拒むことができ、かつ、譲渡人に対する弁済その他の債務を消滅させる事由をもって当該差押債権者に対抗することができる旨の規定が、新たに設けられている（新466条の4第2項）。

　したがって、Bは、Aに対して弁済することができることになる。　　　［徳田　琢］

133
譲渡制限特約と預貯金債権

Case

　AはB銀行に対して100万円の預金債権を有していたが、当該預金債権には、第三者への譲渡を禁止する旨の特約が付されていた。

　Aは、上記特約について悪意であるCに対して当該預金債権（全額）を譲渡し、Bに対して確定日付ある証書をもって当該譲渡について通知した。

　⑴　その後に、Aの債権者であるDが、当該預金債権（全額）に質権の設定を求めてきた場合、Bは、当該質権設定を承諾して、質権の実行に際し、Dに対して弁済することができるか。

　⑵　その後に、Aは、50万円を追加して預金し、翌日に、50万円を払い戻した。

　さらにその後に、Aの債権者であるEが、当該預金債権（全額）を差し押さえた場合、当該差押えの効力は、当該預金債権のうち何円の範囲に及ぶか。

【Before】

　旧法においては、譲受人が譲渡禁止特約について悪意（重過失を含む）であった場合には、当該特約に反する債権譲渡は物権的に無効と解されていたので（旧466条2項本文→Case126）、AのCに対する債権譲渡は無効である。

　したがって、預金債権はAに帰属したままであるので、⑴では、Bは、Aの債権者であるDによる質権設定を承諾して、質権の実行に際し、Dに対して弁済することができることになる。

　また、⑵では、Aの債権者であるEによる差押えの効力は、当然ながら、当該差押え時の預金全額である100万円の範囲に及ぶことになる。

【After】

　新法においては、譲渡制限特約に反する債権譲渡であっても、当該債権譲渡の効力は妨げられないのが原則である（新466条2項）。

　そうすると、譲渡制限特約にかかわらず、第三者対抗要件について優先するCが有効に預金債権を取得し（→Case129）、Bは、Cに対する債務の履行を拒むことができ、

かつ、Ａに対する弁済その他の債務を消滅させる事由をもってＣに対抗することができるに過ぎず（新466条3項）、(1)では、既に預金債権を有していないＡの債権者であるＤによる質権設定が有効になることはなく、Ｂが、当該質権設定を承諾して、質権の実行に際し、Ｄに対して弁済することはできないことになりそうである。

しかし、新法においては、預貯金債権については、上記原則にかかわらず、債務者は、譲渡制限特約について悪意（重過失を含む）である譲受人に対して譲渡制限特約をそのまま対抗できる旨の特則が、新たに設けられており（新466条の5第1項）、旧法におけるのと同様に、譲渡禁止特約について悪意（重過失を含む）である譲受人に対する預貯金債権の譲渡は物権的に無効となる。

したがって、【Before】と同様に、(1)では、Ｂは、Ａの債権者であるＤによる質権設定を承諾して、質権の実行に際し、Ｄに対して弁済することができることになる。

一方、(2)は、預貯金債権について、上記特則を設けるに至った理由を明らかにする事案である。

譲渡制限特約に反する債権譲渡であっても、当該債権譲渡の効力は妨げられないという上記原則からすれば、第三者対抗要件について優先するＣが有効に預金債権を取得することになる（→ Case129）。

しかし、Ｂとしては、Ａに対する弁済その他の債務を消滅させる事由をもってＣに対抗することができるところ（新466条3項）、Ａが払い戻した50万円が、既にＣに譲渡された預金債権を弁済したことになるのか、追加して預金された50万円を弁済したことになるのかが確定しなければ、Ａの債権者であるＥによる差押えの効力が及ぶ範囲を確定できない。

前者の場合には、当該差押え時の預金債権の中に、追加して預金された50万円が残っており、これはＣに譲渡されていないから、Ａの債権者であるＥによる差押えの効力は、この50万円の範囲に及ぶことになるが、後者の場合には、当該差押え時に預金債権は残っていない（Ｃが有効に取得している）ので、当該差押えは空振りになる。

まさに、このような事案に関して、「預貯金の払戻しに際して、都度、譲渡された預貯金債権と譲渡されていない預貯金債権のいずれについて払戻しを請求するのかを払戻しをする者に明らかにさせることは現実的に不可能であること」を理由として、上記特則が設けられるに至ったのである。

したがって、(2)でも、結論は【Before】と同様であり、Ａの債権者であるＥによる差押えの効力は、当該差押え時の預金全額である100万円の範囲に及ぶことになる。

なお、念のために付言すれば、預貯金債権についても、債務者が、譲渡制限特約が付された債権の差押債権者に対して当該特約を対抗することができない点は、他の債権と同様である（新466条の5第2項）。

[徳田　琢]

134
将来債権譲渡担保の効力

Case

　Aは、Bに対する債務を担保するため、今後5年間にわたりCに対して取得する商品売掛金債権（甲債権）を一括して譲渡した。Aは、Cに対し、Bに甲を担保のために譲渡したこと、また、Bからの担保権実行通知があるまでは引き続きAが弁済を受領する旨を、内容証明郵便で通知した。4年後、Aの債権者Dが譲渡の対象となっている甲1を差し押さえ、Cに差押命令が送達された。その数日後、Cは、自己に対して甲1を弁済することを求めるBからの通知を受領した。Cは、BとDのいずれに弁済するべきか。

【Before】

　将来発生すべき債権（将来債権）が譲渡される重要場面の1つは、**Case**のような担保目的での譲渡（譲渡担保）の場面であった。

　まず、譲渡の有効性につき、最判平11・1・29民集53-1-151は、譲渡の対象となる債権の範囲が適宜の方法（発生原因、金額、始期と終期など）で特定されていれば、将来債権も有効に譲渡することができ、債権発生の可能性の程度は譲渡の有効性に当然には影響しないとした。「将来」債権を譲渡の対象とする以上、通常その不発生のリスクは契約に織り込み済みであることがその理由であった。これは、将来債権が担保のために譲渡された場合も同様であり、譲受人は、発生した債権を当然に取得した（最判平19・2・15民集61-1-243。債権発生時に新たな譲渡行為をする必要はない）。

　ただし、上記平成11年判決は、例外的に譲渡の全部または一部が公序良俗違反（旧90条）で無効となり得る事情として、①譲渡人の営業活動等への過度の制限、②譲渡人の他の債権者に生じる不当な不利益を挙げていたため、検討を要する。この点、通常の営業を継続する限り譲渡人による債権の取立て・回収金の利用が認められる将来債権譲渡担保の類型においては、①の観点は問題となりにくい。また、債権者間の平等の観点（②）も、本来はむしろ詐害行為取消権・否認権などの制度で対処するべきであり、公序良俗違反が問題となるのは極めて例外的な場面である。よって、**Case**におけるAB間の譲渡の有効性を前提とすることができる。

　つぎに、譲渡の対抗要件につき、最判平13・11・22民集55-6-1056は、将来債権で

あっても既に確定的に譲渡されているのだから、既発生債権の譲渡の対抗要件と同じ方法で第三者対抗要件を具備することができるとした（467条2項）。譲受人は発生した債権を当然に取得するのであり、既にその最終的帰属は確定的に変更されているから、その旨を債務者に公示させれば対抗要件制度の目的は達せられるといえた。また、同判決によれば、譲渡された債権の取立権限を譲渡人に与える合意が付加されていても、譲渡および対抗要件具備の効力には影響しない。よって、**Case** のAによる通知は、467条2項による有効な通知である（民施5条1項6号も参照）。なお、Aが法人であれば、第三者対抗要件具備の方法として、債権譲渡登記制度を利用することもできた（動産債権譲渡特4条1項）。この場合、動産債権譲渡特例法4条2項に基づく通知または承諾により、さらに債務者対抗要件を具備する必要があった。

　債権譲渡と差押えが競合した場合、その優劣は、債権譲渡の第三者対抗要件の具備時（通知の場合は債務者への到達時）と差押命令の第三債務者（被差押債権の債務者）への送達時の先後により決まった（最判昭49・3・7民集28-2-174、最判昭58・10・4時判1095-95）。よって、**Case** では、AB間の譲渡がDの差押えに優先する。Bからの担保権実行通知を受けたCは、Bに弁済しなければならない。

【After】

　将来債権を利用した資金調達を促進するため、上記の判例法理が明文化された。

　新466条の6第1項・2項によると、「債権の譲渡は、その意思表示の時に債権が現に発生していることを要」せず、この場合、「譲受人は、発生した債権を当然に取得する」（上記平成11年判決、平成19年判決）。これは、将来債権の譲渡も、原則として「債権の譲渡」と同じ枠組みで取り扱われることを示している。もっとも、将来債権譲渡に関する理論的問題（例えば、将来債権の譲渡契約締結時点で譲渡されているものは厳密には何か、債権は誰のもとで発生するのかなど）は、引き続き解釈に委ねられている。また、上述した公序良俗の観点からの制限の存在は、同条により否定されていない。

　対抗要件具備の効力についても、新467条1項にかっこ書が挿入され、既発生債権の譲渡の場合と同じ方法で将来債権の譲渡の対抗要件を具備できることが明示された（上記平成13年判決）。また、金銭債権の譲渡人が法人であれば、選択的に債権譲渡登記制度を利用できることにも変更はない（改正審議の過程では、金銭債権の譲渡の第三者対抗要件を登記に一元化する案なども検討されたが、採用されなかった）。

　複数の債権譲渡や債権譲渡と差押えが競合した場面の処理については明文化が見送られたため、新法のもとでも従来の判例法理（上記昭和49年判決ほか）がそのまま妥当する。よって、**Case** の結論は、旧法と異ならない。　　　　　　　　　　　　［和田勝行］

135
将来債権の譲受人に対する譲渡制限の意思表示の対抗

Case

　A（法人）は、Bに対する債務を担保するため、今後3年間にわたりCに対して取得する請負代金債権（甲債権）を一括して譲渡した。以下の場合に、Bが甲1の履行を請求したとすれば、Cは譲渡制限特約を対抗できるか。

　(1)　債権譲渡登記による第三者対抗要件具備 ⟶ AC間の請負契約締結（甲1につき譲渡制限を合意）⟶ 登記事項証明書を交付してする債権譲渡のCへの通知、の順に生じた場合。

　(2)　確定日付のある証書による債権譲渡のCへの通知 ⟶ AC間の請負契約締結（甲1につき譲渡制限を合意）、の順に生じた場合。

【Before】

　将来債権の譲受人（譲渡担保権者）に対する将来債権譲渡後に付された譲渡禁止特約（以下「特約」という）の対抗の問題は、債権取得を期待する譲受人の利益と特約による保護を求める債務者の利益が対立する難問であり、定説はなかった。

　特約の物権的効力説を前提とすると（→ Case126）、債権は譲渡性のないものとして発生するので、特約が第三者に対抗できる限り、将来債権譲渡の効力は生じないとする考え方があり得た（旧466条2項本文）。しかし、この特約の効力を常に認め得るかは、問題であった。将来債権も確定的に譲渡可能で、ただちに対抗要件を具備できるという判例法理に照らすと、少なくとも(2)の場合のように債務者対抗要件が具備されて債務者との関係でも譲渡の効力が生じたならば、（譲受人が将来当然に取得する債権につき）もはや譲渡人・債務者間で債権の譲渡性を失わせる余地はないとも考え得るからである。この考慮によると、債務者対抗要件具備後は、債権の譲渡性を奪うという意味での特約の（物権的）効力は認められない（特約の時間的限界）。

　さらに、特約の効力自体は認め得るとしても、債務者がそれを第三者に対抗するには、第三者がその特約の存在につき善意（または無重過失）でないことを示す必要があった（旧466条2項ただし書）。「善意」の対象は譲渡時の特約の存在であるという見解によると、将来債権譲渡時には特約が存在しない以上、ⓐ譲受人はある意味で善意なのでただし書が適用される（対抗不能）、またはⓑ譲受人の善意・悪意を問う前提が欠けている

のでただし書の適用は排除される（対抗可能）、のいずれかになった。他方、事態に即した修正を加え、ⓒ「将来発生する債権に特約が付されるのが確実であるという事情」を譲渡時に判断される「善意」の対象とする可能性もあった。

　以上のように、①特約の効力を認め得るか、②その効力を第三者に対抗できるか、という問題があった。特約の時間的限界を肯定すると、(2)では特約の効力が認められない（対抗も不能）。(1)で特約の効力を第三者に対抗できるかは、ⓐ〜ⓒの見解にかかる。

【After】

　新466条の6第3項によると、将来債権が譲渡された場合において、(1)のように債務者対抗要件具備時（動産債権譲渡特4条2項・3項参照）までに特約が結ばれたときは、特約の存在につき第三者の悪意が擬制され、新466条3項（または新466条の5第1項）に基づき特約を対抗できる。譲渡を通常は認識できないこの段階で債務者の利益が制約される理由はないし、譲受人は将来特約が付されるリスクを考慮することができるからである。逆に、(2)のように債務者対抗要件具備後に特約が結ばれたときは、（譲渡時に特約が存在しないため第三者は善意であって）特約は対抗できない。譲渡を認識した債務者は、譲渡されることを望まないならば被譲渡債権を発生させる取引を控えるなど、それに応じた行動をとることができるからである。よって、新法の趣旨は、債務者対抗要件具備と特約締結の先後により譲受人・債務者の利益を調整するというものである（(1)は対抗可能、(2)は対抗不能。なお、基本契約で特約が締結され、個別契約に基づく債権が債務者対抗要件具備後に発生した場合、特約締結時を基本契約締結時とする見解に説得力がある）。

　新法における特約は譲渡自体の効力に影響を及ぼさない債務者の（契約上の）抗弁に過ぎず、法律上特別に悪意または重過失の第三者に対する対抗力が認められている（ただし、預貯金債権については旧法下の特約の物権的効力が維持される→Case133）。だとすると、特約の物権的効力を前提とした旧法下の説明とは異なり、原則として債権的効力しか有しない特約につき①の時間的限界の問題は生じず、新法では②の対抗の可否のみが問題となる。立法趣旨は「善意」の対象を譲渡時の特約の存在と捉えるが、(2)のように早期に債務者対抗要件が具備され債務者の抗弁が封じられる不都合を考えると（将来の預金債権の譲渡につき預金契約締結より先に債務者対抗要件が具備され、譲渡可能な預金債権が作出される可能性もある）、むしろ上記ⓒの発想に基づき債務者対抗要件具備後の特約にも対抗の余地を残すべきではないか（将来特約が付されることが確実といえる預金債権のケースに対処可能。この預金の問題については、①譲渡可能な預金債権の作出を否定できないことを前提に、口座開設拒否による銀行の対応が必要となることを指摘する見解や、②銀行の債権管理の単位である支店を特定しない譲渡通知に債務者対抗要件具備の効力を認めない見解〔支店が特定されれば口座開設拒否が容易となる〕等もある）。

［和田勝行］

136
債権譲渡の承諾と債務者の抗弁

Case

(1) Aは、Bに対する請負代金債権（甲債権）をCに譲渡し、Bはこの譲渡を単純に承諾した。その後、Aは仕事完成義務を履行せず、Bは請負契約を解除した。Cは、甲の履行を請求できるか。

(2) Aは、Bに対する請負代金債権（甲債権）をCに譲渡した。Bはこの譲渡を承諾し、さらに、Cに対し「Aとの関係で生じる一切の抗弁を放棄する」と表明した。その後、Aは仕事完成義務を履行せず、Bは請負契約を解除した。Cは、甲の履行を請求できるか。

【Before】

旧468条2項によると、債権譲渡の通知がされただけの場合には、債務者は、「通知を受けるまでに譲渡人に対して生じた事由をもって譲受人に対抗することができる」。債権譲渡により債務者の地位が悪化してはならないから、この「事由」は広く解釈され、抗弁事由発生の基礎が存在していれば足りるとされた。

他方、同条1項前段によると、債務者が「異議をとどめないで前条の承諾をしたときは、譲渡人に対抗することができた事由があっても、これをもって譲受人に対抗することができない」。この承諾は、観念の通知（債権譲渡の事実を知ったことの表示）であり、留保のない単純な承諾は「異議をとどめない」承諾となった。法律がこの承諾に抗弁喪失効を認めた根拠は、「債権譲受人の利益を保護し一般債権取引の安全を保障するため」と解するのが伝統的立場であった（最判昭42・10・27民集21-8-2161）。この趣旨によると、「事由」につき悪意の譲受人を保護する必要はない（上記昭和42年判決）。さらに、最判平27・6・1民集69-4-672は、「事由」の存在を知らないことについての譲受人の無過失も要求した。その理由は、債務者の単純な承諾に抗弁喪失という重大な効果が結びつけられている以上、譲受人にも相応の注意が要求されるべきという点にあった。

同条1項の「事由」について、上記昭和42年判決は、2項と同様の広い解釈をとった（抗弁事由発生の基礎）。すなわち、双務契約の解除については、被譲渡債権に対応する未履行の反対給付義務が存在すれば、既に契約解除に至るべき原因が存在しているから、異議をとどめない承諾をした債務者は解除をもって譲受人に対抗できない。ただし、

未履行の反対給付義務の存在についての譲受人の悪意、または同義務の存在を知らなかったことについての譲受人の過失が認められれば、この限りでない。

(1)では、Bの承諾時に未履行の仕事完成義務が存在しており解除の抗弁は喪失の対象となるが、Cの悪意または過失が認められれば、抗弁は失われずCの請求は認められない。(2)は後述する（意思表示解釈の問題は、旧法・新法で変わりがない）。

【After】

観念の通知に過ぎない承諾により、抗弁喪失という債務者にとって予期しない効果が生じることは、債務者保護の観点から妥当ではないという考慮に基づき、旧468条1項前段は削除された。その結果、同条2項の適用範囲が拡張され、債務者対抗要件の具備時（新467条1項）が抗弁の対抗の統一的な基準時となった（新468条1項。ただし、譲渡制限特約付き債権につき、基準時が後にずれる可能性がある〔同条2項〕）。今後、抗弁の喪失の問題は、抗弁を放棄するという債務者の意思表示いかんによる。明文の規定がないのは、意思表示一般の規律に委ねるという趣旨である。

なお、旧468条1項後段は、予期せぬ形で抗弁を失う債務者のために、（抗弁付きの債権を譲渡した点で）帰責性のある譲渡人に対する一定の権利を認めたものであり、同項前段を前提としていた規定であるとして同様に削除された。その結果、債務者の利益は、抗弁放棄の意思表示の適切な解釈や、意思表示を規律する諸規定（錯誤、詐欺に関する規定など）により守られるべきことになる（放棄が定型約款による場合には、新548条の2第2項も参照）。

(1)では、単に譲渡を承諾しただけでBが解除の抗弁を失うことはなく、Cの請求は認められない。(2)は、「一切の抗弁を放棄する」というBの意思表示の解釈・効力にかかる。放棄の対象となる個別の抗弁の特定が困難なこともあり得るため、包括的な抗弁放棄の可能性を完全に否定することは妥当ではない。しかし、抗弁の放棄を債務者の意思に基づかせるという新法の趣旨に照らせば、その効力の判断には慎重さが求められる。例えば、債務者の保護が旧法よりも後退することを防ぐため、「譲受人の知らない抗弁は主張しない」という趣旨に、包括的な抗弁放棄の意思表示を解釈することが考え得る（流通保護の要請が大きい有価証券ですら、悪意の譲受人は保護されない〔新520条の6など〕こととの均衡）。このように考えると、悪意のCとの関係ではBの抗弁が失われず、旧法の結論が維持される。旧法と異なりCの過失が問われないことは、単純な承諾ではなく抗弁放棄の意思表示が存在することによって正当化され得る。

他の解釈論として、①放棄対象の認識が放棄の前提であれば、債務者の予期し得ない抗弁に放棄の効力は及ばない、②実際は、抗弁の放棄が譲受人と債務者の合意で行われることが推測され、契約解釈の理論に従い、「譲受人が過失なく予測し得なかった抗弁を放棄する」旨の解釈が正当とされる余地もある、等の指摘がある。　　　　　　［和田勝行］

137
債権譲渡と相殺

Case

　20X5 年 1 月に A が B から事業資金を借り入れる際、C は、A から委託を受けて、同日 B の A に対する上記貸付債権 α（弁済期 20X5 年 6 月末日）を連帯保証する契約を B と締結した。他方、A は、C に対して有していた売掛債権 β（弁済期 20X4 年 12 月 15 日）を 20X5 年 6 月 25 日に D に譲渡し、翌々日に債権譲渡通知書が C に到達した。同年 7 月 25 日に、A が債権 α を弁済しないので、C が保証債務の履行として B に全額を弁済した。D が C に対して債権 β の履行を求めた場合、C は、A に対する求償権 γ と債権 β とを対当額で相殺する旨の意思表示をして、履行を拒絶することができるか。

【Before】

　旧法では、債務者は、債権譲渡の「通知を受けるまでに譲渡人に対して生じた事由をもって」譲受人に対抗することができるとされており（旧 468 条 2 項）、相殺の期待利益が保護される範囲についても債務者の抗弁一般に関する旧 468 条 2 項の問題として処理されてきた。すなわち、債権譲渡の対抗要件具備後に取得した譲渡人に対する債権を自働債権とする相殺は許されない一方で、対抗要件具備の時点で同種債権が同一当事者間に対立していれば相殺に対する期待利益の合理性が認められ、弁済期の先後関係や両債権間の牽連性や密接関連性を要しない（→ Case163）というのが判例（最判昭 50・12・8 民集 29-11-1864）の立場であると理解されてきた。

　この考え方によると、**Case** において、C は、受働債権 β の債権譲渡の債務者対抗要件が具備された後で保証債務の履行により自働債権である求償権 γ を取得しており、D に相殺を対抗できないという結論が導かれそうである。差押えと相殺に関しては、そのように判断した下級審裁判例（東京地判昭 58・9・26 判時 1105-63）も存在した。

　もっとも、C は保証契約の締結により停止条件付債権として求償権 γ を取得しているとみることも可能であり、弁済期の先後関係も両債権間の牽連性も要件としない無制限説によれば、相殺を対抗できると解する余地もあった。

【After】

新法は相殺の期待利益に関する規律を、債務者の抗弁一般を規律する新468条1項とは別に、新469条と新511条において規定している。保護されるべき相殺の期待利益の範囲は、受働債権の債務者の抗弁一般という観点からではなく、むしろ自働債権の債権者が有すべき相殺の担保的機能に対する期待利益をどこまで保護すべきか、という観点から別途定められるべき問題だという姿勢が示されている。

新469条1項によれば、債務者が債権譲渡の対抗要件具備時より前に取得した譲渡人に対する債権による相殺は無条件に許される。いわゆる無制限説の明文化である。

新469条2項1号によれば、債務者が対抗要件具備時より後に取得した譲渡人に対する債権であっても、対抗要件具備時より前の原因に基づいて生じた債権については、相殺を譲受人に対抗することができる。ただし、債務者が対抗要件具備後に他人から取得した債権については相殺を対抗することができない（同項ただし書）。これは、改正審議の時期に（傍論ではあるが、）破産手続開始前に締結された保証契約に基づき受託保証人が破産手続開始後に代位弁済により債務者に対して取得した事後求償権を自働債権とする相殺を容認した最高裁判例（最判平24・5・28民集66-7-3123）の趣旨を平時実体法の場面にも延長させたものである。

すなわち、債権者平等原則がより強く働く倒産の局面において、自働債権の発生原因が手続開始前に存在していれば足りるとすれば、債権者平等原則の縛りが弱くてしかるべき個別執行（差押え）と相殺の場面で、相殺の期待利益の保護範囲が逆に狭く限定されるのはバランスが悪い。また、相殺の担保的機能を重視して、相殺権の範囲を画定する観点からは、債権譲渡と相殺の場面にも同様の基準が妥当する方が一貫する。そこで個別執行および債権譲渡との関係においても、自働債権の取得が基準時（差押えの効力発生時または対抗要件具備時）後であっても、その取得原因が基準時の前に存在すれば足りるという規範を明示する必要があると考えられた（差押えとの関係については→Case 164）。「前の原因」が存在するといえるためには、自働債権の主たる発生原因が対抗要件具備時前に備わっていれば足りると解されるところ、契約債権に関しては当該契約の存在をもって足りるのか、それとも契約の存在に加えて相殺の合理的期待を基礎づける具体的事情として、例えば、自働債権と受働債権との間に同一の契約に基づく関連性が認められることなどの付加的事情の存在も必要となるのかについて、解釈が分かれ得る。

新法下では、自働債権γは受働債権βの譲渡の債務者対抗要件具備後に取得されたため新469条1項の適用はないが、対抗要件具備前にAC間の保証委託契約に基づきBC間で保証契約が締結されていることから、同条2項1号にいう「前の原因」が存在すると解せられるため、Cの相殺に対する期待利益は保護される。　　　　［石田　剛］

138
将来債権譲渡と相殺

Case

　Aは、Bとの間で締結した継続的取引に関する基本契約に基づいてBに対して取得する売掛債権を向こう5年間Cに担保の目的で譲渡し、債権譲渡登記をした。AB間で製品（甲）の個別売買契約①が締結され、これに基づきBに対する売掛債権αが発生した。その後、AがCに対して債務不履行に陥ったため、Cは、譲渡担保権を実行し、Bに債権譲渡が通知された。さらにその後、AB間で製品（乙）の個別売買契約②が締結され、これに基づきBに対する売掛債権βが発生した。Bが納品後に行った検査により、甲乙に契約に適合しない不具合がみつかった。Cは、Bに対して債権αと債権βの履行を求めた。次の(1)(2)の場合、BはCに相殺を対抗することができるか。

　　(1)　Bは、甲の契約不適合を理由とする損害賠償債権γと売掛債権αとを対当額で相殺する旨の意思表示をした。

　　(2)　Bは、乙の契約不適合を理由とする損害賠償債権δと売掛債権βとを対当額で相殺する旨の意思表示をした。

【Before】

　将来債権の譲渡担保においては、特段の付款がない限り、債権譲渡と同時に譲渡の効果が確定的に生じるものと解されてきた（最判平19・2・15民集61-1-243）。個別契約の締結により具体的に発生した債権も将来債権譲渡契約の締結と同時に譲受人に確定的に移転しているとみる場合、あるいは、発生と同時に目的債権を原始的に取得する地位が移転しているとみる場合、**Case**における売掛債権α βはいずれも最初から譲受人Cに帰属し、AB間に同種債権の対立は一度も生じなかったことになる。そのため、甲乙に契約不適合があった場合の損害賠償債権を自働債権とする相殺の期待利益は(1)(2)いずれの場面でも保護されないことになりそうである。

　これに対して、将来債権譲渡において具体的に発生した債権はいったん譲渡人のもとに生じた後、即時に譲受人に移転するという見方もある。この見方によれば、**Case**においてもAB間に同種債権の対立が少なくとも論理的に一瞬は存在したとみられる。そして、同種債権の対立が譲渡の債務者対抗要件具備前に生じた(1)の場面では、相殺の

期待利益が保護される一方、債務者対抗要件具備後に生じた(2)の場面では、相殺の期待利益は保護されない、ということになりそうである。

　もっとも、債権αγ、債権βδは、いずれも同一の双務契約（個別売買契約①②）に基づく同種債権であり、双務契約上の牽連性に基づき債務者が有する相殺の期待利益が、債権譲渡により当然に失われるべきでないと考えるならば、(1)(2)いずれにおいても、Bは相殺の期待利益が保護されるべきことになる。

【After】

　新法は、上記平成19年判決の趣旨を明文化した上で（新466条の6第2項）、受働債権の債権譲渡の（債務者）対抗要件具備後に自働債権が取得された場合でも、自働債権の発生原因が対抗要件具備前に存在するとみられる場合に、相殺の期待利益を保護している（新469条2項1号）。(1)では、債権γの発生原因である個別売買契約①が対抗要件具備前に生じているので、1号が適用され、Bは相殺をCに対抗することができる。

　(2)の場面はどうか。新469条2項2号は、自働債権の発生原因が生じたのが対抗要件具備後であっても、「譲受人の取得した債権の発生原因である契約に基づいて生じた」債権を自働債権とする場合に限って、相殺の期待利益を保護している。したがって、債権δの発生原因である個別売買契約②が生じたのは対抗要件具備後であるが、債権δは譲受人Cが取得した債権βの発生原因である契約に基づいて生じた債権であるから、Bは相殺をCに対抗することができる。

　同2号は、対抗要件具備時より前に自働債権の発生原因が存在していない場合は相殺の期待利益を保護しないとする原則との関係において、同一の契約に基づいているという意味での関連性が認められる債権相互間の相殺の期待利益を例外的に保護し、将来債権譲渡を促進する趣旨で設けられたものと解することができる。資金調達目的で行われる将来債権譲渡に当たっては、債権譲渡後も、譲渡人が債権者として権利を行使し弁済を受領すること、つまり第三債務者との間で契約関係が継続することが想定されており、相殺の利益を保護することがひいては譲渡人の利益にもなると考えられる。将来債権譲渡が有効に機能するように相殺可能な範囲を特別に拡張したものであり、債権の流動性を停止させる手続である差押えと相殺に関する新511条に同様の規定を設けなかったことには理由がある、というわけである。

　他方で、譲受人は債権が具体的に発生した時点で譲渡人から当該債権を承継取得するとみる場合、新469条2項2号は、債務者は自己が関与し得ない債権譲渡によって不利益を受けてはならないという一般原則の適用により、相殺に対する期待利益が保護されることを確認的に定めたものと位置づけることもできる。このような理解に立つ場合、差押えの場合と債権譲渡の場合とを区別する合理的理由を見出し難い。　　　　［石田　剛］

139
譲渡制限特約付債権の譲渡と相殺

Case

Aは、Bに対する貸金債権を担保するために、Bがその主要な取引先Cに対して将来3年間に取得する請負報酬債権を譲り受ける旨の債権譲渡契約を締結し、翌日に当該債権譲渡につき債権譲渡登記をした。その1ヶ月後、BはCと甲建物の建築工事につき請負契約（「本件請負契約」）を締結し、Cに対する報酬債権αが発生したが、本件請負契約には「BはCの承諾なしに本契約に基づく報酬債権を第三者に譲渡してはならない」旨の特約が存在した。Bは甲建物を予定どおり完成してCに引き渡したが、報酬は未だ支払われてない。その後、BがAに対する貸金債務につき債務不履行に陥ったので、Aは担保権の実行として債務者対抗要件を具備するために上記債権譲渡をCに通知し、報酬債権αの履行を求めたところ、CはAから上記債権譲渡の通知を受けた後にBとの間で締結した動産乙の売買契約に基づき代金債権βを取得したとして、債権βを自働債権、債権αを受働債権とする相殺の意思表示をした。Cはこの相殺をAに対抗することができるか。

【Before】

旧法では、譲渡禁止特約により債権の譲渡性は失われ、特約の存在につき悪意・重過失の譲受人への譲渡は無効と解されていた。また、将来債権譲渡後に債務者が譲渡人と締結した譲渡禁止特約の効力を譲受人に対して主張できるかという問題については議論の蓄積が乏しく、旧466条2項ただし書が既発生債権に譲渡禁止特約が付されていることの認識の有無のみを問題にした規定であると解し、将来債権譲渡後に締結された譲渡禁止特約の場面に適用の余地がないとする下級審裁判例が散見される程度であった（東京地判平24・10・4判時2180-63、東京地判平27・4・28判時2275-97）。これらの裁判例によれば、特約違反の債権譲渡は旧466条2項本文の原則どおり無効であり、**Case**においても、債権αは譲渡後もBに帰属し、Cは相殺をAに対抗することができる。

他方、学説では、将来債権譲渡の第三者対抗要件が具備された後に締結された譲渡禁止特約は譲受人に対抗できないとする見解や、債務者対抗要件具備後に締結された譲渡禁止特約は譲受人に対抗できないとする見解もあり、解釈は分かれていた。

【After】

新法では、預貯金債権の特則が適用される場合（新466条の5第1項）を除いて、譲渡制限特約は債権譲渡の効力を一切左右するものではなく、特約付債権の譲渡は常に有効である（新466条2項）。特約には悪意・重過失の譲受人に対する債務者の履行拒絶権と譲渡人に対する弁済その他の債務消滅行為が許されるという意義しか認められない（同条3項）。そして、債務者は将来債権譲渡の債務者対抗要件具備後に締結した譲渡制限特約を譲受人に対抗することができない（新466条の6第3項）。

Caseにおいて、債権αは譲受人Aに帰属し、Cが取得した自働債権βの発生原因である売買契約が債権αの譲渡の債務者対抗要件具備時より後に締結されているから、新469条1項・2項1号を文字どおり適用する限り、Cの相殺が認められる余地はない。

ところで譲渡制限特約付債権の債務者が、悪意または重過失の譲受人からの履行請求を拒む一方、譲渡人に対しても弁済しない態度に出た場合に備えて、譲受人に特殊な催告権が認められている（新466条4項）。すなわち、特約付債権の債務者が債務を履行しないため、譲受人が譲渡人に履行するよう催告したにもかかわらず、猶予期間経過後も債務を弁済しない場合、特約の効力が失われ、債務者は譲受人の履行請求に応じなければならなくなる（→ Case128）。その結果、特約付債権の譲受人は、自らが悪意・重過失の場合、債務者対抗要件が具備されただけでは債務者による譲渡人に対する弁済その他の債務消滅行為を封じることができない。そこで、新468条1項および新469条にいう「対抗要件具備時」については、譲受人が自己への履行を強制し得る時点である「第466条第4項の相当の期間を経過した時」と読み替えられる（新468条2項・新469条3項）。

よって、**Case**において、債務者対抗要件としてのCへの譲渡通知後、Aが相当の期間を定めてCに債権αの履行をBに対して行うよう催告し、かつ、その期間内に履行がないという状態が生じるまでは、Cは相殺を譲受人Aに対抗することができる。つまり、旧法において譲渡禁止特約の効力として保護されていた相殺の期待利益は新法のもとでも同程度に保護されることになる。

また、譲渡制限特約付金銭債権全額が譲渡された場合において、譲渡人に破産手続開始決定があったとき（→ Case131）、譲受人に債務者に対する供託請求権が認められている（新466条の3）。この場合においても、譲受人から供託の請求を受けるまでは、債務者は譲受人からの履行請求を拒絶し、譲渡人に対する弁済その他の債務消滅事由を譲受人に対抗することができる。そこで、新468条1項および新469条1項・2項にいう「対抗要件具備時」も、債務者が「第466条の3の規定により同条の譲受人から供託の請求を受けた時」と読み替えられる（新468条2項・新469条3項）。　　　　　　　　［石田　　剛］

140
併存的債務引受の要件

Case

　A社と取引関係にあったB社は、複数あった事業部門のうちの1部門について、C社に事業譲渡することにした。この際、BとCとの間で、BがAに対して負っている当該事業に関する買掛代金債務（本件売掛代金債権）について、Cが併存的債務引受をする旨の契約が結ばれた。本件事業譲渡のことを知ったAは、本件売掛代金債権に基づく代金支払をCに対して請求してきた。Aの請求は認められるか。

【Before】

　併存的債務引受と免責的債務引受について、旧法に規定はなかったが、その有効性は、判例・学説上認められてきた。Case では、併存的債務引受の成立要件として、債権者A・債務者B・引受人Cのうち、誰と誰との間で契約がされなければならないかが問題となっている。

　AとBとCの三者間で契約があればよいのは当然である。

　また、AとCの二者間の契約によっても成立する。それは次の理由による。併存的債務引受の効果としては、Bの債務とCの債務が併存し、両債務は、特段の事情がない限り連帯債務になる（最判昭41・12・20民集20-10-2139 → Case141）。これは、債権の効力を確保する実質的作用がある点で保証と共通し、引受人の立場は保証人のそれに類似する。そこで、主たる債務者の意思に反しても第三者が保証することができること（462条2項）に照らし、併存的債務引受についても、債務者Bの意思に反してすることができると解されている（大判大15・3・25民集5-219）。

　では、Case のように、BとCの二者間の契約によって併存的債務引受をすることはできるだろうか。この点、判例・通説は、併存的債務引受はAにCに対する債権を取得させる契約であるから、第三者（債権者）のためにする契約（旧537条）の一種であると理解し、Aの受益の意思表示が必要であるとする（同条2項）（最判平23・9・30判時2131-57〔貸金業者の事業再編に伴い、貸金業者Cがその完全子会社Bの貸金債権の譲渡を受けるに当たってBC間で過払金返還債務の併存的債務引受を合意した事案において、過払金返還債務の債権者Aの受益の意思表示を認めた事例〕、最判平24・6・29判時2160-20〔認めなかっ

た事例〕)。

これに対して、併存的債務引受は、債務者の増加によって担保力を強化させるものであり、債権者に不利益をもたらすものではないという実質的な考慮に基づき、債権者の受益の意思表示を不要とすべきだとする見解も学説上有力に主張されてきた。このような考慮に基づき、受益の意思表示が必要であるとする通説の中でも、債権者が引受人に対して、例えば請求によって、債権者としての権利を行使すれば受益の意思表示となると解するなど、受益の意思表示の認定をできる限り緩和しようとする考えが一般的であった。

【After】

新470条により、併存的債務引受は、債権者Aと引受人となる者Cの契約によっても（2項）、債務者BとCの契約によっても（3項）、可能であることが明文化された。AとBとCの三者間の契約によってできるのは当然であるため、規定は置かれていない。

BとCの契約による併存的債務引受が効力を生じるのはAが承諾した時であり（新470条3項後段）、債権者の承諾は効力発生要件である。このような併存的債務引受は第三者のためにする契約（新537条1項）であることから、第三者の受益の意思表示を必要とする新537条3項（旧同条2項）に平仄が合わせられたのである。改正に際して、第三者のためにする契約についても受益の意思表示の要否が問題となったが、受益の意思表示を不要とすると、反社会的勢力が関係する債権等を押し付けられることや、権利の取得時期が不明確になって時効管理や会計処理等に支障が出るおそれが指摘され、受益者の権利の発生のために受益の意思表示を要求する旧規定が維持された。

併存的債務引受における債権者の「承諾」（新470条3項）は、債務者と引受人の契約による免責的債務引受において要求される債権者の「承諾」（新472条3項）とは異なり、債務者を免ずるわけではなく、引受人に対する権利を取得するだけである。そこで、積極的・明確な意思表示を必ずしも必要とせず、黙示のものでもよいと解されている（潮見佳男ほか編『詳解改正民法』305頁〔遠藤研一郎〕）。従来の一般的理解のように、債権者Aから引受人Cへの履行請求（権利行使）は「承諾」と評価されるべきである。

なお、債務者と引受人の契約によってされた併存的債務引受は、第三者のためにする契約に関する規定に従う（新470条4項・新537条2項・新538条・539条）。したがって、債権者の承諾後は、債権者の引受人に対する履行請求権を債権者の意思に反して奪うことは妥当でないため、債務者は、債権者の承諾なしに債務引受契約を解除することができない（538条2項参照）。

［齋藤由起］

141
併存的債務引受の効果

Case

　A社はB社に対して鉄鋼材の売買代金債権（500万円）を有していたが、Bがこれを履行しないので、Bの代表取締役Cに責任をとるように求め、Cが個人として、Aとの間でBの代金債務について併存的債務引受をした。この事実に加えて以下の各事実があった場合に、CはAからの履行請求を拒むことができるか。

　(1)　BのAに対する代金債務について消滅時効が完成した。

　(2)　BはAに対して不法行為に基づく損害賠償請求権（500万円）を有していたが、相殺の意思表示をしていない。

　(3)　Bは鉄鋼材の引渡しを未だ受けていない。

　(4)　Aから引き渡された鉄鋼材の強度が契約で定められていた基準を大きく下回り、使用目的に適さないため、Bは本件売買契約を解除するつもりでいた。

　(5)　AC間の併存的債務引受について、契約書は作成されていなかった。

【Before】

　(1)について、旧法には併存的債務引受に関する規定はなかったが、判例は、併存的債務引受によって、債務者と引受人との間に原則的に連帯債務関係が生じるとし、旧439条により、債務者について生じた時効完成の効力はその負担部分について引受人に及ぶとしていた（最判昭41・12・20民集20-10-2139）。しかし、旧法下の連帯債務においては絶対的効力事由が広く認められていたため（旧434条〜旧439条）、学説では、債権者の不測の損害を防ぐため、原則的に不真正連帯債務としたうえで、債権者と引受人に主観的共同関係がある場合にのみ連帯債務とすべきだとする見解が有力であった。また、(2)については、連帯債務者に他の連帯債務者の相殺権の援用を認めてよいかが、旧436条2項の解釈として問題となっていた。

　旧法下でも、引受人の負担する債務は債務者の債務と同一であり、引受人は債務者が有する抗弁権を全て主張できると理解されていた。そこで、(3)について、CはBの有する同時履行の抗弁権（旧533条）をもってAへの弁済を拒むことができた。これに対

し、(4)について、引き渡された鉄鋼材の強度不足は「隠れた瑕疵」に該当し、契約目的を達成できないときは、債務者は売買契約の解除権を有するが（旧570条・旧566条1項）、債務者が解除権を行使しない場合に、単なる債務の引受人はこれを行使できない（大判大14・12・15民集4-710参照）。しかし、この場合にも引受人に履行拒絶権を認めるべきであると、保証人の場合（→ Case115）と同様に主張されていた。

【After】

　併存的債務引受の引受人は、「債務者と連帯して」、債務者が債権者に対して負担する債務と「同一の内容の債務」を負担する（新470条1項）。

　併存的債務引受の効果には、連帯債務の規定が適用される（新437条を除く）。新法では、連帯債務者間の絶対的効力事由が制限され（→ Case102・103・105）、時効完成も相対的効力事由である（新441条本文）。絶対的効力による債権者の不測の損害という問題は、連帯債務規定の改正によって解消された。したがって、(1)について、Bに時効が完成しても、CはAに対して債務の履行を拒絶できない（新441条本文）。また、(2)には新439条2項が適用されるが、同項は、連帯債務者に他の連帯債務者の有する反対債権の処分権限を認めることは行き過ぎであるとして、履行拒絶権構成を採用した。したがって、Cは、Bが相殺権を行使するまで、Bの負担部分の限度で履行を拒絶できる。

　引受人が負担するのは債務者と「同一の内容の債務」であるから、債務者の債務を発生させる契約が無効であるときや、債務者が自ら取消権や解除権を行使したときは、債務者の債務が存在しないので引受人の債務も存在しない（新437条の不適用）。そこで、債務者が取消権や解除権を行使しない場合の手当てとして、引受人の履行拒絶権が明文化された（新471条2項）。したがって、(4)について、Bは引き渡された鉄鋼の契約不適合を理由とする解除権（新564条・新541条・新542条）を有するが、Bがこれを行使しない間は、CはBの負担部分について履行を拒絶できる。

　また、併存的債務引受の効力発生時に債務者が有していた抗弁をもって債権者に対抗することができるという、従来から異論のない考えも明文化された（新471条1項）。したがって、(3)について、今後は同項が根拠条文となる。

　(5)について、書面で締結されていない保証契約は無効であるが（446条2項）、併存的債務引受にはこのような規定はない。併存的債務引受は、保証と機能が似ているため、保証人保護の規定を潜脱するために用いられることがあるが、このような場合に、併存的債務引受を保証と法性決定するか、保証人保護規定の準用ないし類推適用を認めるべきかは、今後の検討課題として残されている。　　　　　　［齋藤由起］

142
免責的債務引受の要件と効果

Case

Aは、Bとの間で、Bの製造する製品の部品を供給する契約を締結した。しかし、Bの資金繰りが悪化したため、Bと提携関係にあるCが、部品供給3回分の代金支払債務を、Bに代わって負担し、Bはこの債務について責任を負わないこととした。

(1) Bの免責とCの債務負担について、AとCが合意により取り決めた場合、この合意の効力は、Bにも及ぶか。

(2) Bの免責とCの債務負担について、BとCが合意により取り決めた場合、この合意の効力は、Aにも及ぶか。

(3) Bの免責とCの債務負担について、A・B・Cが合意により取り決めた後、AがBに供給した部品に不具合が判明し、Bは1週間以内に契約で定められた規格に適合する部品を供給するよう催告したが、Aはこれに応じなかった。このとき、Cは、Aの代金支払請求に対して、何を主張できるか。

【Before】

債務引受については、これを直接的に規律する規定はなかったが、契約自由を根拠に承認されてきており（旧398条の7第2項参照）、その要件や効果は、判例や学説による解釈に委ねられていた。**Case**での債務引受は、従来の債務者が債権関係から離脱する免責的債務引受である。この場合、併存的債務引受と比べて債権者の利害に及ぶ影響が大きいため、債権者の意思的関与が必要とされてきた。

まず、要件論を振り返ると、債権者・債務者・引受人の三者間での契約による債務引受は、異論なく認められている。いずれかの二者間での契約により可能であるかは、状況により異なる。債権者・引受人間の契約の場合、債務者は利益を受けるのみのため、その有効性が認められていた。ただ、債務者の意思に反する債務引受が許されるかにつき、債務者の交替による更改や第三者弁済に類似するものとみた通説や判例は、一般にこれを否定していた。これに対し、債務者の意思を問わない債務免除に準じて有効とする有力説もあった。債務者・引受人間の契約による債務引受については、否定的見解もあったが、処分権をもたない者による債権の処分と捉え、処分権者である債権者の承諾

により遡及的に有効とする見解が支配的であった。この承諾は、債務者の免責を根拠づけるうえでも必要とされていた。このほか、債権者と債務者の契約による債務引受は、契約に参加していない引受人に債務を負担させることを内容とするため、無効である。

　効果については、債務が同一性を保って、債務者から引受人に移転するとされる。これは、債務とともに、債務に付属する抗弁も引受人に移ることを意味しており、引受人は、債務の成立や存続を否定し、または履行を拒絶するための一切の抗弁を主張できる。もっとも、引受人は、契約当事者の地位まで引き継ぐわけではないので、債務者のもとにある契約の取消権や解除権を行使することはできない（→ Case144）。

　以上によると、(1)では、原則としてＢにも債務引受の効力が及ぶ。ただし、判例は、債務引受時にＢの意思に反していた場合、Ｂへの効力を否定していた。(2)では、Ａの承諾がなければ、債務引受の効力は生じない。(3)において、Ｃは、Ａに対するＢの同時履行の抗弁権（旧533条）を主張したり、Ｂが契約を解除すれば、これを援用するなどして、代金支払を拒絶できる。しかし、Ｂの解除権を行使することはできない。

【After】

　(1)につき、債権者・引受人間の契約による免責的債務引受では、債務者にその旨を通知すれば効力が生じる。ただし、この通知は債権者が行う必要がある（新472条2項）。そのため、ＡがＢに債務引受を通知すれば、この債務引受がＢの意思に反するものであっても、有効となる。これは、債務者の交替による更改（新514条1項→ Case166）の場合と同様に、自らの関与なしに債権関係から離脱させられる債務者の利益を考慮したものであり、また、実質的に免除（519条）と同じ処理となる。

　(2)では、従来の一般的理解を確認する形で、債務者・引受人間の契約による際に、債権者から引受人への承諾を要することとされた（新472条3項）。よって、ＡからＣへの承諾がなければ、債務引受の効果は生じない。

　(3)につき、引受人は、債務引受の効果が生じた時の債務者の抗弁を、債権者に対抗することができ、また、債務者が取消権や解除権を有する場合には、債務引受がなければこれらの行使により債務者が免責されていた限度で、履行拒絶できる（新472条の2）。そのため、Ｃは、債務引受の時点で、Ａの債務不履行に基づいてＢに認められる同時履行の抗弁（新533条）や代金減額請求権（新563条1項）をもってＡに対抗できるとともに、Ｂが解除権を有していれば、その行使がなくても、契約解除によりＢが免責されていた限り、代金支払を拒絶できる。ただし、Ａに対してＢが何らかの金銭債権を有していたとしても、免責的債務引受によりＢの代金支払債務が消滅する結果、ＡＢ間の相殺適状も消えるため、ＣはＢの債権を用いた相殺を援用することはできない。

　なお、免責的債務引受の引受人には、債務者に対する求償権は認められない（新472条の3）。

[岡本裕樹]

143
免責的債務引受と担保の移転

Case

　Aは、Bの複合ビル（甲）の建設に際し、Bに資金を貸し付けた。この貸付債権については、Bからビル建設を請け負ったCと、Bとともにビル経営を行う予定だったDが、それぞれ連帯保証人になるとともに、Cの有する乙土地とDの有する丙土地に、それぞれ抵当権が設定された。さらに、建設の終了段階で、Bは甲にAのための抵当権を設定した。しかしBの資金繰りが悪化したため、BとCとの間で、BのCに対する報酬支払債務の担保として、甲の賃貸収入に関する将来債権をCに譲渡し、また、Aに対するBの借入債務をCが引き受け、Bはこの債務について一切の責任を負わないことで合意が成立した。このBC間の合意に対し、Aも承諾した。その後、CがAに債務を弁済しない場合、Aはどのようにして債権を回収できるか。

【Before】

　債務引受一般について明文の規定がなかったため、債務が同一性を保ったまま債務者から引受人に移転した場合に、この債務に付されていた担保が存続するかについても、判例や学説の展開に委ねられていた。とりわけ、金銭債務の免責的債務引受では、債務の履行を基礎づける責任財産に変更が生じるため、既存の担保の帰趨は、担保提供者の重要な関心事となる。

　まず、保証については、保証人と債務者との間の信頼関係に基づくことや、責任財産の変更が保証債務の弁済の必要性や弁済後の求償権の実現可能性に重大な影響を及ぼすことを理由に、債務引受により消滅し、存続には保証人の同意を要するとするのが、判例・通説の見解であった（大判大11・3・1民集1-80）。

　つぎに、留置権や先取特権といった法定担保物権は、法律が特定の債権を担保する目的で認めているものであることから、債務引受による影響を受けないと解されている。

　最後に、質権や抵当権などの約定担保権に関しては、設定者が誰であるかにより、取扱いが異なる。第三者による物上保証の場合、判例・通説は、保証と同じ理由から、物上保証人の同意なしに担保権は存続しないとしていた（最判昭37・7・20民集16-8-1605）。また、債務者自身が設定者の場合については、見解が分かれていた。存続を肯定する説

は、担保の存続を認めても、責任財産の変更により債務者に不利益は生じないとし、否定説は、債務者に他人の債務のための担保を提供する意思はないとしていた。このほか、債務引受への債務者の関与の態様によって、存否の判断を分ける有力説があった。この見解によると、債務者が当事者である免責的債務引受の場合、債務者は設定者としての責任を負い続けるべきとして、約定担保権は債務引受後にも存続するが、債権者・引受人間の債務引受では、債務者に生じ得る不利益を考慮し、債務者の関与しない債務引受のリスクは債権者が負担すべきとして、担保権は消滅するとされた。

　以上をもとに **Case** を考えると、免責的債務引受がＢＣ間の契約でされているため、有力説に従うと、甲建物上の抵当権は存続する。しかし、丙土地上の抵当権とＤの連帯保証は、Ｄの同意がなければ消滅する。また、Ｃの連帯保証も、Ｃが主たる債務者となることで消滅する。乙土地上の抵当権については、これまで引受人の設定した担保に関する議論があまりなかったものの、債務引受の当事者であることに鑑みれば、債務者の場合と同様に考えることもできる。この解釈に立つと、乙土地上の抵当権も存続する。

【After】

　約定担保権については、設定者が引受人か否かで、取扱いが異なる。

　引受人が設定した担保権であれば、債権者は引受人の負担する債務に担保権を移転できる（新472条の4第1項本文）。したがって、Ａは、乙土地上の抵当権を存続させることができる。

　これに対し、引受人以外が設定者である場合、担保権の移転には設定者の承諾が必要となる（新472条の4第1項ただし書）。この点は、債務者が設定者であったときでも、さらには債務者が免責的債務引受の当事者であっても、変わりない。そのため、甲建物上の抵当権と丙土地上の抵当権の移転には、ＢとＤの承諾を必要とする。

　また、保証についても、その存続には保証人の承諾が要件とされ（新472条の4第3項・1項）、この承諾は、書面か電磁的記録によらなければならない（同条4項・5項）。これにより、Ｄの連帯保証を存続させるには、Ｄからの書面等による承諾が必要となる。

　ただし、担保の存続を望まない債権者にこれを強いる必要はないため、こうした担保権や保証の移転は、債権者から引受人へのその旨の意思表示を要件とする。さらに、担保の移転の有無について不確定な状態を避けるために、この意思表示は債務引受よりも前、またはこれと同時に行わなければならない（新472条の4第2項・3項）。そのため、Ａは債務引受への承諾時かそれ以前に、Ｃに対して担保移転の意思表示をする必要がある。

　なお、**Case** には関係しないが、担保目的物について後順位担保権者がいても、担保の移転に同人の承諾は必要ない。また、元本確定前の根抵当権に関しては、引受人の負担する債務に移転させることはできない（新398条の7第3項）。　　　　　　［岡本裕樹］

144
契約上の地位の移転

Case

　Aは、Bとの間で、Aが所有する甲土地をBに売却し、その際、この代金の支払については、Bが甲の造成工事を行い、宅地に分筆して、これを売却するごとに、販売代金から弁済することで合意した。しかし、Bは、甲の引渡しを受ける前に、Aとの売買契約に基づく一切の地位をCに譲渡し、この譲渡につき、BからAに対して通知がされた。その後、Cが工事に着手しようとしたが、AはCへの甲の引渡しを拒絶した。このとき、Cは、買主の地位に基づいて、甲の引渡しを請求し、または、Aの債務不履行を理由として、契約の解除を主張することができるか。

【Before】

　これまで、契約上の地位が譲渡や法律の規定によって移転することは、一般的に承認されてきた。もっとも、これを規律する明文の規定がなかったため、その要件や効果については、判例や学説の解釈に委ねられていた。

　効果論としては、債権譲渡と債務引受に分解して捉える考え方もあり得るが、判例・通説は、債権・債務が個別に移転するのではなく、解除権をはじめとする付随的な権利義務も含めた包括的な契約上の地位が一体的に移転するものと解した（大判大 14·12·15 民集 4-710）。これにより、契約上の地位の移転は、債権譲渡や債務引受だけでは果たせない法律的・経済的機能を担う制度となっている。

　契約による譲渡の要件については議論がある。譲渡人と譲受人、それに契約の相手方を含めた三者間契約による譲渡が有効であることには、異論がない（大判昭 2·12·16 民集 6-706）。争いがあったのは、譲渡人と譲受人だけの契約により譲渡が可能かという点である。債務移転を含む契約上の地位の譲渡においては、相手方の利害に影響が及ぶため、相手方の承諾を要件とする見解が一般的であった（最判昭 30·9·29 民集 9-10-1472）。これに対し、相手方の承諾が得られなくても、契約自体を無効とする必要はないとして、この場合には債権譲渡と併存的債務引受の効力を個別に認めるとの見解も有力であった。

　Case において、Bは、Aとの売買契約に基づく買主の地位を、Cに一括して譲渡している。この契約上の地位の譲渡の効力を、CがAに主張するには、判例・通説の見

解によると、A の承諾を得る必要があった。この譲渡に関する通知を A に行うだけでは、不十分ということになる。

これに対し、有力説に従うと、契約上の地位の譲渡としては A に対する効力は認められないが、目的物の引渡しや移転登記手続に関する請求権の移転は、債権譲渡として有効とされ、さらに、譲渡人 B から債務者 A への通知により、A に対する対抗要件（旧467条1項）も充足されるため、C による甲土地の引渡請求は認められることになる。また、代金支払債務に関しても、債務者・引受人間の併存的債務引受について、債権者の同意を不要とする立場を採るならば、C への債務の移転が認められる。しかし、買主としての地位まで C に移転するわけではないため、C は契約を解除することはできない。

【After】

譲渡人と譲受人のみで契約をして、契約上の地位を譲渡する場合、移転の効力が生じるには、契約の相手方の承諾が必要とされた（新539条の2）。また、併存的債務引受についても、債務者と引受人との間の契約による場合には、債権者の承諾がなければ効力を生じないものとなっている（新470条3項→ Case140）。その結果、以前の有力説のように、相手方の承諾が得られない場合に、併存的債務引受としての効力を認めるとの解釈を採ることもできなくなった。

これらの規定をもとに **Case** を考察すると、ここでは、A に対して譲渡の通知がされたにとどまっている。譲渡について A の承諾が得られていない以上、買主としての地位が C に移転することはないため、C は解除権を行使することはできない。さらに、代金支払債務に関する併存的債務引受の成立も認められない。もっとも、目的物引渡請求権については、以前の有力説の見地から、債権譲渡を認定し、A に対する対抗要件（新467条1項）も充足したものとして、C の引渡請求を認める余地が残っている。

なお、契約上の地位の移転に関する一般的な第三者対抗要件は規定されていない。契約上の地位の移転が物権の移転を含む場合には、個々の物権につき、引渡し（176条）や登記（177条、動産債権譲渡特3条など）等が要求される。また、債権等のその他の権利の移転も伴う場合には、それぞれの権利に関する対抗要件を具備することで足りる（467条2項、動産債権譲渡特4条、会社130条など）。これら個別の権利についてではなく、契約上の地位全体の移転をめぐる対抗問題に対処しておきたいのであれば、譲渡人と譲受人による譲渡契約の場合には、契約の相手方の承諾を、契約の相手方を含む三者間契約の場合には、この契約自体を、それぞれ確定日付のある証書によって行っておくのが、実務上無難であろう（467条2項参照）。

また、不動産賃貸借の賃貸人の地位を移転させる合意に関して、新たに特則（新605条の3）が設けられている（→ Case199）。　　　　　　　　　　　　　　　[岡本裕樹]

145
第三者の弁済

Case

　Aは、Bに対して、100万円の貸金債権を有していた。BはA以外の者からも借金をしており、Aに弁済できない状態である。

　(1)　Bは、B自身で弁済するつもりであり、Bの妻の父Cに弁済してもらう意思を有していなかったが、Bの窮状をみかねたCが、Bに代わって、100万円をAに支払った。この場合に、Cの行った弁済の効力はどうなるか。

　(2)　Aは、Bの妻の父であるCからBのAに対する貸金債務100万円の弁済の提供を受けた。この場合に、Aは、受領を拒むことができないのか。

【Before】

　旧474条1項本文によれば、原則として、第三者も弁済をすることができるが、3つの場合については、第三者弁済が制限されていた。債務の性質が第三者弁済を許さない場合（同項ただし書前段）、当事者が反対の意思を表示した場合（同項ただし書後段）、および、「利害関係を有しない第三者」の弁済が債務者の意思に反する場合（同条2項）である。同条2項の「利害関係」について、判例は、法律上の利害関係に限ると解する（最判昭39・4・21民集18-4-566）。物上保証人や担保不動産の第三取得者などがこれに当たり、単なる親戚関係にある者や債務者の第二会社に当たる会社のように、事実上の利害関係では足りないとしていた。そこで、**Case**のCは、「利害関係を有しない第三者」に当たる。

　(1)では、Cには事実上の利害関係しかないから、「債務者の意思」に反するか否かが問題となり、Cの給付は債務者Bの意思に反しているから、Cの第三者弁済は無効となる。なお、判例によれば、第三者の弁済の当時、弁済が「債務者の意思」に反していれば、弁済は無効であり、この「債務者の意思」は債権者または第三者に対してあらかじめ表示されている必要はなく、諸般の事情により認定できればよいとされていた。

　(2)では、債務者Bの意思がわからないが、債務者の意思に反するときには、第三者による弁済は無効となるから、債権者は受領を拒絶できると考えられる（受領しても、その弁済は無効であろう）。他方、債務者の意思に反しないときには、債権者は受領を拒絶できないと考えられる。そこで、Cによる弁済の提供が債務者Bの意思に反するか

どうかわからないときでも、債権者Aは受領を拒絶することができないことになろう。このように、債権者が利害関係を有しない第三者の弁済を受領した後に債務者の意思に反することが事後的に判明した場合に債権者に不利益（給付物の返還等）が生じるという問題が指摘されていた。

【After】

　新法においても、原則として、第三者も債務の弁済をすることができる（新474条1項）。また、新474条4項は、旧法と同様に、債務の性質が第三者弁済を許さない場合（同項前段）、当事者が第三者の弁済を禁止または制限する旨の意思を表示した場合（同項後段）にも第三者弁済が無効であることを規定している。

　また、新474条2項・3項は、「弁済をするについて正当な利益を有する者でない」第三者の弁済の効力（有効・無効）について規定している。新法は、旧474条2項の「利害関係」を、「弁済をするについて正当な利益」に変更し、弁済による代位における法定代位の要件と一致させた。**Case**のCは、「弁済をするについて正当な利益を有する者」（以下「正当な利益を有する者」という）ではない。

　正当な利益を有する者でない第三者の弁済は、「債務者の意思」に反する場合には、原則として無効となる（新474条2項本文）。そうすると、債権者の保護に欠けるから、債務者の意思に反することを債権者が知らずに弁済を受領したときには有効な弁済となる（同項ただし書）。また、正当な利益を有する者でない第三者の弁済は、「債権者の意思」に反する場合には、原則として無効となる（同条3項本文）。債務者の意思に反するか否かが不明確である場合に債権者を保護するために、債権者の意思により受領を拒絶することを認める規定である。これにより正当な利益を有する者でない第三者からの弁済の提供が債務者の意思に反しない場合でも、債権者がその受領を拒絶できることになる。しかし、その第三者が債務者から履行引受をしたような場合に、第三者弁済ができないと不都合が生じ得る。そこで、正当な利益を有する者でない第三者の弁済が「債権者の意思」に反する場合でも、この第三者が債務者の委託を受けて弁済をする場合で、そのことを債権者が知っていたときは、その弁済は有効である（同項ただし書）。

　(1)では、Cの給付は、債務者Bの意思に反するが、債権者Aがこのことを知っていたときには、Cの弁済は無効であり、Aがこのことを知らずに受領していたときには、Cの弁済は有効である。

　(2)では、Cの弁済が債務者Bの意思に反しないとき、あるいは、Bの意思に反するが、そのことをAが知らなかったときには、Cの弁済は有効となるが、そのような場合でも、債権者Aは、受領を拒絶できる（新474条3項本文）。ただし、CがBの委託を受けており、そのことをAが知っていたときには、Aは受領を拒むことはできない（同項ただし書）。

[下村信江]

146
受領権者としての外観を有する者に対する弁済

Case

　(1)　Ａは、Ｃ銀行に預金債権を有していた。ある日、ＢがＡの預金通帳と届出印をＣ銀行に持参し、Ａの妻で代理人であるといって、預金の払戻しを請求した。Ｃ銀行は、これに応じて預金の払戻しを行ったが、Ａの預金通帳と届出印は、盗まれたものであった。その後、Ａが、預金の払戻請求をしてきたときに、Ｃ銀行は応じなければならないか。

　(2)　Ｄは、Ｅに機械工具を売却し、ＥがＤに売買代金を支払うという継続的な取引契約を締結している。Ｄは、月に１度、Ｄの印章を押印した領収書を用意し、Ｅのもとに集金に行っていた。ある月、Ｆが、Ｅの事務所にやってきて、Ｄの押印のある領収書を提示したので、Ｅはこれに応じて、Ｆに支払ったが、この領収書は、ＦがＤの事務所から盗み出したものであった。その後、ＤがＥに支払を請求してきたときに、Ｅは応じなければならないのか。

【Before】

　弁済を受領する権限のない者に給付をしても、弁済の効果は生じないが、受領権限のない者への弁済が有効とされる場合がある。そのような場合として、債権の準占有者（旧 478 条）と受取証書の持参人（旧 480 条）への弁済の場合があった。

　(1)では、Ｂが債権の準占有者といえるかが問題となる。債権の準占有者とは、取引の観念からみて真実の債権者または受領権者らしい外観を有する者であると定義されていた。判例では、表見相続人、無効な債権譲渡の譲受人、債権が二重譲渡された場合における劣後譲受人、偽造の債権証書・受取証書の持参人、預金通帳と届出印の持参人がこれに当たると解されている。自ら債権者であると称する者が含まれることは明らかであるが、債権者の代理人と称する者については、文言上、明らかではないものの、判例（最判昭 37・8・21 民集 16-9-1809）は、該当するとしている。また、旧 478 条は、債権の準占有者への弁済が有効となるためには、弁済者の善意・無過失が必要であるとする。そこで、Ｂは、債権の準占有者であるといえ、Ｃが善意・無過失であれば、ＣのＢに対する払戻しは有効となり、ＣはＡの払戻請求に応じる必要はない。

　(2)では、受取証書の持参人であるＦに対して弁済がされている。受取証書の持参人

は弁済受領権限があるものとみなされる（旧480条本文）。ただし、弁済者が悪意または有過失であった場合には、弁済は無効である（同条ただし書）。そこで、Eが善意・無過失で弁済したときには、Eの弁済は有効である（Eの悪意・有過失の主張・立証責任は、旧478条とは逆に、弁済の無効を主張する側にある）。なお、判例によれば、旧480条が適用されるためには、受取証書は真正に成立したものでなければならず、偽造の受取証書の持参人に対する弁済は、旧478条によって処理されていた。

【After】

　新478条は、債権者および法令の規定または当事者の意思表示によって弁済を受領する権限を付与された第三者（以下「受領権者」という）に対する弁済が有効であることを前提として、これらの受領権者以外の者に対する弁済が、例外的に有効となる場合を定める。旧478条の「債権の準占有者」は「取引上の社会通念に照らして受領権者としての外観を有する」者へ改められた。旧478条の規律内容は実質的に維持されているため、(1)では、Bは、「取引上の社会通念に照らして受領権者としての外観を有する」者であり（代理人も受領権者であり、詐称代理人が受領権者としての外観を有する者であることは明らかであるから、旧法下のように詐称代理人に対する弁済が有効か否かは問題とならない）、Bに対する弁済は、Cが善意・無過失であれば有効となるから、CはAの払戻請求に応じる必要はない。

　新法では、受取証書の持参人に対する弁済の効力を定めた旧480条は、削除されている。これは、「債権の準占有者」概念が、判例等によって拡張し、「受取証書の持参人」についての特別の規定を設ける必要性がなくなったこと、受領権限の証明方法として重要なものは、受取証書の持参以外にもあり、受取証書の持参についてのみ特別な規定を設ける必要性が低いと考えられること、真正の受取証書の持参人に対する弁済であることが立証されたのであれば、弁済者の善意・無過失を事実上推定してよいと考えられ、そうすると新478条が適用される場合と本質的な相違はないことを考慮したこと等を理由とする。したがって、新法では、真正か偽造かを問わず、受取証書の持参人に対する弁済は同条によって処理されることになる。(2)では、Fは「取引上の社会通念に照らして受領権者としての外観を有する」者であると解され、Fに対する弁済は、Eが善意・無過失であれば、有効となり、EはDの支払請求に応じる必要はないことになる（Eの主観的要件の主張・立証責任の所在が旧480条とは異なる）。　　　　　　［下村信江］

147
代物弁済

Case

　AはBに対して、1,000万円の貸金債権を有していた。弁済期に、BがAに1,000万円を支払うことができなかったことから、AとBは、Bの1,000万円の支払に代えて、BがB所有の甲土地の所有権をAに移転することを合意した。甲の登記名義は、未だ、BからAに変更されていない。
　この場合に、Aは、Bに対して、1,000万円の貸金返還請求ができるか。

【Before】
　旧482条によれば、債務者が債権者の承諾を得て、その負担した給付に代えて他の給付をしたときは、その給付は弁済と同一の効力を有する。「給付をした」というのは、給付の約束では足りず、現実に給付されたことが必要であると解されていた。そこで、伝統的な見解は、代物弁済を要物契約であると解していた。このような見解に立つと、代物弁済の目的物の財産権移転行為が完了しない限り、代物弁済契約は成立しないことになると考えられる。そうすると、**Case** では、甲土地の登記名義はBからAに変更されておらず、AB間の代物弁済契約は成立していないから、Aは1,000万円の貸金返還請求ができることになると思われる。他方、判例は、代物弁済が要物契約か諾成契約かについては明示的には判断せず、代物弁済の目的物が不動産である事案において、代物弁済による債務消滅の効果は原則として所有権移転登記手続を完了した時に生じるが、代物弁済の目的である不動産の所有権移転の効果は、原則として当事者間の代物弁済契約の成立した時に、その意思表示の効果として生じるとしている（最判昭57·6·4判時1048-97、最判昭60·12·20判時1207-53）。代物弁済を要物契約とする見解に立つと、判例は、所有権移転原因である代物弁済契約が成立していない段階での物権変動を認めていることになるため、代物弁済契約は諾成契約であるとする見解が有力に主張されるようになった。

【After】
　新482条は、「弁済をすることができる者（以下「弁済者」という。）が債権者との間で、債務者の負担した給付に代えて他の給付をすることにより債務を消滅させる旨の契約を

した場合において、その弁済者が当該他の給付をしたときは、その給付は弁済と同一の効力を有する」と規定する。債務者に限らず、「弁済をすることができる者」が代物弁済契約をし得ることが明示されている。そして、代物弁済が諾成契約であること、および代物の給付がされたときに債権が消滅することが明らかにされている。債権消滅の効果をもたらす「他の給付」とは、現実に給付がされたことが必要であると解される。そのため、権利の移転と第三者に対する対抗要件具備が必要となる。そこで、代物の給付の目的物が不動産である場合には、所有権移転登記の完了が必要である。もっとも、登記に必要な書類を債権者が受領した時点で債権消滅の効果が生じるとする特約も有効である（最判昭43・11・19民集22-12-2712）。

　諾成的な代物弁済の合意が有効であるとすると、代物弁済契約の成立により、当初の給付の請求と代物の給付との関係が問題となる（代物の給付の合意により当初の給付をする債務が消滅し、代物を給付する債務のみが残るとすれば、それは更改である）。代物弁済契約の締結後も、債務者が代物を給付する（債権消滅の効果が生じる）までの間は、当初の給付をする債務は消滅していないから、債権者は、債務者に対して引き続き当初の給付を請求することができることになる。**Case** では、甲土地の登記名義はBのままであり、代物を給付する債務の履行が完了していないから、Aは、当初の給付として1,000万円の貸金返還請求ができると考えられる。

　また、代物弁済の合意がされた場合において、債権者が当初の給付を求めたときに、弁済者は代物の給付をすることができるか、あるいは、債権者が代物の給付を求めたときに、弁済者は当初の給付をすることができるかが問題となり得るが、これらの問題については、当該代物弁済契約の解釈に委ねられている。　　　　　　　　　［下村信江］

148
特定物の現状による引渡し

Case

　Aは、古書店で有名作家のサイン入りの初版本（甲）をみつけた。Aは、友人Bが何年も甲を探しているのを知っていたので、Bのために購入した。その後、Aは、Bに甲をそのままの状態で引き渡すことができるか。

【Before】

　旧483条は、「債権の目的が特定物の引渡しであるときは、弁済をする者は、その引渡しをすべき時の現状でその物を引き渡さなければならない」と定めており、債権の発生後に特定物の状態に変化があった場合に、履行期（引渡しをすべき時）の現状で引き渡すべきことを定める趣旨の規定であるとされていた。しかし、債権発生後に目的物の滅失や損傷が生じた場合には、債務不履行（旧400条の定める善管注意義務違反）または危険負担の問題として処理されることになるため、同条が適用される場面はほとんどなく、同条が問題となった判例・裁判例もほとんどないことが指摘されていた。また、旧400条と旧483条の関係は明確ではなく、他方、旧483条がいわゆる特定物ドグマ（特定物ではその物の引渡ししか考えられず、債務者はその物を引き渡せば引渡債務を完全に履行したことになり、その物に瑕疵があっても債務不履行はないとの考え方）の根拠とされることもあり、旧483条の意義が問われていた。これらの議論は、特定物の売買を念頭に置くものであり、これ以外の場合については、十分な検討や分析がされていたとはいえない状況にあった。

【After】

　新483条は、旧483条に「契約その他の債権の発生原因及び取引上の社会通念に照らしてその引渡しをすべき時の品質を定めることができないときは」という文言を加えた。このことにより、新483条は、引き渡すべき物の品質について合意がなく、契約の解釈や取引上の社会通念からも明らかではない場合等に適用される任意規定であること、合意内容および契約から典型的に導かれる契約の内容に適合した物を引き渡す義務が生じ得ることを明らかにする規定であるとされる。上記の文言付加により、いわゆる特定物ドグマを新483条によって基礎づけることはできなくなっている。

新483条が適用されるのは、主として、法定債権としての特定物引渡債権であると考えられている。なぜなら、売買では、種類・品質・数量が契約の内容に適合していることが債務内容となることを前提として引き渡された目的物が契約の内容に適合しない場合に適用される規定が存在する（新562条〜新564条）。請負も同様である（新559条・新562条〜新564条）。そこで、同条適用の余地はない。また、不当利得に関しては、給付利得の場合には、返還すべき特定物の一部滅失・損傷が生じたときの処理は価額償還に関する法理に従うことになり、侵害利得の場合には、所有権に基づく返還請求権の履行不能の問題として処理されることになるから、同条の問題とはならないと考えられる。したがって、同条が適用される場面はごくわずかであることが指摘されている。

　Case において、Aが事務管理の管理者として受取物の引渡義務を負う場合（701条・646条1項）に、「その引渡しをすべき時の品質を定めることができないとき」は、「引渡しをすべき時」（履行期）の現状で甲をBに引き渡さなければならないことになる。引渡しを怠っていたところ、甲に損傷が生じたときには、新483条を根拠にAが責任を負うことになろう。　　　　　　　　　　　　　　　　　　　　　　　[下村信江]

149
弁済すべき時間

Case

AはBとの間で、AがBに対して負担している借入金債務50万円について、①毎月月末に、5万円ずつ分割弁済すること、②1回でも弁済を怠れば残債務について期限の利益を喪失し、残金全額を一括で弁済することを内容とする和解契約を締結した。

Aは毎月の賦払金5万円をBのもとに持参して弁済しようと考えているが、Bのもとを訪れるのは、月の末日であれば、0時から24時までのどの時間であってもかまわないのか（仮に、持参したときに、Bが不在または営業時間外で受け取ってもらえなくても、弁済の提供がされたこととなり、期限の利益を喪失することはないのか）。

【Before】

1　民法は、債務の弁済をしなければならない日（弁済期）については規定していたが（旧412条）、弁済日のいつに弁済がされるべきであるという「弁済時間」については明文の規定を置いていなかった。他方で、商法では、「法令又は慣習により商人の取引時間の定めがあるときは、その取引時間内に限り、債務の履行をし、又はその履行の請求をすることができる」と定めていたところ（商旧520条）、この条文は、当該契約が当事者のいずれにとっても商行為とならない場合であっても類推適用されるというのが通説であった。また、商法旧520条は任意規定とされていた。

以上によれば、弁済時間に関する規律はつぎのとおりと解釈されていた。①当事者間において明示または黙示の合意があれば、その合意による（91条）。②明示または黙示の合意がない場合（または合意が認定できない場合）、法令または慣習により取引時間の定めがあるときは、その取引時間内となる（商旧520条またはその類推適用）。③法令または慣習により取引時間の定めがない場合（またはその定めが認定できない場合）、条理により判断することになる。

なお、弁済時間の定めがあったにもかかわらず、債権者が弁済時間以外の時間にされた弁済を受領し、その弁済が履行日内にされたものであれば、債務者は遅滞の責任を負わない（最判昭35・5・6民集14-7-1136）。

2(1)　ＡＢ間において、弁済時間に関する明示の合意はされていないが、仮に、Ｂが午前中は毎日病院に通院しているという事情をＡが知っていれば、弁済時間を午後とする旨の黙示の合意があったものとされる場合が多いであろう。

(2)　弁済時間に関する明示または黙示の合意がない場合（または合意が認定できない場合）、事業に関して法令上取引時間の定めがある場合（例えば、Ｂが銀行である場合〔銀行法15条2項〕）にはその定めにより、慣習がある場合（例えば、深夜であっても取引がされるような業界の場合）にはその慣習による（商旧520条またはその類推適用）。

(3)　法令または慣習がない場合（またはその定めが認定できない場合）、条理により判断することとなる。例えば、Ｂが非事業者である個人であれば朝食前頃から夕食後頃までの間、Ｂが事業者であれば営業時間中というのが、1つの目安となろう。

【After】

1　新法は、新484条に弁済の時間として2項を設け、「法令又は慣習により取引時間の定めがあるときは、その取引時間内に限り、弁済をし、又は弁済の請求をすることができる」旨の規定を設けた。一般の民事取引についても商法旧520条が適用されるのが通説とされていることから、同趣旨の条文を民法中に設けたものである。この規定が民法に新設されたことにより、同条は削除された。

以上によれば、弁済時間に関する規律はつぎのとおりとなる（結論として、旧法と変わりない）。①当事者間において明示または黙示の合意があれば、その合意による（91条）。②明示または黙示の合意がない場合（または合意が認定できない場合）、法令または慣習により取引時間の定めがあるときは、その取引時間内となる（新484条2項）。③法令または慣習により取引時間の定めがない場合（またはその定めが認定できない場合）、条理により判断することになる。

なお、弁済時間外にされた弁済を受領した場合の判例法理は、新法のもとでも維持されると思われる。

2　いずれの場合についても、旧法と結論は変わらない。

(1)　ＡＢ間において、黙示の合意が認定されれば、その合意に定められた弁済時間内に弁済しなければならない（91条）。

(2)　弁済時間に関する黙示の合意が認定できない場合、法令上取引時間の定めがある場合にはその定めにより、慣習がある場合にはその慣習による（新484条2項）。

(3)　法令または慣習がない場合（またはその定めが認定できない場合）、条理により判断される。

[斉藤芳朗]

150
預貯金口座への振込みによる弁済

Case

　AはBとの間で、AがBに対して負担している借入金債務50万円について、①毎月月末に、5万円ずつ分割弁済すること、②遅滞した場合の遅延損害金の率を年10％とすることを内容とする和解契約を締結した。

　⑴　Aが1月31日に支払うべき賦払金5万円をBのもとに持参せずに、同日、B名義のX銀行Y支店の預金口座に振り込み、同日に同口座に入金記録された場合、Bは、有効な弁済でないとして、2月1日からの遅延損害金を請求することができるか。

　⑵　AB間の和解契約において、賦払金をB名義の預貯金口座への振込みにより支払うことが合意されていたとして、Aは1月31日に振込依頼の手続をしたが、X銀行のシステムトラブルにより、B名義口座に入金記録されたのは2月3日となった。Bは3日分の遅延損害金の支払を請求することができるか。

【Before】

1　旧法は、弁済について持参債務とすることを原則としていたが（旧484条後段）、債権者の預貯金口座への振込みが弁済としての効力を有するか否かについては規定していなかった。

　この点に関する解釈はつぎのとおりとされていた。①当事者間において明示または黙示の合意がある場合はその合意による（91条）。②当事者の合意が不明の場合には、債務者からみると現金を持ち運ぶ手間を省けるというメリットはあるが、債権者からみると預貯金口座からの出金の手間があることから考えて、振込みによる弁済を有効と断言することはできないと思われる。

　Case では、①預貯金口座への振込みに関する明示の合意はされていないが、債権者の金融機関の振込口座番号を債務者が知っていたこと、コンビニエンスストア等にもATM（現金自動預払機）が設置され、ほぼ24時間出金が可能になったことを勘案すれば、振込みによる弁済を許容する黙示の合意ありとされる場合が多いであろう。②黙示の合意が認定できない場合、弁済の効力は否定され、Aは現金5万円をBのもとに持参す

るまでの間の遅延損害金を支払う義務がある（他方で、Bは、X銀行に振り込まれた5万円およびAから請求を受けた時からの利息〔703条〕をAに返還する必要がある）。

2　この点についても旧法に規定がなく、解釈に委ねられていた。預貯金の成立には、預貯金口座に預貯金額に対応する資金が現実に入金される必要があるとされていること（最判昭46・7・1判時644-85、最判平3・11・19民集45-8-1209参照）から考えて、預貯金口座への振込みが弁済として効力を発生する時期は、債権者が預貯金口座から弁済額を出金することができるようになった時と思われる。

入金が記録されると当該口座から出金できるのが通常であることから、Aは3日分の遅延損害金を支払う義務を負うことになる。

【After】

(1)　債権者の預貯金口座への振込みが弁済としての効力を有するか否かについては規定しておらず、この点に関する解釈は旧法と同一と思われる。すなわち、当事者間において明示または黙示の合意がある場合はその合意により（91条）、合意が不明の場合には、振込みによる弁済を有効とすることはできないこととなる。

結論は旧法と同じであり、①振込みによる弁済を許容する黙示の合意ありとされる場合が多いであろうが、②黙示の合意が認定できない場合には、弁済の効力は否定される。Bが受領した5万円については、受取りの時からの利息を付して返還する必要がある（新121条の2第1項）。

(2)　新法は、新477条に、預貯金口座に対する振込みによる弁済に関して、「債権者の預金又は貯金の口座に対する払込みによってする弁済は、債権者がその預金又は貯金に係る債権の債務者に対してその払込みに係る金額の払戻しを請求する権利を取得した時に、その効力を生ずる。」旨の規定を設けた。

この規定により、債権消滅の効力が預貯金債権の成立した時に発生することは明らかとなったが、預貯金債権の成立時期がいつなのかについては規定されていない。これは、預貯金債権の成立時期は入金記録された時とも考えられるが、入金記録の事務が金融機関で統一されていないこと、入金記録の時刻を事後的に確認するのが困難であること等から明文化が見送られたことによる。

結論は旧法と同じであり、Aは3日分の遅延損害金を支払う義務を負うことになる（新477条）。　　　　　　　　　　　　　　　　　　　　　　　　　　［斉藤芳朗］

151
弁済の充当

　AはBに対して、甲債権（元本 400 万円、利息 30 万円、費用 20 万円）と乙債権（元本 200 万円、利息 20 万円、費用 10 万円）を有している。

　⑴　ＡＢ間において、「弁済の充当については、債権者であるＡが自由に決定することができる」旨の合意があったとして、Ｂが 50 万円を弁済した場合、Ａは全額を甲の利息 30 万円および元本 20 万円に充当することができるのか。

　⑵　⑴の合意がない場合で、Ｂが 110 万円を弁済したとき、Ｂが、費用（合計 30 万円）、利息（合計 50 万円）に充当された残金 30 万円について、甲の元本に充当する旨指定することはできるのか。

【Before】

1　旧法は、債務の充当に関して、旧 488 条から旧 491 条までの規定を設けていた。加えて、①債務の充当に関する規定は任意規定であり、当事者の合意があればその合意（合意充当）が民法の規定に優先することとされていた（最判平 22・3・16 判時 2078-18 も、合意充当が有効であることを前提としている）。②旧 491 条 1 項の充当に関しては指定充当が認められないこととされており（大判大 6・3・31 民録 23-591）、③旧 491 条 2 項は、旧 488 条（指定充当）を準用していなかった。以上の諸点をふまえて、債務の充当関係を整理すれば、以下のとおりと解釈されていた。

　　ⓐ同種の給付を目的とする数個の債務を負担している場合

　　　　合意充当→指定充当（旧 488 条）→法定充当（旧 489 条）

　　ⓑ1 個の債務について、元本、利息、費用を支払うべき場合

　　　　合意充当→法定充当（旧 491 条 1 項）

　　ⓒ数個の債務について、元本、利息、費用を支払うべき場合

　　　　合意充当→費用、利息、元本の順序について、法定充当（旧 491 条）→残額について、法定充当（旧 489 条）

2⑴　Case においては、ＡＢ間に充当に関する合意があるため、この合意に従って充当されると解釈されていた。よって、旧 491 条の規定にかかわらず、Ａは、Ｂから弁済

を受けた50万円全額を甲債権の利息および元本に充当することができる。なお、旧491条を適用すれば、まず、費用（合計30万円）に充当され（同条1項）、つぎに、残額20万円について、旧489条の規定による法定充当となる（仮に、4号が適用されると、甲債権の利息に12万円、乙債権の利息に8万円が充当される）。

(2) (1)と異なって充当に関する合意がされないため、旧491条の規定による充当となるとされていた。まず、Bからの弁済金は、費用（合計30万円）、利息（合計50万円）に充当される（旧491条1項）。つぎに、残額30万円については、旧489条による法定充当となる（仮に、4号が適用されると、甲の元本に20万円、乙の元本に10万円が充当される）。

【After】

1　新法では、①充当に関する合意があれば、指定充当、法定充当の規定が排除されることが明文で規定された（新490条）。②1個の債務について、元本、利息、費用を支払うべき場合については、旧法と同じく、指定充当は認められておらず（新489条1項）、③数個の債務について、元本、利息、費用を支払うべき場合について、指定充当を認めても不合理はないことから、指定充当が認められた（新489条2項・新488条1項～3項）。

以上の諸点をふまえて、債務の充当関係を整理すれば、以下のとおりとなる。

　ⓐ同種の給付を目的とする数個の債務を負担している場合

　　合意充当（新490条）→指定充当（新488条1項～3項）→法定充当（新488条4項）

　ⓑ1個の債務について、元本、利息、費用を支払うべき場合

　　合意充当（新490条）→法定充当（新489条1項）

　ⓒ数個の債務について、元本、利息、費用を支払うべき場合

　　合意充当（新490条）→費用、利息、元本の順序について、法定充当（新489条1項）→残額について、指定充当（新489条2項・新488条1項～3項）→法定充当（新489条2項・新488条4項）

2(1)　ＡＢ間には充当に関する合意があるため、この合意により充当関係が規律される（新490条）。したがって、結論は旧法と変わらず、Ａは、Ｂから弁済を受けた50万円全額を甲債権の利息および元本に充当することができることになる。

(2) (1)と異なって充当に関する合意がされないため、①まず、費用、利息、元本の充当の順番については、法定充当となり（新489条1項）、費用（合計30万円）、利息（合計50万円）に充当される（この点は旧法と同一である）。②つぎに、残額30万円については、旧法と異なり、指定充当も可能となった（新489条2項・新488条1項～3項）。Caseでは、Ｂが充当すべき債務を指定しているので、その指定により充当されることになり、残金30万円は甲の元本に充当される（新488条1項）。　　　　　　　［斉藤芳朗］

152
弁済の提供

Aは、長年使用していたピアノを10万円でBに対して譲渡することとし、約束した日にB宅に運搬した。しかし、Bが、「家の中が片付いていない」として、受取りを拒否したため、Aはピアノを自宅に運び帰りそのままにしておいたところ、音階がずれ、調律しても修正できなくなり、使いものにならなくなった。

(1)　Bは、履行期にピアノの引渡しがされていないことを理由に売買契約を解除することができるのか。

(2)　Bは、Aのピアノが使いものにならなくなったことから、新しいピアノを購入せざるを得なくなったとして損害賠償を請求し、契約を解除することができるのか。AはBに対して、代金10万円を請求することができるのか。

(3)　Aは、ピアノの保管を継続するのが面倒であることから、売買契約を解除したいと考えているが、可能か。

【Before】

1　①旧法は、債務者による弁済の提供の効果について、「債務の不履行によって生ずべき一切の責任を免れる」旨規定しているが（旧492条）、その具体的効果については明記していなかった。②また、債権者側の事情により債務の履行ができなかった場合の制度として、受領遅滞（旧413条）があるが、具体的効果および弁済の提供との棲み分けについて、明文化されていなかった。③さらに、債権者の債務不履行責任（受取義務違反）の追及が可能か否かについては、明文の規定はなく解釈に委ねられていた。

　この点に関する解釈は、おおむね次のとおりとされていた。①弁済の提供とは、債務者としてやるべきことはすべてやったということであり、これにより債務者の債務不履行責任を免責する効果が生じる。②受領遅滞は、債権者が受取りを拒絶したことにより債権者に一定の不利益を課す制度であり、保管義務の軽減、危険の移転等の効果を発生させる。③債権者には一般的な受取義務はないが（最判昭40・12・3民集19-9-2090）、信義則上受取義務が認められる場合があり得る（最判昭46・12・16民集25-9-1472）。

2(1)　弁済の提供によってAは債務不履行責任を免れ、Bから債務不履行責任を問わ

れることはない（旧492条）。したがって、Ｂからの解除は否定される（Ｂに対して損害賠償責任を負うこともない）。

(2)　これは、弁済の提供の効果ではなく、受領遅滞の効果として議論されるべきものである（詳細は受領遅滞につき→Case53）。結論だけ述べると、ピアノが使いものにならず、Ａの引渡義務は履行不能となっている。しかし、履行不能となったことについてＡに帰責事由が認められないため、危険負担の法理が適用され、Ａが賠償責任を負うことはなく（旧415条後段）、Ｂが契約を解除することもできない（旧543条ただし書）。また、Ａは代金全額を請求することができる（旧534条1項）。

(3)　危険負担の法理により、ＡＢ間の契約は当然に終了しているため、Ａから契約解除をしなくても、Ａはピアノを処分することができる。

【After】

1　新法は、新492条について、「債務を履行しないことによって生ずべき責任を免れる」として、弁済の提供が債務者の債務不履行責任を免責させる効果を有することを明記した。さらに、受領遅滞の効果についても明確化し（新413条）、受領遅滞中に生じた当事者双方に帰責事由のない履行不能につき、債権者の帰責事由が擬制されること（新413条の2第2項）、債権者に帰責事由がある場合には、損害賠償請求権、解除権、追完請求権、代金減額請求権が認められないことを明記した（売買に関して、新567条2項）（詳細な説明は→Case74）。また、売買代金についても全額請求することができる（新536条2項前段またはその法意）。

2 (1)　旧法と同じく、Ｂからの解除は否定され、Ｂに対して損害賠償責任を負わない（新492条）。

(2)　Ａの引渡義務は、履行不能となっているところ（新412条の2第1項）、Ａによる現実の提供がされた後に、当事者双方の帰責事由によらずに履行不能となった場合、債権者の帰責事由によるものとみなされるため、Ａは損害賠償責任を問われることはなく、契約を解除されることもない（新567条2項・1項前段）。売買代金についても全額請求することができる（新567条2項・1項後段）。

(3)　ＡＢ間の契約関係は継続しているが、Ａの引渡義務は履行不能となっており、Ａは、契約を解除することなく、ピアノを自由に処分することができる。Ａが契約を解除すれば、Ｂに対して売買代金を請求することができなくなる。　　　　　　　　　［斉藤芳朗］

153
自助売却

Case

　AはBとの間で締結した売買契約により、以下のような引渡債務を負担していた。Aは履行期に、Bのもとに目的物を持参して提供したが、Bから「置き場所がない」という理由で受取りを拒絶された。Aとしては保管が大変なので、競売に付して、その売却代金を供託（自助売却）したいと考えているが、可能か。

　(1)　外国から輸入した木材10ｔ（価格が下落傾向にある）。

　(2)　外国から輸入した18世紀に作られたリビングテーブルと椅子6脚セット。

【Before】

1　旧法は、「弁済の目的物……について滅失若しくは損傷のおそれがあるときは、弁済者は、裁判所の許可を得て、これを競売に付し、その代金を供託することができる」旨規定していた（旧497条前段）。しかし、この「滅失若しくは損傷」とは、物理的な価値の低落を意味し、放置すれば価格の低落をまねく場合は含まれないこととされていた。また、金銭以外の目的物（物品）については倉庫業者等が供託を受けることが予定されているが（供託5条）、現実には、物品供託を受ける倉庫業者等はほとんどいなかった。しかし、物品供託を受ける倉庫業者等がみつからないからといって、自助売却を可能とする規定は置かれていなかった。他方で、商人間の売買においては、弁済の目的物の性質を問わずに、相当の期間を定めて催告することによって、競売に付すことができることとされている（商524条1項前段）（「価格の低落のおそれがある物」については、催告は不要とされている〔同条2項〕）。

　以上述べた自助売却に関する規律をまとめると、つぎのとおりと解釈されていた。①商人間の売買による場合であれば、催告したうえで競売に付すことができる（価格の低落のおそれがある場合には催告は不要）。②商人間の売買以外の場合、価格低落のおそれがあること、または物品供託を受ける倉庫業者等がみつからないことを理由とする自助売却はできない。

2(1)　ABともに商人であれば、Bの受取拒否があれば、Aはただちに競売に付すこと

が可能である（商524条2項）。しかし、AまたはBが商人でない場合には、価格低落
＝損傷とはならないので、旧497条前段の要件を充足せず、自助売却手続を採ることは
できない。

(2)　ABともに商人であれば、Bの受取拒否があれば、Aは催告をしたうえで競売に
付すことが可能である（商524条1項前段）。しかし、AまたはBが商人でない場合には、
物品供託を受ける倉庫業者等がみつからないことを理由とする自助売却の規定は置かれ
ていないため、自助売却手続を採ることはできない。

【After】

1　新法は、自助売却できる場合として、「その物〔弁済の目的物〕について……価格の
低落のおそれがあるとき」を加えた（新497条2号）。これは、弁済の目的物の市場価値
が低落するおそれがある場合についても、自助売却を認めた方が債権者の利益につなが
る場合が多いと考えられるためである。また、自助売却ができる場合として、「その物
〔弁済の目的物〕を供託することが困難な事情があるとき」を加えた（同条4号）。これは、
物品供託を受ける倉庫業者等がみつからない場合（事実上供託ができない場合）にも、自
助売却を可能とすることによって、債務者に生じる保管の手間を省かせるためである。
なお、商人間の売買に関する規定（商524条）は改正されていない。

2(1)　ABともに商人であれば、Bの受取拒否があれば、Aはただちに競売に付すこと
が可能である（商524条2項。旧法と同一の結論）。AまたはBが商人でない場合、旧法
と異なり、価格低落のおそれがあれば、裁判所の許可を得て、木材を競売に付し、その
売却代金を供託することができる（新497条2号）。

(2)　ABともに商人であれば、Bの受取拒否があれば、Aは催告をしたうえで競売に
付すことが可能である（商524条1項前段。旧法と同一の結論）。しかし、AまたはBが
商人でない場合、旧法と異なり、物品供託を受ける倉庫業者等がみつからなければ、弁
済の目的物を供託することが困難な事情があると考えられるため、裁判所の許可を得て、
リビングテーブル等を競売に付し、その売却代金を供託することができる（新497条4
号）。

[斉藤芳朗]

154
任意代位の要件

Case

　債権者Ａは、債務者Ｂに対して、弁済期限を１年後、年利５％として300万円を貸し付けた。それと同時に、ＡはＢの有する甲土地に抵当権の設定を受け、その旨の登記をした。それから１年が経過したが、Ｂは弁済資金を用意することができなかった。そのため、Ｂは、Ａの了解のもと、叔父Ｃに対してＡへの当該債務の弁済をしてほしいと依頼した。これを受けて、ＣはＡに300万円および利息15万円を支払った。

　⑴　Ｃが代位弁済に当たって、債権移転につきＡの承諾を得ていたとすると、ＣはＡに代位するか。

　⑵　Ｃが代位弁済に当たって、債権移転につきＡの承諾を得ていなかったとすると、ＣはＡに代位するか。

【Before】

　Case は、法律上の利害関係を有しない第三者による弁済（旧474条）に該当する。ここで代位弁済者Ｃは、債務者Ｂから委託を受けている点で債務者の意思に反しておらず、有効な第三者弁済である（同条２項）。その結果、Ｃには第三者弁済における求償権（650条１項参照）が認められ、ＣはＢに対して出捐額315万円と利息を請求できることになる。さらに、弁済による代位（旧499条・旧500条）の要件を充たせば、債権者ＡのＢに対する原債権は消滅せず、Ｃは上記求償権の範囲内でその原債権および一切の担保権を行使できることになる（旧501条柱書）。

　この弁済による代位制度は、弁済をするについて正当な利益を有しない第三者による任意代位（旧499条）と、弁済をするについて正当な利益を有する第三者による法定代位（旧500条）に区分される。Case では、Ｃは保証人・物上保証人などの弁済をするについて正当な利益を有する第三者には該当せず、Ｂとは事実上の利害関係を有するに過ぎないため、任意代位の場合に該当する。この任意代位の場合には、条文上の要件として「弁済と同時に債権者の承諾」が必要と定められていた（旧499条１項）。⑴では、ＣはＡの承諾を得ているため、任意代位の要件を充たす。しかし、⑵ではＣはＡの承諾を得ていないため、その要件を充たさず、弁済による代位の効果は生じない。なお、任

意代位の場合には、その効果を債務者または第三者に対抗するには、指名債権譲渡と同様の対抗要件を備える必要がある（同条2項による旧467条の準用）。

【After】

　民法における弁済による代位制度と第三者弁済とは密接な関係を有するため、後者を規律する新474条では、旧法下での「利害関係」という文言が代位の場面で用いられる「正当な利益」という文言へと改められ、両場面での用語がそろえられた（部会資料70A・23頁）。**Case** では、Cによる弁済は、債務者Bおよび債権者Aのいずれの意思にも反しておらず、新法のもとでも「正当な利益を有する者でない第三者」による弁済の要件を充たしており、有効な第三者弁済となる（新474条）。そこで、Cには第三者弁済における求償権（650条1項参照）が生じることとなり、Cはこれを確保するために弁済による代位（任意代位）を主張することが考えられる（第三者弁済の詳細については→Case145）。

　ところで、改正経緯のなかで任意代位制度（旧499条）を排除すべきとの提案もされたが（部会資料39・44頁）、今回の改正では、従来通り任意代位と法定代位の区別が維持された。もっとも、債権者は弁済の受領によって満足を得ており、その後の担保等の帰趨には独自の利益を有しないことから（一問一答194頁）、旧499条で任意代位の要件とされていた「債権者の承諾」が削除された。そのため、新499条は任意代位だけでなく法定代位も含めて両者を統一的に規定するものとなった。ただし、旧499条2項が新500条に内容を維持して移行されており、新法においても、任意代位の場合は債権譲渡における対抗要件が準用される（新500条による新467条の準用）。その結果、任意代位と法定代位の相違は、前者が債権譲渡の対抗要件を必要とする点にのみ現れることになった（部会資料70A・43頁）。

　以上の改正によって、**Case** では、(1)のようにCがAの承諾を得た場合はもちろんのこと、(2)のようにCがAの承諾を得なかった場合であっても、Cにつき任意代位は有効となる（新499条）。そこで、(1)と(2)のいずれの場合も、CはAに代位し、CのBに対する求償権の範囲内で、AのBに対する原債権および甲上の抵当権を行使できる（新501条1項・2項）。なお、**Case** の任意代位の事例において債権譲渡と同様の対抗要件が要求されることは、上記のように改正前と同じ扱いとなる（新500条）。　　　［渡邊　力］

155
複数の保証人間における求償と代位

Case

　債権者Ａは、債務者Ｂに対して、弁済期限を1年後、年利10％として100万円を貸し付けた。その際に、Ｂから依頼を受けたＣとＤが、この債務につき連帯保証人となった。なお、ＣＢ間では、Ｃが保証債務を履行した場合には、Ｂが元利金に年14％の利息を付けてＣに償還するという求償特約が付された。それから1年後の弁済期限が到来したが、Ｂが無資力状態に陥って当該債務を履行しなかったため、ＡはＣに保証債務の履行を請求した。これを受け、ＣがＡに110万円を支払った。この状況において、当該代位弁済からさらに1年が経過した時点で、Ｃが他の連帯保証人Ｄに対して支払を求めたとする。この場合、どのような請求が可能だろうか。

【Before】

　はじめに、保証制度内での連帯保証人間の関係をみると、自己の負担部分を超える額の保証債務を履行した連帯保証人は、他の連帯保証人に対して、465条に基づいて共同保証人間の求償権を行使することができる。なお、複数の連帯保証人間には分別の利益がないと解することが判例・通説である（大判大6・4・28民録23-812）。Case では、連帯保証債務につき全額（110万円）を支払ったＣは、同条によって、2分の1の負担部分に応じた額（55万円）をＤに請求できることになる（465条1項・旧442条）。その一方で、主たる債務者との関係をみると、ＣはＢに対して受託保証人の求償権（旧459条）に基づいて110万円と求償特約による年14％の利息を請求できる。そしてこの求償権を確保するために、代位弁済者Ｃにつき弁済による代位の成否が問題となる。Case では、連帯保証人であるＣは弁済をするについて正当な利益を有する第三者として法定代位（旧500条）をなし得る。そこで、旧501条柱書前段によって、Ｃは「自己の権利に基づいて求償をすることができる範囲内において」、債権の効力および担保として債権者Ａが有していた一切の権利を行使できる。つまり、Ａの有する原債権とＤへの連帯保証債権が求償権の範囲内でＣに移転することになる。それでは、これら2種類の法的根拠をふまえて、ＣはＤに対してどのような請求が可能であろうか。

　従来は、複数の保証人間における求償と代位の規律について、主に3つの見解が対立

していた（部会資料70B・13頁）。まず、①そもそも弁済による代位は適用されず、共同保証人間の求償権（465条）によって規律されるとみる見解がある。これによれば、CはDに対して、代位弁済額110万円のうち負担部分（2分の1）に応じた55万円に法定利率5％の遅延損害金（1年で2万7,500円）を加えた57万7,500円の請求が可能となる。つぎに、②弁済による代位（旧501条）が適用されるとみるが、その範囲は共同保証人間の求償権（465条）によって制限されるとする見解がある。これによれば、Cの債務者Bへの求償権（代位弁済額110万円に求償特約による年14％の利息15万4,000円を加えた125万4,000円）を確保するため、共同保証人間の求償権（①でみたとおり、55万円に法定利率5％の遅延損害金を加えた57万7,500円）の範囲内でAに代位することから、CはDに対して57万7,500円の範囲内で保証債務の履行請求が可能となる。最後に、③弁済による代位（旧501条）によってのみ規律されるとみる見解がある。この見解は旧501条の「求償権」を保証人の主たる債務者に対する求償権とみたうえ、同条4号・5号の趣旨から、保証人の頭数による平等割合での代位が妥当とみる。これによれば、CのBへの求償権（②でみたとおり、110万円＋15万4,000円＝125万4,000円）を確保するため、AのBに対する原債権（代位弁済額110万円に請求までの年10％の利息〔遅延損害金〕11万円を加えた121万円）とそれに付従する一切の担保権（Dへの保証債権）につき保証人の頭数による平等割合（**Case**では2分の1の60万5,000円）で代位することから、CはDに対して60万5,000円につき保証債務の履行請求が可能となる。

【After】

改正によって新501条2項が新設され、「求償権の範囲」について、かっこ書で「保証人の一人が他の保証人に対して債権者に代位する場合には、自己の権利に基づいて当該他の保証人に対して求償をすることができる範囲内」と明示された。その結果、複数の保証人間で求償と代位が生じる場合には、弁済による代位の適用を認めたうえで、その範囲について、主たる債務者に対する求償権によって制限するのではなく、共同保証人間の求償権（465条）によって制限することが明らかとなった（部会資料80-3・27頁）。つまり、上記②の見解を採用することが明文化された。そこで**Case**においては、上記②の説明のとおり、代位弁済をした保証人Cは、共同保証人間の求償権（465条）の範囲内でAに代位し、他の保証人Dに対して保証債務の履行請求（権利行使）が可能となる（新501条2項）。なお、法定利率による遅延損害金の計算は、改正後の新404条の規律に従うことになる（→ Case49・50）。　　　　　　　　　　　　　［渡邊　力］

156
保証人・物上保証人と第三取得者の代位関係

Case

債権者Aが債務者Bに1,000万円を貸し付けた（利息等は考慮しない）。その際に、この債権を担保するために、AはBの有する甲土地につき抵当権の設定を受けた。また同時に、Bの依頼によって、当該債権につきCが連帯保証をした。その後に、Bは甲を第三者Dに譲渡した。この状況において、①Bが甲をDに譲渡する前に、または②甲を譲渡した後に、CがAに対して保証債務を履行したとする。

(1) Cが甲に付された抵当権の登記につき弁済による代位の付記登記をしていなかったとすると、CはDに対してAに代位できるか。

(2) Cが自己の有する乙土地に抵当権を設定した物上保証人であったらどうか。

【Before】

(1)では、保証人Cの代位弁済が法定代位（旧500条）に該当するため、Cは、債務者Bの有する抵当目的物（甲土地）を譲り受けた第三取得者Dに対して、債権者Aに代位し、Aの有する抵当権を行使することが考えられる。もっとも、旧501条1号によって「あらかじめ先取特権、不動産質権又は抵当権の登記にその代位を付記しなければ」、保証人は目的不動産の第三取得者に対して債権者に代位できないと規定されていた。従来は、この「あらかじめの付記登記」について、Cの履行前に登場したD（②の場合）に対しては付記登記なしに代位できるが、Cの履行後に登場したD（①の場合）に対しては付記登記をしていなければ代位できないと理解されていた。その理由につき、後者①については、代位の付記登記がないことで代位弁済によって抵当権が消滅したと信じた第三取得者の保護が必要であることと、保証人は代位弁済後には付記登記が可能となるため、これを怠った保証人が不利益を受けても仕方がないことから、あらかじめの付記登記が必要とされた。これに対して前者②については、抵当権の負担を承知で不動産を取得した第三者は、債権者または代位権者による担保権の実行を覚悟しているはずであることと、代位弁済前の代位が生じていない段階で保証人に代位につき付記登記の仮登記を求めるのは事実上無理があることを理由として、付記登記は不要とされた。以上

の規律は、(2)のようにＣが物上保証人の場合でも、旧501条1号のような明文の規定はなかったが、保証人の場面と同様に解されていた。

【After】

　改正によって旧501条1号が削除されたため、保証人が債務者からの第三取得者に対して代位する際に「付記登記」自体が不要となった。その理由として、代位の付記登記がないからといって、第三取得者が債権および担保権が消滅したと信じるとは必ずしもいえないことや、抵当権の付いた債権を譲渡する際には付記登記が担保権取得の第三者対抗要件とはされていないこととバランスを失することなどが挙げられる。この改正によって、付記登記は担保権承継を証する公文書と位置づけられることになる（中間試案補足説明297頁）。なお、改正経緯のなかで、「保証人および物上保証人は債務者からの第三取得者に対して債権者に代位できる」という基本的な規律を明文化する提案がされた（中間試案109頁）。しかし、このことは新501条1項から当然に導けることであり、規律の重複を避けることを理由として、新法では特に規定は設けられなかった（部会資料80-3・27頁）。その一方で、第三取得者が保証人および物上保証人に対して債権者に代位しないことは明文の規定が置かれている（新501条3項1号）。保証人については従来から規定があったところ（旧501条2号）、物上保証人との関係でも代位しないことに異論がなかったことから、後者も併せて条文に明記された（中間試案補足説明297頁）。

　以上から、(1)では、保証人Ｃの履行前に登場した第三取得者Ｄ（②の場合）はもとより、履行後に登場したＤ（①の場合）との関係でも、代位の付記登記は不要となった。つまり、代位弁済をした保証人Ｃは、①および②のいずれの場合でも、代位の付記登記がなくても、ＢからのＤに対して債権者Ａに代位できる（新501条1項）。この規律内容は、(2)のように、Ｃが物上保証人の場合にも同様となる。つまり、物上保証人Ｃが代位弁済をするか、乙上の抵当権が実行されたときは、代位の付記登記がなくても、ＣはＢからの第三取得者Ｄに対して債権者Ａに代位できる（同条1項）。

［渡邊　力］

157
第三取得者または物上保証人からの譲受人の地位

Case

債権者 A が債務者 B に 1,000 万円を貸し付け、C が連帯保証をした（利息等は考慮しない）。

(1)　当該債権を担保するために、A は B の有する甲土地につき抵当権の設定を受けた。その後に、B は甲を D に譲渡し、さらに D は甲を E に譲渡した。この状況で、C が A に保証債務の履行として 1,000 万円を支払ったとすると、C は E に対して A の有する甲への抵当権につき A に代位することができるか。

(2)　A の B に対する当該債権を担保するために、F が自己の有する乙土地に抵当権を設定し、その後に F が乙を G に譲渡したとするとどうか。

【Before】

(1)について、代位弁済をした連帯保証人 C は、債務者 B からの第三取得者 D との関係では、抵当権の登記に代位の付記登記をすれば、D に対して債権者 A に代位できる（旧 501 条 1 号）。なお、この付記登記が必要とされるのは代位弁済後に登場した D との関係に限られ、代位弁済前に登場した D との関係では付記登記は不要と解されていた（→ Case156）。そのうえで、D からさらに甲を取得した転得者 E との関係でも、債務者からの第三取得者の場合と同じ規律に服すると考えられていた。

以上に対して、(2)について、物上保証人 F との関係では、連帯保証人である代位者 C は人数に応じて代位するため（旧 501 条 5 号）、乙に付された抵当権につき 500 万円（Case では 2 分の 1）で代位する。その一方で、F から乙を取得した G との関係では争いがあった。まず、①物上保証人からの譲受人は「第三取得者」に含まれるとみる見解があった。これによれば、C は G に対して全額 1,000 万円につき A に代位するとみることになる。つぎに、②物上保証人からの譲受人は「物上保証人」に含まれるとみる見解があった。これによれば、C は人数に応じて代位するため（同号）、乙に付された抵当権につき 500 万円で代位するとみることになる。なお、①の見解によれば、第三取得者とされる G が代位弁済をしても保証人 C に対して代位できないことになるが（旧 501 条 2 号）、②の見解によれば、物上保証人とされる G が代位弁済をすれば、G は C に対

して人数に応じて代位できることとなる（同条5号）。

【After】

改正によって新501条3項5号が新設され、第三取得者からの譲受人は「第三取得者」とみなし、物上保証人からの譲受人は「物上保証人」とみなすこととされた。

まず、前者の「第三取得者からの譲受人」については、転得者Eを含むという改正前の一般的な解釈を明らかとするために、この者を「第三取得者」とみなすことが明文化された（部会資料84-3・10頁）。そのため、(1)については、基本的には上記したところと変わらず、転得者Eも債務者Bからの第三者取得者Dと同様に扱われる。もっとも、旧501条1号が削除されたことによって、保証人および物上保証人が債務者からの第三取得者に代位する際に「代位の付記登記」の要件は不要となった（→Case156）。なお、保証人および物上保証人が債務者からの第三取得者に対して債権者に代位できることについては、新501条1項から導けるので、規律の重複を避けるためにあえて規定は置かれなかった。そこで(1)では、代位者Cは、代位の付記登記をしなくても、債務者Bから甲を取得した第三取得者Dに対してだけでなく、第三取得者とみなされる転得者Eに対しても、甲に付された抵当権につき債権者Aに代位できる（新501条1項。なお、同条3項5号参照）。これに対して、債務者Bからの第三取得者Dおよび転得者Eは、保証人Cに対してAに代位しない（同条3項1号および同項5号・1号）。

つぎに、後者の「物上保証人からの譲受人」については、「第三取得者」ではなく「物上保証人」とみなすことが明文化された。つまり、従来の見解の対立に関して、上記②の一般的な見解を採用するものといえる（中間試案110頁）。そこで(2)では、代位者Cは乙に付された抵当権につき人数に応じて物上保証人とみなされる譲受人Gに対してAに代位することになる（新501条3項5号・4号）。これに対して、物上保証人とみなされるGが代位弁済をするか、乙上の抵当権が実行されれば、GもCに対して人数に応じて保証債権につきAに代位できることになる（同条3項5号・4号）。〔渡邊　力〕

158
一部弁済による代位

Case

債権者Aが債務者Bに1,000万円を貸し付けた（利息等は考慮しない）。その際に、この債権を担保するために、Aは、Bの有する甲土地（評価額700万円）につき抵当権の設定を受けた。それと同時に、Bの依頼によって、当該債権につきCが連帯保証人となった。この状況において、CがAに対して500万円を弁済した。この場合に、Cは、原債権および抵当権につき、いかなる規律のもとでAに代位するか。

【Before】

Caseでは、受託保証人Cによる一部弁済に基づく弁済による代位が問題となる。まず代位弁済をしたCは、旧459条に基づいて、債務者Bに対して500万円の求償権を取得する。そしてCは、この求償権を確保するために、弁済をした価額に応じて、債権者とともに原債権および抵当権を行使できる（旧502条1項）。

この場合に、一部代位者は債権者と共同でしか権利を行使できないのか、または単独でも権利を行使できるのかが問題となっていた。大審院判例は、一部代位者が債権額に応じて単独で権利を行使することを認めていた（大決昭6・4・7民集10-535）。これによれば、債権者Aによる抵当権実行手続によらず、一部代位者Cが単独で甲土地の抵当権を実行できることになる。もっとも、この判例は、債権者が換価時期を選択する利益を奪われるという不利益を被ることや、旧502条が「債権者とともに」と規定する文理を重視すべきことを理由として批判された。そこで、債権者のみが単独で実行でき、一部代位者は債権者と共同でなければ担保権を実行できないという解釈が通説となった。

他方で、競売手続における配当の局面でも、債権者と一部代位者のどちらが優先されるかが問題とされていた。まず、①両者は平等であり、一部代位者は弁済額に応じた按分比例による配当を受けるとみる見解があった（平等主義）。これによれば、Aの申立てによって甲の抵当権が実行されたとすると、競売による売却代金700万円から、AとCは1：1の割合（残額500万：一部弁済額500万）で満足を受けることになる。その結果、Aは350万円の配当を受けることができるため、Cからの一部弁済額500万円と合わせて、850万円を回収できることになる。その一方で、Cは350万円の配当を受け

ることができる。これに対して、②債権者がまず配当を受け、残額があれば一部代位者が配当を受けることができるという見解があった（債権者優先主義）。これによれば、Aは競売による売却代金700万円から優先的に未受領の残額500万円につき配当を受けることができるため、Cから弁済を得た500万円と合わせて、1,000万円を回収できる。その一方で、Cは売却代金700万円から500万円を除いた残額200万円の配当を受けることになる。かつての学説ではいずれも有力であったが、その後は②説が通説化し、判例も抵当権実行の場面で②説を採用していた（最判昭60·5·23民集39-4-940）。

【After】

改正後の新502条1項では、代位者が一部代位による権利行使をするに当たって、「債権者の同意」が要件として付加された。これにより、一部代位者は債権者と共同でしか原債権等の原権利を行使できないことが明示された。このように、上記昭和6年決定は変更され、通説の立場が採用された（部会資料39・56頁）。**Case** では、一部代位者である受託保証人Cは、債権者Aの同意を得て、Aと共同で甲土地の抵当権を実行しなければならない。これに対して、「債権者は、単独でその権利を行使することができる」とする同条2項が新設された。これは、債権者による原権利の行使が一部を弁済したに過ぎない代位者によって制約されるべきではないとの趣旨による（部会資料39・56頁）。**Case** では、Aは単独で甲の抵当権を実行できる。

他方で、改正によって新502条3項が新設され、「債権者が行使する権利は、その債権の担保の目的となっている財産の売却代金その他の当該権利の行使によって得られる金銭について、代位者が行使する権利に優先する」と規定された。すなわち、この改正によって、配当手続等における債権者優先主義の採用が明記され、抵当権など担保権実行の場面を超えて、上記②の判例法理が一部弁済による代位の場面に一般的に適用されることになった（部会資料80-3・28頁）。**Case** は抵当権実行の事例であるため、もとより新502条3項が適用される。具体的には、上記②の見解による帰結と同様となる。つまり、債権者Aは甲の競売による売却代金700万円から優先的に未受領の残額500万円の配当を受けることができ、既に受領した500万円と合わせて1,000万円を回収できる。これに対して、一部代位者CはAへの配当額を除いた残額200万円の配当を受けるだけとなる。　　　　　　　　　　　　　　　　　　　　　　　　［渡邊　力］

159
担保保存義務

Case

債権者Ａが債務者Ｂに1,000万円を貸し付けた（利息等は考慮しない）。その際に、この債権を担保するために、ＡはＢの有する甲土地（評価額1,000万円）につき抵当権の設定を受けた。それと同時に、Ａは、当該債権につきＣの有する乙土地（評価額1,000万円）にも抵当権の設定を受けた。

(1)　その後、Ｂが債務不履行に陥ったにもかかわらず、Ａが甲上の抵当権の実行を躊躇しているうちに、甲の評価額が700万円に下落した。この場合に、Ｃは自己の負う責任の減免を主張できるか。

(2)　Ａが甲上の抵当権を放棄した。この状況で、その後にＤがＣから乙を譲り受けたとすると、Ｄは自己の負う責任の減免を主張できるか。

【Before】

Caseでは、債権者が担保を喪失または減少させた場面において代位権者の負う責任の減免が問題となる。旧504条は、法定代位をすることのできる者（旧500条）がいる場合に、「債権者が故意又は過失によってその担保を喪失し、又は減少させたときは」、その代位権者は「その喪失又は減少によって償還を受けることができなくなった限度において、その責任を免れる」と規定していた。そこで、法定代位権者である物上保証人Ｃは、債権者Ａが抵当権を放棄するなど担保を喪失または減少させたときには、基本的には自己の負う責任の減免を主張できる。もっとも、それは債権者が「故意又は過失」によって担保を喪失・減少させた場合に限られる。(1)の場合は、従来の一般的立場によれば、Ａの故意・過失による甲土地の価値下落の問題と位置づけたうえで、債権者は債務不履行時に担保権の即時実行義務を負うものではないことから、信義に反する特段の事情がない限り、Ａによる故意・過失による担保の喪失・減少には当たらないとみていた（大判昭8・9・29民集12-2443）。そのため、Ａの態度が信義誠実に反するものでなければ、Ｃは自己の負う乙上の抵当権につき基本的には責任の減免を主張できないことになる。

他方で(2)の場合には、物上保証人であるＣから担保目的物（乙土地）を譲り受けた第三取得者Ｄも旧504条を根拠として自己の承継した責任の減免を主張できるかが問題

とされていた。これにつき、起草者意思を尊重し第三取得者を排除すべきとみる見解もあったが、判例・通説は債権者の義務違反行為後に物上保証人の地位を承継した第三取得者も責任の減免を主張できるとしていた（最判平 3・9・3 民集 45-7-1121）。この考え方によれば、(2)の D は、仮に、甲上の抵当権の放棄が A による故意・過失による担保の喪失・減少行為に当たるとしたならば、A が甲の抵当権を放棄した後に乙を C から譲り受けているため、自己の責任の減免を主張できると考えられる。

【After】

改正後は、旧 504 条の規律内容が新 504 条 1 項前段で基本的に維持された（部会資料 84-3・11 頁）。これに対して、同条 2 項が新設され、債権者の担保喪失・減少行為が「取引上の社会通念に照らして合理的な理由があると認められるとき」には、代位権者につき責任の減免は生じないことが明記された。この改正は、旧 504 条のもとで上記の故意・過失の要件に取り込まれていた障害要件を独立に明示するものであって、従来の解釈に変更は生じないとみられる（部会資料 83-2・32 頁、潮見・概要 195 頁）。例えば、債務者の経営状況の変化等に伴う担保の差替えや一部解除、経営者の交代に伴う保証人の交替など、個別の事情によって合理的な理由が認められ得る（一問一答 198 頁）。そこで(1)の場合も、改正前と同様の解釈が成り立ち得る。つまり、A が B の債務不履行後も担保権実行を即時に行わなかったとしても、債権者は債務不履行時に担保権の即時実行義務を負わないため、A が担保権実行の準備期間を考慮したり、担保目的物の価格高騰を見越したりするなど、取引通念に照らして著しく信義に反する事情がない場合は、A の故意・過失による担保の喪失・減少には当たらないといえよう。したがって、物上保証人 C による乙上の抵当権についての責任減免の主張は、基本的には否定されると考えられる。

他方で、新 504 条 1 項には後段が付加され、法定代位権者である物上保証人から担保目的物を譲り受けた第三取得者およびその特定承継人も、物上保証人と同様に責任の減免を主張できることが明記された。これは、上記の判例・通説の立場を一般化して規定するものである（部会資料 39・62 頁、84-3・11 頁）。そこで(2)では、仮に、甲土地上の抵当権の放棄が A の故意・過失による担保の喪失・減少行為に当たるとしたならば、A が甲の担保権を放棄した後に乙を C から譲り受けた第三取得者 D は、同条 1 項後段によって自己の責任の減免を主張できる。　　　　　　　　　　　　　　［渡邊　力］

160
相殺適状および相殺禁止特約

Case

　AはBに100万円の債権を有し、BのCに対する50万円の債権（甲債権）につき、Bから取立委任を受け、AB間で取り立てた50万円を弁済に充てることを合意し、他方で、Aの求めに応じて、BC間で甲を対象とする相殺の禁止が合意された。その後、甲債権についてDが連帯保証をしたが、Dは上記相殺禁止の合意を知らない。Aが取立委任に基づいて、Dに対して50万円の支払を求めたのに対して、DがBに対し50万円を超える債権を有しているとして、Dは相殺を援用してこれを拒絶できるか考えよ。

【Before】

　505条1項は、相殺の要件を定めており、①2人の間で、②同種の債権が対立し、③双方の債務が弁済期にあることが必要であり（相殺を主張する者に証明責任〔同項本文〕）、④債務の性質が相殺を許さないものではないこと（相殺を争う者に証明責任〔同項ただし書〕）、この4つの要件を充たすことが必要である（相殺適状という）。

　「2人が互いに」という要件については、AからBへの債権につき、第三者Cが代位弁済をする代わりに、CからAへの債権があるためこれを自働債権として、AからBへの債権を受働債権とする相殺ができるかが議論されている（代位弁済代用相殺）。判例は505条1項の要件を充たさないことを理由にこれを否定するが（大判昭8・12・5民集12-2818）、学説は判例に反対してこれを肯定し諸説に分かれている。また、自働債権には強制力が必要であり、自然債務のように強制力がない債権や自働債権に抗弁権がついている債権は、自働債権とはできないと考えられている。これを、同条1項の要件においてどう説明すべきであろうか。消費貸借契約における貸金交付請求権は相殺の受働債権にできるか、また、受任者の委任者に対する代弁済請求権（650条2項）に対して委任者はこれを受働債権とする相殺ができるかなどが議論され、判例はいずれも否定する（大判大2・6・19民録19-458、最判昭47・12・22民集26-10-1991）。

　旧505条2項本文は当事者の意思表示による相殺禁止が有効なことを規定しており、これに違反して相殺の意思表示がされても無効である。ただし、相殺禁止の合意は、善意の第三者に対抗できない（同項ただし書）。あてはめは、【After】で述べる。

【After】

　505条1項は、何ら改正がされず【Before】に示した問題点は、改正後も依然として解釈に任されている。改正がされた同条2項は、「相殺を禁止し、又は制限する旨の意思表示をした場合」と表現を変更し、第三者が「知り、又は重大な過失によって知らなかったときに限り、その第三者に対抗することができる」と、善意だけでなく無重過失が第三者保護のための要件となることを規定した。規定の形式が変更されたため、改正前は、相殺禁止の特約を争う第三者が自己の善意の証明責任を負わされたが、改正法では、相殺禁止特約を主張する者が、第三者の悪意または重過失を証明しなければならなくなった。

　起草者は相殺禁止特約につき、相殺は当事者の利益のために認められた制度であり、当事者が相殺を欲しないときはこれを強いる理由がなく、金銭を寄託しいつでも現実の返還を受けられるように相殺を禁止するなどの例が考えられると説明している（梅謙次郎『民法要義巻之三債権編』332頁）。ただし、善意の第三者を害し得ず、その例として、債権の譲受人や保証人が挙げられている。その後の学説でも特に議論の進展はなく、相殺禁止についても、受働債権とすること、自働債権とすること、両方を禁止することが考えられ、第三者の例としては、受働債権禁止事例の債務引受人、自働債権禁止事例の債権譲受人が挙げられる（我妻・債権総論330頁）。**Case**でいうと、Cに対して50万円の債務を負うEが、相殺に用いるために、Bから甲債権を譲り受け、Eが甲債権を自働債権としてCに対して相殺をする場合が考えられる。判例もこれまで、特約の認否をめぐってわずか数件があるに過ぎず、第三者への対抗をめぐる事例は皆無である（宮川不可止「相殺禁止特約」京都学園法学2=3号19頁参照）。

　Caseでは、そもそもDの相殺の受働債権が問題になり、BのDに対する保証債権が受働債権であれば、相殺禁止の対象ではない。他方、BのCに対する本件債権が受働債権であり、それとの相殺により保証債務を履行すると考えれば、相殺禁止特約のDへの対抗が問題になる。相殺禁止特約の対抗が問題とされる第三者として起草者により「保証人」があげられているが、保証人については、①上記のBD間の相殺だけでなく、②CがBに対して債権を有する場合に、新457条3項の抗弁権の採用も問題になる。

　①BD間の相殺については、BC間の相殺禁止の効力はDに及ばず、DはBに対する債権で保証債権との相殺を禁止されることはないと考えるべきである。②他方で、BC間の相殺のDによる援用については、新505条2項が適用され、保証人Dが保証契約時に譲渡禁止の合意につき善意無重過失であれば、新457条3項によりDはBの請求に対して、BC間の相殺を抗弁として援用できる。　　　　　　　　［平野裕之］

161
生命・身体侵害による不法行為債権と相殺禁止

Case

Aは自己所有の高級車（甲）を運転中、Bの一方的過失により追突され、甲が大破し、Aはこの事故が原因で死亡した。Aには内縁の妻Cがおり、相続人にはAの母親Dがいるだけである。CおよびDのBに対する損害賠償請求につき、BがたまたまCおよびDに対して金銭債権を有しているとして、Bは相殺をもって対抗することができるか。

【Before】

旧509条は、「債務が不法行為によって生じたとき」に、これを受働債権として、不法行為者から相殺をすることを禁止していた。「不法行為」一般について相殺禁止を認めることは、比較法的に異例であり、①被害の現実補償の確保（治療、修理などには資金が必要）、②不法行為の誘発防止、および、③自力救済の禁止がその根拠として挙げられていた。しかし、②③は合理的であるとしても、①については、差押禁止債権とはなっておらず被害者の現実賠償は確保されていないため疑問が残され、確かに被害者保護は必要ではあるが、不法行為債権に一律に当てはまるものではない。

そのため、旧509条の適用を制限しようとする学説が多く、故意または重過失による不法行為に制限する学説、人損は一律適用、物損について故意または重過失の場合にのみ適用する学説など、多様な学説が主張されていた。しかし、判例は、同一事故による損害賠償請求権同士の相殺が問題になった事例でも、「民法509条の趣旨は、不法行為の被害者に現実の弁済によって損害の塡補を受けさせること等にあるから」という理由で、相殺禁止を適用していた（最判昭49・6・28民集28-5-666）。旧509条を制限解釈するということは、判例が採用するところではなかった。

【After】

新法は、不法行為による損害賠償義務の一律相殺禁止を変更し、相殺禁止を2つの損害賠償債務に限定した。すなわち、相殺が禁止されるのは、①「悪意による不法行為に基づく損害賠償の債務」（新509条1号）、および、②「人の生命又は身体の侵害による損害賠償の債務」（同条2号）——債務不履行による損害賠償請求権にも適用され、医療

過誤や安全配慮義務違反がその例——である。1号は Case162 で解説をするので、ここでは2号を解説する。なお、「ただし、その債権者がその債務に係る債権を他人から譲り受けたときは、この限りでない」という制限がある（新 509 条柱書ただし書）。

　新 509 条 2 号が適用になるためには、受働債権が「人の生命又は身体の侵害による損害賠償」請求権であることが必要がある。改正により導入された新 724 条の 2 にも「人の生命又は身体を害する不法行為による損害賠償請求権」と、同様の規定があり、その内容は統一的に解釈されるべきである。名誉やプライバシーなどの侵害による慰謝料については、新 509 条は適用されない。延命の相当程度の可能性利益の侵害（最判平 12・9・22 民集 54-7-2574）やより重篤な後遺症を避けられた相当程度の可能性利益の侵害（最判平 15・11・11 民集 57-10-1466）は、生命や身体の侵害なのか、望まない出産による親の損害または子の損害——この賠償を認めるかは議論がある——の賠償請求権はどうか、本人にがんを告知すべきではない事例における親族への告知義務の違反の場合（最判平 14・9・24 判時 1803-28）はどうか、騒音等の受忍限度を超えた生活環境被害による慰謝料や、いわゆるセクハラやパワハラに該当する発言による慰謝料はどうか、それを契機に自殺したり PTSD（心的外傷後ストレス障害）になったらどうかなど、疑問の生じる事例はいくらでも考えられる。日本では類推適用が多用されるので、この点の気楽さはあるものの、適用ないし類推適用の基準作りが今後の判例の任務となる。

　Case では、A の相続人 D が、相続により取得した甲の全損による損害賠償請求権に対しては、B による相殺が可能である。これに対して、D が相続により取得した A の死亡慰謝料請求権および死亡逸失利益の損害賠償請求権については、B による相殺が許されない。問題は、内縁の妻 C と D の 711 条に基づく慰謝料請求権である。C や D といった間接被害者は、自己固有の権利・利益の侵害を問題にするならば、いわば愛情利益の侵害であり、これは人だけでなく、ペットや思い出の品の侵害に対しても考えられる。CD 自身は生命や身体を侵害されていない。D については A の慰謝料請求権を相続するために D 側につき慰謝料額は総合考慮されるとすれば、D の慰謝料だけ取り出して考えるのは適切ではない。かといって、D には固有の慰謝料も含めて相殺禁止、C は相殺禁止なしというのも、バランスを失する。では、原因が「生命又は身体」の侵害にあればよいというべきなのであろうか。そうすると、死亡の場合の葬儀費用、遺体搬送費用等や弁護士費用も相殺禁止の対象になる。そして、A に対する不法行為により種々の損害は成立するが、損害項目ごとに損害賠償請求権が成立するのではなく、全体として1つの損害賠償請求権が成立し、身体侵害により生じた財産損害も相殺禁止の対象となる。これに対して、同一事故により同一人が侵害された権利・利益が複数ある場合には、被侵害権利ごとにその侵害による損害賠償請求権について相殺禁止を考えるべきである。この結果、Case の交通事故による損害賠償請求権のうち、甲の物損の損害賠償請求権については相殺禁止は適用されないことになる。　　　　　［平野裕之］

162
悪意による不法行為債権と相殺禁止

Case

　Aは旅行中の知人Bから犬（甲）を預かった。Aは甲を散歩に連れて行き、公園に寄った際に、大型犬（乙）を連れてCがやってきた。乙は日ごろから他の犬に吠えかかったり噛みついたりしており、このことをAは知っていた。しかし、Aは、甲がいうことを聞かないため腹を立てており、また、Bにもよい思いを抱いていなかったため、甲が噛まれることを期待して、公園を立ち去らずベンチに座ってスマートフォンを見ていた。Aが予想していたとおり、乙がベンチの前を通りかかったところで甲に吠えかかり、驚いた甲もこれに応戦して吠えたため、乙が甲に噛みつき、AとCは引き離そうとしたが10分以上にわたりのどを噛みつかれた甲はこの怪我が原因で死亡した。BのAに対する損害賠償請求に対して、AはBに10万円を貸していたのでそれと相殺すると主張した。この相殺は認められるか。

【Before】

　Caseの事例では、Bからは、AB間に無償寄託があり、Aは寄託契約上自己の財産と同じ注意義務を尽くしていないとして債務不履行、または、犬を預かったことにより不法行為上の作為義務として、預かった犬に怪我をさせたりしないよう積極的に配慮すべき義務を負い、その違反による不法行為が主張される。Case161で説明したように、旧509条は、不法行為による債権について一切相殺禁止としていたため、債務不履行による損害賠償請求権については、Aは相殺をもって対抗できるが、不法行為を理由とした損害賠償請求権に対しては相殺をもって対抗できないことになる。

【After】

　新法では、「悪意による不法行為」か「生命又は身体の侵害」——債務不履行も含む——の場合でなければ、損害賠償請求権に対しても原則どおり相殺が認められる。Caseは「財産」の侵害であるため、Aは責任を争い、予備的に責任が認められるとしても相殺を主張することになるが、BがAによる相殺を争うためには、「悪意による不法行為」に該当することを証明しなければならない。

「故意」ではなく「悪意」とした点については、どう理解すべきであろうか。また、そもそも相殺禁止とされた根拠は何であろうか。会社法429条1項は、被害者に損害を与えることについて故意は必要ではなく、役員としての会社に対する契約上の義務違反について悪意であればよいという趣旨である。しかし、新509条1号の「悪意」は、「故意」とそのような区別をしようとするものではない。他に「悪意」という表現を損害賠償について用いた規定として、破産法の規定があり、同法253条1項は、債務者が免責決定を受けても免責の効果が及ばない債権を列挙し、「破産者が悪意で加えた不法行為に基づく損害賠償請求権」（2号）と「破産者が故意又は重大な過失により加えた人の生命又は身体を害する不法行為に基づく損害賠償請求権（前号に掲げる請求権を除く。）」（3号）が規定され、「悪意」と「故意」が意図的に区別されており、新509条はこの規定を参照したものである。

破産法253条1項2号については、これを免責の対象とすることは「加害者に対する制裁面からも好ましくない」ことが趣旨であり、そのため、「悪意」とは「故意」とは異なり積極的な害意を必要とすると解されている（伊藤眞『破産法・民事再生法〔第3版〕』544頁）。制裁・抑止という趣旨は、新509条1号にもあてはまり、同条1号も同様に解することが許されよう。しかし、それで問題が解決されたかといえば、必ずしもそうはいえない。そもそも積極的な害意と故意の区別は必ずしも容易ではない。また、積極的な害意がないというのは、結局、故意から未必的な故意が除かれるだけになるのであろうか。不貞行為の相手方は配偶者に対して不法行為責任を負うと考えられているが、既婚者だと知っていれば、故意になるが積極的害意はなく、配偶者に対するうらみをはらすといった意欲があって積極的害意となるのであろうか。

Case の場合にAには「悪意」は認められるべきであろうか。もし噛みつかれた後に、死ねばよいと思って放置したならば、先行行為または契約に基づく作為義務として、犬甲を助け出す義務がありそれを故意でしていない不作為による不法行為である。「悪意」は不作為による不法行為でもよく、この場合には積極的な害意を認めてもよいであろう。**Case** では、犬乙が吠えかかってきて甲が噛みつかれることは必至なのに、Aはあえて甲が怪我を負うのを期待してベンチにとどまっており未必的な故意があった。積極的な害意もあるが、「悪意」といってよいのであろうか。無駄に紛争を生じさせるだけであり、「故意」についても広く相殺禁止を認めるべきであったように思われる。新509条1号は、重過失の事例には類推適用すべきではないが、「悪意」は「故意」と広く読み替えることも許されると考えられる。

なお、714条や715条1項の他人の行為についての代位責任では、行為者に「悪意」があっても、被害者保護ではなく不法行為者への制裁が趣旨なので、破産法253条1項2号は適用にならない（伊藤・前掲書544頁）。新509条1号も同様に、監督者や使用者自身に悪意が認められない限り、相殺は認められるべきである。　　　　［平野裕之］

163
差押えと相殺

Case

　AはBに対して建設機械（甲）を販売し、その代金500万円の支払期日を1ヶ月後とし代金完済までの所有権留保特約をした。その1週間後、以前にAがBに販売した別の建設機械（乙）に欠陥がみつかり、欠陥を原因として乙は滅失した。AB間で協議をし、AがBに乙の代金500万円を1週間以内に返還することを約束した。ところが、Bは業績が悪化し事業資金に事欠くようになっており、このことを合意後に知ったAは、代金の支払を受けられない可能性があるため、相殺で決済しようと考え1週間を過ぎても乙の代金500万円の返還をしていない。その後、Bは事業活動を停止してしまい、Bの債権者CがBのAに対する500万円の乙の代金返還請求権を差し押さえ、支払を求めてきた。Aはこれに応じず、その後、代金債権の弁済期が到来したため、Cに対して相殺の意思表示をした。

【Before】
　旧511条は、債権について差押えがされた場合に、第三債務者は差押え後に取得した債権による相殺をもって、差押債権者に対抗することができないことを規定していた。反対解釈をすると、差押え前の債権を自働債権とするのであれば、自働債権と受働債権とが相殺適状にあれば、その弁済期の関係がどうであろうと、相殺をして差押えを排除することができることになる。

　ここで問題となっているのは、債権者同士の債権回収の争いである。債務者の財産（責任財産）には債権者平等の原則が適用され、**Case** のBのAに対する代金返還請求権も同様である。本来ならば、債権者平等が貫徹され、AもBが返還を受けるべき500万円につきCその他のBの債権者と平等の効力が認められるに過ぎない。その例外として、**Case** でAに相殺を認めることは先取特権のように法定の優先権を認める結果になるため、旧511条はそこまでの担保的権利を認める規定なのかが問題である。

　判例は当初は相殺適状説そしてその緩和説を採用したが、その後、第三債務者Aの相殺により債権を回収する合理的な期待の保護を問題とし、差押え時に相殺適状になっていることは必要ではなく、ただ自働債権の弁済期が先であり、自働債権が支払われな

くても最悪相殺で回収ができると期待していた場合に限り、相殺を差押債権者に対抗できるといういわゆる制限説を採用した（最大判昭 39・12・23 民集 18-10-2217）。差押え前の債権でも、受働債権よりも弁済期が後で、遅滞を続けて相殺をして差押債権者を犠牲にして自分だけ回収することを否定するため、旧 511 条の文言を制限解釈してこのような差押え前の債権による相殺には、反対解釈による相殺を認めないのである。

しかし、その後、判例は旧 511 条の文言どおり差押え前の債権であればよいとして、弁済期の先後を問わない無制限説を採用する（最大判昭 45・6・24 民集 24-6-587）。

【After】

新法は、新 511 条に 2 項を追加して、旧 511 条を 1 項にしてこれに改正を施した。1 項は、表現の変更と、「差押え前に取得した債権による相殺をもって対抗することができる」という確認の文章を追加しただけである。この規定であっても、制限解釈は可能であり、制限説に「とどめを刺した」ようにはみえない。しかし、立法担当官は、「新法においては、無制限説を採用していることを条文の文言上も明確化するため、差押え前に取得した債権による相殺をもって差押債権者に対抗することができることを明確化している」と断言している（一問一答 204 頁）。いずれにせよ、判例を基準にする限り、結論について変更はないことになる。

その趣旨は上記昭和 45 年判決の説明に求めることができる。同判決は、相殺の制度は、「相対立する債権債務を簡易な方法によって決済し、もって両者の債権関係を円滑かつ公平に処理することを目的とする合理的な制度」であり、「受働債権につきあたかも担保権を有するにも似た地位が与えられるという機能を営」み、「相殺制度のこの目的および機能は、現在の経済社会において取引の助長にも役立つものであるから、この制度によって保護される当事者の地位は、できるかぎり尊重すべきものであ」るという。弁済期の先後を問わず債権の対立があれば法定の担保権の成立を認めるのが、取引の助長に役立ち必要なのだというわけである。すなわち、実質的に先取特権同様の法定担保権を認めるに等しく、このような法定の担保があるために、相手方に信用不安があっても取引を行うことができ、「取引の助長」に役立つことになるのである。事案は金融取引であったが、金融取引を超えて一般論が展開されている。

Case については、B の A に対する 500 万円の乙の代金返還請求権の弁済期が、A の B に対する 500 万円の甲の代金債権の弁済期よりも先であり、制限説では A は C に対して相殺をもって対抗できないが、無制限説ではこれを対抗できることになる。B の A に対する代金返還請求権につき、A の B に対する債権と C の B に対する債権とで、A の債権を優先させる債権の牽連性などの事由はないが、安心して取引ができるよう、取引を助長するという政策的理由から A の相殺を優先させることになる。　　　　［平野裕之］

164
差押え前の原因により差押え後に取得した債権と相殺

Case

　AはBの発注により工場用の機械（甲）を製作し、これをBの工場に備え付ける合意をし、その製作代金（甲債権）500万円は納入・検査確認の1ヶ月後に支払うことが約束された。Aに対して1,000万円の債権を有しているCは、Aが期日になっても支払をしないため、甲債権を差し押さえ、支払期日になったらBに取立てをするつもりでいる。その後、Aが甲機械を製作しBの工場に設置したが、使用して1週間経ったところで重大な不適合が発見され、AはBからの通知を受けて検査したが、これはBの従業員の管理・操作ミスによるものであると主張して責任を争う。そのため、Bはやむを得ず修理業者に修理を依頼し100万円を支払った。甲債権の支払期日になり、CがBに対してその支払を求めたが、BはCに対して100万円の損害賠償請求権による相殺の意思表示をして、残りの400万円のみをCの指示した銀行口座に振り込んだ。この相殺は有効か。

【Before】

　旧511条は、差押え後に取得した債権では相殺ができず、例外を認めていない（→Case163）。Caseでは、BのAに対する請負契約上の担保責任に基づく損害賠償請求権は、Bが修理代金を支払った時ではなく、既に不適合な目的物を引き渡した時に成立していたものと扱われるが、それでも、Cによる甲債権の差押えよりも後である。そのため、旧511条では、Bは相殺をもってCに対抗できないことになる。

　Bの損害賠償請求権は甲の不適合の修補に代わる損害賠償なので、注文者に代金減額請求権が認められれば、差押債権者に代金減額を対抗できる。これは実質一部解除であるとしても、契約上の債権の差押債権者は545条1項ただし書の第三者に該当せず、差押債権者にも代金減額を対抗し得る。ところが、もし損害賠償請求権との相殺を主張したら差押債権者には対抗できないというのでは、代金減額か損害賠償請求権との相殺かで、結論に大きな差が生じることになる。相殺の合理的な期待は成立しているにもかかわらず、旧511条で文言上相殺は認められず、相殺を認める趣旨が完全には実現できていなかったのである。

【After】

　新法は、新511条に2項を追加して、「前項の規定にかかわらず、差押え後に取得した債権が差押え前の原因に基づいて生じたものであるときは、その第三債務者は、その債権による相殺をもって差押債権者に対抗することができる」と規定した（同項本文）。この規定のおかげで、Bは、Aに対する100万円の損害賠償請求権との相殺を、差押債権者Cに対抗することができる。新法では、注文者に代金減額請求権が認められるが、その行使との結論のバランスを失することもない。

　差押え後に成立した債権でも、「契約等の債権の発生原因となる行為が差押え前に生じていれば、債権発生後に相殺をすることにより自己の債務を消滅させることができるという期待は合理的なものとして保護するのが相当である」こと、また、破産手続においても、「自働債権の発生原因の生じた時点を基準として相殺の可否を決して」いることが、新511条2項導入の理由である（一問一答204〜205頁）。

　フランスでは解釈により債権の牽連性を要求し、**Case**のような同一契約上の債権同士の場合には、相殺を差押えに対して優先させている。相殺権を一種の先取特権と分析する理解さえある。新511条2項の背景には無制限説の「担保にとったのも同然」という期待の保護という理解があり、それを潜在的な債権の可能性についても拡大して保障するのである。**Case**では、差押え後にその納品がされたが目的物が不適合であったのであり、Bは甲についての損害賠償請求権は、差押え前の請負契約に原因があり、Bに新511条2項によりCの甲の代金債権の差押えに対して、相殺をもって対抗できることになる。

　ところが、Aが別の業者Dから丙機械の製作を請け負い不適合な機械を納品したため、DがAに対して損害賠償請求権を取得しているとして、これを差押え後にBがDから譲り受けても、原因は差押え前から存在しているため、新511条2項本文だけでは、Bはこの損害賠償請求権を甲の代金債権と相殺をして差押えを排斥できてしまう。しかし、それは適切ではなく、そのため、新法は同項にただし書を付け加えて、「ただし、第三債務者が差押え後に他人の債権を取得したときは、この限りでない」という制限をした。この結果、上記のBがDから譲り受けた損害賠償請求権による相殺については、差押債権者Cに対抗できないことになる。

　新511条2項は、その成立は差押え後だが「差押え前の原因に基づいて生じた」債権であることが要件になる。保証人の主たる債務者または共同保証人への求償権、契約取消しや解除による原状回復請求権、譲渡担保実行の場合の清算金返還請求権、敷金返還請求権等がこれに該当することになる。相殺を対抗できる反対債権については、牽連性のある債権に限定されていないことは注意を要する。　　　　　　　　　　［平野裕之］

165
相殺充当

Case

　AはBに対して、機械（甲）、機械（乙）および機械（丙）をそれぞれ100万円で販売し、合計300万円の代金債権を有しており、いずれも弁済期が到来している。他方で、BはAに対して、200万円の貸金債権を有している。⑴BからAに対して相殺の意思表示がされる場合（受働債権複数ケース）、および、⑵AからBに対して相殺の意思表示がされる場合（自働債権複数ケース）につき、⑴では受働債権、⑵では自働債権はどのようにして決められるのか。

【Before】

　改正前は、弁済充当の規定が相殺充当に準用されていたに過ぎない（旧512条）。そうすると、弁済充当規定は、任意の弁済と同視される受働債権が複数ある **Case** ⑴に適用することには疑問はないが、⑵の債権者Aがどの自働債権を行使・回収するかが問題となる事例に適用するのが適切なのか、疑問が残された。なお、Bも複数の債権をもつ両債権複数ケースも考えられる。

　⑴の事例は、弁済充当の規定の準用により、まず、相殺の意思表示をするBが、Aのどの代金債権を受働債権とするのか指定できる（旧488条1項の準用）。Bからは期限の利益の放棄ができるので、3つの代金債権に弁済期が到来していないものがあっても、Bは自由に指定できる。これにはAは異議を述べられない。もし、Bが指定をしなければ、Aが、自己のどの債権が受働債権とされるのかを指定できる。Aの指定にはBがただちに異議を述べることができ、Bが異議を述べたならばその指定の効力は失われる（同条2項）。

　つぎに、BもAも指定をしない場合、または、Aの指定に対してBが異議を述べた場合には、上記の指定充当は認められず、旧法の法定充当によることになる（詳細は→Case151）。ところが、指定がされなかった場合について、最判昭56・7・2民集35-5-881は、「自働債権又は受働債権として数個の元本債権があり、相殺の意思表示をした者もその相手方も右数個の元本債権につき相殺の順序の指定をしなかつた場合における元本債権相互間の相殺の順序については、民法512条、489条の規定の趣旨に則り、元

本債権が相殺に供しうる状態となるにいたつた時期の順に従うべく、その時期を同じくする複数の元本債権相互間及び元本債権と利息・費用債権との間で充当の問題を生じたときは右489条、491条の規定を準用して充当を行うのが相当である」とした。まず相殺適状になった順で充当していき、その後に法定充当の規定を適用するという解決を採用した。

Case (2)についても、弁済充当の規定が準用されるため同様になる。相殺をするAがどの債権を回収するのか自働債権を指定でき——相殺適状が必要なので、Aは弁済期の到来している代金債権しか指定できない——、また、法定充当もAのために利益がより多い債権が先に充当され、例えば、担保のある債権は後回しになる。

【After】

弁済充当の規定自体が改正で変更された（詳細は→Case151）。新法は、①弁済充当とは異なり相殺充当では指定充当を認めず、すべて法定充当によることにし、また、②相殺充当に特有の規定を設定した。②は上記判例の明文化であるが、①は改正によってあらたに導入されたものである（新512条）。

まず、相殺充当に特有な法定充当規定を置き、Case (1)(2)の共通規定として、当事者が相殺充当について合意をしていない限り、「相殺に適するようになった時期の順序に従って、その対当額について相殺によって消滅する」ものとした（新512条1項）。新法も当然相殺主義は採用せず相殺の意思表示は必要であるが、順次清算されたのも同然と考える「決済済みという期待」を保護し、一方的指定での変更を否定するものである。

つぎに、これによって、両者の債権債務の全部を消滅させられない場合——弁済期が同じ債権ないし債務が複数ありすべてを消滅させることができない場合——につき、Case (1)の受働債権複数ケースをまず規定し、実質的に任意弁済をする債務が複数あるのと同じであるため、弁済充当に準じて扱い、新488条4項2号～4号の弁済の法定充当の規定により（新512条2項1号）、また、費用、利息、元本の順で充当がなされる（新488条2項2号・新489条）。

Case (2)の自働債権複数ケースでは、債権回収をしようとする債権が複数ありどれを行使するか債権者側に選択の自由が認められてよいようであるが、債権者に指定権を認めず、Case (1)についての新512条2項を「準用する」と規定しただけである（新512条3項）。「決済済みという期待」の保護を、いずれからの相殺に対しても貫徹しようとするものである。なお、債権は1つだが分割払が特約されている場合も同様の規律を受ける（新512条の2）。 ［平野裕之］

166
債務者の交替による更改

Case

　AがBに対して200万円を貸し付け、Bがこの金員をもとに事業を始めたが、Bの事業はうまくゆかず、BはAに対する借入金の返済に窮した。Bの親友であるCがBの窮状を知り、Bに内緒で、Aに対し、Bの借金を引き受ける旨を申し出た。しかし、CのAに対する申し出を知ったBは、親友であるCに迷惑をかけたくないばかりでなく、Cの恩義を受けたくないため、CがBの借金を引き受けることを拒んでいる。この場合において、AとCとの間の契約によって、AとBとの間の金銭消費貸借契約を、AとCとの間の金銭消費貸借契約とすることができるか。

【Before】

　旧法下においても、Bの借入金債務をCが肩代わりする制度として、免責的債務引受と債務者の交替による更改（旧514条）の2つが認められていた。すなわち、免責的債務引受は、明文の規定は存在しなかったが、債権者と引受人との契約によってすることができると解されてきた（大判大10・5・9民録27-899、最判昭46・3・18判時623-71）。なぜなら、免責的債務引受は、債務者に利益を与えるだけだからである。また、債務者の交替による更改も、債権者と更改後の債務者となる者との契約によってすることができた（旧514条本文）。ただし、利害関係を有しない第三者は、債務者の意思に反して弁済をすることができない（旧474条2項）ため、更改も「更改前の債務者の意思に反するとき」は行うことができず（旧514条ただし書）、免責的債務引受も同様に解されていた（大判昭12・6・25判決全集4-12-9）。それゆえ、**Case**では、Bの意思に反して、AとCとの間で債務者の交替による更改や免責的債務引受をすることはできないことになる。

　なお、免責的債務引受と更改の違いは、免責的債務引受の場合には、従前の債務がそのまま維持されるのに対して、更改の場合には、従前の債務が消滅し（旧513条1項）、新たな債務が発生することにある。

【After】

　新法の制定過程においては、まず、更改の廃止が検討されていた。というのも、更改

は、債権譲渡および債務引受と重複し、これらの制度が認められなかった時代において当事者の交替を認める古い制度だからである。そして、実務においても、更改が用いられることはほとんどない。しかし、諸外国の民法典には、なお更改が規定され、国際的金融取引では更改が用いられること、および、更改が存在しても実務上の弊害がないことから、新法においても更改（新513条）が維持されている。

　ところで、債務者の交替による更改が債務者の意思に反してはならないとすると、債務者の内心の意思によって更改の効力が左右される、という問題がある。とりわけ、債権者（CaseのA）と更改後に債務者となる者（C）が債務者（B）の意思を知ることができない場合には、更改が有効に成立するか否かが明らかでなく、後に債務者によって無効を主張されるリスクがあるといえよう。そこで、中間試案では、債権者、債務者および第三者の三者合意によって更改をすることが提案された。しかし、債務者の意思を必ず反映する実務上の必要性はなく、また、免責的債務引受も債務者の意思に反してすることができると規定した（新472条2項）ため、それと平仄を合わせる必要もある。そこで、新法は、債務者の交替による更改も債権者と更改後に債務者となる者との契約によってすることができるとするとともに、債権者が更改前の債務者に対してその契約をした旨を通知した時に更改の効力が生じるとした（新514条1項）。したがって、Caseでは、AとCとは、Bの意思に反しても、債務者の交替による更改をすることができ、その契約をした旨をBに通知すれば、更改の効力を生じることとなる。　　　[野澤正充]

167
更改の効力と旧債務の帰趨

Case

　Aがその所有する別荘をBに売却し、Bが売買代金を支払ったものの、別荘の引渡しは、Aの都合により、売買契約の1ヶ月後とされていた。この売買契約の後、別荘の引渡しまでの間に、CがAおよびBとの間で、別荘の引渡債務につき、債権者をCとする旨の更改契約を締結した。しかし、ABC間における更改契約の前日に、別荘は、折からの台風による土砂崩れによって滅失していた。この場合において、三者間の更改契約が有効となり、Aの旧債務は消滅するか。

【Before】

　旧法下では、履行不能の債務は当然に消滅し、それが契約締結前の不能であれば、当該契約も原始的不能として無効となる、と解されていた。これは、何人も不能に拘束されることはない（Impossibilium nulla obligatio est）、とのローマ法の格言に基づくものである。それゆえ、**Case**では、原則として、ABC間の更改契約は原始的不能であるから無効となり、Aの旧債務は復活するものの、これも履行不能によって消滅し、後はAのBに対する債務不履行責任の成否が問題となる。

　ところで、旧517条は、上記の理論に従い、新債務が成立しないときは、更改契約は無効であって、旧債務も消滅しないことを前提とする。そして、これに多少の制限を加えていた。すなわち、①新債務が不法な原因のため成立しないときは、当事者がこれを知ると否とにかかわらず、旧債務は消滅しない。また、②新債務が①以外の原因によって成立しない場合において、当事者がこれを知らないときは、旧債務は消滅しないが、当事者、特に債権者がこれを知っているときは、旧債務は消滅する。というのも、債権者が知っていれば、債権を放棄したものと解することができるからである。そして、③新債務が取り消されたときは、当事者が取消原因の存在を知っているか否かにかかわらず（この点は、争いがある）、旧債務は消滅しない。この旧517条によれば、**Case**は②に該当し、Cが別荘の滅失を知らなかった場合には旧債務が復活し、これに対して、Cがその滅失を知っていた場合には、旧債務が消滅しよう。

【After】

新法は、まず、上記のローマ法の格言を放棄した。すなわち、債務が履行不能であっても当該債務は当然に消滅せず、債権者は、なお履行請求権を有することを前提に、「その債務の履行を請求することができない」とする（新412条の2第1項）。そして、原始的不能の場合にも、「第415条の規定によりその履行の不能によって生じた損害の賠償を請求することを妨げない」として（同2項）、契約が無効とならないことを明示している。そうだとすれば、【Before】の②の議論は、新法下ではそもそも成り立たない。

また、学説上争いはあるが、旧517条が、更改後の債務に無効・取消原因があることを当事者が知っていたときは旧債務が消滅する、という考えを前提としているとすれば、これらの原因を知っていた債権者が、一律に免除の意思表示をしたものとみなすに等しいこととなる。しかし、そのような解釈に合理性があるとは解されない。そこで、新法は、旧517条を削除し、更改後の債務に無効・取消原因があった場合における旧債務の帰趨については、債権者の免除の意思表示があったと解されるかどうかに関する個別の事案ごとの判断に委ねることとした（中間試案補足説明315頁）。

結局、**Case**では、別荘の滅失についてCが知っているか否かにかかわらず、更改契約そのものは有効であり、後はAのCに対する債務不履行責任の成否が問題となろう。

［野澤正充］

168
更改後の債務への担保の移転

Case

　Aは、Bに対して1,000万円を貸し付け、Bの父であるCの所有する甲土地（時価1,200万円）に1番抵当権の設定を受けて、その旨の登記をした。その後、DもBに対して500万円を貸し付け、甲に2番抵当権の設定を受け、その旨の登記をした。この場合において、ABEの三者間で、AB間の金銭消費貸借契約につき、Eを債権者とする旨の債権者の交替による更改がされた場合に、Aの有する1番抵当権を、どのような要件でEに移転することができるか。

【Before】

　更改がなされると、旧債権が消滅するため、それに伴う担保権などの従たる権利も消滅する。ただし、旧518条本文によれば、更改の当事者は、旧債権の限度において、質権または抵当権を新債権に移すことができた。もっとも、この規定がなくても、当事者は、新債権のために質権または抵当権を改めて設定することは可能である。しかし、そうすると、更改によって旧債権が消滅した後に、新債権のために新たに質権または抵当権を設定することとなるため、後順位担保権者が存在するときは、その順位を失うこととなる。そこで、同条本文は、特に旧債権における順位のまま、質権または抵当権を移転することができるとした。ただし、第三者がこれを設定した場合には、その承諾が必要とされた（同条ただし書）。

　Caseでは、旧518条本文により、ABEの三者間の合意によって、Aの有する1番抵当権をそのままEに移転することが可能であるが、Cが担保権設定者であるため、その承諾が必要となる。しかし、そうすると、担保権の移転について担保権設定者ではないBの合意が必要となるが、それが合理的であるか否かが問題となろう。

【After】

　新518条1項は、基本的には、旧518条を維持している。すなわち、質権または抵当権に限って、更改後の債務に移すことができるとし、第三者がこれを設定した場合には、その承諾を得なければならないとする。ただし、担保権の移転は、更改契約の当事者の

合意ではなく、債権者（債権者の交替による更改にあっては、更改前の債権者）の単独の意思表示によってすることができるとした。これは、担保権の移転について、担保権設定者ではない債務者の関与を不要としたのである。それゆえ、**Case** では、1 番抵当権のＥへの移転は、ＡのＢに対する単独の意思表示によってすることができる（ただし、第三者であるＣの承諾は必要である）。

　問題となるのは、その意思表示をいつするかである。更改契約の後に担保権の移転をすることは、担保権の付従性により当該担保権が消滅すると考えられるため、適切ではない。そこで、新 518 条 2 項は、質権または抵当権の移転を、あらかじめ、または遅くとも更改契約と同時に、更改の相手方（債権者の交替による更改にあっては、債務者）に対してする意思表示によってしなければならない旨を規定した。それゆえ、**Case** では、ＡのＢに対する、Ｅへの抵当権の移転の意思表示は、遅くともＡＢＥ間の更改契約の時点までにされなければならないことになる。

　なお、質権と抵当権以外の約定担保権や保証については、免責的債務引受においては、これらを引受人に移転することが認められている（新 472 条の 4）。そして、中間試案の段階では、この点については、更改も、免責的債務引受と同様に解されていた。しかし、免責的債務引受は、債務者が負担していた債務と同一性のある債務を引受人が負担するものであり、担保権も承継されるのが原則であるのに対し、更改は、同一性がない債権債務を発生させるものであり、担保権が消滅するのが原則である。そうだとすれば、更改においては、従前の担保権の順位を維持する必要性がある質権と抵当権についてのみ移転の対象とすべきであり、他の約定担保権や保証はその対象外となると解される。

［野澤正充］

169
承諾の延着

Case

　Aは、Bに対して、4月1日到着の手紙で契約の申込みをし、「5月1日までに返事がほしい」と承諾の期間を定めた。Bは、早速、承諾する旨の返事を4月2日に発送したが、通常なら2日もあれば届く程度の距離であるにもかかわらず、郵便の事故のためにBの承諾は5月2日になって、やっとAに届いた。しかし、手紙の消印を見れば、4月2日に発送したことは明らかである。Aは、どのように対応するべきか。

【Before】

　Bの承諾は5月1日までには届かなかったのであるからAの申込みは効力を失っており（旧521条2項）、5月2日になって承諾がAに到達しても契約は成立しない（もっともAも契約を望んでいるのなら例外的に旧523条により契約を成立させることもできる）。しかし、Bは4月2日に承諾を発送したのであるから、通常であれば4月4日か5日にはAに届いたであろう。したがって、Bは契約が成立していると思っているし、また、Bがそう思っていることはAにも明らかである。そこで、契約が成立したと誤信しているBを保護する為に、旧522条1項は、**Case**のような場合には、Aは、Bに対して「あなたの承諾は5月2日になってやっと届きました（だから契約は成立していませんよ）」と通知しなければならないと定めた。Aがこの通知を怠ったときには、Bの承諾は5月1日までに到達したものとみなされ（同条2項）、契約は成立したものと扱われる。旧法は契約の成立時期につき発信主義を採用しているので（旧526条1項）、**Case**の場合には4月2日に成立しているものとされる。

【After】

　新法では、旧522条が削除された（新522条は全く別の規定である）。そうすると、**Case**の場合、Bの承諾は5月1日までに届かなかったのであるからAの申込みは効力を失っており（新523条2項──旧521条2項と全く同じである）、5月2日になって承諾が到達しても契約は成立しない。

　旧522条を削除した趣旨は、立案担当者によれば、以下のとおりである。まず、前述

したように、旧法によれば承諾を発信した時に契約が成立するが（旧526条1項）、新法では旧526条1項が削除されたので（新526条は旧525条に相当する規定である）、一般原則である新97条1項（実質的には旧97条1項と同じである）が適用され、承諾が（申込者に）到達した時に契約は成立する（到達主義）。そうであるなら、**Case** のような場合だけ特にBを保護する必要はないので、旧522条は削除された。これに対しては、契約は成立していると誤信しているBが気の毒であるという批判も考えられるが、到達主義においては、意思表示が到達しなかったり遅延したりしたときのリスクは表意者が負うこととなるので、Bは不利益を甘受するべきであるという。

しかし、これには疑問も残る。立案担当者は、大きなポリシーを発信主義から到達主義へと転換したので旧522条は不要になったと説明するが、**Case** のような全く特殊な状況（承諾期間が定められていたが事故のために承諾が延着し、しかも、それがAにもわかっていた場合）でのBの保護まで否定する理由になるのであろうか。しかも、旧522条は承諾期間が定められている場合が前提であるところ、そもそも旧法においても、この場合には期間内に承諾が到達しなければ契約は成立しないので（一種の）到達主義が採られていたともいえるのであるから（ただし、期間内に承諾が到達するなら承諾の発信時に契約は成立する）、発信主義から到達主義へと転換したので旧522条は不要になったという説明には説得力がない。そうであるなら、新法のもとにおいても、契約が成立したと誤信しているBを保護する方策が考えられてもよいように思う。例えば、契約成立を前提としてBが履行の準備のために費用を出費し、しかも、Aがそれを知りつつ放置していたような場合には、Aには信義則上（1条2項）契約の不成立をBに通知する義務があったとして、契約締結上の過失の理論により、Bが支出した費用（信頼利益）を賠償させてもよいのではなかろうか。

なお、申込みの撤回の通知が承諾を発信した後に到達した場合について、旧527条は旧522条と類似した規制をしているところ、新法では、旧527条も削除された（新527条は旧526条2項に相当する規定である）。この旧527条の削除は妥当である。旧法では発信主義を採っていたからこそ、承諾を発信した後に（つまり契約が成立した後に）申込みの撤回が到達しても（撤回としての）効力はない（契約は成立している）。到達主義に転換するなら、承諾を発信しただけでは契約が成立したか否かは不明であるので、延着を通知する意味は少ないであろう。　　　　　　　　　　　　　　　　　　　　　　　［滝沢昌彦］

170
申込者の能力喪失

Case

　Aは、Bに対して、4月1日に発送した手紙で契約の申込みをし、これは4月3日にBに到達した。ところが、Bが承諾を発信しないうちに、4月5日にAは後見開始の審判を受けた。Aの申込みの効力はどうなるか。

【Before】

　まず、原則を確認しよう。意思表示は相手方に到達した時から効力を生じるので（旧97条1項）、例えば、4月1日に発信した意思表示が4月3日に到達したときには、その意思表示は3日から有効となる（到達主義）。しかし、発信した後、例えば4月2日に表意者が死亡したり行為能力を失ったりしても、意思表示はその効力を妨げられない、つまり（完全に）有効である（同条2項）。到達主義によれば4月3日に意思表示の効力が生じるのであるから、その前（4月2日）に表意者が死亡すれば、権利能力がないので法律行為としては成立しないように思われ、また、その前（4月2日）に表意者が行為能力を喪失すれば、行為能力がないので取り消すことができるようにみえる（9条）。しかし、権利能力や行為能力は、表意者が意思決定をして（外部に）表示した時に存在すれば充分であるところ、隔地者に対する意思表示の場合には、意思決定および（外部への）表示は発信時にされている。したがって、発信後に死亡したり行為能力を喪失しても、意思表示は有効である（取り消すこともできない）とされたのである（つまり、発信主義・到達主義は意思表示が効力を生じる「時期」を決めるものに過ぎないことに注意されたい）。また、これには、相手方の信頼を保護する意味もあるとされる（起草者の説明）。なお、意思表示が到達した後に表意者が死亡・行為能力喪失した場合には何ら特別な考慮は必要ない（もちろん意思表示は有効である）ので、旧97条2項は（文言上は明らかではないが）発信後・到達前を前提にしているものと解釈されている（異論もある）。

　しかし、旧525条は、契約の申込みについては、①申込者が反対の意思（死亡・行為能力喪失したときには申込みは有効ではない旨の意思）を表示した場合、および、②相手方が（申込者の）死亡・行為能力喪失を知っていた場合には、旧97条2項は適用されないとした。①は申込者の意思を尊重する趣旨であり、また、②の場合は、申込み自体は暫定的な効力（承諾があれば契約が成立する）しかなく、しかも、相手方も（申込者の）死

亡・行為能力喪失を知っているなら信頼を保護する必要もないので、申込みの効力を否定したのである。したがって、この場合（①および②）には、申込みは（完全に）有効となるのではなく、申込者が死亡した場合には、申込みの効力が相続されるか否かを解釈で決めるべきこととなり（一身専属的なものとされることも多いであろう）、申込者が行為能力を喪失した場合には、9条により申込みを取り消すことができることになる。なお、旧525条の文言には含まれていないが、申込者が意思能力を喪失した場合も同様であろう（Case でも意思能力の喪失はあり得る）。

　ところが、Case の場合、後見開始の審判を受けたのは、申込みの到達（4月3日）の後（4月5日）である。上記のように、旧97条2項は意思表示の発信後・到達前を前提にしていると解釈されるので、旧525条も、申込みの到達前の死亡・行為能力喪失を前提にしているものと考えられる。したがって、Case の場合は、（申込者の死亡・行為能力喪失を知っていても）申込みは有効となる（もっとも、死亡・行為能力喪失を知っているなら承諾しないと思われる）。しかし、（上記のような）申込みには暫定的な効力しかなく、しかも、相手方も死亡・行為能力喪失を知っているなら信頼を保護する必要もないという事情は、申込みの到達後の死亡・行為能力喪失でも同じであるとする反対説もある。

【After】

　新法は、上記の反対説の立場（申込み到達後の死亡・行為能力喪失にも旧525条を適用）を前提として、しかし、承諾の通知を発信した後に死亡・行為能力喪失の事実を知った場合まで申込みの効力を否定すると、契約が成立すると信頼した承諾者の利益を害するので、「承諾の通知を発するまでにその事実が生じたことを知ったとき」との限定を付けた（新526条）。さらに、旧525条は「〔旧97条2項の規定は〕適用しない」という文言であるので、行為能力喪失を知っていたときには取り消すことができると解釈せざるを得ないが、かえって中途半端な解決であるので、新法では、申込みは無効であるとされた。したがって、Case の場合、A が後見開始の審判を受けたことを B が（承諾する前に）知っていたときには申込みは無効となるが、知らないで承諾したときには契約は成立する。なお、新法では、意思能力を有しない常況にある者についても適用される旨が明言されたことも付言しておく。

[滝沢昌彦]

171
注文に応じた商品の発送

Case

　Aは、骨董商Bに対して、4月1日到着の手紙で、かねてBの店先で見かけて気に入っていた年代物の花瓶を注文してAの自宅まで届けてもらえるように頼み、代金も早々にBの口座に振り込んだ。ところが、Bは同月2日に花瓶を発送したにもかかわらず、何かの不手際か事故のためか花瓶は届かず、結局行方不明になってしまった。Aは、Bに対して、どのような請求をすることが考えられるか。

【Before】

　注文に応じて商品を発送した場合は、一見すると、旧526条2項（意思実現による契約の成立）の問題であるように思われるかもしれないし、また、起草者もそのつもりであった。しかし、現在の通説は、申込者に対する通知ではない行為のみに同条2項が適用されると解釈する。例えば「買わないか」という趣旨で書店から送られた本に書き込みをした場合や、ホテルが客からの宿泊の注文に応じて特定の部屋の掃除をした場合（現代ならホテルの予約は電話でするが、電話がなかった時代を想定されたい）には、申込みを承諾する意思があることは明らかであるが、本に書き込みをしたことや部屋の掃除をしたことは申込者にはわからない。したがって、これらは、申込者に対する通知ではないので、（旧526条2項は意思表示と呼んでいるにもかかわらず）「意思表示」とはいえない。そこで、これを「意思実現」と呼んで意思表示とは区別したうえで同条2項を適用し、行為がされた時に契約が成立すると解するのである。これに対して、Case のように注文に応じて商品を発送した場合は、申込者に対して承諾を通知するという意味もあるので（黙示の）意思表示であり、同条1項により承諾の発信時（4月2日）に契約は成立する（発信主義）。後は、普通の債務不履行の問題として処理すればよい。

　Case の場合、売買の目的物は年代物の花瓶なので特定物であり、これが失われたのだから履行不能である。Bに帰責性があるなら、Aは契約を解除することができ（旧543条）、代金の返還を請求できる。さらに、損害賠償請求をすることも考えられるが（旧415条後段）、Case の場合は、解除して代金を返してもらえば、それ以上の損害はないであろう。

これに対して、Ｂに帰責性がないなら危険負担の問題となり、旧534条1項によりＡが危険を負担する。つまり、Ａは代金の返還を請求できない。もっとも、この結論がＡに酷であると思うなら、**Case**のように支配が移転していない段階では同条1項は適用されないと解釈することも考えられる。

【After】

　新法では、旧526条1項が削除された（新526条は旧525条に相当する規定である）。そうすると、申込みに対する承諾についても新97条1項が適用されるので、承諾が到達した時に契約は成立することになる（到達主義）。したがって、**Case**の場合には、そもそも契約は成立しない。Ａは、不当利得として、振り込んだ代金の返還を請求することになる（703条）。なお、契約が成立するであろうとＡが信頼したために生じた損害（信頼利益）があり、契約が成立すると誤解させたことについてＢに帰責性があるなら、契約締結上の過失としてＢに損害賠償の義務を負わせることも考えられるが、**Case**の場合には、そのような損害はＡには生じていない。また、花瓶が届かなかったことについてＢに帰責性があるなら、それによる損害（履行利益）についてＢに賠償責任を負わせることも考えられるが、**Case**の場合には、代金さえ返してもらえば、Ａには、それ以上の損害はない。

　従来の意思実現概念を前提にするなら新法では以上のように解決されるものと（一応）考えられるが、しかし、**Case**の場合、契約が成立しないとすることが妥当であろうか。契約の履行が始まっているのであるから、契約が成立していることを前提として債務不履行の問題として処理すればよいように思われる。前述したように、起草者は、注文に応じて商品を発送した場合にも旧526条2項（新527条）が適用されると解していたし、これに相当するウィーン条約（国際物品売買契約に関する国際連合条約）18条3項も「商品の発送」を例として挙げている。それなら、**Case**にも旧526条2項（新527条）を適用して4月2日に契約は成立したと解釈する余地もあろう。そして、履行不能の問題として、契約を解除して代金の返還を請求することができる（新542条1項1号——新法ではＢに帰責性がなくとも解除できる）。

［滝沢昌彦］

172
第三者のためにする契約

Case

(1)　Aは、Bの息子の就職の世話をした。Bは、Aに対し、そのお礼として、50万円を贈りたいと申し出た。Aは、これを受諾したものの、50万円については、2ヶ月後に生まれる予定の孫Cに支払うよう頼み、Bも、そのことを了承した。Cが生まれたときに、Cの父母は、Bに対し、Cの法定代理人として、50万円の支払を求めることができるか。

(2)　Aテレビ局は、Bリゾートホテルとの間で、本年8月1日から1週間、ダブルルームを1室おさえておくこと、宿泊者は、Aの番組内で抽選により選ばれたカップル1組であることを合意した。当選者である$C_1 C_2$は、Bに対し、そのダブルルームに宿泊させるよう求めることができるか。

(3)　Aは、Bとの間で、Aが所有する甲建物を代金3,000万円でBに売る契約をした。その契約では、代金3,000万円は、AのCに対する3,000万円の借入金債務の支払に充てるため、BからCへと支払うことが合意された。そこで、CがBに対し、その支払を求めたものの、Bは、正当な理由なく、これに応じなかった。Aは、Cの承諾を得ないで、Bとの間の契約を解除することができるか。

【Before】

第三者のためにする契約とは、契約から生ずる権利を第三者に直接帰属させる契約をいう。受益者が諾約者に対して権利を取得するための要件は、①要約者と諾約者との間で、第三者のためにする契約の効力が生ずること（537条1項）と、②受益者が諾約者に対し、受益の意思表示をすること（同条2項）である。

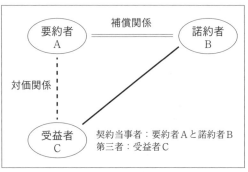

(1)と(2)とでは、①の要件を充たすかどうかが問題となる。(1)の契約では、その成立の

時において、受益者は、胎児であった。(2)の契約では、受益者は、抽選により当選した者としか定められていない。もっとも、判例によれば、第三者のためにする契約は、その成立の時に、受益者が現存せず（最判昭 37・6・26 民集 16-7-1397〔将来再興される宗教法人〕）、または不特定であっても（大判大 7・11・5 民録 24-2131〔廃寺を再興すべき者〕）、そのためにその効力を妨げられないとされている。通説も、この考え方を支持していた。

契約当事者は、契約から生じた権利について、合意によりその権利を変更したり、消滅させたりすることができるのが原則である。しかし、上記の①と②の要件を充たし、受益者がこれにより権利を取得した後は、要約者と諾約者は、合意によりその権利を変更したり、消滅させたりすることができなくなる（旧 538 条）。

(3)では、C が受益の意思表示により権利を取得した場合において、B が債務を履行しないときに、契約の解除権を有するのは、契約当事者 A であって、第三者 C ではない。もっとも、A が契約を解除するためには、C の承諾が必要ではないか。この問題については、承諾必要説と承諾不要説との対立があった。承諾必要説は、旧 538 条の規定の趣旨によれば、受益者が権利を取得した後は、諾約者が債務を履行しないからといって、受益者に無断でその権利を奪うことは許されないとしていた。他方、承諾不要説によれば、同条の規定が受益者の権利の変更・消滅を禁じているのは、その変更・消滅が要約者と諾約者との間の合意を原因とするときに限られる。承諾不要説は、承諾必要説に対し、要約者が諾約者に反対債務を負担しているとき（(3)もそうである）に、契約の解除によりその反対債務を免れる権利を制約するのは、不当であると批判していた。

【After】

新法によれば、第三者のためにする契約は、その成立の時に、ⓐ「第三者が現に存しない場合」、または、ⓑ「第三者が特定していない場合」であっても、そのためにその効力を妨げられない（新 537 条 2 項）。これは、旧法下の判例・通説の考え方を明文化したものである。(1)では、C の父母は、B に対し、C の法定代理人として、50 万円の支払を求めることができる（ⓐに当たる）。また、(2)では、当選者 $C_1 C_2$ は、B に対し、ホテルに宿泊させるよう求めることができる（ⓑに当たる）。

また、新法によれば、受益者の権利が発生した場合において、諾約者が債務を履行しないときは、要約者は、受益者の承諾を得なければ、契約を解除することができない（新 538 条 2 項）。これは、つぎの理由から、承諾必要説に従ったものである。すなわち、要約者は、あえて第三者のためにする契約を締結した以上、契約の解除権が制約されてもやむを得ない。また、要約者は、契約の解除権の制約による不利益を回避したいのであれば、諾約者との間で、受益者の承諾を得ないで契約を解除することができるとする特約をしておけばよい（同項は、任意規定である）。(3)において、A は、特約がない限り、C の承諾を得ないで、B との間の契約を解除することができない。　　　　　　〔水津太郎〕

173
定型約款の定義

Case

　Aは旅行業者Bとの間で旅行契約を締結したが、旅行出発日の20日前に旅行契約を解除しようとしたところ、Bから「個人的都合による解除の場合、出発日の20日前から出発日1週間前までのキャンセルであれば旅行代金の30％の代金を違約金として支払う」旨定めた条項が契約書の裏に記載されていると言われた。Aが契約書の裏を見てみたところ、「旅行約款」とのタイトルが付されたうえで、多数の条項が小さな字で記載されていた。Aはこれらの条項に従わなければならないのだろうか。

【Before】

　Case の契約書の裏面に記載された条項群のように、多数の相手方との契約に用いられるためにあらかじめ定式化された契約条項の一群を「約款」と呼ぶ。しかし、「約款」の定義や約款の組入れ・内容規制に関する規定は旧法に設けられていない。そこで、約款による当事者の意思の希薄化や個々の契約条項の隠蔽機能・内容の不当性といった約款取引の問題点をふまえて学説・判例によって約款法理が形成されるとともに、民法の一般条項（公序良俗など）による規制がなされてきた。

【After】

　新法は、「定型約款」という概念を設けてこれに限定した規定を設けている。「定型約款」とは、「定型取引において、契約の内容とすることを目的としてその特定の者により準備された条項の総体」であるが（新548条の2第1項柱書）、以下の要件の存在ゆえ、「定型約款」は従来の学説で「約款」とされていたものよりも限定されたものといえる。
　「定型約款」とされるためには、まず、①「定型取引」において用いられるものでなければならない。具体的に「定型取引」に当たるためには次の2つの要件を充たす必要がある。第1に、「ある特定の者が不特定多数の者を相手方として行う取引」でなければならない。すなわち、相手方の個性に着目せずに行う取引であり、例えば相手方の個性に着目して締結される労働契約は「定型取引」に当たらない。他方、「不特定多数」との文言があることから、「特定多数」の者を相手方とする場合には「定型取引」に当

たらないようにみえるが、一定の集団に属する者との間での取引であっても、相手方の個性に着目せずに行う取引であれば、この要件を充たし得るというのが立案担当者の見解である。第2に、その内容の全部または一部が画一的であることが当事者双方にとって合理的なものでなければならない。当事者の一方のみにとっての主観的な利便性があるというだけでこの要件を充たすわけではなく、その取引の客観的態様およびその取引に対する一般的な認識をふまえて、契約相手方が交渉を行わずに一方当事者が準備した契約条項の総体をそのまま受け入れることが合理的であるといえる場合でなければならない。また、当事者の力関係をふまえて現実的に交渉可能であったかどうかということではなく、交渉を行わずに契約条項の総体をそのまま受け入れることが当該取引の客観的態様からみて合理的といえるかどうかが問題とされている。そのことから、多数の人々に対して平等に提供されるべき、生活上有用性の高い財やサービスに関する取引や、ビジネスモデルとしても顧客がその都度交渉をするのではなく、均一な財・サービスを受けるのが当然である取引に限られる。ライフライン供給に関する契約や保険、運送契約などが例としてあげられよう。なお、「全部又は一部」とあるように、一部については合意による交渉があり得るという場合にはその部分は「定型約款」とならない。

　さらに、②契約の内容とすることを目的として、③当該定型取引を行うその特定の者により準備された条項の総体であれば、「定型約款」に当たる。

　以上の定義を充たすものであれば事業者間契約における約款でも「定型約款」に当たる可能性があるが、単に一方当事者の交渉能力が乏しいために取引が画一的になっているに過ぎず、取引が画一的であることが取引の客観的態様から両当事者にとって合理的であるとまではいえないものや、当事者の一方によってあらかじめ契約書案が作成されていても、それをたたき台に契約内容を十分吟味するような場合には、当該契約条項の総体は定型約款に当たらない。また、いわゆる「ひな型」と呼ばれるものも、以上の①〜③の要件を充たせば「定型約款」に当たる（「ひな型」を当事者が何ら修正を加えることなく、そのまま用いるような場合）。

　Case では、旅行業者Bは不特定多数の顧客との取引に用いるために本件旅行約款を用いており、当該約款について交渉を行わずに契約を行うことが合理的であるということができれば「定型取引」に当たり得る（①）。また、②③の要件も **Case** であれば充たすだろう。もっとも、Aがこれらの条項に従わなければならないかについては、次の組入れの箇所で説明する（→ Case174）。

　新法の「定型約款」に当たらない「約款」については、従来の学説・判例における約款法理に従ってその拘束力や内容の妥当性が吟味されることになろう。　　　［大澤　彩］

174
みなし合意の要件

Case

　AはスポーツクラブBとの間でBの施設利用契約を締結したが、施設内で事故が起きた際のBの法的責任やAが契約期間の途中で契約を解除した場合の違約金額についてはBが定める約款による旨、契約書に記載されていた。この場合、Aは約款に含まれる個別の条項についても同意したことになるのか。

【Before】

　約款の契約内容への組入れに関するリーディングケースである大判大4·12·24民録21-2182は、火災保険約款中の免責条項が契約内容を構成するか否かの問題に関し、会社の約款による旨を記載した申込書に顧客が調印して申し込み、契約を締結した場合には、たとえ契約の当時その約款の内容を知らなくても一応約款による意思で契約したものと推定するという考え方（いわゆる意思推定理論）を示した。しかし、最近の学説では、契約時に約款の内容を知る機会がない場合にまで合意があったとの推定を認めるのは契約の拘束力に関する一般原則と相容れない以上、当事者間で約款を契約内容とするとの合意があって初めて有効に契約内容になり得るのであり、契約時に約款の内容を知り得ない場合にまで約款の契約への組入れを認めることはできないことから、約款が契約内容に組み入れられるためには、約款が相手方に開示され、それによって相手方が約款の内容について具体的に認識可能な状態にあること、および、約款を組み入れる旨の当事者の合意が必要であるとの契約説が有力である。

【After】

　新法は、定型約款によって契約内容が補充されるための要件、すなわち、定型約款を準備した者の相手方が定型約款に含まれる個別条項に合意したものとみなされるための要件として次の2つを定めている。

　第1に、定型取引を行うことの合意（「定型取引合意」）をした者が、定型約款を契約の内容とする旨の合意をしたこと（新548条の2第1項1号）。すなわち、その定型約款を契約に組み入れることを合意したことを指す。合意は明示によるものはもちろん、黙

示の合意もこれに当たる。

　第2に、第1のような定型約款を契約内容に組み入れる旨の合意がない場合であっても、定型約款を準備した者が「あらかじめその定型約款を契約の内容とする旨を相手方に表示」（新548条の2第1項2号）していた場合にも同様に定型約款に含まれる個別条項に合意したものとみなされる。「その定型約款を契約の内容とする旨」を「あらかじめ」相手方に表示することがみなし合意の要件とされており、約款の内容そのものを契約締結時までに事前に相手方に示すことや、相手方が合理的な行動をとれば約款の内容を知ることができる機会が確保されていることまでは文言上は要件とされておらず、「相手方から請求があった場合には、遅滞なく、相当な方法でその定型約款の内容を示さなければならない」（新548条の3第1項）とされるにとどまっているのである（定型約款の開示については→ Case176）。第1の場合同様、定型取引合意があったことが前提とされていることから、定型約款準備者が定型約款による旨を表示したことに対して、相手方が異議をとどめずに定型取引についての合意をした（すなわち、黙示の合意があった）という点に定型約款の拘束力の根拠を求めるものである点で従来の契約説によるものといえるが、相手方からみれば開示の請求をしない限り、定型約款の内容を知り得ないまま、定型約款における個別条項への合意したとみなされる可能性がある点で問題が残る（ただし→ Case175）。理論的にも、当事者の「合意」に約款の拘束力を求める以上は、つぎに述べる例外に当たらない限りは、やはり少なくとも、約款使用者の相手方が約款の内容を認識できるような状態にすることは求められるのではないか。また、相手方が消費者の場合には、消費者契約法3条1項の趣旨からも、相手方が約款の内容を認識できるようにすることが求められよう。

　なお、鉄道・バス等旅客運送取引、郵便事業や電子通信事業関係取引など、「あらかじめその定型約款を契約の内容とする旨を相手方に表示」することすら困難である取引（ICカードで自動改札を通過して電車に乗る場合や、ポストに郵便物を投函する場合などが想定される）のうち、取引自体の公共性が高く、定型約款を契約内容とする必要性が高いものについては、定型約款によって契約内容が補充される旨を定型約款を準備する者があらかじめ公表していれば、当事者がその定型約款の個別条項について合意したものとみなす旨、それぞれの業種の特別法で規定が設けられることになっている（鉄道営業法新18条の2、航空法新134条の4等）。

　Case では、AはBとの間の施設利用契約という定型取引を行うことを合意しており、スポーツクラブBは定型約款による旨を表示していること、および、それにAが異議を唱えているわけではないことから、AはBが定める定型約款の個別の条項についても合意したものとみなされる。

［大澤　彩］

175
みなし合意から除外される要件

Case

AはB社との間でB社製造の家庭用浄水器を購入する契約を締結したが、当該契約の約款には浄水器購入後も月に１度、浄水器のメンテナンスサービスを有料で継続的に受けることを義務づける条項が含まれていた。Aは月に１度のメンテナンスサービスを有料で受けることを義務づけられるのであろうか。

【Before】

当事者が約款に含まれる個別の条項へ合意をしたとみなされる場合であっても、条項作成者の相手方にとっておよそ合理的に予測できない内容の条項は契約内容にならないという、不意打ち条項の排除という考え方が存在する。この考え方を明文で定めているドイツ民法の影響を受けたものである。合意された個々の条項の内容が不当な場合に当該条項を無効とする不当条項規制は日本でも民法の公序良俗規定や消費者契約法８条以下によって行われているが、不意打ち条項の排除という考え方は相手方にとって不当条項とまではいえないがおよそ合理的に予測し得ないような条項についての合意自体を否定するものである。Case でいえば、浄水器を購入する契約を締結したAにとって、月に１度のメンテナンスサービスを有料で受けることを義務づける条項が含まれていることが、交渉の経緯や他の契約書面をふまえても予測できないようなものであれば不意打ち条項に当たり、この条項には合意しなかったものとみなされることになる。

もっとも、どのような内容であれば相手方にとっておよそ合理的に予測できない内容の条項といえるかについての具体的な基準を設けることが容易ではないことや、不当条項規制と重複し得ること、当該条項についての説明義務違反の問題として扱えば足りることから、改正論議においては不意打ち条項の排除という考え方を明文で設けることに否定的な見解もみられた。

【After】

新法は、定型約款を準備した相手方が定型約款に含まれる個別の条項への合意をしたとみなされる場合（新548条の２第１項）の例外を定めている。具体的には、新548条

の2第1項の条項のうち、「相手方の権利を制限し、又は相手方の義務を加重する条項であって、その定型取引の態様及びその実情並びに取引上の社会通念に照らして第1条第2項に規定する基本原則に反して相手方の利益を一方的に害すると認められるものについては、合意をしなかったものとみなす」というものである（同条2項）。消費者契約法10条の要件と類似しているが、同法10条は問題となる条項が契約内容に含まれる（当該条項に対する合意が成立している）ことを前提として、同法10条前段要件・後段要件を充たす条項を条項内容が不当であるとして無効とするのに対して、新548条の2第2項はこの要件に該当する不当条項についてはそもそも合意しなかったものとみなす（みなし合意の対象から除外する）という点に違いがある。不当条項規制と不意打ち条項規制を一本化した規制である。

　まず、「相手方の権利を制限し、又は相手方の義務を加重する条項」に当たるかについては、当該条項がなければ認められるであろう相手方の権利義務が制限・加重されているかによって判断することになる。

　また、「基本原則〔信義則〕に反して相手方の利益を一方的に害する」か否かを判断するに当たっては、「その定型取引の態様及びその実情並びに取引上の社会通念」が考慮要素となる。「定型取引の態様」が挙げられているのは、個々の契約条項の内容を認識しなくても定型約款の個別の条項について合意をしたものとみなされることから、条項が隠蔽されたり、明確性を欠いている結果、相手方が予測し得ない条項が存在する可能性があるという定型約款の特殊性を考慮したものである。また、「〔定型取引の〕実情」「取引上の社会通念」を考慮するというのは、当該条項そのもののみならず、取引全体にかかわる事情を取引通念に照らして広く考慮するということであり、当該条項そのものをみれば相手方にとって不利であっても取引全体をみればその不利益を補うような定めがある場合には信義則に違反しない。この点で消費者・事業者間の格差に鑑みて判断を行う消費者契約法10条とは異なるとされているが、「〔定型取引の〕実情」で契約当事者間の格差を考慮することも完全には否定されないだろう。また、条項内容と契約締結過程の事情を総合的に考慮する点は、消費者契約法10条後段要件該当性の判断方法に通じるものがある（最判平23・7・15民集65-5-2269）。

　以上の要件を充たす条項は、みなし合意の対象から除外される。

　Case では、月に1度の有料メンテナンスサービスを義務づける条項は、Aの義務を加重する条項であり、また、定型取引の態様や当該契約の価格、他の条項の内容をふまえて、Aのメンテナンスサービス契約への合意を一方的に擬制するものであるとされれば、信義則に違反し、みなし合意の対象から除外されることになろう。　　［大澤　彩］

176
内容の表示

　Aは医療特約の付いた B 保険会社の生命保険に加入している。契約締結時に交付された保険約款（以下「定型約款」という）によれば、①「入院給付金の支払は、継続して 5 日以上入院した場合、5 日目から支払われる」、②「再入院した場合、B 社が認めたときは、最初の入院と再入院とを継続した 1 回の入院とみなす」との規定がある。

　Aは病気治療のため 2 ヶ月間入院し（以下「甲入院」という）、退院から 40 日経過後、同じ病院に 3 日間入院した（以下「乙入院」という）。

　AがB 社に対し、上記甲および乙入院について、入院給付金の支給をまとめて請求したところ、B 社は、「本件定型約款では、再入院とは、医療上の都合などやむを得ない事情で、最初の病院に 5 日以上継続して入院できず、別の病院に入院した場合と規定されているから、乙入院は当てはまらない」と主張した。また、②の「会社が認めたとき」についても、「当社社内規程により、退院から再入院までの期間に限度を設けており、この期間は 30 日を原則としているから、40 日を経過したケースでは適用されない」と説明し、Aによる請求のうち、甲入院についてのみ入院給付金を支払うと回答した。

　そこで、A が B 社に本件定型約款の再交付および社内規程の交付を求めたところ、B 社は「本件定型約款は契約締結時に既に交付済みである。」と述べてこれに応じない。また、社内規程については「検討する。」と述べたのみで、未だ開示しない。A は、乙入院に対する入院給付金をあきらめざるを得ないのだろうか。

【Before】

　旧法には定型約款の内容の表示に関する規定はなく、定型約款準備者の対応はまちまちであった。

【After】

　定型取引（定型約款準備者が不特定多数の者を相手方として行う取引であって、その内容の

全部または一部が画一的であることがその双方にとって合理的なもの）を行い、または行おうとする定型約款準備者は、定型取引合意前または定型取引合意の後相当の期間内に相手方から請求があった場合には、遅滞なく、相当な方法でその定型約款の内容を示さなければならない（新548条の3第1項本文）。定型取引合意の相手方に定型約款の内容を知る権利を保障する観点から、定型取引前だけでなく、定型取引後にも表示義務を認めたものである（一問一答255頁）。

　ただし、定型約款準備者が既に相手方に対して定型約款を記載した書面を交付し、またはこれを記録した電磁的記録を提供していたときは、この限りではない（同項ただし書）。定型約款準備者の負担が過大になることを防ぐためである。なお、定型約款の内容を示すための相当な方法とは、例えば自社のホームページに定型約款を掲載し、表示請求があったときには当該ホームページを閲覧するよう促したり、郵便や電子メールなどで送付する方法などが考えられる。

　定型約款準備者が、定型取引合意の前に相手方からの表示請求を拒んだ場合には、一時的な通信障害その他正当な事由がある場合を除き、みなし合意に関する規定が適用されない（新548条の3第2項）。

　これに対し、定型取引後に定型約款準備者が定型約款の内容を表示するよう請求されたにもかかわらず正当な理由もなくこれに応じない場合について、民法は規定を設けていない。しかしながら、この場合にも、定型約款準備者は定型約款の内容を表示すべき義務を負っているから、相手方は強制的な履行を請求できるほか、債務不履行による損害賠償を請求することが可能である（一問一答256頁）。

　また、定型取引合意後の表示請求は「相当な期間内」に行われる必要があるところ、保険契約のような継続的契約の場合には、顧客の知る権利を保障する観点から契約が継続している期間は当然にこの請求ができると考えられる。

　Caseでは、定型約款準備者であるB社は、保険契約締結時に本件定型約款をAに交付していたのであるから、新548条の3第1項ただし書に定める定型約款の表示義務を履行していたと考えられる（なお、本件定型約款における「再入院」の定義は不意打ち条項に当たる可能性もあるが、紙幅の関係から解説を割愛する）。

　これに対し、保険契約締結時にAに交付されなかったB社社内規程が本件定型約款の一部を構成するか問題になるところ、当該社内規程は定型約款準備者であるB社によって作成されており、甲入院の退院時から乙入院時までの経過日数によって、乙入院が医療保険の対象になるか否かが判断されるのであるから、保険契約の内容を構成するものとして準備され、本件定型約款の一部に該当すると考えられる。

　よって、B社は定型取引合意後のAによる表示請求に応じる義務があるところ、これに応じないのであるから、AはB社に対し、当該社内規程について表示の強制履行を請求できるほか、損害賠償を請求し得ると考える。　　　　　　　　　　［荒木理江］

177
変更・経過措置

Case

　Aは、「年会費無料」を謳うBカード会社のクレジットカードを利用しようと考え、インターネットで契約申込みをした。クレジットカードが郵送されてから数ヶ月後、BからAを含むカード会員宛に電子メールが届いた。その内容は、「これまで年会費を無料としてきましたが、事務諸経費の高騰、会員に対するサービス向上の観点から、X年Y月から年会費として1,000円（消費税別途）を請求させていただきます。なお、X年Y月の前月末日までに退会の手続をされたお客様には年会費を請求しません。」というものであった。また、Bのホームページにも同様の案内が掲載されている。

　Aは、申込み時にクレジットカードと一緒に届いた利用規約を確認したところ、12条に「会員は、カードの利用に関する年会費（以下「年会費」という）の負担はないものとします。ただし、当社が必要と認めて会員に通知した場合、当社所定の年会費を請求することができます。」と明記されていた。

　Aは、X年Y月以降、年会費を支払わなければならないのだろうか。

【Before】

　旧法には定型約款の変更に関する規定はなかったが、実務上は約款使用者による変更がしばしば行われていた。新法では約款を利用した取引の安定を確保するとともに、契約当事者の予測可能性を確保する観点から定型約款の変更に関する規定が定められた。

【After】

　定型約款準備者は、以下の①または②の要件を充たすとき、変更後の定型約款の条項について合意があったものとみなし、個別に相手方と合意をすることなく契約の内容を変更することができる（新548条の4第1項）。

　　①　定型約款の変更が、相手方の一般の利益に適合するとき（同項1号）。

　　②　定型約款の変更が、契約をした目的に反せず、かつ、変更の必要性、変更後の内容の相当性、新548条の4の規定により定型約款の変更をすることがある旨の定めの有無およびその内容その他の変更に係る事情に照らして合理的なものであ

るとき（同項2号）。

　①以外にも、②に定める諸事情に照らして合理的なときは、相手方の同意なくして定型約款の変更が可能であることが明文化された点が重要である。ただし、定型約款準備者が新548条の4第1項に基づき定型約款の変更をする場合、その効力発生時期を定め、かつ、定型約款を変更する旨および変更後の定型約款の内容ならびにその効力発生時期をインターネットの利用その他の適切な方法により周知しなければならない（同条2項）。また、同条1項2号の規定による定型約款の変更は、同条2項の効力発生時期が到来するまでに同条2項による周知をしなければ、その効力を生じない（同条3項）。相手方の同意なくして定型約款の変更ができるとしても、その効力発生時期、変更の事実、変更後の定型約款の内容を適切な方法により相手方に周知しなければ、相手方は定型約款の変更があったかどうかわからず、不意打ちとなるからである。特に、同条1項2号による定型約款の変更は、周知の徹底を図っている。

　Case のクレジットカード利用規約が定型約款に当たる場合、Bカード会社は、Aを含むカード会員に対し、これまで無料とされてきた年会費（同利用規約の12条本文）を「X年Y月から1,000円とする」旨の通知を電子メールで送信してきたのであるから、当該通知は定型約款の変更に当たる。それでは、Aを含むカード会員の同意なくして、当該変更は有効であろうか。

　これまで無料とされていた年会費を1,000円とすることは、新548条の4第1項1号には当たらず、同項2号の要件を充たすかを検討する必要がある。Bによれば、年会費を徴収する目的は「事務諸経費の高騰、会員に対するサービス向上の観点」であるという。当該目的は若干具体性に欠けるとはいえ、不合理とはいえない。また、変更後の年会費は1,000円であり、不当に高額ではない。また、年会費徴収に同意しない会員は退会できることも通知されている。さらにBは、Aを含む全カード会員に対し、年会費徴収の発生時期をあらかじめ電子メールにて通知しただけでなく、自社のホームページにも掲載している。以上を総合すれば、Bによる通知は定型約款の変更として有効と考えられる。なお、「Bが必要と認めて、会員に通知したときは年会費を請求できる」との規約は単に必要というのみであり、これだけでは、変更の合理性を肯定する事情には当たらないと考えられる。

　ちなみに、新法附則33条1項は、「新法第548条の2から第548条の4までの規定は、施行日前に締結された定型取引……に係る契約についても、適用する。ただし、旧法の規定によって生じた効力を妨げない。」と規定する。Bのクレジットカード規約が旧法下で定められ、かつAが旧法下で契約していたとしても、上記附則により、年会費徴収は有効といえる。　　　　　　　　　　　　　　　　　　　　　　　　　　　　　［荒木理江］

178
買主の追完請求権

Case

　Aは自己が所有する中古自動車をBに売る契約を締結し、これをBに引き渡したが、Bが引渡しを受けた後、その中古自動車にはエンジンに欠陥があることが判明した。この場合に、BはAに対して、その中古自動車の修理を請求することができるか。

【Before】

　売買の目的物に「隠れた瑕疵」があった場合には、売主はその瑕疵につき過失の有無を問わず担保責任を負った。これを瑕疵担保責任という。瑕疵担保責任の法的性質については、法定責任説と契約責任説の対立があった。

　法定責任説によると、①特定物売買では、売買の目的物は買主が選んだ「その物」に限定され、売主の債務は「その物」を引き渡すことに尽きる（旧483条。これを特定物ドグマという）。そのため、その物に欠陥があっても、それを買主に引き渡せば債務が履行されたことになり、債務不履行責任を追及することはできない。しかし、それでは買主は売主に何らの責任も追及することができず、代金は全額を支払わなければならない。そこで、特定物の売主に対して無過失責任である担保責任を課したのが旧570条である。この立場からは、同条の瑕疵担保責任は、特定物のみを対象とし、不特定物売買において売主が瑕疵ある目的物を引き渡した場合には、売主は債務不履行責任を負う。②瑕疵のある特定物の引渡しも完全な履行であるから、瑕疵のある特定物を受領した買主は、売主に対する追完請求権（修補請求権、代物交付請求権）を有しない。③債務不履行の損害賠償の目的は本来の履行がされたならば債権者が置かれたであろう地位を実現すること（履行利益の賠償）であるのに対して、瑕疵担保責任では「その物」（特定物）に瑕疵がある以上、もはや本来の履行はあり得ず、買主が瑕疵のない物であると信じたことにより被った損害の賠償（信頼利益の賠償）に限定される。

　契約責任説は、①特定物売買においても、瑕疵のない物を給付する義務を認め、目的物に瑕疵があれば、そのような給付義務の不履行があるとする。この立場からは、瑕疵担保責任は、目的物が特定物であるか不特定物であるかを問わずに適用され、瑕疵担保責任は、債務不履行責任の特則と位置づけられる。②買主は、債務不履行の一般法理に

依拠して、完全履行請求権（修補請求権。可能な場合であれば代物交付請求権）を追及することができる。③旧570条に基づく損害賠償は、債務不履行に基づくものであるから、ここでの賠償は、履行利益の賠償である。

【After】

買主に引き渡された目的物が、種類・品質・数量について契約の内容に適合しないものであるときは、買主は売主に対して履行の追完を請求することができる（新562条1項本文）。売主の帰責事由によるものであることは、追完請求権の要件ではない。

新562条は、売主が、物の種類・品質・数量に関して契約の内容に適合した物を引き渡すべき義務を負うことを前提とする。これにより物が契約の内容に適合していなかった場合の売主の責任が債務不履行責任であることを明らかにしている。旧法では、売買目的物に瑕疵があった場合に、買主の追完請求は規定されていなかったが、同条は、買主の追完請求権を一般的に認め、特定物ドグマを否定している。

旧法の「隠れた瑕疵」の概念は目的物が「種類、品質又は数量に関して契約の内容に適合しない」場合（契約不適合）という概念に置き換えられる。

目的物の契約不適合に関する「隠れた」という要件は不要となる。売主がどのような性質を備えた目的物を給付すべきかは、当事者の合意や契約の趣旨に従って決まるため、目的物の契約適合性の有無を当該契約に照らして判断すれば足りるからである。

目的物の契約不適合の場合に、買主は、「目的物の修補、代替物の引渡し又は不足分の引渡し」による履行の追完を請求することができる（新562条1項本文）。もっとも、**Case** のような中古自動車の売買のように、目的物が特定物である場合には、当該目的物自体を売買契約の対象として合意しているのであるから、売主は代替物を引き渡すという方法によっては追完義務を履行することはできないと考えるべきである（磯村保「売買契約法の改正」Law & Practice10号72頁）。追完方法を選択するのは原則として買主であり、例外的に、「買主に不相当な負担を課するものでないとき」に、買主の選択した追完方法とは異なる方法での履行の追完が売主に認められる（同項ただし書）。

目的物の引渡し前に、契約不適合の追完を請求することができるか。売主は契約に適合する目的物を引き渡す義務を負い、買主はその給付を請求できるのであるから、この履行請求権の行使として、債務不履行の一般原則に従って契約不適合の追完を請求できると解される（松岡久和ほか編『改正債権法コンメンタール』731頁〔北居功〕）。

契約不適合が買主の責めに帰すべき事由によるものであるときは、買主は、追完の請求をすることができない（新562条2項）。この点は、代金減額請求権（新563条）および解除権（新564条）の行使の場合と同様である（新563条3項・新543条）。[**後藤巻則**]

179
買主の代金減額請求権

Case

 Aは自己が所有する建物を代金1,000万円でBに売る契約を締結し、これをBに引き渡したが、Bが引渡しを受けた後、その建物に損傷があることが判明した。この場合に、Bは、Aに対して、代金減額請求ができるか。代金減額請求ができるとして、減額割合の算定基準時はいつか。

【Before】

 旧法において代金減額請求が認められていたのは、旧563条や旧565条のような量的な瑕疵の場合のみであり、旧566条や旧570条のような質的瑕疵の場合には代金減額請求は認められていなかった。この区別は、量的瑕疵については割合的減額が容易であるが、質的瑕疵についてはそれが容易でないという理由に基づく。しかし、例えば、質的瑕疵であっても買主がいかなる損害の賠償請求が可能であるかは、その瑕疵によって目的物の価額がどれだけ減少しているかを画定することが必要であり、旧法による区別は必ずしも合理的なものとはいえなかった（磯村保「売買契約法の改正」Law & Practice10号74頁）。

【After】

 旧法では、売買目的物に瑕疵があった場合に、買主の代金減額請求は認められていなかった。しかし、契約不適合があった場合に、売買目的物と代金との間の等価交換の関係を維持するという観点から、不適合の割合に応じて売買代金を減額するということは認められてよい。新563条は、このような考え方に基づいて、契約不適合の程度に応じて買主が代金減額請求権を行使することができることを規定した。代金減額請求権は形成権であり、買主の一方的な意思表示により代金減額の効果が生ずる。

 代金減額請求権が上記のような観点から認められる権利であることから、その行使には契約不適合に関する売主の帰責事由は不要である。したがって、契約不適合が不可抗力による場合など、売主に帰責事由がない場合には、買主は損害賠償請求をすることはできないが（新415条1項ただし書）、代金減額請求をすることはできる。

 代金減額請求権は、契約の一部解除（契約不適合に相当する部分の解除）と同様の機能

を営む。そこで、催告解除の原則（新541条）に対応し、代金減額請求権の行使には、売主に対して相当の期間を定めて履行の追完の催告を行い、当該期間内に履行の追完がないことが必要である（新563条1項）。

ただし、無催告解除（新542条）に対応し、①履行の追完が不能であるとき、②売主が履行の追完を拒絶する意思を明確に表示したとき、③定期行為において、売主が履行の追完をしないでその時期を経過したとき、④その他催告をしても履行の追完を受ける見込みがないことが明らかであるときには、例外的に、催告することなく代金減額請求をすることができる（新563条2項）。

契約不適合が「買主の責めに帰すべき事由」によるものである場合は、代金減額請求をすることができない（新563条3項）。これも、債権者に帰責事由がある場合には解除ができない（新543条）ことに対応して規定されたものである。

代金減額請求が認められる場合の減額割合の算定基準時はいつか（契約時か、履行期か、引渡し時か）。代金減額請求は、実際に引き渡された目的物でも契約の内容に適合したものと擬制して、その差を代金額に反映させるという意味で契約の改訂を行うものであるから、その基準時は契約時であるとする説明もあるが（一問一答279頁（注））、代金減額請求権による処理を要請され、売買契約について一種の改訂が避けられないことが確定した時点、つまり目的物の引渡し時が基準とされるべきであろう。これによれば、**Case** につき、例えば、引渡し時において損傷がないと仮定した場合の建物の価格が1,200万円であり、現実の価値は900万円であったとすると、代金額は、当初に定められた額（1,000万円）の75％（900÷1,200＝0.75）に減額されて、750万円になるものと考えられる（山野目章夫「民法の債権関係の規定の見直しにおける売買契約の新しい規律の構想」法曹時報68巻1号8頁）。

代金減額請求権は、買主が売主からの履行を認容したという場面で問題となる権利であり、買主が売主からの履行を認容せず、あくまで契約に適合した履行を求めるという場合には、代金減額請求権ではなく、追完請求権や追完に代わる損害賠償請求が問題となる。また、代金減額請求権は、契約が有効である場合に問題となるから、契約の解除権とは両立しないのは当然である。 ［後藤巻則］

180
買主の解除権の行使

Case

BはAから新品の有線放送用スピーカー1台を購入して使用したところ、このスピーカーに雑音や音質不良といった故障がたびたび生じた。この場合に、Bは、Aに対して、契約の解除をすることができるか。

【Before】

Case は、最判昭 36・12・15 民集 15-11-2852 をモデルとしたものである。旧 570 条に関わる事案であるが、瑕疵担保責任の法的性質に関係し（→ Case178）、Bの解除権の位置づけについては、学説上、考え方が分かれていた。

上記昭和 36 年判決において、最高裁は、買主が、①「瑕疵の存在を認識したうえで、これを履行として認容」したかどうかを基準とし、②履行認容が認められるときには、旧 570 条の担保責任の法理で処理し、③履行認容が認められないときには、受領後であっても債務不履行責任の法理で処理するという判断枠組みを提示し、④Bは、いったん本件放送機械を受領はしたが、隠れた瑕疵があることが判明した後は給付を完全ならしめるようAに請求し続けていたものであって、瑕疵の存在を知りつつ本件機械の引渡しを履行として認容したことはなかったものであるから、不完全履行による契約の解除権を取得したものということができる、と判示した。この判決に対しては、買主が追完請求できず、期間制限の点でも不利益な瑕疵担保責任しか追及しないつもりで「履行として認容」するということは考えにくく、瑕疵担保責任が適用される場面はほとんどなくなってしまうという批判があった（この問題に対する学説の基本的対応については → Case178）。

【After】

新 564 条は、物の契約不適合の場合の買主の救済手段として追完請求（新 562 条）と代金減額請求（新 563 条）に加えて、債務不履行に基づく解除および損害賠償請求が可能であることを確認的に規定している。この場合の解除と損害賠償請求の要件については、担保責任特有のルールは定められておらず、一般のルールに従う。

これらのうち追完請求および代金減額請求については、目的物の契約不適合に関する

売主の帰責事由の有無にかかわらず行使が可能である（新562条・新563条）。ただし、目的物の契約不適合に関して売主でなく買主に帰責事由がある場合は、追完請求・代金減額請求は認められない（新562条2項・新563条3項）。

　解除に関しては、新法は、解除に債務者の帰責事由は不要であるとする一般ルールを採用し、契約不適合による解除についてもそのルールが適用されるから（新564条・新541条・新542条）、契約不適合を理由とする解除についても債務者（売主）の帰責事由は不要である。また、追完請求権・代金減額請求権の行使の場合と同様に、契約不適合に関して買主に帰責事由がある場合は、買主は解除することができない（新543条）。

　上記昭和36年判決は、買主の履行認容の有無を基準とし、債務不履行責任と瑕疵担保責任の適用を二分する判断枠組みを提示したが、新法のもとでは **Case** につき債務不履行に基づく解除の可否を考えることになる。同判決は、不特定物の売買に瑕疵担保責任の適用があることを認め、また、目的物の受領後も完全履行請求権を認める点で、契約責任説と親和性のある立場とみることもできる。ただ、同判決が示した判断は、物の売買について、瑕疵担保の規定をそのまま適用すると結論が妥当ではないことから、解釈上、その適用場面を限界まで制限するルールであったといえる。新法では、売主の契約不適合責任につき契約責任説が採用されたことから、今後は、担保責任と債務不履行責任の適用場面を区別する必要はなくなり、端的に債務履行責任を追及すれば足りる。その意味では、同判決の先例的意味は失われたといえる（鎌田薫ほか『重要論点実務民法（債権関係）改正』293頁）。

　契約不適合を理由とする解除について、①目的物に契約不適合があり、これが修補可能である場合に、買主が新562条1項の規定に従って相当期間を定めて修補を請求したが、その期間内に履行がなかったときには、買主は原則として契約を解除することができ、売主はその期間経過時点における債務不履行が軽微であることを証明したときに限って、解除権の行使を阻止することができる（新564条・新541条）。

　これに対して、②同程度の目的物の契約不適合について、修補が不可能である場合、あるいは、修補は可能であるが、売主が修補請求を明確に拒絶した場合には、買主が契約全部を解除するためには契約目的達成不能の要件を充たす必要があり、かつ、その要件を充たすことについて買主が証明する必要がある（新564条・新542条1項3号）。

　このように、①と②で買主が契約を解除できる実体的要件と証明責任に大きな違いが生ずるが、この点については、アンバランスだとして、疑問が提示されている（磯村保「売買契約法の改正」Law & Practice10号77頁）。　　　　　　　　　　　　　　　［後藤巻則］

181
買主の損害賠償請求権の行使

Case

　Aが自己所有の土地をBに売却し、引き渡したが、売買契約から6年後に
Bが測量し直したところ、この土地の面積は、売買代金の基礎とした面積よ
り7～8坪狭いことが判明した。そこで、Bは、不足分の土地について、地
価が高騰した現在の価格での賠償を請求した。Bのこの請求は認められるか。

【Before】

　このCaseは、最判昭57・1・21民集36-1-71をモデルとしたものである。数量を指示
して購入した（数量指示売買）物が不足している場合には、買主がその不足を知らな
かったときは旧563条・旧564条が準用された（旧565条）。その結果、善意の買主は、
代金減額請求権および損害賠償請求権を有するほか、残存する部分だけであれば買主が
これを購入しなかったであろうときには契約解除権を有した。

　担保責任に基づく損害賠償の範囲については、法定責任説による信頼利益の賠償義務
と、契約責任説による履行利益の賠償義務という考え方の対立がみられた。これに対し
て、判例は、数量不足における損害賠償の範囲につき、土地の面積の表示が代金額決定
の基礎とされたにとどまり売買契約の目的を達成するうえで特段の意味を有するもので
ないときは、売主は、土地が表示どおりの面積を有していたとすれば買主が得たであろ
う利益（履行利益）について、その損害を賠償すべき責めを負わないとした。

　「特段の意味を有する」場合としては、買主が特定の契約目的（特定の使用目的や転売
目的など）を売主に説明し、売主がその目的に適合するものとして面積の表示をした場
合などが考えられる。上記昭和57年判決の理解につき学説は分かれているが、同判決
で決め手となったのは、売買契約の内容において土地の面積の表示がもつ意味について
の当事者の意思解釈にあるとし、土地の数量指示売買において、土地の面積の表示が、
売主の履行義務の具体的内容の確定においていかなる意味を有するかについて、当事者
の意思解釈の基準を示した点に同判決の意義があるとする学説が有力に主張されている
（森田宏樹「数量指示売買と履行利益」民法判例百選Ⅱ〔第8版〕107頁）。結論的に代金減額
に相当する賠償のみ認め、値上がり後の時価での賠償を認めなかったが、担保責任の賠
償は信頼利益の賠償に限られるという原則論に立ったものではないことに注意する必要

がある。

　なお、数量不足の場合は、規定の位置や効果等から権利の瑕疵とするのが伝統的な理解であるが、学説の中には、ここでの問題を「物の量的瑕疵」と捉え、物の瑕疵担保責任（「物の質的瑕疵」）を理由とする責任と同列に捉えるものもあった。

【After】

　新562条は、売主が、物の種類・品質・数量に関して契約の内容に適合した物を引き渡すべき義務を負うことを前提とするものである。旧法のもとでも、**Case** のような土地の面積不足を、物の瑕疵担保責任と同列に捉える学説があったが、新562条は、これと同様に、数量不足も物の契約不適合の一場合と捉えている。

　追完請求のうち、不足分の引渡しは、数量に関する量的不適合に対して認められる権利であるが、土地の面積不足の場合には、合意された面積を備える状態にすることは不可能であるから、不足分の請求をすることはできないと解すべきである。そのため、Bは、追完請求はできないが、損害賠償請求は可能である（新564条）。Bは、損害賠償請求ではなく代金減額請求をすることも考えられ、「不適合の程度に応じて」代金の減額を請求することができる（新563条1項）。例えば、90坪の土地が誤って100坪の土地として1坪10万円で売買されて引き渡された場合、100坪分の価値1,000万円に対する不足する土地10坪分の価値100万円の割合は10：1となるため、1,000万円の10分の1である100万円の代金減額請求ができることになる。もっとも、こうした割合的な算定方法を採るならば、代金減額請求権に基づく代金減額額には履行利益に相当する損害賠償請求権の損害額は含まれない（松岡久和ほか編『改正債権法コンメンタール』744頁〔北居功〕）。そのため、土地の高騰による値上がり利益についても請求するためには、代金減額請求では目的を達成することができず、損害賠償請求によることとなろう。

　契約不適合による損害賠償は、債務不履行一般による損害賠償であることから、BがAに対して損害賠償を請求するためには、Aに帰責事由があることが必要であり、履行利益の賠償が認められる（新415条・新416条）。債務不履行が「契約その他の債務の発生原因及び取引上の社会通念に照らして債務者の責めに帰することができない事由によるものであるとき」には損害賠償請求ができないが（新415条1項ただし書）、**Case** でAに帰責事由が否定されることは考えにくい。

　いかなる意味において指示された数量がある物を引き渡す義務を売主が負っているのかに着目して上記昭和57年判決を理解する有力説の考え方は、売主は、物の種類・品質・数量に関して契約の内容に適合した物を引き渡すべき義務を負うとする新法と整合的である。

［後藤巻則］

182
権利移転義務の不履行に関する売主の責任

Case

　Aを売主、Bを買主とする借地権付建物売買契約が締結された。本件において以下のような事実があったとしたら、BはAに対してどのような請求が可能か。

　(1)　この建物は、本来、Cの所有建物であり、AはCの所有建物を勝手にBに売却したものであった。CはBに対し、この建物を引き渡す意思はない。

　(2)　Bが購入した建物はA所有のものであったが、敷地に関する借地権は、AB間で売買契約が締結される以前に、既にAの地代不払いを理由に賃貸人Dにより賃貸借契約が解除され消滅していた。Bはこの事実を知らずにAとの間で借地権が存在すると信じて売買契約を締結したものであった。

【Before】

　Caseは、売買契約に、いわゆる権利の瑕疵がある場合に、売主がいかなる担保責任を負うかにかかわるものである。(1)は権利が他人に属しており、買主が所有権を取得することができない事案であり、(2)は存在するはずの借地権が存在せず、土地利用権を取得できない事案である。

　Case(1)については、旧560条が、他人の物の売買も有効であることを規定したうえで、旧561条により、売主が権利を取得して買主に移転することができないときは、買主は契約の解除および損害賠償ができると定めていた。ただし、損害賠償請求は、売買契約時に売主にその権利が存在しないことを買主が知らなかったときに限るとされた（旧561条後段）。

　なお、この旧561条の責任が、①法定責任であるか、契約上の債務不履行責任であるか、②損害賠償について信頼利益の賠償にとどまるか、あるいは旧415条の損害賠償請求が認められるか、③他人の権利の売買につき売主に故意・過失のある場合、買主が悪意であっても旧415条に基づく損害賠償が可能か、などの諸点について見解の相違があった。このため、旧法の規律は、実務において明確な指針を示しにくい状況にあった。

　Case(2)については、存在すると認識していた敷地利用権が存在しなかった場合であるが、旧法の売主の担保責任に関する規定には直接にこの点を定める規律は存しない。

そこで、判例（最判平8・1・26民集50-1-155）は、強制競売のケースにおいて、旧568条1項・2項および旧566条1項・2項の類推適用により、売買契約を解除し得ると判示した。旧566条2項は売買の目的である不動産のために存すると称した地役権が存在しなかった場合の規律であるが、これを敷地利用権が存在しなかった場合にも類推適用することで解決していたのである。

【After】

新法は、売主の担保責任について、その規定内容を大きく変更している。すなわち、いわゆる物の瑕疵について、契約に不適合な場合の責任であるとして、契約責任説に基づく規律とすることを明確にしたうえで、追完請求権（新562条）や代金減額請求権（新563条）の規定を新たに設け、損害賠償および解除は、あくまで契約法の一般規定（新415条および新541条・新542条）に基づくことを明確にしている（新564条）。

そのうえで、いわゆる権利の瑕疵について新法は、移転した権利が契約の内容に適合しない場合の担保責任として規定を設け（新565条）、この場合に物の瑕疵に関する新562条〜新564条を準用するとの規律にしている。権利の瑕疵に関しても物の瑕疵に関する規定を準用することで処理されることになる。なお、新565条は、「権利の一部が他人に属する場合においてその権利の一部を移転しないときを含む」と規定しており、一部他人物売買の場合も新562条ないし新563条の適用があることが明らかにされている。

(1)は、権利の全部が他人に属するものであり、その権利を移転できない場合である。新561条が他人の権利の全部または一部を売買の目的としたときの売主の義務を定めるが、全部が他人の権利の場合（全部他人物売買）は注意が必要である。すなわち、新565条は全部他人物売買の場合に関しては、新562条以下の準用を除外している。法制審は、全部他人物売買の場合も含めて物の不適合責任に関する規定を準用する方針であったが、審議の最終段階でこのような扱いに変更された。その理由は、新565条の準用規定は、目的物が引き渡されたもののそれが契約の内容に適合していなかったという不完全履行の場合についての規律であり、目的物の引渡しもないような単純な不履行の場合には債務不履行の一般則をそのまま適用すれば足りると考えたためである（部会資料84-3・12頁）。

よって、**Case**(1)では債務不履行の一般則に従い、損害賠償および解除が検討される。

Case(2)は、存在するはずの借地権が存在せず、土地利用権を取得できない事案である。旧法ではこれに関する規定を欠いていたが、新法では新562条〜新564条の準用で処理されるので、当然に、追完請求、代金減額請求、そして、解除、損害賠償をその要件に従い行使し得ることになる。

[髙須順一]

183
買主の権利の期間制限、消滅時効との関係

Case

　Aは所有する甲宅地を、Bに対して、代金1,000万円で売買し、2X01年4月1日、引渡しおよび所有権移転登記手続を終えた。この契約は甲の実測面積が50坪あるものとし、代金は1坪当たり20万円とするとの合意のもとに計算した結果、1,000万円と定められたものだった。本件において以下のような事実があったとしたら、BはAに対し、損害賠償請求をすることが可能か。

　(1)　甲の一部に道路位置指定がされており、そのため、Bが建物を新築するに当たり、床面積を大幅に縮小しなければならなかった。契約締結時にはABともに道路位置指定の事実を認識していなかった。2X01年7月1日に、Bはその事実を知った。

　(2)　上記(1)において、Bが当該事実を知ったのは2X11年7月1日だった場合はどうか。

　(3)　上記(1)において、道路位置指定がされていたのではなく、坪数が40坪しかなかった場合はどうか。

【Before】

　Case(1)では、瑕疵担保責任の期間制限が問題となる。まず、道路位置指定による土地利用制限などの法律上の用途制限を、物の瑕疵と理解するか否かについては見解の相違があるが、判例（最判昭41・4・14民集20-4-649）は、物の瑕疵と構成している。よって、旧570条が準用する旧566条3項により、Bが瑕疵の存在を知った時から1年以内に解除または損害賠償の請求をしないと瑕疵担保責任の追及は困難となる。履行を完了した以上、以後、買主から請求を受けることはないとの売主の期待を保護するために一般的な消滅時効より短期の期間制限を定めたものと説明される。

　しかし、一方で買主がこの期間内に具体的な損害額を特定して賠償請求を行うことが困難な事態も想定され、判例（最判平4・10・20民集46-7-1129）は、この場合の請求は、「売主に対し具体的に瑕疵の内容とそれに基づく損害賠償請求をする旨を表明し、請求する損害額の根拠を示すなどして」、担保責任を問う意思を明確にすれば足りるとして

いた。

　Case(2)では、旧564条および旧566条3項に定める期間制限と旧167条1項に定める消滅時効の関係が問題となる。判例（最判平13・11・27民集55-6-1311）は期間制限とは別に、物の引渡時から10年の消滅時効に服する旨を判示している。よって、**Case**(2)では引渡し後10年を経過しており、Bの請求に対し、Aは消滅時効の主張が可能となる。

　Case(3)では、数量指示売買における数量不足が問題となり、旧565条および同条が準用する旧564条の期間制限の適用があった。よって、**Case**(1)および(2)と同様に、Bが数量不足の事実を知った後、1年が経過するか、あるいは甲土地引渡し後、10年を経過した場合には、損害賠償請求はできないことになる。

【After】

　新法では、物の種類または品質に関する契約不適合に関してのみ、消滅時効期間とは異なる権利行使期間を定める（新566条）。また、その規律は、「買主がその不適合を知った時から1年以内にその旨を売主に通知」することとされ、不適合の事実の通知のみで足りるとされる。この結果、権利内容に関する契約不適合の場合や、物の不適合であっても数量不足に関しては、新566条の適用はなく、一般的な消滅時効に服するのみとなる。このような制限的な規律となったのは、契約不適合責任である以上、消滅時効によって規律するのが本来的であることに鑑みれば、例外的に、事後、請求されることはないとの売主の期待を保護すべき具体的な場面としては、物の種類、品質に関する契約不適合のみを想定すれば足りると判断されたためである。

　以上より、**Case**(1)では、法律上の制限のある場合を引き続き、「物に関する契約不適合」と解するか、あるいは「権利に関する契約不適合」と解するかによって、新566条の適用の有無が区別されることになる。新法は、売買目的物について法律上の制限が存在した場合、これを物と権利のいずれの不適合と考えるかに関して明文の規定を設けておらず、解釈に委ねている。そこで、旧法下の判例（前記最判昭41・4・14）の結論が引き続き維持されると考えれば、物に関する契約不適合として新566条が適用されることになる。Bが契約不適合を知った2X01年7月1日から1年以内にAに対し通知しなければ、Bは、Aの不適合責任を追及することができなくなる。なお、通知の内容は損害賠償請求に関するものではなく、不適合の事実を伝えるもので足りる。ただし、学説には、法律上の制限については権利に関する契約不適合と解すべきとの見解（中田裕康『契約法』317頁）もあるので注意を要する。

　Case(2)は、旧法と同様にAの消滅時効の主張が可能となる。

　Case(3)は、数量不足に関するケースであるので、新566条の適用はない。よって、短期の権利行使期間は問題とはならず、一般的な消滅時効期間が経過するまではBの損害賠償請求や他の権利行使が可能となる。　　　　　　　　　　　［高須順一］

184
競売における買受人の権利の特則

Case

Aを債務者、Bを抵当権者として、Bが山林の一部にあるA所有の土地甲に対する抵当権の実行としての競売を申し立て、Cが1億円で甲を落札して買受人となった。以下の事実があった場合、CはAに対して民法上どのような請求が可能か。

(1) 甲は登記簿上5,000㎡であることを前提として競売されたが、競売後にCが面積を測ると4,000㎡しかなく、これではCが想定していた利用目的を達成することができず、また、隣の土地との同一性の認識が困難な場合。

(2) 上記(1)の事実に加えて、Cが面積の不足を知ってから1年2ヶ月が経過していた場合。

(3) Cが甲に建物を建てようとした際、地中から大量の産業廃棄物が発見された場合。

【Before】

旧568条1項は、「強制競売」において目的物に瑕疵がある場合、旧561条〜旧567条の規定による契約解除または代金減額請求を認めていた。

(1)は、競売事案において数量不足の瑕疵が認められる事例（旧568条・旧565条）である。旧568条1項の「強制競売」とは、およそ国家権力による強制的な換価をいい、担保権の実行としての競売も含まれるとして、判例・学説上広く解釈されていた。したがって、**Case** の競売の申立ては、「強制競売」に該当する。

もっとも、競売の場合に「数量を指示して売買をした」（旧565条）といえるかが問題となる。大審院判例は、登記簿上の記載は単に土地を特定する方法に過ぎないとしてこれを否定した（大判昭14・8・12民集18-817）。しかし、買受人は公告の表示と実際とが大差ないと信頼するのが通常であり、公告後の短期間中に測量等を行うことを期待するのは酷であること等を理由に裁判例でも判断が分かれ、肯定説も有力だった。また、否定説を採用する裁判例でも、「競売不動産の実際の状況が著しくその登記簿上の表示と相違し、その同一性の認識に影響を及ぼすことが記録上明らかとなつた如き場合」には数量指示売買に該当するとするものがあった（広島高決昭38・11・8高民集16-8-659）。かか

る裁判例や肯定説に立てば、**Case** の競売は数量指示売買に該当し、C は、不足部分の割合に応じた 2,000 万円の代金減額請求（旧 565 条・旧 563 条 1 項）、および、善意の C は残存部分のみであれば買い受けなかったとして契約の解除をすることができる。

(2)について、旧 565 条が準用する旧 564 条は、買主が善意の場合には数量不足の「事実を知った時」から 1 年以内という権利行使の期間制限を設けていた。したがって、権利行使の期間を経過している善意の C は数量不足の担保責任を追及できない。

(3)は、土地目的物に瑕疵がある場合に売主が担保責任（旧 570 条）を負うかにかかわるものである。旧 570 条ただし書は、目的物に隠れた瑕疵があったときでも強制競売の場合の瑕疵担保責任の規定の適用を否定していた。買受人は競売で不動産を取得する以上、ある程度の瑕疵を覚悟したうえで市場価格よりも低額で競落するのが通常であるからである。したがって、C は A に対して瑕疵担保責任を追及することはできない。

【After】

新 568 条は、対象となる競売を「民事執行法その他の法律の規定に基づく競売」とし、「競売」一般に拡大したため、**Case** の競売の申立ては「競売」に該当する。

(1)について、新法は新 568 条において競売における担保責任の規律を定め、かつ、解除および代金減額請求の根拠が新 541 条（催告解除）、新 542 条（無催告解除）および新 563 条（代金減額請求権）である旨明記し、体系的に整理した。そのため、**Case** の競売が数量指示売買に該当すると考える場合、C は A に対して 2,000 万円の代金減額請求（新 563 条）および債務の一部が履行不能であるとして無催告解除（新 542 条 1 項 3 号）を行うことができる。

では、履行の追完の催告は必要か。競売は債務者の意思と無関係に行われ、契約不適合としての債務者による履行の追完を観念できないため、追完請求に関する規律は競売には及ばない。そのため、新 568 条に基づく請求をする場合には、代金減額請求および契約解除をする際における履行の追完の催告は不要であると解釈される。

(2)について、新法では、種類または品質に関する不適合を除き（新 566 条）、1 年の期間制限に関する規定（旧 564 条・旧 566 条 3 項）が削除され、権利行使の期間制限は消滅時効の一般原則に従うこととなった（→ Case183）。本件は C の主観的起算点から 5 年以内の事案であり、時効は完成していないから、旧法下と異なり、(1)と同様、C は代金減額請求および無催告解除をすることができる。

(3)について、新法では物の瑕疵に関する契約不適合責任（新 562 条〜新 564 条）が新設された関係で旧 570 条が削除されたが、新 568 条 4 項は、「前三項の規定は、競売の目的物の種類又は品質に関する不適合については、適用しない。」と規定し、旧 570 条ただし書を実質的に維持した。よって、C は、契約不適合責任を問うことはできない。

［大西達也］

185
権利取得の不安を理由とする代金支払拒絶権

Case

　以下のそれぞれの場合について、買主は売買代金の支払を拒絶することができるか。

　⑴　AとBは20X1年9月1日、Aが所有する甲土地をBに代金1,000万円で売却する旨の売買契約を締結した。代金支払は、同年10月31日、甲の引渡しおよび所有権移転登記手続と引換えに行うとの約定であった。ところが、同年9月15日、BはCから、Cが同年8月25日にAから甲土地を購入し、既にその旨の所有権移転請求権保全の仮登記手続を完了した旨を知らせる内容証明郵便を受領した。

　⑵　DとEは、20X1年9月1日、DのFに対する300万円の貸金債権を代金270万円で売却する旨の売買契約を締結した。代金の支払は、同月15日と定められたが、Fはこの300万円の貸金債務は既に弁済済みであるとEに説明し、その根拠として領収書を提示した。

【Before】

　旧576条は、売買目的物について権利を主張する者があるために買主がその権利を失うおそれがあるときには、買主は代金の支払を拒むことができる旨を規定していた。同条は、「買い受けた権利の全部又は一部を失うおそれ」と規定していたが、買主の権利喪失のおそれのみならず、権利取得不能の場合（買主が買い受けた権利を取得することができないおそれがある場合）にも適用されると解されていた。さらには、債権売買において債務者が債務の存在を否定したような場合にも類推適用されており、旧576条は権利取得の不安がある場合に柔軟に適用されると解釈されてきた。

　したがって、**Case**⑴および⑵のいずれについても、旧576条により、買主であるBあるいはEは代金の支払を拒絶し得る。なお、同条ただし書は、売主が相当の担保を提供することにより代金支払拒絶権を失わせることができると規定していた。

【After】

　新576条本文は、旧法下における上記のような解釈をふまえて、買主が代金の支払を

拒絶できる場合を、「売買の目的について権利を主張する者があることその他の事由により、買主がその買い受けた権利の全部若しくは一部を取得することができず、又は失うおそれがあるとき」と規定する。従来の柔軟な解釈、適用を明文化したものである。

したがって、新法のもとでも引き続き**Case**(1)および(2)のいずれについても、旧法下と同様に、買主であるＢあるいはＥは代金の支払を拒絶し得る。また、新576条ただし書についても旧法と同様の規律となっている。

なお、新576条は不安の抗弁権と趣旨を同じくするものである。しかし、不安の抗弁権一般については、今回、法制審部会においてその明文化を議論したものの最終的には明文化は断念され、引き続き解釈に委ねるものとされた。法制審部会における審議においては、不安の抗弁権一般は、予期できなかった信用不安等により相手方から履行が得られないおそれが生じた場面を想定するものであるのに対し、新576条は信用不安等を問題としない場面における支払拒絶権であり、不安の抗弁権の一般規定とは区別された固有の存在意義があると説明されていた（中間試案補足説明第35・12）。

最後に、売買契約をめぐる新法の適用に関する経過措置であるが、新法附則34条が、施行日（令和2年4月1日）前に売買契約が締結された場合における契約およびこれに付随する特約については、なお従前の例によると規定している（同条1項）。したがって、契約締結日が経過措置適用の基準時となる。この点は、売買契約に関する他の論点も同様である。なお、附則34条は、売買契約のみならず他の典型契約に関する改正規定にも適用される経過措置となっている。　　　　　　　　　　　　　　　［髙須順一］

186
特定物売買における危険の移転

Case

　Aを売主、Bを買主、甲建物の代金を 1,000 万円とする売買契約が締結された。本件において以下の事実があった場合、AのBに対する代金支払請求が認められるか（BはAの代金支払請求を拒むことができるか）。また、BはAに対して何らかの請求や主張ができるか。

　(1)　甲引渡し前に、第三者Cが甲に放火し、甲が全壊した場合。

　(2)　甲引渡し後に、第三者Cが甲に放火し、甲が全壊した場合。

　(3)　売買契約締結後、AがBに甲の鍵を渡そうとしたが、Bが「やはり外装が気に入らない」と言って鍵の受領を拒んだ。その後、第三者Cが甲に放火し、甲の一部が損傷した。結局、Bがそのまま甲の引渡しを受けて修理費用 300 万円を支出した場合。

【Before】

　Case は、特定物の売買契約締結後または引渡し後、目的物が滅失または損傷した場合、売主は買主に対して代金支払請求をすることができるか、また、買主は追完請求、代金減額請求、損害賠償請求、契約解除等を行うことができるかに関するものである。

　(1)は、特定物の売買で、双方の責めに帰することのできない事由により、引渡し前に目的物が「滅失」した事案である。(1)では、A に帰責性がないため B は損害賠償請求や契約の解除の主張することはできない。また、目的物の滅失により A の引渡債務が履行不能になっているため、B は A に対して、追完請求をすることもできない。そのうえで、A の引渡債務の履行不能に伴って B の代金債務も消滅するか、すなわち危険負担（旧 534 条 1 項）が問題となる。旧 534 条 1 項は、特定物における危険負担の債権者主義を定めていたが、引渡し等による目的物の実質的支配が移転した時点で危険が移転するとして制限的に考えるのが通説的な見解であった。かかる見解に立てば、代金債務は消滅し、A は B に対して 1,000 万円の代金支払請求をすることはできない。

　(2)は、売買契約および目的物引渡し後の「滅失」の事例であるが、引渡しにより目的物の実質的支配は買主に移転しているため、通説的見解でも、目的物の損傷に関する危険は引渡債務の債務者である A から B に移転する。したがって、A は B に対して 1,000

万円の代金支払請求をすることができる。なお、危険が移転しているため、Bは追完請求、代金減額請求、損害賠償請求および解除の主張をすることはできない。

(3)は、目的物受領拒絶後、双方の責めに帰することができない事由により目的物が「損傷」した事案である。明文はないが、受領遅滞中に債務者の責めに帰することができない事由により目的物が滅失または損傷した場合、受領遅滞の効果として危険が移転すると解するのが通説的見解であった。かかる見解に立てば、AはBに対して1,000万円の代金支払請求をすることができる。そして、危険がBに移転している以上、Bは追完請求、代金減額請求、損害賠償請求および契約の解除を主張することはできない。

【After】

(1)について、新法は、契約総論の危険負担に関する債権者主義の規定である旧534条を削除し、上記の通説的な見解に立つことを明らかにした。そして、契約各論の売買の規定の中で、特定物の売買契約において当事者双方の責めに帰することのできない事由により目的物が滅失または損傷した場合、危険の移転時期は目的物引渡し時であり、引渡後は履行の追完請求、代金減額請求、損害賠償請求および契約の解除の主張ができない旨を新567条1項に規定した。他方、危険負担の効果について、新法では、当事者双方の責めに帰することができない事由によって目的物の給付が不能となった場合には、買主は自らの債務の履行を拒絶できるだけで売主の代金債権は存続したままであるという履行拒絶権構成を採用した（新536条1項）。

Case は、目的物引渡し前の「滅失」事案であり、Bに危険は移転していない。そのため、Bは、新542条1項1号により売買契約を解除するか（新法では、解除に帰責性は不要→Case66）、新536条1項によりAからの代金支払請求を拒むことができる。

(2)は、目的物引渡し後の「滅失」事案であり、Bに危険が移転しているため、Bは、Aに対して「代金の支払を拒むことができ」ず、また、「その滅失又は損傷を理由として、履行の追完の請求、代金の減額の請求、損害賠償の請求及び契約の解除をすることができない」（新567条1項）。

(3)について、新法は、従来、受領遅滞の効果の1つといわれていた危険の移転について上記の通説の考え方を新567条2項に明文化した。すなわち、契約の内容に適合する目的物の受領遅滞中に双方の責めに帰することのできない事由による目的物の滅失または損傷が生じた場合、その滅失または損傷を理由として、買主は、「履行の追完の請求、代金の減額の請求、損害賠償の請求及び契約の解除」をすることはできず、「代金の支払を拒むこと」もできない（新567条2項による1項の準用）。したがって、**Case** は、同条の適用により、【Before】と同じ結論となる。　　　　　　　［大西達也］

187
種類売買における危険の移転

Case

　Aは、Aが仕入れた建築用の資材（甲）20個を代金300万円でBに売却する契約をした。契約では、3日以内にBがAの倉庫に引き取りに行く約定であった。以下の事実があった場合、AB間の契約関係はどうなるか。
　⑴　Aが甲20個を他の資材と分離せず、引渡しの準備もしていない段階で、Aの倉庫が隣家からの火災で焼失し、甲20個全てが滅失した場合。
　⑵　Aが甲20個を他の資材と分離し、引渡しの準備を済ませBに通知後、Aの倉庫が隣家からの火災で焼失し、甲20個全てが滅失した場合。
　⑶　Bが甲20個を実際に引き取り、Bの倉庫に搬入した段階で、Bの倉庫が隣家からの火災で焼失し、甲20個全てが滅失した場合。
　⑷　上記⑶のCaseにおいて、Bが引き取りB倉庫に搬入した甲20個全てに強度不足の瑕疵があり、契約本来の安全性を有していなかった場合。

【Before】
　Caseでは、AB間において種類売買が成立していながら、売買目的物がその後、滅失している。⑴は特定前の滅失、⑵は特定後・引渡し前の滅失、⑶は特定・引渡し後の滅失の事案、⑷は契約不適合な甲20個が引き渡され、その後、滅失した事案である。
　Case⑴では、特定が生じていない。したがって、Aは引き続き甲20個についての再調達義務を負い、契約関係が存続することになる。
　Case⑵およびCase⑶では、判例・通説によれば甲20個について特定が生じている。したがってAは引渡義務を免れ、一方、旧534条2項により債権者主義が適用され、代金債権が失われることはない。ただし、この規定について引渡し等の支配の移転があって初めて債権者に対価危険が移転すると考える見解があり、その立場からは、Case⑵の段階では危険は未だAが負担し、代金を請求することができない。これに対し、Case⑶ではBに危険が移転しているので、Aは代金を請求し得ることになる。
　Case⑷では、甲20個に瑕疵がある。瑕疵あるものを引き渡しても特定は生じないというのが通説的理解であり、Aは再調達義務を免れず、新たな甲20個をBに引き渡す義務を負担する。これが履行されなければ、Bは契約を解除し得るが（旧548条2項参

照）、甲 20 個が滅失しているため、ＡＢ間の原状回復義務の帰趨については見解が分かれていた。また、Ｂは解除を選択せずに、新たな甲 20 個の引渡しをＡに求めることも考えられるが、当初の代金支払のみでよいのかについても検討の余地があり得た。

【After】

　新法では、契約不適合があった場合には、種類売買および特定物売買を問わず新 562 条以下の規定が適用される。また、危険負担については、旧 534 条および旧 535 条は削除され、旧 536 条については債権者（買主）に代金債権に関する履行拒絶権を認める規律に改正された。以上の結果、種類売買においても売主は売買目的物についての不適合責任を負担し、また、代金の支払に関して買主に履行拒絶権が認められる。しかし、この状態がいつまでも続くのは不合理であって、売買契約の進捗に応じて、これらの危険は買主に移転されるべきである。これが危険の移転の概念であり、新 567 条 1 項が、「引渡し」によって危険が売主から買主に移転することを規定している。ただし、契約当事者が特約によりこれと異なる合意（登記移転時等）をすることは可能である。また、受領遅滞の場合は、引渡し前であっても危険は移転する（新 567 条 2 項）。

　Case(1)では、未だ特定しておらず、旧法と同様にＡは甲 20 個についての再調達義務を負い、契約関係が存続する。これに対し、**Case**(2)では特定が生じているが、引渡しは未了である。このとき、危険の移転をどのように考えるべきか。新法が引渡し時に危険が移転とする規定した以上、特定後も売主は引渡し時まで再調達義務を負い、Ａは甲 20 個についてＢに引き渡す義務を負う代わりに代金を請求し得るという見解と、再調達義務を免れるという特定の効果は新法のもとでも維持されるべきとして、売主は甲 20 個についての引渡義務は負担せず、買主も代金について履行拒絶権（新 536 条 1 項）を有するという見解が存する（以上につき、中田裕康『契約法』330 頁）。

　Case(3)は、引渡し後の滅失であるから、危険は買主の負担となる。したがって、買主は甲 20 個が滅失したことの契約不適合責任を問うことはできないし、代金支払を拒絶することはできない。**Case**(4)では、引き渡した甲 20 個に契約不適合があった点が問題となる。新 567 条 1 項は、危険が移転するのは売買の目的として特定したものに限るとかっこ書で規定しているため、旧法下の理解と同様に、契約不適合のある目的物を引き渡しても特定しない以上、危険は移転せず、買主は契約不適合責任を追及し得るという理解と、契約不適合とは全く別の原因による目的物の滅失についてまで、売主に危険を負担させるのは妥当でないとして、**Case**(4)の場合にも新 567 条 1 項の特定を肯定し、同条の適用を認める見解がある（以上につき、中田・前掲書 330 頁）。なお、後者の見解によった場合も、買主は、滅失に関する契約不適合責任は追及し得ないが、契約不適合が存在していたことを理由とする代金減額請求や損害賠償請求は可能と理解されている。

［高須順一］

188
買戻し

　20X1 年 1 月 1 日、A を売主、B を買主として、甲建物の代金額を 1,000 万円とする売買契約が締結され、所有権移転登記がされた。A と B は、この売買契約が締結されるのと同時に買戻しの特約をした。(1)(2)は独立の事例である。

　(1)　買戻しの特約として、代金に 10 ％を上乗せした 1,100 万円、契約費用 30 万円、および B が別途内装用に支出する特別の費用 20 万円の合計 1,150 万円を償還しなければ、A は買戻しをすることができないこととした。その後 20X2 年 7 月 1 日、A が買戻権を行使した。A は B に対して所有権移転登記手続請求ができるか。

　(2)　A および B は、上記売買契約を締結するに際して、所有権移転のほか 1,000 万円および契約の費用 30 万円を買戻し金額とする買戻しの特約を登記した。その後、20X2 年 1 月 1 日、B は、資産運用のために C を借主として契約期間を 2 年とする賃貸借契約を締結し、C が居住を開始した。その後、20X2 年 7 月 1 日、A が買戻権を行使した場合、C は A からの建物明渡請求を拒むことができるか。

【Before】

　Case は、不動産の売買契約において、買戻し特約（解除権留保特約）を付した売買契約に関するものである。

　(1)について、旧 579 条は「不動産の売主は、売買契約と同時にした買戻しの特約により、買主が支払った代金及び契約の費用を返還して、売買の解除をすることができる」と規定し、この規定は強行規定と理解されていた。そのため、(1)においては、買戻し金額が「買主が支払った代金」と同額ではないため、買戻し特約は無効である。さらに、B が支出した特別の費用 20 万円に関しても、判例は、買主の支出した特別の費用を償還しなければ買戻しをすることができない旨の特約を無効としていたため（大判大 15・1・28 民集 5-30）、この点においても買戻し特約は無効である。したがって、買戻し特約は無効であるから、A は B に対して所有権移転登記手続請求をすることはできない。

(2)は、売主が買戻権を行使した際に当該不動産に賃借人がいた場合の対抗関係の問題である。売主が買戻権を行使した場合、目的不動産は、売買契約の時に遡って売主に所有権があったことになる（遡及効）。そのため、売主が買戻し特約を登記している場合、買主からその不動産を賃借した者の賃借権は、買戻権に優先できず、賃借権の基礎を失って消滅する結果となってしまう（旧581条1項）。しかし、それでは買主の目的不動産の利用権が著しく制約されてしまうため、旧581条2項は、「登記をした賃借人の権利」（借地借家法により対抗力を有する賃借権も含むと解されている）は、賃貸借契約の「残存期間中1年を超えない期間に限り、売主に対抗することができる」と規定していた。したがって、Cは20X3年7月1日まで、Aからの建物明渡請求を拒むことができる。

【After】

(1)は、買戻し特約について、当事者間の合意した金額によって買戻しが認められるかに関する問題である。旧法下では、上記のとおり、買戻権を行使する際に返還する金銭の範囲が強行規定と解釈されていたために買戻し制度は実務上使いにくい制度とされ、代わりに再売買の予約が用いられているという実態があった。

そこで、新法では買戻し特約を利用しやすい制度とするため、その規定内容をより合意主義的に変更した。すなわち、新579条は、買戻し特約の内容について、買主が支払った代金および契約の費用の返還の場合だけでなく、「売買契約と同時に」「別段の合意をした場合にあっては、その合意により定めた金額」および契約の費用を支払えば買戻しができることを認め、売主が提供すべき金額に関するルールが任意規定であることを条文上明記した（なお、要綱仮案の段階では、より買戻し特約を使いやすくするという観点から、買戻し特約の登記については売買契約との同時性を要求しない案が採用されていたが、買戻し特約を売買契約と同時にしなければならないことを維持しながら登記の時期のみ遅らせるニーズは少ないことや、不動産登記法上前例に乏しい特例を設けることとなる等の理由から、かかる案は最終的には採用されなかった）。

改正により、旧法では行うことのできなかった内容による買戻特約付売買契約を締結することができるようになったため、買戻し期間の定めのない(1)において、AはBに対して20X6年1月1日までに買戻権を行使して（580条3項）、所有権移転登記手続請求をすることができる。

(2)は、旧法と実質的に内容の変更はないものの、新581条2項において、「前項の登記がされた後に第605条の2第1項に規定する対抗要件を備えた賃借人の権利は、その残存期間中1年を超えない期間に限り、売主に対抗することができる」として、新法によって民法上明文化された不動産賃借人の対抗要件の規定と整合させ、買戻し特約の登記が第三者対抗要件であることを明確化した。したがって、旧法下と同様、Cは、20X3年7月1日までAからの建物明渡請求を拒むことができる。　　　　　［大西達也］

189
特定物贈与者の引渡義務等

Case

　資産家であるＡは、Ａの親類であるＢに住居を構えるための土地を与えたいと考え、Ｂとの間で、甲土地を贈与する旨の契約を締結した。甲は、Ａが父から相続した土地であったが、Ａの父は生前、知人Ｃとの間で建物所有を目的とする甲の賃貸借契約を締結しており、甲上には、現在もＣ所有の建物が現存し、建物保存登記がされていた。なお、Ｃ所有の建物は、現状は空き家であり、ＣはＡに対して賃料を支払っていなかった。

　Ｂは、Ａに対していかなる請求が可能か。

【Before】

Case は、贈与の目的となった甲にＣの借地権付建物が存在しており、Ｂは甲上に住居を構えることができないのであり、権利の瑕疵がある事案である。旧551条1項本文に従えば、Ａは、当該瑕疵について責任を負わず、Ａが当該瑕疵の存在を知りながらＢに告げなかった場合にのみ、責任を負うこととなる（同項ただし書）。

　贈与者の担保責任についても、売買における売主の担保責任と同様に、その責任が法定責任であるか契約上の債務不履行責任であるかについて争いがあり、その具体的な責任の内容や効果については、判例・学説上も一義的な理解が示されていない。

　Case において、ＡがＣの借地権につき悪意であってＢに告げなかった場合、ＢはＡに対し、損害賠償を請求することが考えられる。旧551条による解除の可否についても見解は分かれており、受贈者の返還意思を尊重して解除を認める考えと、贈与の無償性を理由に解除を認めないとする考えとがあるが、後者に立つ見解が多いようである。

　損害賠償の範囲については、旧551条の責任の性質とも関連し、信頼利益の賠償にとどまるとする見解と、履行利益の賠償まで及ぶとする見解があるが、贈与の無償性に鑑みて贈与者に過度の責任を負わせるべきでないとして、信頼利益の賠償にとどまるとする考えが通説である。例えば、Ｂが甲にＣの借地権がないものと信頼して、別途探していた住宅用土地の購入費用の手付金を放棄した場合、手付金の賠償請求は可能であるが、Ｂが、Ｃの賃料不払等を理由としてＣに対する甲土地の明渡請求をした場合などにかかる費用は、賠償請求ができないと考えられる。

【After】
　新法は、贈与者の担保責任についても売買との平仄を合わせ、贈与された物または権利が契約内容に不適合な場合の責任と構成し、契約責任説に基づく規定をしている。そのうえで、旧551条1項の特則的な規定を改め、「贈与者は、贈与の目的である物又は権利を、贈与の目的として特定した時の状態で引き渡し、又は移転することを約したものと推定する」（新551条1項）と規定し、契約の解釈準則として、債務内容に係る意思推定規定を置いた。贈与においても、契約に適合しない事由があった場合、贈与者は、債務不履行の一般原則に従って責任を負うとの理解である。

　Case において、Aが、Bとの贈与契約を締結した時点において、既に甲土地上にはCの借地権が設定されており、新551条1項に従えば、AはBに対し、Cの借地権付土地の贈与を約したものと推定される。

　もっとも、Aは、Bが住居を構えるための土地（住居の建築が可能な土地）として甲を贈与しているものであり、反証により上記推定が覆される場合、債務不履行の一般原則に従って、Bに対する責任を負うこととなる。

　よって、Bは、Aに対する完全履行としてCの借地権のない甲の提供請求、履行利益を含む損害賠償請求（新415条）、贈与契約の解除（新541条）をすることができる。

　新法では、贈与者の担保責任を債務不履行の一般原則に従って考えるため、旧法に比して贈与者の責任が増大することも懸念されるが、債務内容の認定や免責事由（新415条1項ただし書）の解釈において、贈与の無償性をふまえた柔軟な解決が期待される。

［臼井智晃］

190
不特定物贈与者の引渡義務等

Case

　農業を営むＡは、近所に住むＢに対し、翌月に収穫予定であるキャベツを収穫後に贈与する旨の契約（義務履行地はＡ方）を締結した。翌月になり、Ａは、キャベツを収穫してＢのために選り分け、木箱に詰めたうえＢに取りに来るよう連絡した。ところが、Ｂがキャベツを取りに来るまでの間に、キャベツを詰めた木箱内に病原性細菌が繁殖し、キャベツを食べたＢは食中毒となり、１週間入院した。

　ＢはＡに対し、いかなる請求が可能か。

【Before】

　Case は、翌月収穫予定の不特定物であるキャベツの贈与を約し、キャベツが病原性細菌に冒されていた瑕疵によりＢが食中毒を起こし、拡大損害ないしは完全性利益の侵害が生じた事案である。

　贈与者の担保責任については、法定責任説と契約責任説との争いがある（→ Case 189）。その争いとも関連し、旧551条１項を不特定物贈与の場合に適用するか否かについても対立があり、①贈与者は瑕疵のない物の調達義務を負う以上、同条は適用されず、債務不履行の一般原則が妥当するとして適用を否定する考えと、②贈与の無償性を理由とする贈与者の負担軽減を図った同条の趣旨は、不特定物贈与にも等しく妥当するとして適用を肯定する考えがある。法定責任説は、いわゆる特定物ドグマを前提とするため、前者の考えに親和的であり、契約責任説は、特定物ドグマを否定し、同条１項を債務不履行責任の特則とみるもので、後者の考えに結びつきやすい。

　Case において、ＢはＡに対し、食中毒により被った損害の賠償請求をすることが考えられるが、旧551条１項の適用否定説に立てば、Ａは、債務不履行の一般原則に従って、損害賠償責任を負う（旧415条）。一方、適用肯定説からは、Ａは、悪意であり、かつそれをＢに告げなかったときのみ、同条の責任を負う。

　また、贈与契約において拡大損害が生じた場合の損害賠償について、旧551条１項を適用するか否かについても見解の対立がある。①起草者の同条の立法意思に照らして適用を肯定する考えと、②同条は、贈与の無償性に鑑みて、給付の対価的均衡を図るため

に担保責任を軽減した規定であるところ、完全性利益の侵害は有償・無償の区別とは無関係であり、責任が軽減されることは妥当でないとして適用を否定する考えである。後者の考えでは、拡大損害の賠償は、債務不履行や不法行為の一般原則によるべきとする。

Case において、BはAから贈与されたキャベツを食べたために1週間入院しており、Bには、入院治療費等の拡大損害が生じている。旧551条1項の適用肯定説に立てば、Aは、キャベツの瑕疵につき悪意であり、かつそれをBに告げなかったときのほかは、拡大損害についても責任を負わないこととなる。一方、適用否定説からは、Aは、債務不履行（旧415条）または不法行為（709条）の一般原則に従って、Bに対する損害賠償責任を負うこととなる。

【After】

新法は、贈与者の担保責任について、契約責任説に立つことを明らかにした。契約責任説に立つ以上、贈与者は、贈与契約の不履行によって受贈者に損害が生じた場合、債務不履行の一般原則に従って責任を負う。もっとも、贈与者の責任軽減のため、新551条1項は、債務内容の特定に係る推定規定を定め、贈与者は、「ある物又は権利を、贈与の目的として特定した時の状態」で引き渡す義務を負うものと推定される。「贈与の目的として特定した時の状態」とは、特定物贈与においては贈与契約時の状態であり、不特定物贈与においては目的物が特定した時の状態であると解される。

Case において、Aが負う債務の内容は、不特定物であるキャベツの給付債務であり、目的物が特定した時点で、Aの債務内容も当該目的物の給付義務と推定される。Case は、義務履行地をA方とする取立債務であり、Aが収穫したキャベツをBのために選り分けて木箱に詰め、Bに連絡をした時点で、物の給付をするのに必要な行為が完了し、目的物が特定されたといえる（新401条2項）。したがって、新551条1項によれば、反証のない限り、AはBに対し、当該キャベツを給付する債務を負うと推定される。

しかし、AがBにキャベツを交付した時点では病原性細菌の付着した契約内容に適合しない瑕疵あるキャベツとなっている。よって、BはAに対し、入院治療費等の拡大損害を含む損害賠償請求（新415条1項）、贈与契約の解除（新541条）ができると考えられる。これに対し、細菌の付着のない新たなキャベツの給付請求については、特定により再調達義務を免れていると考えるべきであるから、Bがこれを請求することは困難であろう。

なお、仮に、AがBに連絡をする以前からキャベツが腐蝕していたような場合、同時点では目的物の特定は生じず（最判昭36・12・15民集15-11-2852）、新551条1項の推定規定は及ばないと考えられる。　　　　　　　　　　　　　　　　　　　　　　　　[臼井智晃]

191
消費貸借の成立

Case

　AはBに所定の条件で金銭を貸し付ける旨合意したが、貸付金は未だAからBに実際に交付されていない。これを前提に、⑴〜⑶の各問に答えなさい。

　⑴　Aが貸付けを取りやめると主張した場合、AはBに対し、債務不履行を理由に損害賠償責任を負うか。

　⑵　Bが借入れを取りやめると主張した場合、BはAに対し、債務不履行を理由に損害賠償責任を負うか。

　⑶　Aに対して貸付金の給付を求めるBの権利は譲渡・差押えの対象となるか。

【Before】

　消費貸借は要物契約であるので（587条）、借主に目的物が実際に交付されるまで成立しないとされていた。したがって、目的物が金銭である金銭消費貸借において、金銭の交付前はいずれの当事者にも契約上の義務はないから、⑴Aが貸すのをやめても、⑵Bが借りるのをやめても、債務不履行を理由とした損害賠償責任は生じないとされた。また、金銭の交付前は金銭の給付請求権も存在しないので、それを対象とする⑶譲渡・差押えもできないとされた。

　もっとも、このⓐ要物契約としての消費貸借とは別に、ⓑ諾成的消費貸借も契約自由の原則のもと、判例上認められていた（最判昭48・3・16金法683-25）。ⓑは目的物の交付前に貸主に「貸す義務」を負わすために当事者が作り出した無名契約で、Aが⑴貸すのを取りやめた場合、金銭の交付前でも貸す義務の不履行を理由に419条によりBに対して損害賠償責任を負うとされた。

　ⓑにおいて、逆にBが金銭の受領前に⑵借りるのを取りやめた場合、弁済期までの利息相当額の賠償が136条2項ただし書の準用により必要になるとの見解も考えられたが、借主には借りる権利はあっても借りる義務はないから、債務不履行を理由とする損害賠償責任は生じないとする見解も考えられた。

　また、ⓑにおいて、貸主に貸す義務が認められるから、BのAに対する金銭の給付

請求権は観念でき、貸付金の交付前に(3)それを対象とした譲渡・差押えも可能であるとされた。ただし、ⓑにおいても、AとBのいずれかが破産手続開始決定を受けた場合は、「貸す義務」をAに同様に負わせる消費貸借の予約に関する旧589条が類推適用され、契約は失効すると考え、(1)(2)のいずれも債務不履行を理由とした損害賠償責任は生じないし、また、(3)金銭の給付請求権の譲渡・差押えもできないとされた。

　以上のとおり、(1)(3)はⓐかⓑかで結論が異なるので、合意がⓐの前提としての合意か、あるいはⓑそれ自体かを契約解釈により同定する必要があった。なお、消費貸借は要式契約でないから、以上の結論は契約書の有無により変わるものではなかった。

【After】

　新法は旧法と同様にⓐ要物契約としての消費貸借を規定するとともに（新587条）、成立に書面が必要なⓒ要式契約としての諾成的消費貸借も規定する（新587条の2）。したがって、契約の成立は、消費貸借の合意に加え、実際に目的物が交付された場合（ⓐの場合）か、合意が書面にされた場合（ⓒの場合）に限られる。新法が旧法で判例上認められていた単なるⓑ不要式契約としての諾成的消費貸借を否定し、書面が必要なⓒ要式契約としてのそれしか認めなかったのは、貸主および借主による軽率な契約締結を防止するためである。これによれば、ⓒに必要な「書面」（新587条の2第1項）とは、貸主の貸す意思と借主の借りる意思が明確に示されているものを意味することになる。

　なお、ⓐの前提としての合意が書面にされることもあり得るが、貸主に貸す義務を課すものか否かでⓒとは区別される。消費貸借の合意が書面にされた場合、ⓐⓒのいずれの趣旨か解釈が必要となる。

　Case において、消費貸借の合意が書面にされていない場合、また、書面にされたが、なおⓐと認められる場合、(1)〜(3)の結論は旧法下のⓐの場合と同じである。

　他方、合意が書面にされ、ⓒと認められる場合、(1)と(3)の結論は、旧法下のⓑの場合と同じであるが、(2)については、新法が借主保護の観点から、目的物の受領前であれば借主は契約を任意に解除することができるとしたうえ、解除による損害がある場合は貸主に賠償する必要があると規定することにより（新587条の2第2項）、旧法下においてⓑの場合の結論が諸説あり得た状況は解消された。ここで求められる損害賠償の内容は解釈に委ねられるが、貸主が貸付けの必要がなくなった資金を別途運用して得た利益は損害から控除されるので、Bは弁済期までの利息相当額を賠償する必要は当然にはなく、貸付金の調達に要した費用等、具体的な損害をAが立証して初めて賠償義務を負うに止まると考えられる。

　なお、ⓑに類推適用された旧589条は、新法ではⓒに直接適用される形に改められているから（新587条の2第3項）、ⓒの場合、AとBのいずれかが破産手続開始決定を受けたときの(1)〜(3)の結論は旧法下のⓑの場合と同じである。　　　　　　［三枝健治］

192
消費貸借の予約

Case

　Aは、所定の期間内にBから求められたときは、一定の金額まで金銭を貸し付ける旨をBに約束し、Bはその約束に対する手数料を支払った。その後、その期間内にBが所定額の金銭の貸付けをAに求めた場合、Aはこれに応じなければならないか。

【Before】

　要物契約である消費貸借に予約が認められることは規定上明らかであった（旧589条）。①要物契約としての消費貸借の予約がされた場合、貸付金を交付して要物契約としての消費貸借を成立させる義務を貸主は負うとされた。他方、諾成的消費貸借も判例上認められており、その予約も妨げられないと考えられていた。②諾成的消費貸借の予約がされた場合、借主が予約完結権を行使することにより、本契約として諾成的消費貸借が成立するとされた。諾成的消費貸借もその予約も貸付金の交付前に貸主に貸す義務を生じさせるが、借主の予約完結権の行使を待ってそれが発生するか否かで両者は異なるとされた。①②のいずれの予約も書面でする必要があるとはされていなかった。

　Case のAB間の契約は、いわゆる特定融資枠（コミットメントライン）契約と呼ばれ、②に相当するものである。これは、金融機関が借主から手数料を受け取るのと引き換えに、一定期間にわたって一定額まで金銭を借り入れることのできる融資枠を借主のために設定し、その枠の範囲内で借主から借入れの申入れがあれば貸付けの義務を負う契約で、借主の借入れの申入れが予約完結権の行使に当たる。手数料を利息とみなす利息制限法の規制は、特定融資枠契約に関する法律により、一定の企業が借主である場合に限って排除されるが、同法の対象外の借主も利息制限法の範囲内の手数料でこの種の契約を行うことは可能である。したがって、いずれにせよ、設定された融資枠の範囲内であればAはBの求めに応じなければならない。もっとも、①②を問わず、消費貸借の予約はAとBのいずれかが破産手続開始決定を受けた場合に失効するとされていたから（旧589条）、**Case** でもその事実があれば、AはBの求めに応じる必要はないとされた。また、破産手続開始決定に限らず、借主が一定の信用不安状態にないことを予約完結権を行使し得る条件として契約で定めておくのが実務上通例であり、そのような事実が生

じている場合も、ＡはＢの求めに応じる必要はないとされた。以上の結論は、②に相当するＡＢ間の上記契約が書面でされていたか否かで変わるものではなかった。

【After】

新法では旧589条が削除されたが、**Case** のような利息付消費貸借には有償契約として売買の予約の規定が準用され（559条・556条）、消費貸借の予約はなお認められる。なお、無利息消費貸借については、無償契約で559条による556条の準用はないため、予約を想定しない見解もある一方、当事者の合意により予約することは妨げられないと明言する見解もある。

消費貸借の予約のうち、①要物契約としての消費貸借の予約については、目的物の交付前に貸主に貸す債務を負わせるものなので、新たに明文で規定された諾成的消費貸借（新587条の２第１項）を活用すれば足りるから、その存在意義は実質的に失われたといえる。

他方、②諾成的消費貸借の予約については、予約完結権の行使により成立する本契約としての諾成的消費貸借が書面を必要とする要式契約とされたから（新587条の２第１項）、それに準じて予約自体が書面でされる必要があると考えられる。もっとも、予約が書面でされていれば、それにより成立する本契約の諾成的消費貸借は書面でされる必要はない（一問一答293〜294頁）。

ところで、②において、旧589条の削除にかかわらず、当事者の一方が破産手続開始決定を受けたときは予約が失効すると考えられる。というのも、削除された旧589条の規律は、実際には、適用対象が消費貸借の予約から諾成的消費貸借に変更のうえ維持されており（新587条の２第３項）、旧法下で消費貸借の予約に直接適用され、諾成的消費貸借に類推適用されたものが、新法下で逆に諾成的消費貸借に直接適用され、消費貸借の予約に類推適用されるに過ぎないからである。

以上をふまえると、**Case** において、②に相当するＡＢ間の上記契約が書面でされていなかった場合、ＡはＢの求めに応じる必要はない。もちろん、この場合に、Ａが進んでＢの求めに応じ、諾成的消費貸借契約自体を書面ですることは可能である。

他方、ＡＢ間の上記契約が書面でされていた場合、ＡとＢのいずれかの破産手続開始決定がＢからの借入れの申入れ、すなわち、Ｂによる予約完結権の行使後にされたときは既に契約が成立しているから新587条の２第３項の直接適用により、また、Ｂによる予約完結権の行使前にされたときは未だ予約にとどまるので同項の類推適用により、いずれにしてもＡはＢの求めに応じる必要がなくなる。さらに、破産手続開始決定以外に契約で定められた信用不安状態がＢに生じている場合も、ＡはＢの求めに応じる必要はない。

なお、新法下でも特定融資枠契約に関する法律の適用に変更はない。　　　［三枝健治］

193
利息付消費貸借

Case

　以下のケースにおいて、借主Bの貸主Aに対する貸金返還債務につき、いつから利息が発生するか。

　⑴　Aは、20X1年2月1日、Bに対し、弁済期を20X2年1月31日とし、利息を年5％とする金銭消費貸借契約を締結し、同日、100万円を貸し渡した。

　⑵　Aは、20X1年2月1日、Bとの間で、弁済期を20X2年1月31日とし、利息を年5％とし、100万円を20X1年3月1日に貸し渡す旨の消費貸借契約を書面にて締結したうえ、20X1年3月1日、実際に100万円を貸し渡した。

【Before】

　⑴　要物契約としての利息付消費貸借契約の場面である。

　旧法においては、無利息消費貸借が原則であり、利息は、消費貸借の合意とは別の利息の支払合意がある場合に限って発生するものであって、その発生日は、判例上、元本の受領日、すなわち契約の成立日から発生するとされていた（最判昭33·6·6民集12-9-1373）。

　そのため、**Case**⑴では、かかる判例法理に基づき、元本を受領した20X1年2月1日から利息が発生することになる。

　もっとも、旧法は、利息について、貸主の担保責任に関する規定（旧590条1項）において言及しているに過ぎず、利息の発生原因に関する規定を置いていなかった。

　⑵　諾成契約としての利息付消費貸借契約の場面である。

　旧法において消費貸借契約は要物契約とされており、借主が目的物を「受け取る」ことが成立要件とされていた（旧587条）。

　もっとも、実際の取引においては、書面を取り交わし、または抵当権を設定した後で金銭を交付する場合が極めて多い。そのため、要物性の要件を厳格に適用すると、これらの書面または抵当権は、消費貸借契約の成立前、すなわち借主の返還義務が発生する前に作成、設定されたことになり、その効力に疑義が生じることが指摘されていたとこ

ろであって、かかる不都合を回避するため、契約自由の原則に基づき、一種の無名契約
として諾成的消費貸借契約を認める見解が有力に提唱されていた。

【After】

(1)　新法は、「貸主は、特約がなければ、借主に対して利息を請求することができない」（新589条1項）として、支払合意がある場合に限り利息が発生することを定めるとともに、「前項の特約があるときは、貸主は、借主が金銭その他の物を受け取った日以後の利息を請求することができる」として（同条2項）、利息発生の起算日が金銭その他の物の引渡しがあった日であることを明確化した。

Case(1)において、利息発生日は、旧法が適用された場合と異ならないものの、利息発生日の法的根拠を新589条2項に求めることになる。

(2)　新法は、新587条の2を新設し、一定の要件のもとにおいて諾成契約としての消費貸借契約の成立を認めるに至った。

要物契約としての利息付消費貸借と同様、諾成契約としての利息付消費貸借においても、利息は、目的物の利用の対価であることから、元本の引渡しがあった日から発生し、また、引渡しのあった目的物についてのみ利息が発生する（新589条2項）。

そのため、**Case**(2)では、新589条2項に基づき、元本の受領日である20X1年3月1日から利息が発生することとなる。

なお、新589条は、利息の発生日を元本受領日より後の日とする旨の合意を妨げる趣旨ではないとされている。　　　　　　　　　　　　　　　　　　　　　［井砂貴雄］

194
貸主の引渡義務等

Case

貸主Aは、借主Bに対し、ガソリン燃料を目的物として、無利息にて、消費貸借契約を締結し、当該ガソリン燃料を貸し渡した。しかし、Bが、当該ガソリン燃料を自らが所有する自動車の燃料として使用したところ、当該ガソリン燃料に異物が混入していたことから、当該自動車のエンジン部分において不具合が生じ、その結果、当該自動車を故障させるに至った。

【Before】

消費貸借契約の目的物は消費物であればよく、Case は、これらについて隠れた瑕疵が問題となる事例である（消費貸借のうち、実際上最も重要である金銭消費貸借については、通常、瑕疵担保責任は問題とならない）。

消費貸借契約において隠れた瑕疵が存在した場合、借主保護の観点から、担保責任の追及および貸主の返還請求に対する免責の可能性が認められている。

すなわち、利息付消費貸借の場合、借主は、貸主に対し、代物請求、すなわち瑕疵がない物をもってこれに代えることを請求できるほか（旧590条1項本文）、損害があれば、貸主に対し賠償を請求することができる（同項ただし書）。

これに対し、無利息消費貸借の場合、原則として貸主は担保責任を負わず、例外的に、「貸主がその瑕疵を知りながら借主に告げなかったとき」に限り、代物請求および損害賠償請求が認められている（旧590条2項後段。なお、当該規定は、当事者意思の推測に基づくものであって、公益に基づく強行規定ではないため、当事者間において、担保責任の特約を行うことは妨げられない）。

また、瑕疵ある物を交付された借主としては、隠れた瑕疵があることを主張立証することにより、同種、同等、同量の瑕疵ある物を返還すれば足りるものの、特に交付された物を消費した場合等は、同種、同等、同量の瑕疵ある物を用意することはしばしば困難であることから、瑕疵ある物の価額を返還すれば足りる（旧590条2項前段）。

旧590条2項前段は、明文上、無利息消費貸借についてのみこれを認めているが、上記考慮は、利息の有無にかかわりなく、瑕疵がある物が交付された場合に一般的に当てはまることから、当該規定は、利息付消費貸借の場合にも適用してよいと解釈されてい

る。

　Caseでは、交付を受けたガソリンに異物が混入していることは、貸主Aにおいて知り得ることが通常期待できない事情であり、当該瑕疵は、隠れた瑕疵に該当する。そのため、Bは、貸主Aからの返還請求に対し、同種、同等、同量の瑕疵あるガソリンを返還するか、または、当該ガソリンの価額を返還すれば免責される。

　また、**Case**では、ガソリンに異物が混入していたことが原因となって自動車の故障が生じているが、AとBとの間の消費貸借契約は無利息消費貸借であるため、Aは、担保責任の特約がない限り、当該ガソリンに異物が混入していることを知りながら、あえてBにそのことを告げなかった場合にのみ、担保責任に基づく損害賠償責任を負うことになる。

【After】

　消費貸借は、貸主が借主に対し目的物の所有権を移転させる点において、売買や贈与と共通する。そこで、新法では、消費貸借の目的物が当該消費貸借契約の趣旨に適合しない場合における貸主の担保責任について、売主および贈与者の担保責任の規律と整合させるべく、利息付消費貸借の貸主は、売主の担保責任と同様の責任を負い、無利息消費貸借の貸主は、贈与者の担保責任と同様の責任を負うことが規定された。

　すなわち、売買契約においては、売主の担保責任は債務不履行責任（契約不適合責任）として構成され、買主には旧法には明文規定のなかった代物請求等が規定されることとなった。有償契約である利息付消費貸借には、当該規定が準用される（559条）。

　これに対し、贈与契約においては、「贈与の目的である物又は権利を、贈与の目的として特定した時の状態で引き渡し、又は移転することを約したものと推定する」こととなった（新551条1項）。当該推定規定は、無利息消費貸借に準用されることから（新590条1項）、この場合に借主が貸主の担保責任を追及するためには、担保責任を負う旨の合意を主張立証しなければならない。

　また、貸主の返還請求に対して瑕疵ある物の価額を返還することは、条文上、無利息消費貸借の場合にのみ認められ、利息付消費貸借については明文規定が置かれていなかったが、新法においては、利息の有無にかかわらず、これを認めることとなった（新590条2項）。

　Caseにおいて、借主Bは、貸主Aからの返還請求に対し、同種、同等、同量の瑕疵あるガソリンを返還するか、または、当該ガソリンの価額を返還すれば免責されることは、旧法と同様である。Aの担保責任は、本件消費貸借契約が無利息消費貸借であることから、贈与における推定規定が準用され、当事者間において担保責任を負う旨の合意を主張立証することができた場合に限り、認められることになる。　　　　[井砂貴雄]

195
期限前弁済

Case

　貸主Aは、借主Bに対し、20X1年2月1日、金100万円を、弁済期を20X2年1月31日とし、利息を年5％とする金銭消費貸借契約を締結し、同日、貸し渡した。Bは、当初の予定より早く弁済資金を調達することが可能となったことから、20X1年7月31日、借入金100万円全額をAに弁済した。

【Before】

　Caseは、返還時期の定めのある利息付金銭消費貸借において、期限前弁済を行った場合の貸主に生じた損害の賠償義務を問題とするものである。

　旧法は、「借主は、いつでも返還をすることができる」と規定しており（旧591条2項）、この規定によれば、借主は、利息付消費貸借であっても、返還時までの利息を支払えば足りることになる。

　しかし、この規定は、591条1項の「当事者が返還の時期を定めなかったとき」という文言を受けたものであって、適用場面は、返還時期の定めのない消費貸借に限定されると理解されてきた。

　そこで、返還時期の定めのある消費貸借については、旧591条を適用することができないが、136条2項本文が、期限の利益を放棄することができる旨を規定するので、同項により、借主は、期限の利益を放棄して期限到来前に返還することができると解されていた。

　ただし、136条2項ただし書が、期限の利益の放棄によって相手方の利益を害することはできないと規定していることから、借主は貸主の損害を賠償する必要があり、かつ、その損害の内容について、従来は、約定の返還時期までに生ずべきであった利息相当額であると説明されていたところである。

　もっとも、これに対して、期限前弁済を受けた貸主は、その期限前弁済によって受領した金銭等を第三者に貸し付けるなどすることによって利益を得ることができるのであるから、この場合における貸主の損害の内容は、約定の返還時期までに生ずべきであった利息相当額から上記の再運用等による利益を控除した額であるとの見解や、利息は実

際に元本を利用している間にのみ生ずるものであり、利息付消費貸借における返還時期の定めは、通常、返還時期までに生ずべき利息を保証する趣旨のものではないことから、期限前弁済によって貸主に生じた損害の内容を考えるに当たっては、貸付金の調達コスト等のいわゆる積極損害を基礎とするべきとの見解等があり、統一的な解釈が存在しなかった。

【After】

　新法においては、「借主は、返還の時期の定めの有無にかかわらず、いつでも返還をすることができる」との規定が新設され、返還時期を定めた場合であっても、借主が期限前弁済を行うことができることが明文化された（新591条2項）。

　また、期限前弁済の場合における損害賠償については、「当事者が返還の時期を定めた場合において、貸主は、借主がその時期の前に返還をしたことによって損害を受けたときは、借主に対し、その賠償を請求することができる」との規定が新設された（新591条3項）。期限前弁済の場合に損害賠償の必要があるとの従前の解釈が明文化されたが、その場合の損害の内容については、新法は規定を置いておらず、引き続き解釈に委ねられている。これは、法制審議会民法（債権関係）部会の審議において、損害の内容を返済時期までの利息相当額と考えることに数多くの異論が出されたことに由来する。

［井砂貴雄］

196
存続期間

Case

　ゴルフ場を所有している A 社は、ゴルフ場をリニューアルするために、以下の(1)および(2)の賃貸借契約を結ぶことを計画している。これらの賃貸借契約は成立するか。

　(1)　新たにレストランを設置するために、ゴルフ場に隣接する甲土地を所有する B との間で、賃料を年額 200 万円、存続期間を 40 年と定め、レストラン用の建物を所有する目的で、B から甲を賃借する旨の契約を結ぶ。

　(2)　ゴルフコースを拡張するために、ゴルフ場に隣接する乙土地を所有する C との間で、賃料を年額 100 万円、存続期間を 40 年と定め、ゴルフコースとして使用する目的で、C から乙を賃借する旨の契約を結ぶ。

【Before】

　賃貸借の存続期間は 20 年が上限とされていた（旧 604 条 1 項前段）。当事者がこれを超える存続期間を定めても、その期間は 20 年に縮減された（同項後段）。

　このような上限が設けられたのは、次の理由によるものであった。賃貸借では、自ら使用収益をしない賃貸人は目的物の改良をしようとせず、また、賃貸人の所有物である目的物を賃借人が改良するのも稀であることから、存続期間が長期になると、目的物の保存状態が悪化したまま放置されてしまうという弊害が生じる。他方で、20 年よりも長期にわたり土地を借りたいのであれば、地上権や永小作権の設定を受けることができ、しかも、地上権者や永小作人は土地に対して物権を有するがゆえに、土地を自己の所有物のようにみなして改良等を施すから、上記の弊害が生じることはない。そこで、賃貸借では 20 年を超える存続期間を禁止したが、地上権・永小作権ではこれを禁止しなかったと説明されていた。

　もっとも、実際には、土地の利用において地上権や永小作権が用いられることは少なく、賃貸借が圧倒的に用いられている。その結果、存続期間は 20 年が上限となるが、一定の類型の賃貸借では、賃借人の保護のために、より長期の存続期間を認めるべき要請が強くなった。

　そこで、特別法において、旧 604 条の規律を修正し、より長期の存続期間を認める旨

の規定が設けられている。(1)の建物所有を目的とする土地賃借権（借地権〔借地借家 2 条 1 号〕）は、存続期間が 30 年であり、これより長い期間を定めてもよい（同法 3 条）。したがって、ＡＢ間では存続期間を 40 年とする賃貸借を成立させることができる。その他にも、特別法の規定として、建物の賃貸借に関する借地借家法 29 条 2 項（旧 604 条の適用を排除して存続期間の上限を設けない）があり、また、農地または採草放牧地の賃貸借については農地法旧 19 条（存続期間の上限を 50 年とする）が設けられていた。

これに対して、(2)のゴルフ場の敷地の賃貸借について、以上のような特別法の規定は存在しない。したがって、旧 604 条により、存続期間の上限は 20 年とされていた（Ａが乙をそれ以上長く賃借したいのであれば、存続期間の満了時にＣとの間で更新の合意をする必要があった）。

【After】

賃貸借の存続期間の上限は 50 年とされた（新 604 条）。したがって、(2)においても、存続期間を 40 年とする賃貸借を成立させることができるようになった（なお、(1)については改正による変更はない。また、同条の改正に伴い、農地法旧 19 条は削除された。整備法 253 条）。

現代社会では、借地借家法や農地法が適用されない賃貸借であっても、例えば、ゴルフ場の敷地の賃貸借や大型のプロジェクトにおける重機・プラントのリース契約などにおいて、20 年を超える存続期間を定めるニーズがある。ところが、旧 604 条の規律ではこのようなニーズに対応できず、経済活動を阻害しかねないとの問題点が指摘されていた。他方で、このようなニーズがあるならば、存続期間の上限を設けない（旧 604 条を単純に削除する）ことも考えられるが、あまりにも長期にわたる賃貸借は、目的物の所有権に対する過度の負担になるとの懸念もあった。そこで、新 604 条は、永小作権の存続期間（278 条）などを参考にしつつ、賃貸借の存続期間の上限を 20 年から 50 年に長期化することによって、上記の問題点と懸念を解消した。

なお、新 604 条 2 項は、施行日前に賃貸借契約が締結された場合において、施行日以後にその契約の更新にかかる合意がされるときにも適用される（附則 34 条 2 項）。例えば、施行日前に(2)の賃貸借契約が存続期間 20 年として結ばれていたところ、施行日以後にＡＣが合意によりその契約を更新する場合には、更新後の賃貸借の存続期間を 40 年とすることが可能である。　　　　　　　　　　　　　　　　　　　　　　［秋山靖浩］

197
対抗力ある不動産賃借権と賃貸人たる地位の移転

Case

　Aは、自己の所有する甲建物をBに賃貸し、甲をBに引き渡した。その際、Bは、敷金をAに差し入れた。その後、Aは甲をCに売却し、甲につきAからCへの所有権移転登記がされた。

　(1)　Cは、Bに対し、これ以降に発生する賃料の支払を請求することができるか。

　(2)　その後、甲の賃貸借契約が終了し、Bが甲をCに明け渡した時に、Bは、Cに対し、敷金の返還を請求することができるか。

【Before】

　Bは甲建物の賃借権の対抗要件を備えており（借地借家31条）、これをCに対抗することができるから、Cは、甲の所有権に基づき、Bに対して甲の返還を請求することはできない。このことを前提として、(1)のCは、甲の賃貸人たる地位をBに対して主張している。

　賃貸不動産の所有者が不動産を譲渡した場合において、賃借人がその不動産の賃借権を譲受人に対抗し得るとき（旧605条、借地借家10条1項・31条）には、賃貸人たる地位が法律上当然に（＝賃借人の承諾を要することなく）譲渡人から譲受人に移転し、譲渡人は賃貸借関係から離脱すると解されていた（大判大10・5・30民録27-1013等）。賃貸借関係は不動産の所有権と結合する関係（所有者であるからこそ賃借人に対する債務を履行することができる関係）にあり、所有権が譲受人に移転すると、それに付着した賃貸借関係も当然に移転すると構成されるからである。また、このように解しても、新所有者たる譲受人は賃借人に対する債務を履行することができるから、賃借人にとって不利益はない。

　もっとも、譲受人が賃借人に対して賃貸人たる地位を主張するためには、目的物の所有権移転登記を備えていなければならないとされていた（最判昭49・3・19民集28-2-325等）。賃借人が177条の「第三者」に当たるというのがその理由である。

　以上によると、(1)では、甲の賃貸人たる地位がAからCに移転しており、かつ、Cは甲の所有権移転登記を備えているから、Bに対し、賃貸人たる地位を主張して賃料の

支払を請求することができる。

　また、(2)に関しては、賃貸不動産の譲渡に伴って賃貸人たる地位が承継される場合には、①譲渡人（旧賃貸人）に差し入れられた敷金をめぐる権利義務関係も譲受人（新賃貸人）に承継されると解されていた（大判昭5・7・9民集9-839等）。敷金設定契約は賃貸借契約に付随する契約としての性質を有しており、賃貸借契約上の賃貸人たる地位が譲受人に移転すれば、これに付随して敷金設定契約上の地位も譲受人に移転するからである。譲受人は、敷金の有無や額について調査したうえで目的物の譲受代金額を決めることができるから、敷金返還債務を承継しても不測の不利益を被ることはない。その際、②判例は、承継前に賃借人の旧賃貸人に対する未払賃料債務等の債務がある場合には、敷金がその弁済に当然に充当され、その限度において敷金返還債務が消滅するので、譲受人に承継されるのは充当後の残額であるとする（最判昭44・7・17民集23-8-1610等）。以上の①②によると、BのAに対する未払賃料債務等の債務の弁済に敷金が充当されたうえで、その残額について、BはCに対して敷金（厳密には、さらにBのCに対する未払賃料債務等の債務の弁済にも敷金が充当されるので、その残額）の返還を請求することができる。

　もっとも、以上の判例法理②に対しては、実務ではそのような処理を採用していないとの批判もみられた。

【After】

　(1)については、旧法下の判例法理を明文化した新605条の2第1項および3項が適用され、【Before】と同様の結論になる（その際、賃貸人たる地位の移転にBが異議を述べるとどうなるか、また、賃貸人の債務の履行につきAも併存的な責任を負うかなどが問題となり得る→Case199）。

　(2)については、新605条の2第4項が、旧法下の判例法理①を明文化し、賃貸人たる地位が譲受人に移転したときは、賃借人に対する敷金返還債務を譲受人が承継する旨を規定した。したがって、Bは、賃貸借契約が終了して甲をCに明け渡した時に（新622条の2第1項1号）、Cに対し、敷金の返還を請求することができる。もっとも、Cに承継される敷金返還債務の範囲については、【Before】で述べた批判を受けて旧法下の判例法理②の明文化が見送られ、今後も解釈または個別の合意に委ねるものとされた。これによると、ABC間の合意があればそれに従うことになるが、合意がない場合に、旧法下の判例法理②が適用されるかは解釈に委ねられる（新法成立後に公刊された体系書等では、適用されると解するものが多いようである）。また、CのBに対する敷金返還債務の履行につきAが担保義務を負うべきかも（新法の審議で検討されたが、反対する意見が多く明文化は見送られた）、残された課題である。　　　　　　［秋山靖浩］

198
賃貸不動産の譲渡と賃貸人たる地位の留保

Case

　賃貸ビルである甲建物を所有するＡ社は、Ｂ社との間で、甲建物をＢに賃貸する旨の契約（以下「本件賃貸借契約」という）を締結して、甲をＢに引き渡し、Ｂから敷金の支払を受けた。その後、Ａは、甲のオーナーになれば高利回りの賃料収入が得られ、甲が値上がりすれば売却して利益を得ることもできるとともに、甲のテナントとの契約や甲の管理に煩わされることはないと勧めて、甲を投資家Ｃに売却し、それと同時に、本件賃貸借契約における賃貸人たる地位をＡに留保する旨をＣと合意した。

　Ｂは、Ａの賃料支払請求に対し、現在の賃貸人がＣであることを理由に、これを拒むことができるか。

【Before】

　Case197 で触れたように、不動産の賃借権が対抗力を備えている場合には、その不動産の所有権が移転すると、賃貸人たる地位も旧所有者（譲渡人）から新所有者（譲受人）に当然に移転する。もっとも、最判昭 39・8・28 民集 18-7-1354 は、特段の事情のある場合には賃貸人たる地位が移転しない可能性も残していた。そこで、**Case** において、賃貸人たる地位をＡに留保する旨のＡＣ間の合意（以下「留保特約」という）が上記の特段の事情に当たるならば、賃貸人はＡのままであるから、ＢはＡの賃料支払請求を拒むことはできないことになる。

　しかし、最判平 11・3・25 判時 1674-61 は、ＡＣ間で留保特約をしただけでは特段の事情に当たるとはいえないとした。留保特約の効力を認めると、ＡＢＣの間で、新所有者Ｃを賃貸人、旧所有者Ａを賃借人かつ転貸人、賃借人Ｂを転借人とするような法律関係が成立する結果、Ｂは、新旧所有者の合意のみによって、甲建物の所有権を有しないＡとの転貸借契約における転借人と同様の地位に置かれる。この場合に、仮にＣがＡの債務不履行を理由にＡＣ間の賃貸借契約（原賃貸借）を解除すると、ＡＢ間の賃貸借契約（転貸借）も終了し、ＢはＣからの甲の返還請求に応じなければならない（最判昭 37・3・29 民集 16-3-662 等）。これでは、Ｂが自己の関与なくしてその地位を不安定なものに変更されてしまう。そこで、上記平成 11 年判決は、留保特約は特段の事情に当たら

ず、甲建物の譲渡とともに賃貸人たる地位もＡからＣに移転するとした。これによると、Ａはもはや賃貸人ではないから、ＢはＡの賃料支払請求を拒むことができる。

　以上の判例によると、賃貸人たる地位を譲渡人に留保する（譲受人に移転しない）ためには、賃借人の同意が必要とされる。しかし、このような解釈では実務の要請に対応できず、不動産をめぐる経済活動を阻害する点が問題視された。近時、賃貸物件を不動産小口化商品として販売するなどの事例が増えているが（上記平成11年判決もその種の事案だった）、賃貸人たる地位の留保を認めないと、賃貸物件の小口化された共有持分権を取得した者（投資家）が賃貸人たる地位まで引き受けることになる（その結果、賃借人に対して修繕義務や敷金返還義務を負う）。しかし、そのようなリスクのある商品を購入しようとする者は想定しがたく、商品化そのものが制約されかねない。そこで、留保特約によって賃貸人たる地位を譲渡人に留保することは認めつつ、賃借人の地位の不安定化を回避する解釈が模索されていた。

【After】

　新605条の2第2項前段は、不動産の賃借権が対抗力を備えている場合において、その不動産が譲渡されたときであっても、譲渡人と譲受人が、①賃貸人たる地位を譲渡人に留保する旨、および、②その不動産を譲受人が譲渡人に賃貸する旨を合意すれば、賃貸人たる地位は譲受人に移転しないと規定した（①に加えて②の合意も要件とされたのは、賃貸人たる地位を譲渡人に留保する際に譲渡人は譲受人から何らかの利用権限を設定されるところ、その利用権限の内容を明確にするためである）。これによると、ＡＣが①②の合意をしていれば、甲建物の所有権がＣに移転しても、賃貸人たる地位はＡにとどまる。

　もっとも、以上の規律によると、上記平成11年判決が問題視した賃借人Ｂの地位の不安定化が生じる。そこで、上記①②の要件を充たして賃貸人たる地位がＡに留保されている場合であっても、ＡＣ間の賃貸借（上記②）が終了したときは、賃貸人たる地位は当然にＡからＣに移転する（新605条の2第2項後段）。これにより、Ｂは、Ｃとの関係で、従前と同様の賃借人の地位を保持し続けることができる（→Case197）。

　このようにして、新605条の2第2項は、一定の要件のもとで賃貸人たる地位の留保を認めることによって実務の要請に応えつつ、賃借人の地位の不安定化を回避している。なお、上記①②の要件を充たして賃貸人たる地位がＡに留保されると、ＡＢＣ間では、譲受人Ｃと譲渡人Ａとの間で賃貸借関係が、譲渡人Ａと賃借人Ｂとの間で転貸借関係がそれぞれ成立し、適法な転貸借に関する新613条1項・2項が適用されると解される。他方で、ＡＣ間の賃貸借が終了した場合には、上述の新605条の2第2項後段がもっぱら適用され、新613条3項（およびその基礎にある判例法理）の適用は排除されると考えられる。

[秋山靖浩]

199
合意による賃貸人たる地位の移転

Case

　Aは、B所有の甲土地を建物所有目的で存続期間30年として賃借し、甲の引渡しを受けたが、空き地のまま放置していた。10年後、Bは、Aの承諾を得ずに甲をCに売却し、その旨の所有権移転登記がされた。その際、Cは、Aの賃借権の存在を考慮して売却価格を設定するなど、甲にAの賃借権の負担があることを了承していた。その後、Aが甲の上に建物を建築しようとしたところ、Cは、Aの賃借権を否定し、甲への立入りを禁止した。そこで、Aは、BがAの承諾を得ずに甲をCに譲渡したことによって賃貸人の債務を履行不能にしたことを理由に、Bに対し、損害賠償を請求した。

【Before】

　甲土地に設定されたAの賃借権は対抗力を有していない（旧605条、借地借家10条1項参照）から、CはAに対して甲の返還を請求し得る。その結果、BのAに対する賃貸人の債務は履行不能になる。もっとも、甲の譲渡に伴って賃貸人たる地位がBからCに移転するならば、甲の賃貸借関係がAC間に承継されるので、賃貸人の債務は履行不能にならず、Aの請求は認められないことになる。

　仮にAの賃借権が対抗力を有していれば、甲の賃貸人たる地位はBからCに当然に移転する（→Case197）が、**Case**ではこれは認められない。しかし、甲の売買の経緯をみると、BC間に賃貸人たる地位をBからCに移転させる旨の合意があるといえそうである。それでは、賃貸不動産の譲渡の際に、合意によって賃貸人たる地位を移転させることができるだろうか。

　最判昭46·4·23民集25-3-388は、賃貸人が賃貸不動産を譲渡する際に、譲渡人（賃貸人）と譲受人の合意により賃貸人たる地位を移転することができ、特段の事情のある場合を除き、賃借人の承諾は不要であるとした。賃貸人たる地位の移転は賃貸人の義務の移転を伴うから、契約上の地位の移転に関する理論によれば、債権者（すなわち賃借人）の承諾が必要なはずである（→Case144）。しかし、賃貸人たる地位の移転については、①賃貸人の義務は賃貸人が誰であるかによって履行方法が特に異なるわけではなく（所有者であれば誰でも履行が可能である）、しかも、②所有権の移転に伴って譲受人

（新所有者）が賃貸人の義務を承継した方が賃借人にとってむしろ有利であるとの理由で、賃借人の承諾は不要であるとされた。以上によると、甲の売買の際に、賃貸人たる地位をBからCに移転させる旨の合意がBC間に認定される場合には、Aの承諾の有無にかかわらず、甲の賃貸借関係はAC間に承継される。

【After】

新605条の3前段は、旧法下の判例法理を明文化して、賃貸不動産の譲渡の際に、譲渡人（賃貸人）と譲受人は合意によって賃貸人たる地位を譲受人に移転することができ、賃借人の承諾は不要であると規定した（そのうえで、同後段は、不動産賃借権が対抗力を備えている場合における賃貸人たる地位の移転に関する新605条の2第3項・4項を準用している→Case197）。新法では、合意によって契約上の地位を移転するには契約の相手方の承諾が必要である旨が明文化されているが（新539条の2）、新605条の3前段は、賃借人の承諾を不要とした点で、新539条の2の特則に位置づけられる。

以上によると、**Case**の解決は、新法下でも【Before】と同様になる。

もっとも、未解決の問題もいくつかある。

まず、賃貸不動産が譲渡された際に、どのような場合であれば、譲渡人と譲受人との間に賃貸人たる地位を移転する旨の合意があったと認定されるか。旧法下では、賃貸人たる地位を移転する旨の合意が推定されると解する見解とそのような推定を否定する見解が対立していた。新605条の3はこの点を特に規定しておらず、旧法下と同様、個別の事案の解釈に委ねられる。

つぎに、旧法下の判例法理は、特段の事情があれば、賃貸人たる地位の移転に賃借人の承諾が必要であるとしていた。また、旧法下の学説では、譲渡人と譲受人の合意によって賃貸人たる地位が移転するとしてもその移転を賃借人に強制する理由はないとして、賃借人がただちに異議を述べれば、移転した賃貸借関係の拘束を免れることができると解する見解が主張されていた。さらに、賃貸人たる地位が譲受人に移転しても、譲受人が無資力の場合などは賃貸人の債務を履行するのに支障をきたし、これによって賃借人の利益が害されることを理由に、賃貸人の債務の履行につき譲渡人にも併存的な責任を負わせる見解もみられた。これらの点は新法で特に規律されておらず、今後の解釈に委ねられる。

他方で、賃貸不動産を譲渡せずに、賃貸人たる地位のみを合意によって移転することが認められるかも問題となる。賃借人の承諾があれば、これは当然可能である（新539条の2）。賃借人の承諾がなくてもこれが認められるかは、新605条の3の射程外の問題であり（本条は賃貸不動産の譲渡に伴って賃貸人たる地位を移転する場合のみを規律する）、解釈に委ねられる。 ［秋山靖浩］

200
不動産の賃借人による妨害排除請求権等

Case

　Aを賃借人、Bを賃貸人とする甲土地の賃貸借契約が締結されている。しかし、Cが甲の一部にAに無断で廃棄物や資材を置いている。

　⑴　CがBとの間で土地賃貸借契約を締結していた場合、AはCに対して資材等を撤去するように請求できるか。

　⑵　CがBに無断で資材等を置いていた場合、AはCに対して資材等を撤去するように請求できるか。

【Before】

　⑴　賃借人が第三者による賃借物の占有を排除するには、①占有訴権（旧197条～202条）を行使する、②賃貸人が賃借物の所有者として有する妨害排除請求権や返還請求権（以下「妨害排除等請求権」という）を債権者代位権（旧423条）に基づいて代位行使する、③賃借権に基づいて妨害請求等請求権を行使することが考えられる。

　賃借人は賃借物を占有している限り、第三者に対して占有回収の訴えを提起することができる（旧200条1項）。しかし、この方法は、賃借人が占有を得る前には使えず、占有を奪われた時から1年以内に訴えを提起しなければならない（旧201条）。

　賃借人は、賃借物を使用収益させるよう請求できる権利（旧601条）を被保全債権として、賃貸人が賃借物の所有者として有する所有権に基づく妨害排除等請求権を代位行使し得る（旧423条）。本来の債権者代位権は、債務超過に陥った債務者の責任財産を保全することを目的とした制度だから、債務者の無資力要件が必要となるが、判例は、転用事例において無資力要件を不要としている（大判昭4・12・16民集8-944）。

　端的に賃借権に基づいて妨害排除等請求権を認める見解がある。旧605条は、登記をした不動産賃借権について「不動産について物権を取得した者に対しても、その効力を生ずる」と規定していたが、判例は、同条を根拠に、二重賃借人に対しても（最判昭28・12・18民集7-12-1515）、不法占拠者に対しても（最判昭30・4・5民集9-4-431）、対抗力ある不動産賃借権に限って妨害排除等請求権を認めている。

　学説には、占有のある不動産賃借権に妨害排除等請求権を認める見解、不動産賃借権の今日における特殊な地位とその保護の必要性を理由に、占有取得前の対抗力のない不

動産賃借権にも不法占拠者に対する関係では妨害排除等請求権を認める見解がある。

(2) Ａが甲土地の占有を取得している場合には、占有回収の訴えを提起できるが、**Case**(1)は、ＢがＡＣ双方に賃貸借契約を締結した二重賃貸事例だから、ＢはＣに対して所有権に基づく明渡請求ができないため、債権者代位権の転用を用いることはできない。

また、Ａが賃借権の登記（旧605条）を具備するか甲上に登記されたＡ名義の建物を所有すれば（借地借家10条）、Ａは賃借権に基づく妨害排除等請求権を行使でき、ＡはＣに対して甲を返還するように求めることで資材等を撤去できる（判例）。

(3) **Case**(2)について、不法占拠者であるＣに対しては債権者代位権の転用を用いることができる。ここでは、賃貸人Ｂの無資力は要求されていない。

その他の点は**Case**(1)と同様であるが、Ｃは不法占拠者なので、占有取得前の対抗力のない不動産賃借権にも妨害排除等請求権を認める見解からは、ＡのＣに対する資材等の撤去請求を問題なく肯定できる。

【After】

(1) 新605条の4は、不動産の賃借人が新605条の2第1項に規定する対抗要件（賃借権の登記のほか借地借家法10条・31条等が定める対抗要件）を具備したときは、不動産賃借権に基づく妨害排除請求権（新605条の4第1号）、返還請求権（同条2号）を認めている。これは、二重賃借人（新605条の「その他の第三者」に含まれる。中田裕康『契約法』455頁）や不法占拠者に対する関係で対抗力のある不動産賃借権に妨害排除請求権を認めた従来の判例を明文化したものである（一問一答313頁）。

もっとも、新605条の4は、不法占拠者に対する関係では占有取得前の対抗力のない不動産賃借権に妨害排除等請求権を認める旧法下の有力説を否定するものではない。

なお、債権者代位権についても改正がされ、新423条の7は、登記・登録請求権を被保全債権とする場面のみの転用型を明文化したが、同条もそれ以外の場面での債権者代位権の転用を否定するものではないと解されており、この点は従前と変わらない。

(2) **Case**(1)では、Ａが甲土地の占有を取得している場合には、占有回収の訴えを提起できるが、債権者代位権の転用は用いることができない。

また、新605条の4によりＡが賃借権に基づく妨害排除等請求権を行使するには、Ａが賃借権の登記（新605条）を具備するか甲上に登記されたＡ名義の建物を所有する必要があり（借地借家10条）、これを具備すればＡはＣに対して甲を返還するように求めることで資材等を撤去できる。

Case(2)では、結論は、債権者代位権の転用を用いることができる点を除けば**Case**(1)と変わらない。そして、Ｃは不法占拠者なので、占有取得前の対抗力のない不動産賃借権にも妨害排除等請求権を認める見解からは、ＡのＣに対する資材等の撤去請求を問題なく肯定できる点も改正前と変わらない。　　　　　　　　　　　　　　　　　［稲村晃伸］

201
敷金返還請求権

Case

　AはBに対して、2X11 年 4 月 1 日、自己の所有する甲倉庫を賃貸期間 10 年、賃料月 20 万円として賃貸し、Bは敷金として 100 万円をAに支払った。

　その後、10 年後の 2X21 年 3 月 31 日で賃貸借契約が終了することとなったが、BはAに対して、敷金を返還しなければ甲倉庫を明け渡さないと述べて、甲倉庫を明け渡そうとしなかった。

　AはBに対して、敷金の支払を拒むことができるか。

　また、Bは、資金繰りに困っており、3 月分の賃料を支払っていなかった。さらに、Bは賃貸借終了後も保管物の移動を間に合わせることができなかったため明け渡すことができなかったのであるが、明渡しができたのは 1 ヶ月後の 4 月 30 日だったにもかかわらず、4 月 1 日から 30 日までの賃料相当損害金をAに支払おうとしない。

　AはBに対して、敷金をいくら返還すればよいか。

【Before】

　敷金については、若干の規定（旧 619 条 2 項ただし書）があるのみで、敷金返還請求権の発生時期、請求範囲については明文規定がなかった。そのため、すべて判例、解釈により取り扱われていた。

　解釈の内容に関しては、【After】を参照。

　Case 前段では、明渡しは先履行義務となるので、BはAからの敷金の返還のないことをもって甲倉庫の明渡しを拒むことはできないことになる。

　Case 後段では、Aは、Bが滞納していた 3 月分の賃料 20 万円と、4 月 1 日から 30 日までの賃料相当損害金 20 万円の合計 40 万円について敷金から控除して、計 60 万円を返還すればよいことになる。

【After】

　新 622 条の 2 では、解釈に委ねられていた以下の点がすべて明文化されることとなった。

従前、敷金の定義については、判例では、「賃借人カ其ノ債務ヲ担保スル目的ヲ以テ金銭ノ所有権ヲ賃貸人ニ移転シ賃貸借終了ノ際ニ於テ賃借人ノ債務不履行ナキトキハ賃貸人ハ其ノ金額ヲ返還スヘク若不履行アルトキハ其ノ金額中ヨリ当然弁済ニ充当セラルヘキコトヲ約シテ授受スル金銭」と解されていた（大判大15·7·12民集5-616）。

　また、敷金返還請求権の発生時期については、賃貸借終了後、（家屋）明渡しがなされた時において、それまでに生じた一切の被担保債権を控除しなお残額があることを条件として、その残額につき敷金返還請求権が発生するものと解されていた（明渡時説。最判昭48·2·2民集27-1-80）。これに加えて、賃借人が適法に賃借権を譲渡したときに関して、最判昭53·12·22民集32-9-1768は、「賃借権が旧賃借人から新賃借人に移転され賃貸人がこれを承諾したことにより旧賃借人が賃貸借関係から離脱した場合においては、敷金交付者が、賃貸人との間で敷金をもつて新賃借人の債務不履行の担保とすることを約し、又は新賃借人に対して敷金返還請求権を譲渡するなど特段の事情のない限り、右敷金をもつて将来新賃借人が新たに負担することとなる債務についてまでこれを担保しなければならないものと解することは、敷金交付者にその予期に反して不利益を被らせる結果となつて相当でなく、敷金に関する敷金交付者の権利義務関係は新賃借人に承継されるものではないと解すべきである。」として、賃貸人と旧賃借人の間で別段の合意がない限り、その時点で敷金返還債務が発生すると解していた。さらに、請求の範囲としては、賃貸借存続中の賃料債権のみならず、賃貸借終了後（家屋）明渡義務履行までに生ずる賃料相当損害金の債権その他賃貸借契約により賃貸人が賃借人に対して取得することのあるべき一切の債権とされていた（上記昭和48年判決）。

　これらの判例の解釈をもとに、敷金の定義については、「いかなる名目によるかを問わず、賃料債務その他の賃貸借に基づいて生ずる賃借人の賃貸人に対する金銭の給付を目的とする債務を担保する目的で、賃借人が賃貸人に交付する金銭」と規定された（新622条の2第1項柱書かっこ書）。また、敷金返還請求権の発生時期として、①賃貸借が終了し、かつ、賃貸物の返還を受けたとき、②賃借人が適法に賃借権を譲り渡したときを挙げている（同項各号）。

　また、請求の範囲については、その受け取った敷金の額から賃貸借に基づいて生じた賃借人の賃貸人に対する金銭の給付を目的とする債務の額を控除した残額としている（新622条の2第1項柱書）。

　以上のとおりであるから、**Case**の結論は【Before】と同様となる。　　　　　［岩田修一］

202
敷金の充当

Case

　AB間で、AがBに対して、2X13年4月1日、Aの所有する甲倉庫を賃貸期間10年、賃料月20万円、敷金100万円として賃貸する内容の賃貸借契約を締結し、Bは敷金として100万円をAに支払った。

　その8年後の2X21年3月31日の時点で、Bは合計2ヶ月分の賃料を支払っていなかった。

　(1)　この場合、Aは、この時点で、未払賃料分40万円を敷金から充当することができるか。

　(2)　上記(1)と異なり、A自身は敷金から未払賃料分40万円を充当するつもりはなかったが、Bが敷金から充当してほしいと請求してきたとき、Aはこの請求に応じなければならないか。

【Before】

　敷金の充当に関しても、Case201で述べたとおり、旧法には明文規定がなかった。そのため、判例や解釈により取り扱われていた。

　解釈の内容に関しては、【After】を参照。

　Case(1)では、賃貸人Aは、賃貸借契約が終了して明渡しを受けるより前の段階であっても、敷金から未払賃料40万円を充当することができる。

　これに対して Case(2)では、Aとしては、上記のとおり敷金から未払賃料40万円を充当する義務はないため、充当しなくてもよい。そのため、Bが敷金から充当する旨の請求をしてきたとしても、Aはこれを拒むことができることになる。

【After】

　敷金の充当に関する判例が明文化された。

　従前、敷金の充当に関して、大判昭5・3・10民集9-253は、賃貸借契約終了前に賃借人に債務不履行が生じた場合、賃貸人は敷金をもって延滞賃料に充当できること、また、同判決は、これとは異なり、賃貸人が敷金をもって未払賃料の支払に充当することなく、賃借人に対して未払賃料の支払を別個に請求することができることを明らかにしていた。

また、この法理からすると、逆に賃借人は、敷金をもって未払賃料に充当することを請求することができないと解されていた。

　Case201 でも解説したとおり、賃貸借終了後、（家屋）明渡しがなされた場合に関して、明渡しまでに生じた一切の被担保債権を控除しなお残額があることを条件として、その残額につき敷金返還請求権が発生するとする、いわゆる明渡時説が採用されていた（最判昭 48・2・2 民集 27-1-80）が、これは、敷金における賃貸人の担保機能を重視したことによるものであって、敷金の充当に関する上記解釈は、明渡時説の帰結であるといえる。つまり、賃貸人において、賃料債権等を担保する敷金に関し、賃貸人は担保権の行使の有無について自由に選択できるのであって、担保権を実行して未払賃料に充当することもできるし、担保権を実行せず、未払賃料に充当しないで担保権として確保しておくこともできることを明らかにしたといえる。逆に、賃借人は、担保権の処理についての権限を何ら有しないから、敷金を未払賃料に充当することを請求する権限はないということになる。

　これをもとに、新 622 条の 2 第 2 項前段では、「賃貸人は、賃借人が賃貸借に基づいて生じた金銭の給付を目的とする債務を履行しないときは、敷金をその債務の弁済に充てることができる。」として、賃貸人の意思による敷金の充当を認めた。

　また、これに対して、新 622 条の 2 第 2 項後段では、「この場合において、賃借人は、賃貸人に対し、敷金をその債務の弁済に充てることを請求することができない。」として、賃借人からの敷金充当請求ができないことを明らかにした。

　以上のとおりであるから、**Case** の結論は【Before】の場合と同様となる。［岩田修一］

203
賃借物の一部滅失による賃料の減額・解除

Case

　Aを賃貸人、Bを賃借人とする建物賃貸借契約が締結されている。BはAに対し毎月末、翌月分の賃料15万円を支払っていた。

　(1)　賃貸借の目的である建物の3分の2が地震により倒壊した場合、Bが支払うべき賃料の額はどうなるか。

　(2)　上記(1)で、画家であるBがアトリエとして借りていた建物の部分が倒壊した場合、Bは建物賃貸借契約を解除することができるか。

　(3)　賃貸借の目的である建物の2階部分が雨漏りし、BがAに対して修繕を請求したがAが修繕しないため、その3分の2が使用できない場合、Bが支払うべき賃料の額はどうなるか。

【Before】

　(1)　旧611条1項は、賃借物の一部が賃借人の過失によらずに滅失したときは、賃借人はその滅失した割合に応じて賃料の減額を請求することができると定めていた。

　もっとも、危険負担における債務者主義（旧536条1項）の原則からは、賃料は当然減額されるはずである。しかし、旧611条1項は、一部滅失によって賃借した目的を達し得ないときは、賃借人は契約を解除することができるものとした同条2項との釣合い上、減額請求して初めて減額すると規定した（我妻・債権各論中一468頁）。同条1項は、何ゆえ双務契約の一般原則を改めたのか不明で合理的根拠に欠けるとして消極的な評価をする見解もある（星野英一『借地借家法』220頁）。

　(2)　Case(1)では、建物の3分の2が賃借人の過失によらずに滅失したから、旧611条1項により、BはAに対し賃料をその3分の1の5万円に減額するように請求できる。

　(3)　Case(2)では、アトリエとして使用する建物の部分の倒壊により契約の目的が達成できなくなったから、旧611条2項により、Bは賃貸借契約を解除することができる。

　(4)　Case(3)について、賃借物の一部滅失以外の目的物の一部の使用収益の不能の処理については、①旧611条1項を類推適用して賃借人は賃料減額請求できるという見解（我妻・債権各論中一444頁・469頁。名古屋地判昭62・1・30判時1252-83）と②旧536条1項を根拠に当然に賃料の減額が認められるという見解（星野・前掲書223頁、内田貴『民

法Ⅱ』194頁。最判昭43・11・21民集22-12-2741）に分かれていた。**Case (3)**は賃借物の一部滅失の事例ではないから、旧611条1項を直接適用することはできないが、①の見解からは同条を類推適用して、BはAに対し、賃料を5万円に減額するように請求できる。これに対し、②の見解からは、漏水により建物の3分の2を使用できなくなった時点で当然に賃料が5万円に減額される。

【After】

新611条1項は、その守備範囲を「滅失」だけでなく「使用及び収益をすることができなくなった場合」に拡張しつつ、旧法の「賃借人の過失によらないで」という文言を「賃借人の責めに帰することができない事由によるものであるときは」と改め、さらに旧法の「その滅失した部分の割合に応じて」という文言を「その使用及び収益をすることができなくなった部分の割合に応じて」と改めた。また、旧法が減額請求権という形成権の行使を要件としていた点を改め、法律上当然に賃料が減額されるとした。

この点は、新法が、旧534条1項を削除し、旧536条1項を当然消滅構成から履行拒絶権構成に改める（新536条1項）など、従来の危険負担の法理に対し消極的評価を下したことと整合しないとも思われる。しかし、継続的契約としての賃貸借契約においては、賃料債権は、賃借人を目的物を使用収益し得る状態に置いたことの対価として日々刻々と発生する（我妻・債権各論中一470頁、星野・前掲書221頁）。したがって、賃借人が目的物の一部を使用収益できないときは、そもそも賃料債権は使用収益できない部分につき発生しないことになる（一問一答322頁）。新611条1項は、従来の危険負担の原則によるのではなく、賃料債権の特殊性から当然減額構成を採用したということができる。

なお、新611条1項の要件である賃借物の使用収益不能について賃借人に帰責事由不存在の証明責任が課されていると説明されるが、原因不明の場合に賃料が減額されないのは相当でないとして、賃借人の帰責事由の存在について、賃借人に説明責任があるとする見解もある（中田裕康『契約法』403頁）。

他方、新611条2項は、賃借物の一部が滅失その他の事由により使用および収益をすることができず、残存する部分では契約の目的を達することができない場合に、賃貸借契約の解除権を認めており、対象を賃借物の一部滅失以外に拡張した点を除けば、旧法の規定を維持したといえる。

そこで、**Case (1)**では、新611条1項により、建物が倒壊してその3分の2を使用できなくなった時点で賃料は当然に5万円に減額される。

Case (2)では、旧法下と同様に、Bは賃貸借契約を解除することができる。

Case (3)では、新611条1項が適用されるから、漏水により建物の3分の2を使用できなくなった時点で賃料は当然に5万円に減額される。

［稲村晃伸］

204
転貸の効果

Case

　AはBに対しその所有する甲建物を月額30万円の賃料で賃貸し、BはCに対しAの承諾を得て甲を転貸した。

　(1)　BはAに対して賃料を滞納するようになった。BがCに対し甲を月額40万円の賃料で転貸した場合、AはCに対していくらの限度で賃料の支払を直接請求できるか。転借料が月額20万円だった場合はどうか。

　(2)　AとBが賃貸借契約を合意解除した場合、AはCに対し甲を明け渡すように請求できるか。Bが賃料を支払わないため、Aが賃貸借契約をBの債務不履行を理由に解除したときはどうか。

【Before】

　(1)　賃借人が目的物を第三者に賃貸することを転貸といい、転貸しても当初の賃貸借関係（これを「原賃貸借契約」という）は残る。そして、適法な転貸借関係が設定されると、転借人は賃貸人に対して直接に義務を負うから（旧613条1項前段）、賃貸人は転借人に賃料を請求できる。

　賃貸人が転借人に直接請求できる範囲は、原賃貸借契約における賃料（以下「原賃料」という）と転借料の両方の範囲内にとどまる。具体的には、①原賃料が転借料よりも少ない場合は原賃料の限度で、②転借料が原賃料よりも少ない場合は転借料の限度で請求できる。なお、転借人は賃借人に対する賃料の前払いを対抗することはできない（旧613条1項後段）。

　賃貸人と賃借人が原賃貸借契約を合意解除したことをもって賃貸人は転借人に対抗できないのが原則である。なぜなら、自己の権利を基礎として他人の権利を設定した後は、自己の権利を放棄し、他人の権利を消滅させることは許されないからである（旧398条・旧538条参照）。判例は、借地人が借地上に所有する建物を第三者に貸した事例で、借地契約を地主と借地人が合意解除しても、特段の事情のない限り建物賃借人に対抗できないとした（最判昭38・2・21民集17-1-219）。転貸の事例でも同様である（大判昭9・3・7民集13-278）。これに対し、合意解除の対抗を正当化できる「特段の事情」がある場合には、例外的に賃貸人は転借人に賃借物の返還を請求できる。例えば、賃貸人が賃貸家

屋の一部の転貸借について近く予想される賃借人の退去までの間に限って承諾を与え、転借人もそれを了承していた場合（最判昭31・4・5民集10-4-330）のように賃借人と転借人の間に特別な関係がある場合には、「特段の事情」があるといえる。また、合意解除当時、賃借人の賃料不払等の債務不履行があるため賃貸人が法定解除権を行使できる場合も、「特段の事情」に当たるとした判例がある（最判昭62・3・24判時1258-61）。

　他方、賃貸人が賃借人の賃料不払等の債務不履行を理由に解除したときは、転借人は賃貸人との関係で目的物の占有権限を失う（最判昭36・12・21民集15-12-3243）。

　(2)　**Case** (1)の場合、前段では原賃料が転借料よりも少ないから、AはCに対し原賃料である月額30万円の限度で直接賃料の支払を請求できるが、後段では転借料が原賃料よりも少ないから、AはCに対し転借料である月額20万円の限度で直接賃料の支払を請求できる。

　Case (2)の場合、前段では、賃借人Bと転借人Cの間に特別な関係があるなど「特段の事情」がない限り、AはCに対し合意解除を対抗することができず（判例）、AはCに対し甲建物を明け渡すように請求できない。他方、後段では、AはBの賃料不払いを理由に建物賃貸借契約を債務不履行解除したから、CはAに対する関係で甲の占有権限を失うため、AはCに対し甲を明け渡すように請求できる。

【After】

　(1)　新613条1項前段は、旧613条1項前段に「賃貸人と賃借人との間の賃貸借に基づく賃借人の債務の範囲を限度として」という文言を加えることで、賃貸人に対する転借人の「転貸借に基づく債務」の直接履行義務の内容とその限度を明らかにし、旧法下の解釈論を明文化した（一問一答312頁）。

　新613条3項は、適法な転貸借が設定された場合、原賃貸借契約を合意解除したことをもって転借人に対抗できないという判例法理、および合意解除の当時、賃貸人の債務不履行により賃貸人が原賃貸借契約を解除することができた場合は合意解除を対抗できる「特段の事情」に当たるとする判例法理を明文化するものである（一問一答312頁）。なお、同条3項ただし書は、賃借人の債務不履行を理由とする原賃貸借契約の解除をもって転借人に対抗できるという判例法理を採用することを含意している。

　(2)　**Case** (1)の場合、前段では、新613条1項前段により、AはCに対し原賃料である月額30万円の限度で請求できるが、後段では、転借料である月額20万円の限度で直接賃料の支払を請求できる。

　Case (2)の場合、前段では、新613条3項本文により、賃借人Bと転借人Cの間に特別な関係があるなどの「特段の事情」がない限り、AはCに対し合意解除を対抗できず、甲建物を明け渡すように請求できない。後段では、新613条3項ただし書が前提とする判例法理により、AはCに対し甲を明け渡すように請求できる。　　　　　［稲村晃伸］

205
賃借人の原状回復義務

Case

　AはBに対して、2X20年4月1日、自己の所有する甲倉庫を賃貸し、BはAに対して敷金として100万円をAに支払った。なお、賃貸借契約書には、通常損耗についての原状回復義務を賃借人に負わせることについて規定がなく、またこのことについてAから説明もされていなかった。

　後に、賃貸借契約が終了し、BはAに対して甲倉庫を明け渡したが、その際Aが中を確認したところ、甲倉庫の壁の一部に、通常付着するであろう汚れが付着した部分と、不注意で何かの資材をぶつけてできた大きな穴があることが判明した。Aが業者に依頼して補修の見積りを出してもらったところ、壁の汚れの洗浄には10万円、壁の修理には150万円かかることがわかった。

　この場合、Aは、受領している敷金100万円から、前者の10万円を控除できるか。また、後者の150万円につき、敷金から充当し、不足分につきBに対し費用支払請求をすることができるか。

【Before】

　賃借人の原状回復義務に関しては、賃借人の収去義務のほかには規定は設けられておらず（旧616条準用、旧598条）、判例、解釈により取り扱われていた。また、原状回復に関しては、国土交通省の「原状回復をめぐるトラブルとガイドライン」が作成されていて、通常損耗、経年変化等の定義が記載されていた。解釈の内容に関しては、【After】を参照。

　Caseでは、「通常付着するであろう汚れ」は、上記でいう通常損耗に該当する。Caseの賃貸借契約書においては通常損耗に関する原状回復義務を賃借人Bに負わせる規定は設けられておらず、また、Aから通常損耗についての原状回復義務をBに負わせることとする旨の特段の説明もなされていなかった。したがって、Caseでは、通常損耗である壁の汚れについては、Bは原状回復する義務を負わないことになる。これに対し、壁の穴については不注意で何かの資材をぶつけてできたものであって、通常損耗ではなく、賃借人Bの故意または過失による損傷であるから、Bは原状回復する義務を負い、

Aは敷金から原状回復費用として100万円を控除することができ、残金の50万円については B に支払請求することができる。

【After】

原状回復義務に関する判例の解釈が明文化された（新621条）。

原状回復義務に関して、最判平17・12・16判時1921-61は、「賃借人に同義務が認められるためには、少なくとも、賃借人が補修費用を負担することになる通常損耗の範囲が賃貸借契約書の条項自体に具体的に明記されているか、仮に賃貸借契約書では明らかでない場合には、賃貸人が口頭により説明し、賃借人がその旨を明確に認識し、それを合意の内容としたものと認められるなど、その旨の特約（以下「通常損耗補修特約」という。）が明確に合意されていることが必要であると解するのが相当である。」として、通常損耗に係る補修費用を退去者に負担させることを認めた原審判決を破棄し差し戻した。

また、いわゆる敷引特約が賃貸借契約に付されていた場合に消費者契約法10条に違反しないかという点が問題となった最判平23・3・24民集65-2-903は、「消費者契約である居住用建物の賃貸借契約に付された敷引特約は、当該建物に生ずる通常損耗等の補修費用として通常想定される額、賃料の額、礼金等他の一時金の授受の有無及びその額等に照らし、敷引金の額が高額に過ぎると評価すべきものである場合には、当該賃料が近傍同種の建物の賃料相場に比して大幅に低額であるなど特段の事情のない限り、信義則に反して消費者である賃借人の利益を一方的に害するものであって、消費者契約法10条により無効となると解するのが相当である。」と判示した。

上記平成17年判決は通常損耗に関して判断しているのに対して、平成23年判決は通常損耗と自然損耗（経年変化）を明確に区別しているものではないが、賃貸借契約書に、修繕義務の負担等原状回復に関する条件をあらかじめ合意しておく必要があること、および、合意における通常損耗等の補修費用として通常想定される額等の事情から敷引特約の合意が無効となる可能性があることが明確となった。

新621条では、「賃借人は、賃借物を受け取った後にこれに生じた損傷（通常の使用及び収益によって生じた賃借物の損耗並びに賃借物の経年変化を除く。……）がある場合において、賃貸借が終了したときは、その損傷を原状に復する義務を負う」と規定し、「ただし、その損傷が賃借人の責めに帰することができない事由によるものであるときは、この限りでない」として賃借人の免責について定めている。なお、敷引特約の合意の効力に関しては、なお上記平成23年判決を基準にして判断されると考えられる。

Caseは【Before】と同様、壁の汚れは通常損耗であるから、Bは原状回復する義務を負わない。これに対して、壁の穴は通常損耗とはいえず、Bに帰責事由があるため、Bには原状回復義務があり、Aは敷金から原状回復費用分100万円を控除でき、残金の50万円をBに対し支払請求することができる。　　　　　　　　　　　　［岩田修一］

206
損害賠償請求権に関する期間制限

Case

　ＡＢ間において、ＡはＢに対して、2X20年4月1日、Ａの所有する甲倉庫を賃貸期間20年として賃貸することを内容とする賃貸借契約を締結した。

　Ｂは甲倉庫を利用していたが、2X25年3月ころ、荷物の搬入中の不注意で壁に穴を空けてしまった。しかし、ＢはこのことをＡに知らせず、またＡは甲倉庫内には立ち入っていなかったため、壁に穴が空いたことを知らなかった。その後、業務拡大のため乙倉庫へ移転することにしたＢの意向で、ＡＢ間において2X36年4月1日、上記賃貸借契約を終了させる合意をし、同年4月10日にＢはＡに対して甲倉庫を明け渡し、敷金の返還を受けた。その後、明渡しを受けたＡが、自己の物を甲倉庫に入れようとして甲倉庫内に立ち入って中を確認したところ、上記甲倉庫の壁が破損していることが判明した。

　壁の修理に100万円がかかることがわかったが、Ａは、Ｂに対して修理代100万円について損害賠償請求することができるか。

【Before】

　旧600条（旧621条準用）は、契約の本旨に反する使用または収益（用法違反）によって生じた賃貸人の損害賠償請求権は、賃貸人が返還を受けた時から1年以内に請求しなければならないとされているが、この規定は、法律関係の早期安定を図るためのものであり、除斥期間と解釈されていた。ただ、これとは別に、用法違反の損害賠償請求権は、一般の消滅時効にも服するとされている。そうすると、賃借人の用法違反の時から10年（旧167条1項）が経過した場合、賃貸借契約が継続していて賃貸借の目的物の返還を受けていないにもかかわらず、用法違反の損害賠償請求権は用法違反の時から10年で時効消滅するという解釈となる可能性がある。

　そのため、**Case**でも、Ｂが壁に穴を空けた2X25年3月ころから10年を経過した2X35年3月ころには、Ａの損害賠償請求権は時効消滅し、Ａが明渡しを受け用法違反を認識した2X36年4月10日以降には損害賠償請求をすることができないという結論になる可能性も考えられる。

【After】

【Before】のような結論も考えられるが、これでは賃貸人に酷な結果となる。賃貸人としては、賃貸借契約継続中であるため、賃貸借の目的物の内部に入って状況を確認することができないことが通常である。そうすると、用法違反の時から10年が経過する時点においても、賃貸人において賃借人の用法違反があることを認識できないことも多い。新166条が定める短期5年の消滅時効期間は主観的起算点に基づくものであるから、Aが甲倉庫に立ち入ったりして用法違反を認識することができないとすると、この場合に消滅時効が成立することはないが、長期10年の消滅時効は客観的起算点と結び付いているので、賃貸人が用法違反の事実を知らなくても消滅時効の成立が考えられる。このように、用法違反から10年が経過した後に賃貸借契約が終了した場合、終了時点では既に消滅時効が完成してしまっているということは、賃貸人にとって非常に不利益であって、かかる結論は不当であると考えられた。

そこで、新600条2項（新622条準用）は、「貸主が返還を受けた時から1年を経過するまでの間は、時効は、完成しない。」として、上記の解釈のような不当な結論を修正することとしたのである。

Case では、Bの用法違反から11年が経過した後であるが、AはBに対して、2X37年4月10日までは損害賠償請求をすることができることになる。　　　　　　［岩田修一］

207
使用貸借の諾成化

Case

　Aは繊維製品の輸入販売業を始めたが、次第に取引量が拡大し、現在使っている事務所が手狭になった。そこで、新しい事務所を探したところ、現在の事務所から近く、地下鉄駅に直結した便利な場所に、1年後に完成予定のテナントビルがみつかり、その1階を借りることになった。それまでの間は、そのすぐ近くにある、Aの取引先の1つで、Aも出資しているB社が所有する甲ビル1階部分（50㎡）を、1年間、無償で貸してもらうことになり、AはBの代表者Cとその旨の契約書を作成した。Aは事務所移転の準備を始め、運送業者の手配、取引先への移転先住所を記載した案内状の作成等の準備も終えた。その直後、Cから連絡があり、急に取引先のDに甲ビル1階部分を賃貸することになったので、Aとの話はなかったことにしてほしいと申入れがあった。AはBに対してどのような請求をすることができるか。

【Before】

　使用貸借は、当事者の一方が無償で使用・収益した後に返還することを約束して相手方からある物を受け取ることによって効力を生じる要物契約であった（旧593条）。したがって、**Case** の事案では、AB間に使用貸借契約は未だ成立しておらず、AはBに対して甲ビルの1階部分の引渡しを請求することはできなかった。もっとも、使用貸借契約の成立前であっても、AはBに対し、契約締結上の過失を理由にして、Cとの交渉経緯、契約成立時点での合意内容等に従い、使用貸借が成立することをAが合理的に信じて支出した事務所移転の準備費用（運送業者に支払うべきキャンセル料、移転先の案内状の印刷費用等のいわゆる信頼利益）の賠償を請求することはできた。また、Aが急遽別の事務所を探すために要した探索費用、新たな場所を借りるまでの間に必要になった増加費用等も、相当な範囲で賠償請求可能であった。しかし、新たに借りた事務所が甲ビルほど便利でなかったことによってAが得られなかった利益、その他、甲ビル1階部分を予定どおりに借りていれば1年の間に得られたであろう履行利益の賠償を請求することは困難であった。さらに、AがCに対し、使用貸借契約に基づき、甲ビル1階部分の引渡しの履行を強制することはできなかった。

【After】

　新法は、使用貸借は当事者の一方がある物を引き渡すことを約し、相手方がその受け取った物を無償で使用・収益し、契約終了時に返還することを「約すること」によってその効力を生じるとして、使用貸借を諾成契約とした（新593条）。もっとも、貸主は借主が借用物を受け取るまでは、契約の解除をすることができる（新593条の2本文）。しかし、書面による使用貸借は解除できない（同条ただし書）。これは書面によらない贈与は、履行の終了前は解除できるとする贈与契約の規律（新549条・新550条）と平仄を合わせたものである。

　したがって、**Case** の事案では、ＡＢ間の合意のみで使用貸借契約は成立し、かつＡＢ間の合意が書面でされていることから、Ｂが使用貸借を解除することはできないことになる。ＢはＤに賃貸するためにＡとの使用貸借を一方的に反故にすることはできない。したがって、Ａは、ＢがＤに賃貸して引き渡す前に、Ｂに対して甲ビル1階部分の引渡債務の履行を強制することができる。すなわち、ＡはＢに対し、使用貸借の合意に基づき、甲ビル1階部分の引渡しを請求することができる（使用貸借の合意が請求原因となる。新593条）。これに対して、Ｂは、使用貸借を解除するとの意思表示をすることが考えられる（抗弁。新593条の2本文）。しかし、ＡはＢに対し、ＡＢ間の使用貸借が書面によることを主張し、解除の効果を妨げることができる（再抗弁。同条ただし書）。なお、「書面」の意味は、書面によらない贈与（新550条）に関する判例法理を参考にしつつ、使用貸借の諾成化の趣旨に照らして解釈することになろう。

　しかし、ＡがＢに対して履行を強制する前に、甲ビル1階部分をＤに引き渡してしまった場合、Ａは使用借権を第三者Ｄに対抗することができないという問題がある。使用借権は不動産を目的とする場合にも登記することができず（不登3条）、対抗要件を備える手段がない（新605条参照）。ちなみに、ＡがＢから甲ビル1階部分の引渡しを受けた後に、ＢがこれをＤに賃貸して登記し、ＤがＡに明渡請求した場合も、Ａの使用借権はＤの賃借権に対抗することができないために、Ａはこれを拒むことができないことになる。さらには、ＢがＡに甲ビル1階部分を引き渡した後に、Ｂが甲ビルの所有権をＤに譲渡して移転登記し、ＤがＡに明渡請求した場合も同様である。Ａとすれば、Ｄの請求は権利濫用であると主張し得るが、それもＤの立退料の提供によって否定され得る（東京高判平30・5・23判時2409-42）。使用借権には対抗力がないという解釈を前提とする限り、Ａは使用借権を被保全債権として、Ｂに対して占有移転禁止の仮処分や処分禁止の仮処分を申し立てることも困難であると考えられる。

　もしＢがＤに甲ビル1階部分を引き渡してしまったときは、ＡはＢの債務不履行を理由に、事務所移転のための準備費用、新しい事務所の探索費用等のほか、Ａが甲ビル1階部分を約定どおりに1年間借りていれば得られたであろう利益（履行利益）として、予見可能な損害の賠償を請求できることになる（新416条）。　　　　［松尾　弘］

208
終了事由

Case

　Aは多数の土地を所有する親戚のBから、AがCと結婚して自宅を建築する敷地として、甲土地（200㎡）を無償で借り受けた。Aは甲の上に木造2階建ての乙建物を建築し、妻Cと居住していた。その後、AC間には子Dが生まれ、Dは地元の小学校・中学校・高校を卒業して就職した。Dは結婚後もACと同居し、間もなくDの子も生まれて自宅が手狭になったことから、Aは乙に増改築を施した。AがBから甲を借り受けてから30年が経過した時、Dは新居を建てて妻子とともに移転し、その後間もなくCも他界して、現在はAが1人で乙に居住している。一方、Cが死亡してから1ヶ月後にBも死亡し、子のEが甲を相続した。Eは、甲およびその周辺の土地を買収してマンション建設を計画しているFから甲の売却を求められた。この場合において、EはAに対し、使用貸借の終了を理由として、乙の収去、甲の明渡しを求めることができるか。

【Before】

　旧法は、使用貸借の終了事由として、(1)借用物の返還時期を定めた場合の期限の到来（旧597条1項）、(2)返還時期を定めなかったものの、契約目的を定めた場合において、①契約目的に従った使用・収益が終了したとき（目的到達による当然終了〔同条2項本文〕）、または②目的到達前であっても、使用・収益に足るべき期間が経過したとき（貸主は「直ちに返還を請求することができる」とする〔同項ただし書〕）、(3)返還時期も使用・収益の目的も定めていなかった場合において、貸主が返還請求（解約申入れ）をしたとき（同条3項）、および(4)借主の死亡（旧599条）を認めていた。

　このうち、使用貸借の終了をめぐって特に争われたのは、(2)②契約で定めた使用・収益の目的の到達前であっても、使用・収益に足るべき期間が経過したと認定して、使用貸借の終了が認められるかどうか（旧597条2項ただし書）であった。判例には、木造建物所有を目的とする土地の使用貸借が38年8ヶ月経過した後は、使用・収益に足るべき期間の経過を否定できないとした例がある（最判平11・2・25判時1670-18）。

　Caseでは、乙建物がまだ存在しており、甲土地の使用・収益は終わっていないが、

ＡがＣと結婚して家族共同体を営むための乙を所有するという目的に照らして「使用及び収益をするのに足りる期間」が経過したと判断された。

【After】

　新法は、使用貸借契約の終了事由を、(1)一定の事実の発生による終了と(2)契約の解除による終了の２つのカテゴリーに分けている。

　(1)一定の事実の発生による終了事由としては、①存続期間を定めた場合における期間の満了（新597条１項）、②期間を定めなかったものの、使用・収益の目的を定めた場合において、借主がその目的に従って使用・収益を終えたとき（目的到達による当然終了〔同条２項〕）、および③借主が死亡したとき（同条３項）が認められる。

　一方、(2)契約の解除による終了事由としては、①使用貸借における使用・収益の目的が定められている場合において、借主が当該目的に従って使用・収益するのに足りる期間を経過したときは、貸主は契約の解除をすることができる（新598条１項）。②当事者が使用貸借の期間も使用・収益の目的も定めなかったときは、貸主はいつでも契約の解約をすることができる（同条２項）。さらに、③借主は、存続期間や使用・収益の目的を定めた場合であっても、いつでも契約の解除をすることができる（同条３項）。③は新規律であるが、使用貸借はもっぱら使用借主の利益を目的とするものであるがゆえに、当然と考えられるからである。このように、使用貸借の終了に関する新法は、実質的には旧法を変更していない。

　Case において問題になる(2)①（新598条１項）は契約の解除による終了事由の１つとされることになった。それに対応する旧597条２項ただし書は「契約の解除をすることができる」とは規定しておらず、「直ちに返還を請求することができる」と規定していた。そこで、新法の施行日（令和２年４月１日）より前に締結された使用貸借契約には旧597条２項ただし書が適用され、施行日以後に締結された使用貸借契約には新598条１項が適用されることになる（附則34条１項）。もっとも、旧597条２項ただし書の「直ちに返還を請求することができる」とは、解約告知（継続的契約関係を将来に向かって終了させる一方的な意思表示）ができることを意味するものとして解釈されてきた（我妻・債権各論中一383頁）。この意味においては、新法はそれを明文化したものといえる。したがって、新598条１項の解釈には、旧597条２項ただし書についての判例を含め、その解釈が妥当するものと解される（新版注釈民法⒂117～121頁・123頁〔山中康雄〕、前掲最判平11・2・25等参照）。

[松尾　弘]

209
仕事未完成の場合の割合的報酬

Case

　Aは、自己の所有する土地（傾斜地）を18区画の階段状の宅地に造成して分譲することを計画し、B開発株式会社との間において宅地造成工事請負契約を締結した。Bは契約に従って工事に着手したが、その完成前に次のような事態が生じた。

　(1)　宅地造成工事が4割ほど進んだ段階になって、造成予定地に隣接する土地において土砂の過剰採取が行われたため、安全の観点から、造成予定地の残りの部分を宅地として造成することができなくなり、当初の宅地開発工事は履行不能となった。

　(2)　宅地造成工事が6割ほど進んだ段階になって、造成予定地の残りの範囲において深刻な地盤沈下が生じ、当初の宅地開発工事は履行不能となった。その地盤沈下は、本件土地の地盤がきわめて軟弱であるにもかかわらず、Aが行った地質調査が不正確であったため、これに基づく地盤改良工事が不十分であったことによるものであると判明した。

【Before】

　Case(1)(2)は、いずれも請負人が、帰責事由なく請負契約に基づいて完成するべき仕事を契約に適合したかたちで完成することができなくなったという事例であるが、(1)は、注文者の責めに帰することができない事由によって請負人の仕事完成債務が履行不能となった場合であり、旧法下の裁判例（例えば、東京地判昭52・7・11判時879-101）・多数説は、このような目的物の滅失・損傷による不能が生じた場合についてもこれを危険負担の問題であるとして、引渡し前に履行不能を生じた場合には、請負人が危険を負担し報酬請求が認められないのを原則としてきた。ただ、そうすると、(1)のような場合にはBにきわめて過酷な結果となる。そこで、慣習や信義則を根拠として、請負人の仕事の出来高に応じた割合的な報酬請求権を肯定する裁判例もみられた（札幌地判昭51・2・26判時825-84）。

　(2)は、注文者の責めに帰すべき事由によって履行不能が生じた場合である。旧法下の判例は、この場合に旧536条2項を適用し、請負人は報酬全額を請求することができる

ものとしていた（最判昭 52·2·22 民集 31-1-79）。学説には、このような危険は常に注文者の負担とする見解もあったが、やはり旧 536 条 2 項を適用し報酬全額の請求を認める見解が一般的であった。また、不能の原因が注文者・請負人のいずれの危険領域に含まれるものかを基準として、不能の原因が注文者の領域にある場合には請負人の部分報酬請求を認める立場もみられた。

【After】

新法は、新 634 条 1 号を設け、注文者の責めに帰することができない事由によって仕事を完成することができなくなった場合（これには、当事者双方の責めに帰することができない事由によって履行不能となった場合および請負人の責めに帰すべき事由によって履行不能となった場合が含まれる）において、既履行部分のうち、可分な部分の給付によって注文者が利益を受けるときは、その部分を「仕事の完成とみな」して（完成擬制）、請負人は、注文者が受ける利益の割合に応じて報酬を請求することができるものとした。(1)の場合は、この規定に基づき、既履行部分に関する仕事完成の擬制により、B は A が受ける利益の割合に応じた報酬請求をすることができることになる。

このような可分性と利益性を要件とした割合的報酬の考え方は、旧法下における請負の一部解除の判例（例えば、最判昭 56·2·17 判時 996-61〔旧 541 条に基づく解除のケース〕）に現れていた割合的な報酬請求の考え方を、完成擬制によってより一般化し、注文者に帰責性のない履行不能の場合にも推し及ぼしたものである（請負が仕事完成前に解除されたときの割合的報酬についても、新法は上記の判例の趣旨を明文化した規定を新設した〔新 634 条 2 号〕）。

一般に、割合的報酬の算定方法としては、従来の実務では、施工者が契約の解除までの間にした工事に実際に要した工事費用を積算しそれに利潤を加算する方法、あるいは、工事の出来高割合を評価しそれを工事代金に乗じる方法が用いられてきた。後者の算定方法が新 634 条になじむようにも思われる。

(2)の場合については、旧法下の判例・多数説と同様に、新 536 条 2 項の解釈・適用に委ねられる。この規定に基づいて、A は B の報酬請求に対し履行を拒むことができない。また、B が請求することができる報酬の範囲については、旧法下と同様に約定報酬額の全額に及ぶのを原則とするものと解される。

なお、注文者の責めに帰すべき事由による履行不能が生じた場合において、それが注文者の債務不履行となるときは、請負人は債務不履行を根拠として契約を解除し損害賠償（新 545 条 4 項）を請求するという選択肢と、新 536 条 2 項に基づいて報酬を請求するという選択肢を持つことになる（注文者は解除することはできない。新 543 条）。請負人が解除権の行使を選択した場合には、もはや新 536 条 2 項に基づいて報酬請求をすることはできないことは当然である。

[笠井　修]

210
契約不適合の場合の請負人の責任

Case

　A海運会社は、B造船会社との間で、積載量約5万tの貨物船の造船請負契約を結んだ。Bは約定の期日までに造船所において船体を完成し、Aがその検査と海上における試運転を試みたところ、船体後部の一部溶接箇所の構造および溶接技法の不適合がみつかり、実際の航行中における海洋の条件、積荷の重量、舵の操作等における不適切な条件が重なると突発的な脆弱性破損と浸水をもたらしかねないことが判明した。

　Aは、造船契約における特約を別にして、少なくとも民法上、Bに対しどのような責任追及を行うことができるかを確認したいと考えている。

【Before】

　Caseのように、完成した仕事の目的物に「瑕疵」があったときは、請負人は旧634条以下に規定する瑕疵担保責任を負う。この瑕疵担保責任規定については、有償契約に準用される売主瑕疵担保責任規定の特則であると同時に、債務不履行責任に関する一般規定の特則でもあると解されていた。

　その責任内容としては、①修補請求（旧634条1項本文。ただし、その瑕疵が重要ではない場合においてその修補に過分の費用を要するときには否定された〔同項ただし書〕）、②損害賠償請求（同条2項前段。この損害賠償請求権と報酬請求権とは同時履行の関係〔同条同項後段〕）、③契約解除（瑕疵による契約目的不達成が要件〔旧635条本文。ただし、建物その他の土地の工作物については解除することができなかった〔同条ただし書〕）があった。

　しかし、仕事の目的物の瑕疵が注文者が提供した材料の性質または注文者が与えた指図によるときは、上記の責任は生じない（旧636条本文）。

　瑕疵担保責任の追及は、仕事の目的物の引渡し時（引渡しを要しない場合には仕事終了時）から1年以内に行わなければならないものとされていた（旧637条）。なお、土地の工作物の請負人は、土地の工作物または地盤の瑕疵については、その種類に即して5年または10年の期間担保の責任を負い（旧638条1項）、その瑕疵によって土地の工作物が滅失・損傷したときの瑕疵担保請求は、その時から1年以内としていた（同条2項）。旧637条および旧638条1項の規定する担保期間は、旧167条の時効期間内に限り、契

約によって伸長することができた（旧639条）。

【After】

新法は、請負人の瑕疵担保責任に関する規定（旧634条・旧635条）を削除し、「瑕疵」ではなく、仕事目的物が種類または品質に関して「契約の内容に適合しない」ものである場合について、売主の担保責任規定の準用（新562条以下・559条）を行う。

これにより、**Case** のような仕事の目的物の契約不適合において、①修補請求権（新562条・559条）、②損害賠償請求権（新564条・新415条・559条）、③解除権（新564条・新541条・新542条・559条）が、新たに根拠づけられた。さらに、旧法には明文規定の存しなかった、④報酬減額請求権（新563条・559条）についても根拠規定が設けられた。

すなわち、①修補請求権について新法は、旧法が設けていたような制限（旧634条1項ただし書）を規定せず、履行請求権の限界に関する一般規定（新412条の2）に基づいてその限界を判断するが、この判断においては旧法における2要件が重要な評価要素として働くであろう。なお、注文者に帰責事由があるときは、修補請求は排除される（新562条2項・559条）。

②契約不適合に基づく損害賠償責任は、本旨不履行に基づく損害賠償責任の一般的な規律（新564条・新415条・559条）に基づくものとなる。これに関連して、注文者が契約不適合箇所の修補に代えて直ちに損害賠償の請求を行うことができるかについては、新法のもとにおいても問題となり、新415条1項の損害賠償の問題として同規定の解釈によって判断されるべきであるとする見解と、同条2項の「債務の履行に代わる損害賠償」の可否の問題として判断されるべきである（解除権の発生によって左右されるのが原則。同項3号参照）とする理解とが対立している。なお、契約不適合の場合の損害賠償責任についても一定の免責（同条1項ただし書）の可能性が生じる。

③契約不適合を理由とする解除は、不履行に基づく双務契約の解除に関する一般規定の規律に委ねられたため（催告解除もあり得ることになる〔新564条・新541条・新542条・559条〕）、旧635条本文は存在意義を失った。また、同条ただし書の建物その他の土地工作物の瑕疵における解除制限は、その妥当性が否定されて削除された（→ Case211）。

④新法では、報酬減額請求が認められる（新563条・559条）。まれであるとはいえ請負人の損害賠償責任の免責が認められる場合にも、減額請求は救済として働く。

他方、旧法の、契約不適合が注文者が提供した材料の性質または注文者が与えた指図による場合の規定は、表現の修正にとどまった（新636条）。

なお、新法は、注文者がその不適合を知った時から1年以内にその旨を請負人に通知しないときは、注文者は、上記の救済を受けることができないものとしたので（新637条1項。ただし、請負人が悪意・重過失であったときは、このような期間制限は働かない〔同条2項〕）、旧638条・旧639条は削除された。　　　　　　　　　　　　　　　　　　　［笠井　修］

211
契約不適合の場合の注文者による解除

Case

　A食品会社は、自社が輸入する外国産の食肉・魚類を市場の状況に応じて出荷するために、B建設会社との間で、食肉等についてその品質に影響を与えないように冷凍し、かつ安定した一定温度での長期保存を可能にする性能を備えた特殊施設の建築請負契約を締結した。Bは、約定の工期内にこの施設を完成し、Aに検査を求めたところ、この施設は、建材等に基準を下回るものが多数用いられておりまた床部分の施工にも不備があったため、約定の性能を示すことができなかったうえ、修補にも多額の費用と長い工期を要することが判明した。Aは、この検査結果を知り、この建築請負契約を解除したいと考えているが、これは可能か。この施設は、約定の目的には適さないが、なお、一般の倉庫や展示場などとしては、利用し得る可能性があるものとする。

【Before】

　仕事の目的物に瑕疵があり、そのために契約目的を達成することができないときは、注文者は契約を解除することができた（旧635条本文）。ただし、**Case**のような建物その他の土地の工作物については、契約の解除をすることができないとされていた（同条ただし書）。建物その他の土地の工作物の場合には、解除を認めると請負人はその工作物を撤去しなければならなくなるが、これは請負人にとって過酷であるのみならず、瑕疵があってもなお利用価値（例えば、一般の倉庫等として）が残っているような工作物を除却することは社会経済的にみて損失が大きいと考えられていたからである。

　ただ、学説においては、この解除制限は、瑕疵があっても土地建物がなお注文者にとって何らかの利用価値がある場合には合理性があるが、そもそも瑕疵のために目的物が全く無価値の場合にはこれが当てはまらず、むしろ請負契約の解除を認めるべきではないかとする見解もみられた。また、判例は、建物に重大な瑕疵があって建て替えるほかない場合、つまり契約上の利用価値を失わしめるほどの重大な瑕疵があるというケースにおいて、建替費用相当額の損害賠償請求を肯定したが（最判平14・9・24判時1801-77）、これは、建物収去を前提とする判断であり、その基礎として、瑕疵の程度の著し

さによっては解除をしたのと同様の負担を請負人に負わせても不当ではないという考え方があるものとみることができる。しかし、Case のような、契約目的からみて重大な瑕疵があるもののなお何らかの利用価値があるという場合には、上記平成14年判決の考え方は当てはまらないとみる余地もあった。

【After】

新法では、次のような理由により旧635条は削除され、Case のような仕事の契約不適合に基づく解除も、債務不履行に基づく双務契約の解除に関する一般的な規律に委ねられることになる。

まず、仕事の目的物が契約に適合しない場合には、債務不履行に基づく双務契約の解除に関する一般的な規定の準用によって処理される（売買目的物の契約不適合の場合の解除に関する規定が請負に準用される。新541条・新542条・新564条・559条）。そうであれば、旧635条本文の規定はこれと重複することになり、固有の存在意義をもたないことになるため削除されたのである。その結果、新法のもとでは契約不適合においても催告解除（新541条）があり得ることになる。

つぎに、上記平成14年判決が、建物としての利用価値を失わしめるほどの重大な瑕疵がある場合に建替費用相当額の損害賠償を認めることにより、解除したのと同様の経済的地位を注文者に認めていたように、建物にもはや契約上の利用価値がない場合には、旧635条ただし書の解除制限は実際上存在意義がなくなっていた。

新法は、そのうえでさらに、本来の契約目的を達成できないような重大な瑕疵があるもののなお何らかの別の利用価値はあるという場合についても、旧635条ただし書を削除して、解除制限を取り払うことにした。

というのは、そのような土地工作物の別の利用価値を活かすには、注文者自身が当初の契約目的とは異なる用途で有効に利用するか、あるいはそれを第三者に利用させるなどして、その別の利用価値を実現しなければならないが、これは一般的な注文者には困難だからである。Case においても、十分な性能をもたない冷凍施設を抱え込んで当初の契約目的とは別の用途を探すことは、Aにとって大きな負担となるであろう。そうすると、仮に解除制限によって重大な瑕疵がある土地工作物を存続させたとしても、それが社会経済的に有益であるとはいいがたく、そのような土地工作物は注文者にとっても大きな負担となる。新法は、このような事情をも考慮したものである。

なお、契約不適合解除の場合にも、契約および取引上の社会通念に照らした軽微性の制限（新564条・新541条・559条）はかかってくるため、契約不適合の軽微性がどのような要素によって評価されるかは重要な意味をもつことになる（逆に、軽微性が否定されれば、契約目的不達成とまでいえない場合でも催告解除することができる）。　　　　［笠井　修］

212
契約不適合の場合の注文者の権利の期間制限

Case

注文者Ａは請負人Ｂとの間で、土地上に甲建物を新築する請負契約を締結し、甲は完成し、Ａに引き渡された。しかし引渡しから10年経過後、甲に建築基準法上の違反が判明した。なお、ＡＢ間の契約には瑕疵担保責任期間に関する特約の規定はなかった。Ａは、Ｂに対し、どのような請求が可能か。

【Before】

　旧法では、請負の瑕疵担保責任は債務不履行責任の特則と解され、同規定が適用される場合（仕事の完成後）は不完全履行の規定が適用されず、旧634条の瑕疵修補または損害賠償請求を検討することになる。ただし、請負の担保責任には、仕事の目的物の引渡時（引渡しを要しないときは仕事終了時）から1年の除斥期間が定められ（旧637条）、目的物が建物その他の土地工作物の場合、除斥期間を5年または10年とする特則が定められていた（旧638条1項）。Case の目的物は建物のため、除斥期間は5年または10年であり、Case では10年経過後の請求であることから、旧634条に基づく瑕疵の修補または損害賠償請求はできなかった。なお、品確法94条に該当する場合、除斥期間は10年となる。また、Case の瑕疵が、建物としての基本的な安全性を欠く瑕疵であった場合には、不法行為に基づく損害賠償請求も検討できる（最判平19・7・6民集61-5-1769参照）。

　このように旧法では、担保責任の期間制限の起算点につき、請負は、引渡時または仕事の終了時とし、売買は、買主が瑕疵を知った時としていた（旧566条3項）が、売買と請負の実際の取引の類似性、旧637条と旧566条3項の趣旨（目的物引渡または仕事の完了により履行終了したという請負人の期待利益の保護、長期間経過による瑕疵の判定困難の回避の必要）が同じことから、両者の起算点を異にすべきではないとの批判があった。

【After】

　新法では、売買の契約不適合責任の規定が、請負を含む有償契約に準用され（559条）、あとは請負の性質をふまえた個別の解釈論に委ねられることになる。したがって、新法では、仕事の完成の前後を区別することなく、請負の目的物の契約不適合を理由とする

履行の追完の請求（新562条）、報酬の減額の請求（新563条）および債務不履行の一般規定である損害の賠償請求（新564条・新415条）および契約の解除（新564条・新541条および新542条）を検討することとなる。

また契約不適合の場合の注文者の権利の期間制限（失権）に関し、売買の場合（新566条）と同様の規律に改められ、期間制限の起算点は、不適合を「知った時」となり（新637条1項）、請負人において引渡時または仕事の終了時に、仕事の目的物の契約不適合について悪意または重過失があるときは期間制限を適用しないこととなった（同条2項）。この改正に伴い、仕事の目的物が建物その他の土地工作物の場合の特則（旧638条）は、規定維持の必要性が乏しいとされ、削除された。

新637条1項の「知った時」とは、注文者がどのような事実を認識した時点を指すか。売買の担保責任では、判例上、買主が売主に対し担保責任を追及し得る程度に確実な事実関係を認識したことを要すると解されている（最判平13・2・22判時1745-85）。新法における請負の期間制限が、売買の規定と平仄を合わせるものであることからすれば、当該解釈は、同項の「知った時」の解釈にも基本的には妥当することになろう。

また、期間制限内に注文者がすべき行為の内容について、新法では、注文者が不適合の事実を請負人に対し裁判外で「通知」することで足りるとした（新637条1項）。この「通知」の意義について、法制審議会民法（債権関係）部会の審議では、商法526条2項の「通知」と同様に解釈することが合理的であるとされ、同項の通知は、売主に善後策を講ずる機会を与えるものであるため、瑕疵・数量不足のあったことを通知しただけでは不十分であるが、瑕疵・数量不足の種類とその大体の範囲を通知すればよく、細目を通知する必要はないと理解されている（大判大11・4・1民集1-155）。

Case では、Aが不適合を「知った時」から1年以内に、Bに対し、その旨を「通知」すれば、上記権利は失権しない。もっとも、注文者の権利は、期間制限の問題とは別に、債権に関する消滅時効の一般原則の適用を受ける。売買の瑕疵担保に基づく損害賠償請求権につき、物の引渡し時を起算点として10年の消滅時効に服するとした判例（最判平13・11・27民集55-6-1311）の考え方は、新法の請負にも妥当すると考えられ、注文者が目的物の引渡しを受けた時から消滅時効が進行すると解される。甲建物の引渡しから10年が経過している **Case** では、既に消滅時効が完成していることになる（新166条1項2号）。

［井砂貴雄］

213
注文者の破産による解除

Case

　注文者Aは請負人Bとの間で、甲建物の新築を目的とする請負契約（以下「本件請負契約」という）を締結し、その後甲は完成したが、甲の引渡し前に、Aについて裁判所で破産手続が開始された。破産手続開始時において、Aは、Bに対して、本件請負契約に基づく報酬を支払っていなかった。Bは、どのような請求権を行使できるか。

【Before】

　双方未履行の双務契約に関しては、破産管財人のみが解除権を有するのが原則であるが（破産53条・54条）、請負契約では、請負人からの解除権の行使が民法上の特則として認められていた（旧642条）。

　では、仕事完成後引渡し前に注文者が破産手続開始決定を受けた場合、旧642条を適用すべきか。請負契約では、仕事を完成しない限り報酬を請求できないのが原則である。しかし、注文者が破産手続開始の決定を受けて報酬の支払が危殆化した場合でも、請負人は仕事を完成させない限り報酬を請求できないとして、多大な損失を被る危険を負わせることは酷である。旧642条が破産法53条の特則を設けた趣旨は、このような場合に請負人に契約解除権を与えて請負人を保護する点にあった。そのため、仕事完成後の注文者破産の場合、旧642条の適用がなく、原則に戻り破産法53条の適用を検討する裁判例が存在した（東京地判平24・3・1判タ1394-366）。

　かかる裁判例の立場に立つ場合、**Case**では旧628条の適用はないため、Bは解除権を行使できない。この場合、原則に戻って破産法53条以下の適用を検討する（なお、破産法53条は、引渡し未了の場合にも適用があると解されている）。

　破産管財人が解除を選択した場合、Bは、甲が破産財団中に現存するときはその返還請求ができ、現存しないときはその価額について財団債権者として権利を行使できる（破産54条2項）。また、Bは破産管財人による契約解除によって損害が生じた場合、生じた損害の賠償請求権を破産債権者として行使することができる（同条1項）。

　他方、破産管財人が履行の請求を選択した場合、Bの報酬請求権は、少なくとも破産手続開始後にされた仕事に相当する部分は財団債権として扱われ（破産148条1項7号

類推適用）、破産債権に先立って弁済される（破産151条）。破産手続開始前の仕事に相当する部分の報酬請求権については、見解が分かれ、請負人の義務の不可分一体性等を理由に財団債権とする見解と、破産債権となる可能性を示唆する見解等がある（大コンメンタール破産法217〜218頁参照）。前者の見解に立てば、Bは、破産手続開始前の仕事に相当する部分の報酬請求権についても財団債権者として権利を行使できる。

【After】

新628条においても、注文者が破産した場合の請負人の解除権について、旧628条同様、破産法53条・54条の特則を設けているが、新642条1項は、請負人が解除権を行使できる場合を、請負人が仕事を完成しない間に限定した（なお、新642条2項は旧642条1項後段を、新642条3項は旧642条2項をそのまま維持しているため、基本的には旧642条の解釈論は維持される）。

限定した理由は、注文者が破産手続開始の決定を受けた時点において、仕事が既に完成し、引渡しだけが未了の場合における請負人は、もはや仕事を継続する必要はなく、多大な損失を被る危険から請負人を回避させるという上記趣旨は妥当しないためである。また、仕事完成後引渡し前の場合には、売買契約において双方債務の履行が未了の場合と状況が類似するが、双方未履行の売買契約において買主が破産手続開始の決定を受けた場合には、破産法53条1項により破産管財人のみに解除権が認められ、売主には解除権が認められないこととの均衡からしても、仕事の完成後にまで請負人に解除権を認める必要はないためである。

Caseは、仕事完成後引渡し前の事案であるため、Bからの解除権の行使はできない（新642条1項ただし書）。また、旧642条1項の適用自体を否定して破産法53条の検討をする上記東京地判平24・3・1とは異なり、仕事完成後引渡し前の事案について破産管財人が解除権を行使する場合、破産法53条に戻ることなく、そのまま新642条を適用することとなる。

したがって、**Case**において、破産管財人が解除権を行使した場合、Bは既にした仕事の報酬およびその中に含まれない費用について破産債権として行使することができるにとどまる（新642条2項）。その反面として既にされた仕事の結果は、Aの破産財団に帰属すると解される（最判昭53・6・23集民124-141）。また、契約解除によってBに損害が生じた場合、Bは破産管財人による契約解除によって生じた損害の賠償請求権も破産債権として行使することができる（同条3項）。

破産管財人が解除ではなく履行を選択した場合には、破産法53条に基づくことになるため、【Before】の破産管財人が履行の請求を選択した場合と同様の結論となる。

［大西達也］

214
受任者の自己執行義務、復受任

Case

(1) 弁護士 A は、国際取引調査に必要な洋書の選定および収集を、知人で大学教授の B に委託した。B はこれを無償で引き受け、当初は自ら外国書店と交渉し、書籍を購入していたが、講義や学内業務が忙しくなり、大学院生である C に業務の継続を依頼した。この場合において、選書上の不手際を契機に事情を知った委任者 A は、無断で復受任者 C を選任した受任者 B の責任を追及することができるか。

(2) 貸金業者である D から債権回収を委託され、同時に再委託を授権された債権回収業者 E は、実際の業務従事者として F を選任し、その旨を D に報告した。そこで F は、債権を回収し、E の口座にこれを入金したが、その直後に E は倒産した。この場合において、委任者 D は、復受任者 F に対して、回収金額の弁済を請求することができるか。

【Before】

民法は、当事者の合意に基づく利他的事務処理に関して、第三者との法律行為という対外関係を含む任意代理を第 1 編「総則」に、本人と事務処理者の間の内部関係を規律する契約としての委任を第 3 編「債権」に置くが、「本人─代理人」と「委任者─受任者」という各当事者関係が重複することから、条文適用が問題となる。一例として、受任者の自己執行義務および復受任者選任の可否につき、委任固有の条文は存在せず、代理規定が参照された。

はじめに、Case (1)では、受任者 B が委任者 A の許諾なくして C を復受任者として選任した点につき、B の自己執行義務違反の有無が問題となる。このとき、旧法下では、任意代理人による復代理人の選任の可否について定める 104 条に基づき、B の本業多忙が同条所定の「やむを得ない事由」に該当するか否かという観点から判断された。

つぎに、Case (2)に関しては、受任者 E から選任された復受任者 F の委任者 D に対する義務履行の要否が問題となる。これについて、最判昭 51・4・9 民集 30-3-208 は、復代理人が本人および第三者に対して代理人と同一の義務を負う旨を定めた旧 107 条 2 項をめぐり、本人と復代理人がそれぞれの代理人と締結した委任契約に由来する権利義務が、

同項により消長を来たすべき理由はないとした。その結果、復代理人が委任事務を処理するに当たり金銭等を受領した場合には、復代理人は、特別の事情がない限り、本人に対して受取物引渡義務を負い（646条）、復代理人が代理人にこれを引き渡したときは、代理人に対し、さらに本人に対して、上記義務は消滅すると判示された。それによれば、Fが委任履行上受領した金銭をEに弁済した場合には、重ねてDに引き渡す義務を負わないことになる。

　なお、最判昭31・10・12民集10-10-1260は、問屋と委託者の法律関係の本質は委任であること、委任および代理規定の準用を明記する商法552条2項の趣旨は、委任規定の適用と代理規定の準用であることを理由に、単なる委任であって代理権を伴わない問屋の再委託に関して旧107条2項準用を否定した。

【After】

　新法では、復委任をめぐる諸規定が整備され、受任者による復受任者の選任については、代理に関する新104条が新644条の2第1項へと「複製」された。また、復受任者の委任者に対する責任が、同条2項によって明記された（なお、受寄者が寄託物を第三者に保管させる場合に関する新658条2項も、委任と同様の形式へと変更された）。

　その結果、**Case**(1)では、受任者Bによる委任者Aの許諾なき復受任者Cの選任が、Bの自己執行義務に違反するかという問題をめぐり、新644条の2第1項に照らして、Bの本業多忙と同項中の「やむを得ない事由」への該当性が判断される。その一方で、復受任者選任時の受任者の責任の内容に関しては、民法改正に際しても委任規定の新設がなく、従前の根拠条文として参照された旧105条が削除された。そのため、同条準用により、受任者の責任を選任および監督に限定する従来の解釈は維持できない。そうすると、AのBに対する責任追及は、債務不履行という一般原則に基づいてなされることになる。

　また、**Case**(2)に関しては、受任者Eから選任された復受任者Fの委任者Dに対する義務履行の要否をめぐり、新設された644条の2第2項と新106条2項の内容が近似していること、新106条2項と旧107条2項とはほぼ同一であることから、従来の判例法理が引き続き妥当すると考えられる。したがって、Fが委任履行上受領した金銭をEに弁済した場合には、重ねてDに引き渡す義務を負わないことになる。

　なお、新644条の2第2項は、「代理権を付与する委任」を前提としている。そのため、上記昭和31年判決に従って、問屋関係に対する委任規定の直接適用を認めるとしても、再委託された問屋が代理権を伴わないものである以上、同条2項を類推適用し、代理権を有しない再受託者の委託者に対する責任を認めることができるか、依然として検討の余地が生じる。　　　　　　　　　　　　　　　　　　　　　　　　　［一木孝之］

215
受任者の報酬請求

Case

　所有する甲土地の売却を希望するＡは、不動産仲介業者Ｂにあっせんを委託し、報酬の支払を合意した。これを受けて、ＢはＣとの交渉を進めた。

　⑴　この場合において、ＡがＢとの委託契約を解除することなく、Ｃに対して直接甲を売却するとき、ＢはＡに対して、自身が仲介を履行していたならば得られたであろう報酬額の支払を請求可能か。

　⑵　この場合において、ＡがＢとの委託契約を解除したうえで、Ｃに対して直接甲を売却するとき、ＢはＡに対して、自身が仲介を履行していたならば得られたであろう報酬額の支払を請求可能か。

【Before】

　旧648条は、特約ある場合の受任者の報酬請求（1項）につき、委任事務履行後のそれを原則としつつ、約定期間経過後の請求を、624条2項準用によって認めた（2項）。同条はさらに、受任者の帰責性なき事由による委任の履行中途での終了に際し、同人が委任者に対し、既履行の割合に応じて報酬を請求可能と定めていた（3項）。

　受任者の報酬請求をめぐる問題として、第1に、最判昭48・11・30民集27-10-1448は、弁護士訴訟代理に際し、依頼者が弁護士の承諾なしに相手方と和解、請求の放棄や取下げをし、または依頼者の都合で弁護士との委任を解除する場合にも、報酬全額が支払われる旨の特約は、依頼者の無断和解、取下げ等が弁護士の責めに帰すべき事由に由来するときは発効しないと判示した（合意なき報酬額の決定に関して、最判昭37・2・1民集16-2-157や最判昭43・8・20民集22-8-1677も参照）。

　第2に、受任者の責めによらず履行中途で終了した委任と割合的報酬請求が問題となる。すなわち、売買代金相応の受任者報酬額が停止条件付契約のかたちで合意された不動産売却あっせんであるにもかかわらず、受任者が第三者に対して直接不動産を売却した事案をめぐり、最判昭39・1・23民集18-1-99は、あっせん（準委任契約）の解約がない状況で、委任者の上記行為は停止条件成就の故意の妨害であり、同人は受任者に対する報酬支払義務を免れないとした。それによれば、**Case**⑴において、ＢはＡに対し、自身があっせんしたのと同額の報酬を請求することができる。他方、不動産売買のあっ

せん仲介が合意解除された後に、委託者が第三者と売買契約を締結した事案につき、最判昭 39·7·16 民集 18-6-1160 は、受任者（仲介業者）が不動産売買の端緒を与えた程度のあっせん行為では、後の売買契約との因果関係が存するとはいえず、あっせん仲介の解除も受任者の排除を意図してされたものではないとする原審の判断を支持し、同人の委任者（委託者）に対する報酬請求を否定した。したがって、**Case (2)** にあっては、B は A に対し、委任契約解除後に、自身のあっせんに基づく不動産売買契約成立を理由とする報酬の支払を請求し得ない。

【After】

新法では、委任上の報酬支払が、事務処理の労務に対するもの（従来の委任が想定する「履行割合型」）と、事務処理により得られる成果に対するもの（請負に近似する「成果完成型」）に区別された。

履行割合型については、旧 648 条を基礎とする新 648 条にあって、履行の割合に応じた請求に関する修正がなされた。すなわち、新 648 条 3 項は、委任者の責めに帰することができない事由による委任事務の履行不能（1 号）、ならびに委任履行の中途終了（2 号）の場合における割合的報酬請求を肯定する。したがって、受任者の帰責性の有無は不問となった。

成果完成型にあっては、新 648 条の 2 が創設され、1 項に、報酬が成果の引渡しと同時に支払われる旨が明記された。また、同条 2 項によれば、委任者の責めに帰することができない事由による成果完成の不能（新 634 条 1 号準用）、ならびに委任の仕事完成前の解除（同条 2 号準用）の場合に、成果の可分な部分から委任者が利益を受ける割合に応じた報酬請求が可能である。

総合するに、履行割合型と成果完成型のいずれにあっても、委任事務遂行の不能に際して、受任者の帰責性の有無にかかわらず部分的報酬請求が可能であること（無責の委任者のみならず、有責の委任者も当然に支払わなければならない）、ならびに、委任の中途終了（この場合には、解除以外の終了事由〔653 条〕を含む）または解除時に、報酬の部分的支払がなされ得ることが確立された。

以上によれば、B は、**Case (1)** では、報酬合意が履行割合型と成果完成型のいずれであれ、A の帰責性がなくとも、委任事務が履行不能または成果の未完成を理由に、**Case (2)** では、委任が履行中途または成果完成前に解除されたとして、A に対してあっせんの割合に応じた部分的報酬を請求し得る。その際には、B が C とした「交渉」の評価が重要となる。　　　　　　　　　　　　　　　　　　　　　　　　［一木孝之］

216
任意解除と損害賠償

Case

　Aに対して 1,000 万円の貸金債権を有する B は、回収を C に委任した。その際、B から C への報酬は約束されなかったが、回収額のうちの 500 万円は、B の C に対する債務の返済に充てられることとなっていた。ところが、C は、A より返済の猶予を懇願され、B に無断で返済期限を 6 ヶ月間延長した。

　この場合において、C の上記独断を許せない B は、委任を解除し、期限延長により生じた損害の賠償を請求することができるか。

【Before】

　委任の解除（652 条によれば、厳密には、将来に向かって効力を発する〔解約〕告知）に関して、旧 651 条は、各当事者の任意解除権を明記し（1 項）、相手方に不利な時期の解除に対する解除者の原則的損害賠償義務と「やむを得ない事由」がある場合の例外を定めた（2 項）。同規定には根強い批判があり、受任者自身が委任上の利益を享受する場合において、委任者が無条件に解除権を行使することの是非をめぐり、激しい議論が生じた。

　この問題に関して、判例は当初、事務処理が受任者の利益をも目的とする場合には、委任者は任意に解除することができないとした（大判大 9・4・24 民録 26-562）。しかしながらその後、委任が受任者の利益にもなっている場合であっても、同人の著しく不誠実な行動などのやむを得ない事由があるときには、委任者はこれを解除し得るものと判断され（最判昭 43・9・20 判時 536-51）、やがて、受任者の利益にもなる委任をめぐり、やむを得ない事由がなくとも、委任者が解除権を放棄したものと解されない事情があるときには、同人は委任を解除することができると判示する最判昭 56・1・19 民集 35-1-1 が登場するに至る。同判決はさらに、委任解除の結果として受任者に生じる不利益は、委任者からの損害賠償により塡補されれば足りるとした。

　以上の判例の流れをふまえれば、**Case** における B が C との委任契約を任意に解除することの是非については、当該委任が C の利益を目的とすることを前提として、①Cが B に無断で A の返済を猶予したことが、著しく不誠実な行動、すなわちやむを得ない事由に該当するか否かが判断され、仮にこれが否定される場合には、②B からの解

除権の放棄があったとみなされるか否かが検討されることになる。また、Bによる解除に基づき不利益を被るCには、損害賠償を請求する可能性が残される。

【After】

今般の改正に際して、学説の一部で強く提唱されていた「委任における無償／有償の区別」は採用されず、事実行為を目的とする準委任固有の解除ルールの模索も断念された。その結果、新651条1項は従前どおりの内容が維持されたうえで、同条2項2号として、「委任者が受任者の利益（専ら報酬を得ることによるものを除く。）をも目的とする委任を解除したとき」が追加され、やむを得ない事由があったときを除いて、解除者が相手方の損害を賠償しなければならない場面の1つに数えられることとなった（文言上、「受任者の利益」と「報酬」が同義でないことは自明である）。

これによれば、第1に、委任当事者（とりわけ委任者）の任意解除権は、「委任が無償か、それとも有償か」「委任上の事務処理が法律行為か、それとも事実行為か」といった点に左右されることなく承認されることなる。また、解除の是非をめぐっては、一連の判例に通底していた「受任者の利益のためにもなされる委任」が強調されることはなく、したがって、可否の判断基準として、「やむを得ない事由の存否」や「解除権放棄の有無」が斟酌される旨が明文化されることはなかった。そのため、例えば**Case**にあって、Bによる解除は原則として無条件に認められることになる（もっとも、新651条は任意規定であるから、特約による解除権の放棄が認められる可能性は依然として残る）。

これに対して、第2に、受任者の利益にもなる委任の解除と損害賠償をめぐっては、従前の判例法理と、損害賠償の可否にとって「やむを得ない事由の存否」が重要であるという旧651条2項が接続された。その結果、**Case**におけるCが損害賠償を請求することの可否は、Bによる解除の必然性に左右されることになる。その意味において、今後は、「やむを得ない事由」の意味が、実務上いっそう重要性を増すことになる。

なお、将来効（652条）を備える委任の解除により、既履行事務は有効なまま、未履行事務の即時中止が命じられる。その結果、受任者は、経過および結果の報告（645条）、受取物の引渡し（646条）および金銭消費時の利息支払（647条）につき義務を負うとともに、既履行部分に相当する報酬の部分的支払（新648条3項2号・新648条の2第2項）や費用償還等（650条）を請求することができる。さらに、委任が解除により終了する場合において、急迫の事情があるときは、受任者は、委任者が委任事務を処理することができるようになるまで、必要な処分をしなければならない（654条）。　　　［一木孝之］

217
労務提供の不能と報酬請求

Case

　鉄道事業会社Aにおいて、Bは、車両の整備を担当しており、給与は月給で支払われていた。以下の(1)(2)の状況のもとで、6月に入ったころ、Bは、Aに対して4月分と5月分の報酬を請求しているが、認められるか。

　(1)　Aでは、労働組合Cと使用者側との間で、待遇改善を求めて交渉が行われてきた。しかし、合意がまとまらなかったので、Cは、4月26日に5日間のストライキに入った。Bもまたストライキに参加し、同日以降4月末日まで、業務に従事しなかった。

　(2)　他方、Bは、実際には十分な整備をしていないにもかかわらず、整備が完了した旨を報告したことがあった。重大な事故につながりかねないことから、上司からこの点について注意されたBは、反抗的な態度をとったばかりか、激昂して上司に暴力をふるい、大けがを負わせたため、5月15日付けで解雇されることになった。

【Before】

　624条1項によれば、特段の合意がない限り、労働者は、単位期間が終了し、労務に服した後に初めて報酬を請求できる。他方、労務の供給が途中でできなくなった場合については、明文の規定はなく、その理由が、①使用者の責めに帰すべき事由による場合、②当事者双方の責めに帰することのできない事由による場合、③労働者の責めに帰すべき事由による場合に分けて議論されている。①の場合、旧536条2項により、労務の全体、当期の期間全体に対する報酬を労働者は失わないと解されている（大判大4·7·31民録21-1356）。②の場合、同条1項により、労務の供給をすることができなかった部分についての報酬は生じないとされるが、既履行部分の報酬を労働者は失わないとされている（旧648条3項参照）。③の場合、労働者は、不履行の期間の報酬を請求できないだけでなく、使用者に損害賠償義務を負うと解されているが、既履行部分の報酬は失わないとされる（630条参照）。この場合の報酬請求権の支払時期については、客観的に履行不能になった時と解する説と単位期間が終了した時と解する説に分かれているが、後者が通説である。

(1)で、Bは、ストライキに参加して、4月26日から労働に従事していない。ストライキは、使用者の責めに帰すべき事由ではなく、労働者の責めに帰すべき事由でもない。したがって、(1)は、②の当事者双方の責めに帰することのできない事由により労務の供給ができなくなった場合である。前記のとおり、Bは、ストライキに入る前の4月25日までの労働に対応する報酬について使用者であるAに請求することができる。

(2)で、Bは、職務怠慢を注意した上司に対する暴力を理由に解雇されており、③の労働者の責めに帰すべき事由による場合である。このとき、労働者は、解雇以降の報酬を請求することはできないが、既履行部分については、報酬請求権を失わないと解されている。したがって、Bは、5月15日付けの解雇以前に履行した部分に対する報酬をAに請求できる。

なお、報酬の支払時期について、**Case**では、6月に入ってからBが請求をしており、単位期間は既に経過しているから、Bは、Aに上記の報酬を請求できるものと解される。

【After】

新法は、労務の供給が途中でできなくなった場合につき、「使用者の責めに帰することができない事由」による場合、「雇用が履行の中途で終了した」場合の規定を設けた（新624条の2）。「使用者の責めに帰することができない事由」による場合には、②当事者双方の責めに帰することのできない事由による場合と③労働者の責めに帰すべき事由による場合が含まれる。

改正の審議の過程で①使用者の責めに帰すべき事由による場合につき、従来の旧536条2項による解釈を維持しつつ、報酬の根拠を明確にする提案がされていたが、明文化は見送られた。この問題は、引き続き一般規定のもとで取り扱われることになる。新536条2項は、旧法の「反対給付を受ける権利を失わない」との文言を「反対給付の履行を拒むことができない」との文言に変更しているが、新法のもとでも従来の解釈が維持されると解される。

新624条の2は、②や③に関して、従来の解釈によって認められていた立場を明文化したものであり、労務の供給が途中で終了した場合の既履行部分につき報酬請求権を認めることを「既にした履行の割合に応じて」と表現している。**Case**では、(1)(2)のいずれにおいても、Bは、既履行部分の割合に応じた報酬を請求することができるということになる。

[中村　肇]

218
期間の定めのある雇用の解除

Case

　Aは、息子B夫妻が設立した加工食品会社で、商品開発・製造を担当していた。AとAの弟Cは、Bと同居しており、会社設立時以降、本件会社で働いていた。そして、他に社員はいなかった。会社設立時Aは55歳、Cは50歳で、65歳までそれぞれ働くことになっていた。起業から6年目の5月に主力商品の原材料である鶏を感染源とする伝染病が発生し、飼育場にいる鶏を殺処分することになった。

　⑴　伝染病発生後、Bの会社は、経営が悪化し、さらに同年11月、おじのCが不注意から重大な取引上のミスを起こしたため、Cを退職させて、人件費を軽減することとなった。Bは11月の末に、Cに12月末日付けで解雇することを通告した。

　⑵　Aは、以前の会社で研究開発者であった。鶏の伝染病が起こったころ、61歳になっていたAは、翌年の4月から70歳の定年まで、ある大学で教授として研究教育に携わる気はないかと誘われた。Aは、この話を引き受けることにしたが、担当する仕事に追われていたこともあり、Bに対して翌年3月末での退職を願い出たのは、同月5日であった。

【Before】

　旧626条1項は、雇用の期間が5年を超えているとき、または、雇用が当事者の一方もしくは第三者の終身の間継続すべきときは、当事者の一方は、5年を経過した後、いつでも契約の解除をすることができると定める。例外として、この期間が「商工業の見習を目的とする雇用については、10年」とされている。これは、長期の拘束が行われることで身分的な制約に近づくおそれがあること、報酬の約定がある場合に長期の拘束により貨幣価値の変動による不利益が生じることを理由とする。同条2項は、1項による解除には、3ヶ月前にその予告をする必要があると定める。予告なしで解除をした場合、3ヶ月後に契約が終了するとされる。

　もっとも、労働契約の期間の上限は、労働基準法14条1項により3年（特別な場合には5年）と定められ、旧626条1項の適用が排除されている。ただし、「一定の事業の

完了に必要な期間を定めるもの」に該当する場合（労基14条1項）、または「同居の親族のみを使用する事業及び家事使用人について」の適用除外に該当する場合（労基116条2項）、旧626条が適用される。**Case**は、「同居の親族のみを使用する事業」であり、適用除外に該当する（なお、労働契約法でも適用除外となる〔労契21条2項〕）。

(1)において、Cの雇用期間は、15年間であり、解雇の意思表示は、雇用開始から6年経過後であるから、旧626条1項の要件を充足する。Bは、Cに対して11月末に12月末日での解雇を伝えているところ、同条2項によれば、解雇の予告については3ヶ月前にする必要があるから、BのCに対する解雇は、12月末日の時点では認められず、3ヶ月後の2月末日に認められることになる。

(2)において、Aの雇用期間は、10年間であり、退職の申し出は、雇用開始から7年経過後であるから旧626条1項の要件を充足する。しかし、Aは、3月5日に3月末日での退職の申し出をしている。同条2項によれば、退職の予告については、3ヶ月前にする必要があるとされるから、AのBに対する退職は、3月末日の時点では認められず、3ヶ月後の6月5日に認められることになる。

【After】

旧626条1項の「当事者の一方若しくは第三者の終身の間継続」する労働契約は、当事者を長期にわたり拘束するものであり、公序良俗に反する場合がある。もっとも極めて高齢な者の存命中という趣旨で本人やその家族が家事使用人を雇う場合などでは公序良俗に反しないと解されるため、新法は、従来の文言を、「その終期が不確定であるとき」という表現に改めた（新626条1項）。また、旧626条1項ただし書は、職業別の取扱を規定する点で合理性がないことや、現在では、「商工業の見習を目的とする雇用」はすべて労働基準法の適用を受けると解されることから削除された。

新法では、新626条2項について、労働者からの解除の予告期間を短期化することで退職の自由を保護するという観点から、627条2項の改正と平仄を合わせて労働者についてのみ解除の予告期間を従来の3ヶ月から2週間に短期化することとされた。

新626条の適用は、従前同様、労働基準法の適用がない場面に限定される（なお、解雇権濫用法理〔労契16条〕の類推適用は問題となり得る→ Case219）。

(1)のCの解雇の予告は、新法でも3ヶ月前にする必要があると解される。従来の解釈と同様に考えれば、11月末日に予告が行われた解雇は2月末日に認められることになる。

(2)のAの退職は、新法では改正前の規定と異なり、2週間前の予告を必要とするから、退職の予告から2週間後に退職が認められることと解される。したがって、新法では、3月5日になされた退職の予告から2週間後に退職が認められるので、Aは、3月末日での退職が認められることになる。

［中村　肇］

219
期間の定めのない雇用の解約申入れ

Case

　A夫婦は、多忙を極め、家事や子どもの世話をする時間の余裕がなかった。Bは、親戚のAの家で長年にわたり、Aの家族と同居して家事使用人として働いてきた。Bは、家事全般を取り仕切り、Bの給与は、月給で支払われていた。

　その後、Aの妻の母親に介護が必要となり、Aらが引き取ることになった。Aらにさらに子どもができたこともあって、Aの妹Cを2人目の家事使用人として雇うことになった。CもAの家族と同居し、給与も月給で支払われていた。数年後、1月上旬にAの妻の母親が高齢のために亡くなった。

　(1) Cが従来担ってきた家事について、Aの妻に行える余裕ができたこともあり、Aらは、Cに辞めてもらうことにし、Aは、Cに対して3月20日に3月末日付けで解雇することを通告した。

　(2) 他方、Bは、Aの妻だけでも家事を十分行えると思うようになったので、4月16日に、4月末での退職をAに伝えた。

【Before】

　旧627条は、期間の定めのない雇用の解約の申入れにつき定め、同条1項によれば、各当事者は、いつでも解約の申入れをすることができる。このことは、使用者にとっては解雇の自由を、労働者にとっては退職の自由を意味している。もっとも、使用者からの解雇については、労働基準法に解雇制限について規定があり（同法19条の解雇制限、20条の解雇予告制度）、旧627条の適用は、労働基準法の適用がない場面に限定される。

　旧627条1項前段に基づいて解約申入れがされた場合、解約申入れの日から2週間を経過することで雇用は終了する（同項後段）。従来の通説によれば、この2週間の予告期間を明示する必要はなく、また、使用者は、2週間分の報酬を支払うことで即時に雇用を終了させることができるとされる。

　旧627条2項によれば、期間によって報酬を定めた場合、解約申入れは、次期以降についてすることができる。期間によって報酬を定めた場合とは、月給制や週給制などである。このとき解約申入れは、当期の前半にしなければならない（同項ただし書）。月給

制では、2月からの解約申入れは、1月の前半にしなければならない。1月の後半にした解約申入れは、翌々月の3月以降にのみ認められることになる。

旧627条3項は、2項の特則であり、6ヶ月以上の期間によって報酬を定めた場合、解約申入れは、3ヶ月前にしなければならない。

Case でBやCは家事使用人であるから、労働基準法116条2項の適用除外に該当する（これに対して労働契約法では適用除外に該当しない〔労契21条2項〕）。そして、いずれの事例も月給制であるから、旧627条2項の問題となる。(1)では、Aは、4月からの解雇を3月20日にCに伝えているところ、同項ただし書によって、かかる解約申入れは、当期の前半に行う必要がある。したがって、Aが3月20日に行った解約申入れは、4月から雇用を終了させることができず、Cの解雇は、5月から認められる（もっとも、解雇権濫用法理は問題となり得る〔労契16条〕）。

(2)では、Bは、5月からの退職を4月16日にAに伝えている。従来の規定では、かかる場合も旧627条2項の問題となり、Bの解約申入れは、当期の前半に行われていないから、Bの退職は、翌々月の6月から認められる。

【After】

627条の定める解約申入れ期間が強行規定に該当するかに関しては、改正前から議論があるが、強行規定と解する立場が有力である。

新法で627条1項は、従来のまま変更がない。同条2項は、「〔使用者からの〕解約の申入れは」と改められ、同項の規律が適用されるのが使用者からの解約申入れのみとなった。同条3項も2項の改正を受け、使用者からの解約申入れにのみ適用される。これにより、労働者からの解約申入れは、同条1項のもとで判断されることになった。

新627条の適用は、従前同様、労働基準法の適用がない場面に限定される。

(1)のAからCへの解雇は、従前と同様に、3月の前半にされていないことから5月に雇用を終了させることになる（改正前と同様、解雇権濫用法理〔労契16条〕は、問題となり得る。Case の事情に照らして、Cへの解雇に①合理的理由があると認められるか、さらに、②社会通念上相当と認められるかなどが検討されるだろう）。これに対し、(2)のBからAへの退職の意思表示は、新627条1項のもとで判断され、Bは、2週間前にAに退職の意思表示をすればよい。Case で、Bは4月16日に4月末までの退職の意思表示を行っており、解約申入れの2週間後に退職することになるから、4月末でBの雇用関係は終了する。

[中村　肇]

220
寄託の諾成化

Case

　A大学は近世ヨーロッパの稀覯本甲を5億円で購入する交渉をほぼ取りまとめ、正式契約を待つばかりとなったため、その後すぐに必要となる甲の保管のために、古書を扱う業者Bに甲を有償で寄託する旨の契約を締結した。Bは、甲の保管には温度と湿度を一定に保つ設備が必要であるため、500万円をかけてその設備を設えた。ところが、甲を購入するAの売買交渉が先方の一方的な交渉破棄通告によって最終的に決裂したため、甲を手に入れられなくなったAは、Bに甲を寄託する契約を解除した。Bは、甲のような稀覯本を預かることはもはや期待できないため、Aに対して無益となった設備の投下費用の賠償を求めた。

【Before】

　寄託契約は、当事者の一方が相手方のために保管をすることを約して、ある物を受け取ることによって成立する要物契約とされていた（旧657条）。したがって、A大学と古書業者Bが、Aの稀覯本甲をBが預かる旨の合意をした日には、未だ寄託契約は成立していない。しかし、Bは寄託契約が成立することを信頼して設備を設えたが、その出費が無駄となった。したがって、Bは不法行為（あるいは、契約締結上の過失）に基づいて、Aに対して甲を保管する設備を設えることで被った損害の賠償を求めることができるが（709条）、Aに帰責性がなければ損害賠償を求めることができない。

　もっとも、寄託の予約を締結することも、物の引渡しまでの一定の拘束力を生じさせる意味があるため、可能である（要物契約の趣旨を没却することになるため、予約を否定する見解や、予約は有償寄託の場合に限るとする見解もあった）。この場合でも、寄託者側に必要がなくなった寄託契約の締結を強制することはできないと解されよう。したがって、Aは、たとえBと寄託の予約を締結していても、甲の引渡しを拒絶することで寄託の本契約の締結を拒絶できるが、損害賠償責任を負うこともあり得よう。

　さらに、寄託契約を要物契約とする規定は任意規定であるから、当事者が諾成の寄託契約を締結することも可能である。仮に、AとBが甲を預ける旨の合意をしたのが諾成の寄託契約であるとするなら、既にその時点で寄託契約が成立している。しかし、そ

の場合でも、寄託者であるＡは、受寄者であるＢに、預けることを約束した甲を預ける義務を負うわけではないと解されている。必要がない目的物の寄託を寄託者に強制するいわれはないためである（旧662条参照）。反面で、受寄者も、やむを得ない事情があれば、寄託物の引取りを拒絶できると解されていた（663条2項参照）。

　しかし、寄託者は、目的物を預けることを強制されないとはいえ、受寄者が被る損害を賠償しなければならないであろう。不法行為に基づく損害賠償による解決も想定されるが、既に寄託契約が成立している以上、受寄者は、寄託契約のために必要と認められる費用を支出した場合、寄託者に対してその費用と利息の償還を請求できるとする見解もあった（旧665条・650条1項）。しかし、未だ目的物を保管していない段階で支出された費用が、当然に寄託の必要費に該当するのかどうかには、疑念の余地もあろう。

【After】

　改正によって、寄託契約は諾成契約と改められた（新657条）。商行為である倉庫営業（商599条以下参照）は諾成契約と解するのが多数説であり、例えばトランクルーム事業者との契約でも、書面での諾成契約が通例となっているため、この実情に合わせて、民法上の寄託契約も諾成契約に改められた。なお、有償寄託には売買の一方の予約の規定が準用されるが（559条・556条）、寄託が諾成契約とされる以上、予約の意義はほとんどないであろう。

　もっとも、寄託契約が成立した後に、目的物が実際に預けられるまでの間に生じ得る問題を明確にし、それに対処する必要があろう。新法は、まず、寄託者は受寄者が目的物を預かるまでは、いつでも寄託契約を解除できるとする（新657条の2第1項前段）。したがって、寄託契約が成立しても、寄託者は目的物を預ける義務を負うわけではない。しかし、それによって受寄者が損害を被る場合には、寄託者はその損害を賠償しなければならない（同項後段）。**Case** では、Ａ大学は、甲を預けるまではいつでも寄託契約を解除できるが、それによってＢが被った損害は、自身の帰責性の有無を問わず賠償しなければならない。そのため、**Case** で、Ａに帰責性が認められないとしても、Ａは、Ｂが設えた設備への投下費用について賠償義務を負う。さらに、Ｂが解除がなければ得られたはずの利益から、免れた費用を控除した分を損害として賠償請求できるとの考え方もある（潮見・概要297頁。しかし、新662条2項と対比せよ）。

　反面で、書面によらない無償寄託では、受寄者も、目的物を受け取るまではいつでも寄託契約を解除できる（新657条の2第2項）。また、有償寄託または書面による無償寄託では、寄託者が定められた時期に目的物を引き渡さない場合に、受寄者は、相当の期間を定めてその引渡しを催告し、それでも寄託者が引き渡さなければ、寄託契約を解除できる（同条3項）。　　　　　　　　　　　　　　　　　　　　　　　［北居　功］

221
寄託物に対する第三者の権利主張

Case

　Aは、Bから先祖伝来の由緒あるという花瓶を預かって、自宅倉庫に保管していたところ、Cが、その花瓶はC所有であるため、自身に引き渡すように求めて、Aを相手に訴えを提起した。驚いたAは、その旨をBに対して通知したところ、Bは、Cの主張は不当であって、自分が花瓶の所有者であるから、Cに引き渡さないように求めてきた。その後、Aは事実関係を知らない旨を回答するのみで、Cに花瓶を引き渡すことを命じる判決が確定した。

- (1)　Aが花瓶をCに引き渡したところ、Bが損害賠償を請求してきた。
- (2)　Aが花瓶をBに返還したところ、Cが損害賠償を請求してきた。

【Before】

　寄託物に例えば所有権をもつと主張する第三者が受寄者に対して目的物の引渡しを求める場合、受寄者は寄託者から目的物を預かっているだけであり、その権利関係を争う当事者は寄託者である。そのため、目的物について権利を主張する第三者が訴えを提起し、差押え、仮差押えまたは仮処分をしたときは、受寄者はその旨を寄託者に通知しなければならなかった（旧660条）。第三者が主張する権利を争うべき立場にある寄託者に、第三者が権利を主張してきたことを知らせることによって、寄託者がしかるべく対応をとれるように配慮しなければならないためである。したがって、既にその事実を知っている寄託者には、対応をとることが期待できるため、通知をする必要はない（賃貸借に関する615条参照）。また、受寄者は、あくまで第三者が権利を主張・行使してきたことを通知すれば足りるのであって、その後の経過を知らせる必要はないとされた（最判昭40·10·19民集19-7-1876）。

　目的物に第三者が所有権を主張して引渡しを求めてきた場合でも、受寄者は寄託者に目的物を返還するのが原則である（我妻·債権各論中二718頁）。しかし、第三者の権利主張をまったく無視することもできないであろう。動産及び債権の譲渡の対抗要件に関する民法の特例等に関する法律3条2項は、動産の占有者が登記をした譲受人から引渡請求を受けた場合に、催告手続をふまえたうえで、譲受人への引渡しを認めて、本人が被る損害の賠償責任を負わない旨を定める。それに対応して、受寄者は、第三者の権利

主張が確実ではない段階では寄託者に返還すべきであっても、第三者の権利主張が確実で、強制的に目的物を奪われる場合には、第三者に引き渡すことで寄託者への返還義務を免れるとする余地もあるとされていた（民法（債権法）改正検討委員会編『詳解 債権法改正の基本方針V』196頁以下）。

【After】

　新法によっても、受寄者の通知義務に変更はない。寄託者が知っていた場合に通知義務を免れることが明文化されたに過ぎない（新660条1項。なお、賃貸借での615条では、既にその旨が定められていた）。しかし、第三者の訴えが提起され、その訴えについて第三者が受寄者に対して求める引渡請求権を認める判決が確定する場合には、受寄者が引渡しに応じなければ、強制執行を受けることになる。反面で、強制執行によらなければ、受寄者は寄託者にしか目的物を返還してはならないとも解されてきた。

　しかし、通知により、あるいはそうでなくても寄託者が既に第三者の権利主張があったことを知っていて、第三者からの訴えを認める判決が確定した場合には、権利関係について寄託者が争ったはずであるから、受寄者はもはや第三者の権利について疑念を差し挟む余地はないはずである。この場合でも、受寄者がなお寄託者にしか目的物を引き渡すべきではないとするなら、当事者にとって無用とも映る強制執行手続をふんで、目的物が第三者に引き渡されることになる。そこで、新法は、受寄者は、第三者が権利を主張・行使してきても、寄託者から指図がない限り、寄託者に返還すべきことを原則としつつ、第三者に引き渡すべき判決が確定した場合には、第三者に引き渡すことも認めた（新660条2項）。したがって、**Case**(1)でAがCに花瓶を引き渡したのは正当であり、それによって、仮にBが所有者Cに対して有する費用償還請求権（196条参照）に基づく留置権を失う損害を被ったとしても、Aは債務不履行の責任を負わない。もっとも、受寄者は、寄託者が第三者に対して有する抗弁を第三者に主張できるとされるため（山野目章夫『新しい債権法を読みとく』247頁）、BがCに留置権を主張できるなら、Aはそれを主張してCへの引渡しを拒絶することができる。

　反対に、受寄者が寄託者に目的物を返還する場合には、それによって第三者が損害を受けても、受寄者はその損害を賠償する責任を負わない（新660条3項）。例えば、所有者である第三者が受寄者の占有によって使用を阻まれたとして、その使用利益の賠償を求めた場合に、受寄者が悪意であれば（189条2項参照）賠償義務を負う。しかし、受寄者は寄託者に目的物を返還することによってその賠償責任を免れ、賠償問題は第三者と寄託者の間で解決されるべきである。したがって、**Case**(2)では、CがAに対して求める損害賠償は認められない。

[北居　功]

222
混合寄託

Case

Aは、Bとの間で、B所有の北海道産大豆100kgをAの倉庫で保管する契約を締結した。その際、Aは、B以外の者からも同種・同品質の大豆の寄託を受け、Bが寄託した大豆と混合して保管すること、寄託されたものと同数量の大豆を返還することを約した。その後、同様の約定で、Aは、Cからも、Bが寄託したものと同種・同品質の大豆100kgの寄託を受けた。この場合において、

(1)　Aが、Cからの請求に応じて、大豆100kgを返還しようとしているとき、それに対してBが異議を唱えることは可能か。

(2)　集中豪雨による洪水のため、Aの倉庫が浸水し、BおよびCのためにAが保管していた大豆200kgのうち100kgが水に浸かって駄目になってしまったとしたら、Bは、Aに対して、何kgの大豆の返還を請求できるか。

【Before】

Caseのような寄託は、混合寄託（混蔵寄託）と呼ばれる。これは、受寄者が、寄託を受けた代替性のある物を、他の寄託者から寄託を受けた種類および品質が同一の物と混合して保管し、寄託されたのと同数量のものを返還するという特殊な寄託である。その実務上の代表例は、証券保管振替機構への株券の寄託であったが、株券の電子化に伴い、現在は行われていない。もっとも、分別して保管するための場所や労力の負担を軽減し、寄託料の低減にもつながることから、混合寄託は、特に倉庫寄託を中心として実務上利用され、なお重要な役割を果たしているといわれる。しかし、混合寄託は、解釈論として認められているほか、標準倉庫寄託約款によっても認められているものの、旧法には規定が置かれていなかった。

混合寄託における権利関係については、各寄託者は、混合して保管されている寄託物全体について、各自が寄託した数量に応じた共有持分権を有することになると考えられる（245条・244条参照）。そこで、(1)では、共有物分割の手続（256条および258条）が必要ではないかとの疑義を生じ得るが、この点は否定的に解されていた。また、寄託者が寄託した物の所有者でないときは、共有持分権を取得しないため、共有持分権の取得

を混合寄託の効果一般と解するには無理がある。

　他方で、(2)のように、混合寄託された寄託物の一部が滅失した場合、各寄託者の返還請求権がどうなるか問題となる。この点については、各寄託者は、それぞれが寄託した物の数量の割合に応じてしか、物の返還を請求できないと解される。しかし、その旨の明確な約定がない場合には（例えば、標準倉庫寄託約款（甲）19条）、寄託した全数量の返還を請求できると解する余地がないわけではなかった。

【After】

　新法は、混合寄託が実務上重要な役割を果たしていること、通常の寄託とは異なる規律が適用されるべきことから、法律関係を明確にするために、混合寄託に関する明文の規定を設けている。

　すなわち、第1に、寄託物は個別に保管するのが原則であることから、混合して保管するには、関係する寄託者全員の承諾を要するものと解されていたところ、これを明文化した（新665条の2第1項）。

　第2に、混合寄託の効果として、寄託者は、その寄託した物と同じ数量の物の返還を請求できるものとした（新665条の2第2項）。これにより、寄託者が寄託物の所有者でない場合も含めて、数量に応じた返還請求権が基礎づけられる。また、共有関係が前提とされないことから、(1)での、共有物分割手続が必要ではないかとの疑義は払拭されるほか、寄託物が混和して識別することができなくなることも（245条）、混合寄託の要件とならない。

　第3に、混合寄託された寄託物の一部が滅失した場合のリスク配分について、混合寄託契約の趣旨から導かれるものとして従来から認められてきた解釈を明文化し、これを各寄託者に按分して負担させている（新665条の2第3項）。したがって、(2)では、特にこれと異なる合意がされていない限り、Bは、Aに対して、50kgの大豆の返還しか請求できない。

　ところが、それにもかかわらず、AがBに対して大豆100kgを返還してしまったとしたら、その場合、AがCに対して債務不履行責任を負うのは当然として、それ以外の点ではどうなるであろうか。

　AからBへの大豆の返還は、50kgについては有効な弁済となるが、50kgを超える部分は、Bに債権がない以上、弁済として無効であり、（広義の）非債弁済として不当利得となる（703条・704条）。したがって、Bは大豆の所有権を取得しない（なお、寄託物の返還は、「取引行為」に当たらないので、即時取得も成立しない）。そうすると、Cが大豆の所有者であった場合は、所有権（共有持分権）に基づいて、Bに対して大豆50kgの返還を請求できる。Cが大豆の所有者でなかった場合は、Cは、AのBに対する給付利得請求権の移転を請求できる（新422条の2）と解すべきであろう。　　　　　［花本広志］

223
消費寄託

　Aは、Bとの間で、B所有の新潟魚沼産コシヒカリ100kgをAの倉庫で保管する契約を締結した。その際、Aは、Bから寄託された米を消費、転売するなど処分してもよいものとされた。この場合において、

　(1)　返還時期について定めがなかったとしたら、Bは、いつから米の返還を請求できるか。

　(2)　返還時期について定めがあったとして、

　　(ア)　Bは、その時期よりも前に、返還を請求できるか。

　　(イ)　その時期よりも前に、Aの側から返還することはできるか。

　(3)　上記(2)の(ア)(イ)について、米の消費寄託ではなく、銀行Aが、預金契約により、Bから100万円の寄託を受けていた場合はどうなるか。

【Before】

　消費寄託は消費貸借に類似することから、旧法は、消費寄託について、基本的に消費貸借の規定（旧587条〜592条）を準用していた（旧666条）。もっとも、寄託者自らが目的物を保管する危険を回避しようとする点で、消費寄託の利益は寄託者にあるのに対して、消費貸借は、目的物を利用することにつき借主に利益がある。この違いから、消費寄託に広く消費貸借の規定を準用することが適切か、疑問が提起されていた。

　その中で特に問題となるのは、寄託物の返還に関する規律である。まず、(1)返還時期を定めなかったときは、消費貸借の場合（591条1項）と異なり、寄託者Bは、相当期間を定めた催告を要せず、いつでも返還を請求できるが（旧666条2項）、この点は問題がない。問題となるのは、(2)返還時期を定めた場合において、(ア)寄託者は、その時期より前に返還を請求できるか、(イ)受寄者は、その時期より前に返還し得るか、という2点であった。

　すなわち、(2)(ア)について、返還時期が寄託者のために定められたものであるときは、寄託者Bは、その時期より前に返還を請求できると解される（136条2項および旧662条の趣旨）。しかし、これに対しては、旧666条2項の反対解釈により、定められた時期までは返還請求できないとする見解もあった。

(2)(イ)については、返還時期の定めの有無にかかわらず、消費寄託の受寄者Aは、いつでも寄託物を返還できる（旧666条1項・旧591条2項）。これに対し、消費寄託では、寄託の利益が寄託者にあることに鑑みると、むしろ寄託の規定に従って（663条2項）、受寄者は、やむを得ない事由がなければ、期限前に寄託物を返還できないと解すべきではないかとの見解も主張されていた。

　他方で、消費寄託の代表例で、かつ、もっとも重要な契約類型は、預金契約であるが、預金契約は、受寄者である銀行にとっても利益のある契約であることから、銀行実務では、(3)(ア)返還時期の定めがある場合、寄託者（＝預金者）Bは、期限前には返還を請求できず、また、(3)(イ)受寄者（＝銀行）Aは、期限の利益を放棄して、いつでも返還できるが、期限までの利息の支払義務を負う（136条2項）、と解されていた。

【After】

　新法は、上記のような消費貸借と消費寄託との違いから、旧法の立場を改め、消費寄託について、原則として寄託の規律によるものとし、ただ、目的物の占有と処分権が受寄者に移転するという消費貸借と共通する部分に限って、消費貸借の規定（新590条および592条）を準用することにした（新666条2項）。

　その結果、寄託物の返還についての規律は次のようになる。すなわち、(1)返還時期を定めなかった場合、寄託者Bは、いつでも返還を請求できる（新662条1項）。この点は受寄者についても同様である（新663条1項）。(2)返還時期を定めた場合は、(ア)寄託者Bは、いつでも返還を請求できるが（新662条1項）、期限前の返還請求により受寄者が損害を受けたときは、その賠償責任を負う（同条2項）。これに対し、(イ)受寄者Aは、やむを得ない事由がなければ、期限前に返還できない（新663条2項）。

　他方で、預金契約（および貯金契約）については、上記の特質のほか、銀行取引では、定期預金債権を受働債権とする相殺により、貸付金の回収が図られるところ、寄託の規律によるとそれが制限される可能性が懸念されたことから、次のような特則が設けられた。すなわち、(3)(イ)返還時期の定めがある場合、受寄者（＝銀行）Aは、やむを得ない事由がなくても、いつでも返還できるが（新666条3項・新591条2項）、寄託者（＝預金者）Bに損害が生じた場合、銀行はその賠償責任を負う（新666条3項・新591条3項）。なお、(3)(ア)預金者Bからの返還請求については原則どおりである（上記(2)(ア)）。

　以上の規律は、改正前の銀行実務における取扱いとは異なる点もあるが、問題となる規定はすべて任意規定であるから、銀行としては、従来どおりの特約により対応可能であり、実質的な影響はないと考えられる（ただし、消契10条は別途問題となり得る）。

　なお、新法は、新588条を準用していないが、これは、寄託契約が諾成契約化されたことにより（新657条→Case220）、従来の準消費寄託は真正の消費寄託として成立するからであって、従来の規律を実質的に変更するものではない。　　　　　　　　　[花本広志]

224
契約総則の規定の不適用

Case

　医師であるＡＢＣは、共同して診療所を開設することにし、開業準備のためにＡＢは 2,000 万円ずつを、また、Ｃは診療所に用いる建物を、それぞれ出資することを合意した。

　(1)　Ａは、自らの出資を行わないままＢに対して出資請求を行った。Ｂは同時履行の抗弁権を行使して、これを拒むことができるか。

　(2)　Ｃが出資する予定であった建物は、その後落雷にあって滅失した。ここでＣが業務執行者に定められていた場合に、ＣがＡに対して出資請求を行ったとすると、Ａは危険負担の規定を根拠に履行を拒むことができるか。

　(3)　業務執行者に定められていたＣが、Ａに対して出資を求めたところ、Ａはこれを拒んだ。この場合、Ｃは、催告解除をすることができるか。

【Before】

　Case はいずれも、組合契約に対する契約総則の規定の適用が問題となる事例である。すなわち、(1)は旧 533 条、(2)は旧 536 条 1 項、(3)は旧 541 条の適用が、それぞれ問題となる。これらを含め、同時履行の抗弁権、危険負担、解除の規定を組合契約に対して全面的に適用することが適切でないことについては、ほぼ異論はなかった。

　例えば、組合契約には、当事者が解除に関し特別の意思表示をした場合を除き、契約の解除に関する総則規定の適用はないと解されていた（大判昭 14·6·20 民集 18-666）。というのは、解散請求が「やむを得ない事由があるとき」（683 条）に限られて許されているほか、組合員の脱退（旧 678 条・679 条）、組合員の除名（680 条）等の特別の規定が設けられており、一部の組合員に債務不履行等の一般的な解除事由があることを理由として組合契約全体が解除され得るとすれば、民法が上記の特別の規定を設けた趣旨を没却することになるからである。また、解除の非遡及の規定（620 条）を準用する 684 条は、組合の解散の請求の効果について、当然のことを規定したに過ぎないものと解されてきた。

　危険負担の規定についても、適用を否定する見解が一般的であった。というのは、組合員の出資義務は相互に対価的関係に立たないと考えられ、その相互の対価的均衡を図

る危険負担の規定の趣旨が妥当しないからである。

　もっとも、場面を細かく検討した場合、契約総則の規定すべての適用がないと考えられてきたわけでもなかった。例えば、同時履行の抗弁権については、業務執行者が置かれた場合と置かれなかった場合を分けたうえで、後者の場合には、同時履行の抗弁権行使の余地を認める見解が一般的であった。というのは、同時履行の抗弁権は当事者間の公平を目的とする制度であるところ、出資債務の履行を請求する組合員が自己の出資債務を履行していない場合には、公平の観点から、その履行の請求を受けた組合員は、同時履行の抗弁権を行使してその履行を拒むことができると解されるからである。

【After】

　新法では、(1)と(2)については、新533条と新536条の適用排除（新667条の2第1項）、(3)については、債務不履行を解除原因としない（同条2項）ことの明文化で、それぞれ対処された。こうした改正は、基本的には従来から一般的であった解釈論を明文化したものであるものの、注意を要する点が2つある。

　第1に、同時履行の抗弁権について定める新533条の規定の適用が、包括的に排除されていることである。つまり、上記のように、業務執行者の有無により場合分けを行う解釈論が従来存在したものの、こうした区別を顧慮しない方向で、改正を行ったということである。したがって、従来提唱されていた区別は、新法のもとでは採用しづらくなったといえよう。

　第2に、解除については、新540条～新548条の適用を包括的に排除するという解決法を採用せず、解除原因についてのみ規定を置いたことである。解除の不遡及の効果を準用する新684条と併せてみれば、適用が排除されるのは、新541条～新543条・新545条・546条・新548条である。それ以外の解除規定、例えば、解除権の行使方法について定める540条、解除の相手方が複数である場合の544条、催告による解除権の消滅について定める547条は、約定解除について適用があり得る。　　　　　[西内康人]

225
組合員の１人の意思表示の無効・取消し

Case

医師であるＡＢＣは、2,000万円ずつ出資を行って、共同して診療所を開設するとの合意を行った（以下「本件組合契約」という）。

(1) 診療開始のための開業準備行為を行う前に、Ａの意思表示がＢの詐欺によるものであったことが判明し、ＡはＢＣに対して本件組合契約を取り消すとの意思表示をした。その後、既に出資を行っていたＣが、Ｂに対して出資の履行請求を行ったところ、Ａの取消しの意思表示によってＢＣ間の本件組合契約も効力を失ったと主張して、出資の履行を拒んだ。

(2) 上記(1)の事案につき、本件組合契約の中で、「組合員の１人に意思表示の無効・取消原因がある場合、組合契約全体が効力を失う」との条項が置かれていた。

(3) ＡＢＣは共同して、開業準備のための診療機材の購入契約を、Ｄとの間で代金を1,500万円とし契約した。その後、Ａの意思表示がＢの詐欺によるものであったことが判明し、ＡはＢＣに対して本件組合契約を取り消すとの意思表示をした。Ｄは、Ａに対して、代金額の３分の１である500万円の履行を求めた。

【Before】

Case は、組合契約に係る意思表示につき、取消原因がある場合の法律関係を問題としている。そして、組合員の１人の意思表示に無効・取消原因がある場合、この効力を制限する解釈が、従来から一般的であった。こういった効力制限が生じる要件効果の基準は、以下のように３つの軸に沿って整理できる。

第１に、第三者と取引を開始する前か後かという軸である。従来の解釈では、第三者と取引に入った後に効力制限が生じるとの議論が行われていた。この時点を基準とする理由は、第三者保護の必要性である。

第２に、効力制限が生じる人的範囲という軸である。従来の解釈では、無効・取消原因がない組合員の間での組合契約への波及的影響のみならず、意思表示に瑕疵がある組合員についても、効力制限が生じ得ることを念頭に、議論が行われてきた。この理由は、

――第1の点と関連して――取引安全のために、組合員の保護よりも組合と取引した第三者の保護が優先されるべきだと考えられてきたからである。また、会社法旧102条6項の趣旨から、一定の時点以後には無効・取消原因の主張自体が排除されると考えられることも、根拠とされてきた。

　第3に、別段の定めの可否という軸である。この点につき、従来の解釈は必ずしも明確でない部分があるものの、第1の点で第三者保護を重視した解釈を展開してきたことに照らせば、組合員間での別段の合意により、効力制限の有無が影響を受けることは、想定されてこなかったと考えられる。

【After】

　改正によって置かれたのは、組合員の1人について意思表示の無効・取消原因があっても、他の組合員の間における組合契約は有効に成立し得るとの、規定である（新667条の3）。この規定を、先の3つの軸に照らして整理すると、以下のような特徴がある。

　まず、第1の軸との関係では、従来の解釈のように、第三者との取引開始時点が基準とされていない。正確にいえば、基準時のような概念が用いられておらず、契約が締結されれば、無効・取消しに対する効力制限の対象となる規定となっている。このような効力制限を認める理由とされているのは、他の組合員の意思を尊重して組合契約の有効性を認める必要があることであり、また、基準時をめぐる紛争を生ずるおそれがあることである。

　つぎに、第2の軸との関係でも、従来の解釈とはやや異なっている。すなわち、一方で、従来の解釈での議論対象としては無効・取消原因が存在する組合員についても効力制限が及ぶことを念頭に、議論が行われていた。他方、新667条の3で扱われているのは、他の組合員への波及的効力のみである。したがって、無効・取消原因が存在する組合員についての影響は、引き続き解釈に委ねられ、第三者保護が重視された従来の解釈が意味をもってくる可能がある。

　最後に、第3の軸との関係では、改正で念頭に置かれているのは、新667条の3の任意規定性である。この任意規定性は、第1の軸との関係で、基準時を設定しない理由が組合員間の意思の尊重に求められていたことと、整合するものである。ただ、第1、第2の軸との関係で、第三者との取引開始時点以後は強行法規として第三者保護を優先すべきとの従来の解釈を否定する趣旨をもつ条文なのか否かは、判然としない。

　以上をまとめると、無効・取消原因がある組合員への影響と、任意規定性につき、第三者との取引開始時点が意味をもち得るか否かは、従来の解釈との棲み分けを行う可能性を残した条文であるといえよう。　　　　　　　　　　　　　　　　　　　［西内康人］

226
組合債権者による権利行使可能性

Case

　弁理士であるＡＢは、共同でＣ国際特許事務所を設立することにし、このためにＡが500万円、Ｂが事務所となる建物を出資することを、合意した。この建物につき、1,500万円の価値があるとＡＢ間では評価しており、これに応じて、出資の割合は1：3であると取り決められた。

　この建物を事務所としての使用に適したものとするため、ＡＢはＤとの間で改装の請負契約を代金1,000万円で締結し、その後、Ｄによる履行が完了した。しかし、この請負契約の代金は未だ支払われていない。

　(1)　Ｄは、Ｃに対して、未払代金1,000万円の支払を求めた。

　(2)　Ｄは、Ａに対して、未払代金1,000万円のうち、これを組合員の頭数に応じて等分した500万円の支払を求めた。

【Before】

　旧675条は、組合債権者が組合員の負担割合について知らなかった場合に、頭数比例で組合員の財産に対して権利行使し得ることを定めている。この条文では、次の2つの点で不明確性があると指摘されてきた。

　第1に、組合債権者による組合財産への権利行使可能性である。つまり、組合の対外的業務執行の相手方として取引を行った者が、組合財産として組合員の共有に属している財産（668条）につき、権利行使できるのかどうかは、条文上は定められていなかった。この点について学説では、この共有は一般に「合有」と理解され、また、組合の債務についても、各組合員に分割されて帰属するのではなく、一個の債務として総組合員に帰属し、組合財産がその引当てとなると解するのが一般的であった。この問題は、(1)と関連する。

　第2に、組合員間での損失分担の割合についての組合債権者の善意・悪意につき、組合員と組合債権者のいずれが立証責任を負うのかという点である。旧675条の文言上は、権利行使を行う側が、権利根拠事実として、損失分担の割合に係る別段の定めにつき善意だったことに関して、証明責任を負うように読める。しかし、学説は一般に、均等割合を原則としたうえ、これと異なる分担割合の定めがある場合には、各組合員において、

これを債権者が知っていたことを証明することとすべきであると、指摘してきた。この問題は、(2)と関連する。

【After】

改正によって置かれたのは、従来の解釈を明文化する形で上記の不明確性を解消する規定である（新675条）。

つまり、上記第1の点との関係では、組合債権者が組合財産に対して権利行使し得ることが、明文化された。これは、学説上争いのなかった解釈を明文化したものである。

また、上記第2の点との関係では、組合債権者は組合員に対して頭数比例により権利行使できることが原則であることを示すため、新675条2項本文にこの原則性を規定することになった。そして、別段の定めにつき組合債権者が悪意である場合には例外が認められることを示すため、この例外を同項ただし書に規定している。これにより、組合員が組合債権者の悪意について立証責任を負うことが、条文構造から明確化されることになった。

もっとも、改正によっても解決されなかった課題も、存在している。例えば、執行の問題である。具体的には、組合名義での不動産登記が認められていない関係で、組合財産に属する不動産を組合員の一部の名義あるいは組合員全員の名義で登記することも考えられることである。この場合、一方で、組合員名義で登記したまま組合に対する債務名義を得て当該不動産へ強制執行をすることが可能なのかが問題となる（最判平22・6・29民集64-4-1235は、第三者が登記名義人となっている権利能力なき社団に属する不動産に関して当該社団に対する債務名義に基づく執行をしようとする場合、当該不動産が社団の構成員全員の総有に属する旨の確定判決等を添付して強制執行の申立てをすべきと判示している。この判例の射程が組合にも及ぶと考えるなら、組合員の一部の名義の登記のままで強制執行することも可能であろう）。他方、登記名義人となっている組合員に対する債権者が、当該不動産に強制執行できるか、また、これを排除できるかも問題となろう（→ Case 227【After】）。　　　　　　　　　　　　　　　　　　　　　　　　　　　　　　　［西内康人］

227
組合員債権者による権利行使可能性

Case

　弁理士であるＡＢは、業務執行者を定めずに共同でＣ国際特許事務所を設立することにし、このためにＡが500万円、Ｂが事務所となる建物を出資することを、合意した。

　⑴　Ａの債権者であるＤは、Ａがめぼしい財産をもっていないことから、Ｃのために用いられている事務所建物につき、強制執行を試みた。

　⑵　ＣはクライアントであるＥに対して、報酬債権を有している。Ａは、Ｂの同意を得ることなく、この報酬債権の支払を、Ｅに対して求めた。

【Before】

　旧676条は、組合員による組合財産の処分禁止を1項で、組合員による清算前の組合財産分割禁止を2項で定めている。また、旧677条は、組合員に対して債権をもつ、組合の債務者が、相殺を行うことを禁じている。いずれも、組合財産の共有（旧668条）を「合有」と理解し、この財産につき共有よりも強い拘束を及ぼすことの結果であると評価されている（→Case226【Before】）。もっとも、「合有」の趣旨からすれば、次の2点で、共有とは異なる拘束を定めていない点で、不明確性が存在していると指摘されてきた。

　第1に、組合員の債権者による組合財産への執行の可否である。つまり、まず、組合員に対する強制執行は、組合員がもつ財産処分権限を、組合員の債権者が行使してその換価・満足を行う手続だと理解されている。そうであるならば、仮に組合員の債権者が、組合財産につき執行できるとすると、当該組合員が（潜在的に）もつ組合財産への処分権限を、当該債権者が行使したことと同じように評価される。しかし、こういった財産処分は、676条1項の趣旨に反してしまう。そこで、同項の趣旨からすれば、組合員の債権者による組合財産への執行は禁止されていると解されるというのが、一般的な解釈であった。この問題は、⑴と関係する。

　第2に、組合財産に属する債権を組合員が単独行使することの可否である。つまり、一方で、組合財産に属する債権が、668条の文言どおり組合員の「共有」に属するとするなら、債権の分割主義を定める427条により、各組合員が単独で、その持分に応じた

債権行使が可能なはずである。他方、大審院の判決によると、組合財産に属する債権は、総組合員が共同してのみ行使することができ、個々の組合員が組合財産に属する債権を自己の持分に応じて分割して行使することはできないと解されている（大判昭13・2・12民集17-132参照）。また、学説上も、旧676条2項と旧677条が、427条にいう分割主義と調和しない組合財産のあり方を定めていると、解されてきた。この問題は、(2)と関係する。

【After】

改正によって置かれたのは、これら2点について、確立されていた解釈論を明文化する規定である（新676条・新677条）。

このうち、一方で、——順序は逆になるが——第2の点については、判例と学説による解釈を明文化することにつき、争いはなかった。他方、第1の点については、公示制度を整備しないまま、組合員名義でありながら組合員の債権者が差し押さえることのできない財産の創出を認めると、執行妨害に利用されるおそれもあるとして（この点については→Case226【After】）、反対するパブリックコメントも寄せられていた。このような懸念にもかかわらず条文化された以上、今まで以上に執行制度の整備が重要となろう。

また、(2)と関連して、単独・分割での債権行使が認められないとしても、ある組合員単独での訴訟追行は認められる可能性がある。というのは、判例上、業務執行者が代表者となる組合の当事者能力や、業務執行組合員による任意的訴訟担当が認められているからである（最判昭37・12・18民集16-12-2422、最大判昭45・11・11民集24-12-1854）。このため、訴訟の運用に当たっては、訴訟法の議論を念頭に置いた配慮が必要となる。

［西内康人］

228
業務執行

Case

　ＡＢＣは、各自 200 万円を出資して、法人とはせずに、損益は等しい割合で帰属するものとして、レンタル倉庫事業を行う組合 E を設立することとした。

　⑴　組合 E の組合員ＡＢＣのうち、ＡＢの 2 名の賛成により、F から店舗兼レンタル倉庫用物件を賃借することを決定し、A が単独で F からの賃借手続を行って F から物件を賃借した。C はこれに異議を唱え、A の賃借行為は無効であると主張した。

　⑵　組合 E の組合員ＡＢＣは、E の設立後、業務の円滑化を図るため、組合外の第三者 D を業務執行者として選任し、以後の業務執行を委任した。E は、G に対して倉庫をレンタルしたが、G は業績が悪化して倉庫のレンタル料金を 6 ヶ月間滞納した。ところが同じ頃、業務執行者 D にＡＢＣから連絡がつかない状態となってしまった。E の組合員ＡＢＣは、G に対し、レンタル料金不払いを理由として、レンタル契約解除の意思表示を行った。G は、解除の意思表示は D からされない限り無効であり、この解除の効力を生じないと主張した（なお、レンタル料金の 6 ヶ月間の滞納は解除事由に該当するものとする）。

【Before】

　旧 670 条は、組合の業務執行に関する定めであるが、組合の業務執行は、厳密には、対内的業務執行、対外的業務執行および組合代理という 3 つの場面に区別される。従来、判例は業務執行権と代理権（それぞれ組合の意思決定とその実行）を厳密に区別せずに、同条を組合代理にも適用しているとみられていたが、学説では、業務執行権があっても必ずしも代理権があるとはいえない場面もあり得るとして、両者は区別されて論じられてきた。**Case** は、対内的業務執行および対外的業務執行に関するものである。

　組合の業務執行については、組合としての意思決定とその実行とを区別することができるところ、旧 670 条は、主に組合の意思決定の部分を定めていて、その意思決定を実行する権限（業務執行権）の所在がわかりにくいことなどの問題点が指摘されていた。

もっとも、通説は、旧670条1項は意思決定の方法について組合員の過半数で決すると規定したものであり、決定された意思の実行に関しては、各組合員が業務執行権を有することが原則であると解していた。

　(1)では、店舗兼レンタル倉庫用物件の賃借という業務執行について、過半数であるＡＢの2名により決定されているから、決定された意思の実行である物件の賃借手続については、Ａ単独で行うことができる。したがって、Ａの業務執行は有効であり、当該業務の執行の効果は有効にＥに帰属することになる。

　つぎに、業務執行者を置く場合に、なお組合員が業務を執行することができるかどうかについては、見解が分かれていた。一般には、業務執行者に業務の執行を委任した以上は、個々の組合員は業務執行権を失うと解されていたが、組合員全員がそろった場合には、業務を執行することができるものとすべきであるとの見解があった。

　(2)では、業務執行者ではない組合員の業務執行権を否定する見解に立つと、組合Ｅはあくまでも業務執行者Ｄから解除の意思表示をする必要があり、解除は効力を生じないことになる。他方、組合員全員がそろった場合には、業務を執行することができるとの見解に立つと、ＡＢＣの全員からＧに対してレンタル契約解除の意思表示をすればよく、解除は効力を生じることになる。

【After】

　新法は、業務執行者がない場合に、組合員の過半数で決定した業務について、各組合員がその業務執行権限を有することを定めるとともに、業務執行者がある場合に、業務執行者が数人あるときは、組合の業務は業務執行者の過半数で決定し、各業務執行者が執行することを定めた（新670条1項〜3項）。従来からの一般的な理解を明文化したものである。

　したがって、(1)では、旧法の解釈と変更はなく、店舗兼レンタル倉庫用物件の賃借手続というＡの業務執行は有効であり、当該業務の執行の効果は有効にＥに帰属することになる。

　つぎに、新法は、新670条4項を新設し、業務執行者が選任されている場合でも、組合の業務について、総組合員の同意によって決定し、または総組合員が執行することを妨げない旨を規定した。

　したがって、(2)では、業務執行者Ｄが選任されているものの、組合員ＡＢＣ全員がそろった場合には業務を決定し、執行することができるから、ＡＢＣの全員からＧに対してレンタル契約解除の意思表示をすればよく、解除は効力を生じることになる。

［石川裕一］

229
組合代理

Case

　ＡＢＣは衣料品の販売等を目的とする株式会社を設立するため、その発起人組合Ｄを設立したが、業務執行者を定めなかった。Ａは、単独で、Ｅから高性能のサーバーコンピュータを購入したが、その代金が支払われなかったため、ＥはＡＢＣに対し、サーバーコンピュータの代金150万円の支払を求めた。ＢとＣは、Ａに対しては代理権を与えていないとして、Ｅに対して代金150万円の支払義務はないと主張した（なお、同サーバーコンピュータの購入は、発起人組合Ｄの常務には該当しないものとする）。

【Before】

　組合は法人格をもたないので、法律行為の主体となることができない。このため、組合が第三者と法律行為を行うためには、代理の形式を用いざるを得ない。組合が第三者と法律行為を行うための代理の形式は、一般に「組合代理」と称されてきたが、旧法には組合代理についての規定は特に設けられていなかった。

　しかし、学説では業務執行権があっても必ずしも代理権があるとはいえない場面もあり得るとして、両者は区別されて論じられていること等から、業務執行に関する規定とは別に組合代理に関する規定を設けることが望ましいと指摘されていた。

　従来、業務執行者が定められていない場合、学説では、組合の常務は各組合員が代理権を有するとされるが（旧670条3項参照）、常務以外については、各組合員に代理権を認める見解と、過半数の同意がなければ無権代理になると解する見解とで、説が分かれていた。

　判例は、業務執行権と代理権とを厳密に区別することなく、組合代理権を業務執行権の一内容とみて、旧670条は組合代理にも適用があり、「組合契約その他により業務執行組合員が定められている場合は格別、そうでないかぎりは、対外的には組合員の過半数において組合を代理する権限を有する」（最判昭35・12・9民集14-13-2994）としていた。

　Caseでは、業務執行者が定められていない発起人組合Ｄにおいて、組合員Ａが単独で売買契約を締結したものである。組合員の過半数による行為ではないため、判例によれば組合を代理する権限を有さず、ＢＣはＥに対して代金150万円の支払義務を負わな

いこととなる。

　なお、各組合員に代理権を認める学説によれば、組合員Ａの行為にも代理権が認められ、ＢＣもＥに対して代金150万円の支払義務を負う可能性がある（ただし、組合の内部決定なしに行われた代理行為として、Ｅが悪意〔・有過失〕の場合は支払義務が否定され得る）。

【After】

　新法は、従来定めがなかった組合代理について、新たに定めを設けるとともに、業務執行者が選任されていない場合は組合員の過半数の同意を得て、業務執行者が選任されている場合は業務執行者の過半数の同意を得て組合員を代理できるものとした（新670条の2第1項・2項）。

　すなわち、組合代理についても旧670条を適用していた従来の判例に対する批判をふまえて組合代理を明文化し、判例の趣旨に従って、組合代理には過半数の同意が必要としたものである（ただし、組合の常務を行うときは、各組合員は単独で組合代理が可能〔新670条の2第3項〕）。

　Caseでは、業務執行者が定められていない発起人組合Ｄにおいて、組合員Ａが、組合員の過半数の同意を得ずに、単独で売買契約を締結したものであるから、組合を代理する権限を有さず、ＢＣはＥに対して代金150万円の支払義務を負わないこととなる。

　なお、組合代理の要件が充たされていないことについて善意または善意無過失の第三者の保護に関しては、新法でも新たな規定は設けられなかった。このため、表見代理に関する規定や、一般社団法人及び一般財団法人に関する法律77条などの定めに従って、第三者の保護を図っていくことになる。

　Caseでは、発起人組合Ｄには業務執行者が定められていないため、第三者Ｅの保護は、基本的に、表見代理に関する規定に従って判断することになる。Ａが発起人組合Ｄの常務を行う代理権を基本代理権と考えると、Ａがサーバーコンピュータを購入する代理権があると信ずべき正当な理由が第三者Ｅにあるときは、新110条の適用により、ＢＣもＥに対して代金150万円の支払義務を負う。

　これに対し、**Case**とは異なるが、Ａに包括的に組合代理権が与えられている一方で、その代理権に制限が加えられ権限がなかったにもかかわらず、Ａがサーバーコンピュータを購入したような場合、第三者Ｅがその代理権の制限につき善意であるときは、一般社団法人及び一般財団法人に関する法律77条5項を類推適用し、ＢＣもＥに対して代金150万円の支払義務を負うと考えられる。　　　　　　　　　　［石川裕一］

230
組合員の加入

Case

> 　Aら7名は、各自200万円を出資してヨット1隻を購入し、出資者が会員となってヨットの利用を享受するヨットクラブLを設立した。このクラブの規約には、会員の権利の譲渡および退会に関して、「会員は、オーナー会議で承認された相手方に対して譲渡することができる。譲渡した会員は譲渡した月の月末をもって退会とし、譲渡を受けた者はその翌月の初日から新会員とする。」との規定がある。その後、Aは、オーナー会議の承認を得て、BにヨットクラブLの権利を譲渡した。ところが、クラブLがヨットを係留しているヨットハーバーMは、クラブLからその前年の係留費用の支払が滞っているとして、Bらクラブのメンバー7名に対して、係留費用140万円の7分の1の20万円の分担支払を求めた。

【Before】

　組合に新たな組合員が加わる加入について、旧法に規定はなかったが、契約内容の変更の一種であり、契約自由の原則から認められることに疑いはない。契約内容を変更するには関係当事者の合意が必要であり、加入についてあらかじめ組合契約に定めがない限り、加入する者と従前の組合員全員の合意が必要である。

　組合への加入者は、組合員の合意や組合契約の定めにより、組合財産に対する持分を取得することとなる。そのため、組合への加入者は、加入する前に生じていた債務についても組合持分の範囲で責任を負担することとなる。他方で、組合に対する債権者は、債権発生当時の損益分配の割合に基づいて各組合員に対して責任を追及できる（旧675条参照）。加入した組合員は、組合債権者に対して、加入した時点で承継した従前の持分からの引継分について、組合債務を負担することに争いはないものの、個人財産による責任を負う必要があるのかどうかについては争いがあった。もっとも、加入した組合員が固有の財産で加入前の組合債務を負担する必要はないとするのが一般的であった（なお、持分会社では負担が認められる〔会社605条参照〕）。

　Caseでは、Aらが設立したヨットクラブLを組合契約とする場合、Bを新たに組合員として加入させるには、あらかじめ定められた組合契約の規定によるか、それがなけ

れば、組合員全員の同意を必要とする。**Case** では、あらかじめ定められていた組合規約によって、オーナー会議での承認が組合員の加入の条件とされているのであるから、オーナー会議の承認がある以上、B が組合に加入できることに疑いはない。

　問題は、B が加入する前に、ヨットクラブ L がヨットハーバー M に対して既に負担していたヨットの係留費用の支払債務について、新たに加入した B も、その個人財産から支払義務を負担するのかどうかである（旧 675 条参照）。M が、あくまでヨットクラブ L に対して、組合債務の履行を組合財産を引当てに求める場合には、その請求は認められるべきである。しかし、M が組合員 B の個人財産を引当てにして、その分担支払を求める場合、B が組合に加入する前に生じていた組合債務について、B は個人財産を引当てにした支払義務を負わないと解されていた。

【After】

　組合が成立した後でも、組合員は、その全員の同意によって、または、組合契約の定めるところによって、新たに組合員を加入させることができる（新 677 条の 2 第 1 項）。このことは、組合員の加入について旧法のもとで従前から認められてきたことの明文化である。

　加入した組合員が、加入以前に生じていた組合債務について、組合員個人の財産に基づいてその債務を履行する責任を負わないとする新 677 条の 2 第 2 項は、新設の規定である。しかし、旧法のもとでは争われていたものの、一般的に認められていた見解が、新法によって明文化されたに過ぎない（部会資料 75A・52 頁）。もちろん、加入組合員が持分を取得した組合財産部分も含めて、債権者は組合財産に対して権利を行使できる（新 675 条 1 項）。しかし、加入組合員は、加入前に生じていた組合債務について、組合員個人の固有財産での責任を負わないのである（新 675 条 2 項・新 677 条の 2 第 2 項。以上について、山本豊編『新注釈民法⒁』580 頁〔西内康人〕）。

　したがって、**Case** でも、従来と同様の解決が認められる。すなわち、加入した組合員 B は、加入前に生じていた組合債務であるヨットの係留費用について、個人財産からの分割負担を負わないことになる。では、ヨットクラブ L を退会した A は、クラブの係留費用について当時の組合員として分担支払に応じなければならないのであろうか。これは、つぎに扱う組合員の脱退の問題である（→ Case231）。　　　　　［北居　功］

231
組合員の脱退

Case

　Aら7名は、各自200万円を出資してヨット1隻を購入し、出資者が会員となってヨットの利用を享受するヨットクラブL（組合契約）を設立した。このクラブの規約には、会員の権利の譲渡および退会に関して、「オーナー会議で承認された相手方に対して譲渡することができる。譲渡した月の月末をもって退会とする。」との規定があるにとどまる。その後、Aは、やむを得ない事由があって、ヨットクラブLを退会する旨を他の組合員全員に対して表明したが、クラブLがヨットを係留しているヨットハーバーMは、クラブLからの係留費用の支払が滞っているとして、Aを含めたクラブのメンバー7名に対して、過去1年分の係留費用140万円の7分の1である20万円の分担支払を求めた。

【Before】

　組合員の脱退とは、組合員の一部の者が組合員の資格を喪失することであり、脱退しようとする者の意思に基づく任意脱退と、本人の意思に基づかない非任意脱退がある。任意脱退の場合、脱退する組合員は組合に対する脱退の意思表示によって組合を脱退できる。これは一般の契約関係においては解約告知に該当する単独行為である。組合契約において組合の存続期間が定められていないか、あるいは、ある組合員の終身の間は存続するものと定められている場合には、各組合員はいつでも脱退することができるが、やむを得ない事由がない限り、組合にとって不利な時期に脱退することはできない（678条1項）。組合に存続期間が定められている場合には、やむを得ない事由がない限り、脱退は認められない（同条2項）。

　Caseでは、組合員は、組合契約上、自身の権利を譲渡しないと脱退できないこととされているが、Aは、自身の権利を第三者に譲渡することなく、組合からの脱退を主張して、係留費用の支払を拒絶しようとしている。判例は、存続期間の定めの有無にかかわりなく、やむを得ない事由によって任意に脱退できる旨の定め（678条）は強行法規であるため、そのような脱退を制限する組合契約は、組合員の自由を著しく制限し、公の秩序に反するという（最判平11・2・23民集53-2-193）。したがって、Aの脱退がやむ

を得ない事由によるときには、Aの脱退が認められ、組合との間で持分の払戻し等の清算が行われなければならない。

脱退により、その組合員は組合契約から離脱することとなるため、その組合員の持分を組合財産から分離して、財産関係を組合との関係で清算する必要がある。その清算の基準時は、原則として脱退時であるが（681条1項）、事業の遂行上、その時点で完了していない事項については、その完了後に清算される（同条3項）。基準時における組合の積極財産と消極財産を計算し、余剰があれば脱退組合員の持分割合に応じて払い戻され、脱退組合員の出資が金銭出資でなくても、組合からの払戻しは金銭で支払われれば足りる（同条2項）。その反面で、債務超過であれば、脱退組合員は持分割合に応じた債務額を組合に支払う義務を負う（合資会社の無限責任社員が会社に対して超過額の支払義務を負うとする、最判令元・12・24民集73-5-457を参照）。

脱退組合員は、脱退前に生じた組合債務について、個人財産をもって債権者に支払う義務を負う（旧675条参照）。もっとも、この履行義務は、いわば他人の債務の履行義務であるから、脱退組合員が債務を弁済した場合には、組合に対して求償権を有する。また、脱退組合員が組合債務を負担することで不利益を受けないように、組合は脱退組合員が負担する債務について担保を供与し、あるいは、債権者から免責を受ける義務を負う。

Caseでは、AのヨットクラブLからの退会が認められる場合、ヨットの係留費用については、脱退したAといえども、A自身がクラブに所属していた間の分について、個人財産からの支払義務を免れない（旧675条参照）。AがヨットハーバーMにヨットの係留費用の分担額を支払った場合、クラブに対して求償権を行使できる。また、脱退したAは、Mから支払を求められた時点で、その支払について組合に担保の供与を求め、あるいは、自己の支払債務を免責させるように求めることもできる。

【After】

任意脱退および非任意脱退の要件については旧法が維持され、改正は、脱退に関して脱退する組合員の組合債務の履行に関する規定の整備に終始する（新680条の2）。すなわち、脱退した組合員は、脱退前に生じた組合債務をなお履行する責任を負うが、債権者が全部の履行を受けない間は、脱退した組合員は、組合に担保を供させ、または、自己に免責を得させることを請求できる（同条1項）。脱退した組合員が組合債務の履行義務を負うといっても、既に脱退した組合の債務であるから、委託を受けた保証人から事前求償権の請求を受けた債務者と同様の権利を行使できる（新461条1項参照）。さらに、脱退組合員が組合債務を履行した場合には、組合に対して求償権を有する（新680条の2第2項）。いずれも、従来の解釈の明文化に過ぎないため、Caseの解決も、従来と変わりはない。　　　　　　　　　　　　　　　　　　　　　　　　　　　　　[北居　功]

232
解散事由

Case

　A建設会社は、B建設会社およびC建設会社とともに建設共同企業体（いわゆるジョイントベンチャー）Lを組織して、Dからオフィスビルの建設工事を請け負った。予定された工期は2年で、建設工事の終了によってLは解消することがあらかじめ定められている。この場合に、以下の事態が生じたとき、Lは引き続き存続するのか否か。

　⑴　予定どおり、建設工事が終了した場合。

　⑵　工事開始後1年後に、Dが倒産して、D側が建設工事を断念した場合。

　⑶　建設工事に不可欠な特殊技術をもつBが事実上倒産したため、Cが建設工事の続行が難しいとして、解散を請求した場合。

　⑷　BおよびCが相次いで倒産し、事業を継続できるのがAだけとなった場合。

【Before】

　組合の解散とは組合契約の終了であり、民法によって定められている解散事由は、目的である事業の成功または成功不能（旧682条）、および、やむを得ない事由に基づく組合員からの解散請求（683条）であった。もちろん、組合契約の終了は、契約終了の一般論から、解散についての全組合員の合意があれば認められ、解散事由をあらかじめ組合契約において定めることもできた。さらに、組合員の脱退に関する規定では、組合が存続期間を定めることも想定されている以上（678条2項）、その場合には存続期間の満了によっても終了すると考えられていた。継続的な契約である組合において、その解散の効力は遡及しない（684条）。

　まず、**Case**におけるような建設共同企業体（ジョイントベンチャー）は組合と解された例がある（最大判昭45・11・11民集24-12-1854等）。それを前提にすると、**Case**⑴では、目的とされた事業が成功し、当初の予定された組合の終了原因ともされているのであるから、組合が終了することに問題はない。**Case**⑵では、注文者D側の倒産によって、当該事業の継続が断念されたのであり、ここでは事業の成功不能が確定したのであるから、やはり組合は終了することになる。**Case**⑶では、やはり組合員の1人からの解散

請求があった場合であり、やむを得ない事由があれば、解散が認められる。

　問題は、組合員の脱退により組合員が1人となった場合にも、組合は存続するのか否かである。組合が契約であれば、契約が複数の当事者を前提とする以上、組合は解散されると解される。しかし、組合を合同行為と解する見解も有力であるから、持分会社で社員が1人となっても解散されないこととの平仄を問う余地もある（会社641条4号参照）。実際に、**Case**(4)のような場合には、Aだけとなってただちに組合の存続を認めないとするよりは、新たな組合員の加入を待って組合を存続させる方が実務の要請に適うともいわれていた。事実、組合員が1人となることは、原則として解散事由となるが、2週間以内に組合員を加入させるなどした場合に、組合の存続を認める例がある（有限責任事業組合契約に関する法律37条柱書ただし書および2号参照）。

【After】

　682条の改正によって、組合の解散事由は、以下の4つと定められた。すなわち、組合の目的である事業の成功またはその成功の不能、組合契約で定めた存続期間の満了、組合契約で定めた解散の事由の発生、および、総組合員の同意である。もちろん、あくまで682条の改正であるから、従来どおり維持されている683条の組合員からの解散請求も、認められることに変わりはない。

　したがって、**Case**の解決も(1)～(3)では、従来の解決と異なるところはない。ただし、問題として残るのは、組合員が1人となったことを組合の解散事由とするのかどうかである。民法改正に際しても、組合員が1人となったことを組合の解散事由とするかどうかが議論されていた。組合が複数の組合員の存在を成立要件としている以上、組合員が1人となれば組合の存続は認められないとするのが首尾一貫するため（中間試案補足説明541頁）、学説でも、組合員が1人となることは組合の解散事由と解される傾向にあったとされる（部会資料75A・56頁）。これに対して、上述のとおり、持分会社が1人でも存続することや、とりわけ建設共同企業体では、建設プロジェクトの途中で組合員企業が倒産して組合員企業が1社のみとなっても、新たな企業の参加を待たずに建設共同企業体が当然に解散するとするなら、実務上大きな支障となることが指摘されていた（部会資料75A・56頁。以上の詳細について、山本豊編『新注釈民法(14)』605～606頁〔西内康人〕を参照）。

　以上のとおり、この問題は、今般の民法改正では解決されなかったため、なお解釈問題として争われる余地がある。したがって、**Case**(4)の場合に、組合員がAだけとなったことで建設共同企業体Lが解散となるかどうかは、なお未解決の問題といえよう。

［北居　功］

判例索引

条文索引

【編著者】

潮見佳男 京都大学大学院法学研究科教授

北居 功 慶應義塾大学大学院法務研究科教授

高須順一 弁護士・法政大学大学院法務研究科教授

赫 高規 弁護士・京都大学法科大学院特別教授

中込一洋 弁護士

松岡久和 立命館大学大学院法務研究科教授

Before/After 民法改正〔第2版〕— 2017年債権法改正

2017(平成29)年9月15日 初版1刷発行
2021(令和3)年10月15日 第2版1刷発行

編著者 潮見佳男・北居 功・高須順一
　　　 赫 高規・中込一洋・松岡久和

発行者 鯉渕 友南

発行所 株式会社 弘文堂　　101-0062 東京都千代田区神田駿河台1の7
　　　　　　　　　　　　　　TEL03(3294) 4801　　振替00120-6-53909
　　　　　　　　　　　　　　https://www.koubundou.co.jp

装 丁 笠井亞子

印 刷 大盛印刷

製 本 井上製本所

ISBN978-4-335-35851-7